КАК СОБРАТЬ ПК ДЛЯ "ЧАЙНИКОВ"™

2-е издание

BUILDING A PC FOR DUMMIES®

2ND EDITION

by Mark L. Chambers

IDG BOOKS WORLDWIDE

IDG Books Worldwide, Inc.
An International Data Group Company

Foster City, CA ◆ Chicago, IL ◆ Indianapolis, IN ◆ Southlake, TX

КАК СОБРАТЬ ПК ДЛЯ "ЧАЙНИКОВ"™

2-е издание

Марк Л. Чемберс

ДИАЛЕКТИКА
Москва ♦ Санкт-Петербург ♦ Киев
2000

ББК 32.973.26-018.2.я75
465
УДК 681.3.07

Компьютерное изд-во “Диалектика”

По общим вопросам обращайтесь в издательство “Диалектика” по адресу:
info@dialektika.com, http://www.dialektika.com

Чемберс, Марк, Л.

Ч15 Как собрать ПК для “чайников”. : Пер. с англ. : Уч. пос. — М. : Издательский дом “Вильямс”, 2000. — 336 с. : ил. — Парал. тит. англ.

ISBN 5-8459-0041-7 (рус.)

В книге подробно описан процесс сборки персонального компьютера, предназначенного исключительно для удовлетворения требований конкретного пользователя. Представлены самые различные компоненты, составляющие систему ПК, их программное обеспечение, источники их приобретения, обслуживающие их операционные системы, способы подключения к Internet.

Книга рассчитана на начинающих “компьютерщиков” и более опытных мастеров по их сборке, а также всех тех, кто интересуется последними достижениями в области аппаратного обеспечения ПК.

ББК 32.973.26-018.2.я75

ISBN 5-8459-0041-7 (рус.)
ISBN 0-7645-0571-8 (англ.)

Оглавление

Содержание

Об авторе

Марк Л. Чемберс (Mark L. Chambers) работал консультантом по компьютерам, системным оператором, программистом и специалистом по аппаратным средствам BBS на протяжении более чем 15 лет, был автором многих книг. Его первое любимое дело, связанное с компьютерной периферией, расцвело в 1984 г., когда он приобрел высокотехнологичный модем 300 BPS, — теперь он проводит много времени также в Internet. Его любимые занятия в свободное время — просмотр футбольных матчей команды университета штата Луизиана (LSU), коллекционирование гаргулий (фантастические фигурки. — *Прим. ред.*), игра на трех его теннисных тренажерных машинах, обслуживание и совершенствование компьютеров, развлечение с самыми последними компьютерными играми и трехмерная визуализация полетов своего воображения — и вместе с тем он прислушивается ко всем музыкальным записям, какие только можно себе вообразить.

Получив диплом журналиста и писателя в луизианском университете LSU, Марк выбирает карьеру, связанную с логическим мышлением, и начинает программировать компьютеры. Но, отработав пять лет программистом на COBOLe для госпитальных систем, он находит лучший путь зарабатывать на жизнь и становится менеджером по документации у одного хорошо известного разработчика коммуникационного программного обеспечения. В перерывах между организационной работой и написанием руководств по программному обеспечению Марк начинает писать компьютерные книги; его первая книга *Running a Perfect BBS* была опубликована в 1994 г. Сейчас он работает специалистом по аппаратным средствам (если это можно назвать работой), пишет несколько книг в год и редактирует все, что его издатели подбрасывают ему. Вы можете оставить Марку послание, посетив его Web-страничку по адресу `www.geocities.com/SiliconValley/Bay/4373/index.html`.

Марк является также автором книг *Hewlett-Packard Official Printer Handbook* и *Recordable CD Bible* (IDG Books Worldwide, Inc.), а также *Official Netscape Navigator Guide to Web Animation, Windows 98 Optimizating and Troubleshooting Little Black Book* и *Running a Perfect BBS.*

Посвящение

Эта книга посвящается моему другу и учителю, профессору журналистики университета LSU Джиму Фезерстону (Jim Featherston). Джим, вы преподали мне все те знания, в каких я тогда нуждался, так что теперь я сам могу изложить свои идеи на бумаге.

Благодарности

Я заметил, что написание благодарностей — наиболее простая часть работы над любой книгой, поскольку нехватка материала для этой части моих книг просто исключена. Мне всегда есть кого и за что благодарить.

В первую очередь выражаю огромную благодарность моему техническому редактору мистеру Родни В. Батлеру (Rodney W. Butler). Его всесторонние знания по вопросам сборки персональных компьютеров оказались просто неоценимыми в написании этой книги.

Хочу поблагодарить также Джуди Купер (Jody Cooper) за очень ценные знания последних достижений в области аппаратного обеспечения ПК, Брайана Чилката (Bryan Chilcutt) за его постоянное техническое ассистирование, а также моих близких товарищей — продавцов ПК и просто *хороших* парней — Майка Мак-Гирка (Mike McGuirk) и Энди Левиса (Andy Lewis) за их помощь в документировании.

Как и в каждой написанной мной книге, хочу поблагодарить мою жену Анну и детей Эрин и Челси за всестороннюю поддержку, любовь, за пожелание успехов.

Наконец, моя искренняя благодарность двум очень мною уважаемым людям из издательской корпорации IDG Books Worldwide. Одна из них — прекрасная женщина, большой специалист в своей области и "редактор" моего подъема на авторском поприще, Шерри Монингстар (Sherri Morningstar), которая очень много сделала для того, чтобы эта книга увидела свет. (И у нее действительно выдающаяся фамилия!) Большое спасибо, Шерри!

Другой человек находится за кулисами: это Джон Понт (John Pont), редактор данного проекта, который потратил много часов напряженной работы, чтобы сделать второе издание этой книги даже лучше, чем первое. Спасибо, Джон.

Введение

Вы решили собрать свой собственный компьютер. Поздравляю! Такое утверждение может звучать примерно так: "Я решил летать на Боинге-747" или "Я решил научиться бухгалтерскому учету". Должен сказать вам, что эта книга специально написана для того, чтобы сделать и то, и другое более *легким* и (верите вы или нет) *занятным:* сборка своего собственного мультимедийного персонального компьютера класса Pentium II или даже Pentium III — дело вполне доступное и очень увлекательное!

Другими словами, в этой книге описаны все эти таинственные детали в коробке детского (но в действительности весьма взрослого) "Конструктора" ясным и доступным языком, с некоторой долей юмора и без высокопрофессиональных слов, и это должно помочь вам построить ПК, предназначенный исключительно для вас!

Глупые предположения

Хочу по-дружески вас предупредить: нужно хорошенько подумать, прежде чем объявить о решении строить свой собственный ПК. Люди, вероятно, сделают кучу глупых предположений относительно вашего желания, но вы легко сможете развеять их беспочвенные подозрения, если будете аргументировать это примерно так.

- ✓ Вы не предполагаете стать специалистом по компьютерам после долгих лет обучения и вам не нужна мастерская, заполненная дорогими инструментами. Чтение этой книги не требует от вас каких-либо предыдущих знаний в области компьютерных технологий, сети Internet, языков программирования или чего-то еще подобного.
- ✓ У вас нет никакого опыта? Это не должно останавливать вас! Я представлю каждую систему в вашем компьютере, расскажу, что делает каждая из них, как их инсталлировать — все это на высшем уровне, так что ваши новые знания заставят отдельных технарей из вашего круга позеленеть от зависти.
- ✓ Некоторые люди все еще думают, что вы не сэкономите даже гривенник, собрав компьютер своими руками. Но если бы это было так, то почему же сборка ПК — такой быстро развивающийся бизнес? Собирая собственный компьютер, вы сможете сэкономить *сотни* долларов (уже не говоря о возможности использовать практически бесплатные детали старых компьютеров).
- ✓ Наконец, кое-кто может спросить вас, чему вы планируете научиться, построив свой ПК. И это проще простого! Потраченное время не пройдет даром: вы сможете модернизировать и ремонтировать детали собственного компьютера и тем самым сбережете деньги на будущее — а техники службы ремонта компьютеров будут рычать, когда вы случайно будете встречаться с ними на улице.

Теперь оставим в покое эти мифы, поскольку самое время перейти к изложению материала по существу.

Об этой книге

Если вы еще не заметили, то скажу, что каждая глава в этой книге представляет собой справочное руководство по одному конкретному типу аппаратных средств обеспечения компьютера, которые вы можете присоединять к своему ПК. Одни из них — необходимые компоненты, другие — необязательные устройства, которые лишь добавляют функциональности вашему компьютеру. Начинать чтение книги можно с любого места — каждая глава вполне самодостаточна, но главы расположены в определенном порядке, которому вполне можно следовать. Книга также включает Приложение и словарь терминов с информацией о различных операционных системах, доступных для персонального компьютера, если только вы не собираетесь использовать эту информацию в качестве руководства пользователя этими операционными системами.

Каждая глава также обеспечит вас самой необходимой информацией, которой нужно располагать при принятии решения относительно выбора покупки среди различных марок отдельных компонентов. Например, в главе 9 обсуждаются "голые" и усовершенствованные звуковые карты (без вникания в конкретные технические тонкости).

Соглашения, используемые в этой книге

Если вас интересуют вопросы приобретения и инсталляции отдельных компонентов, таких как привод CD-ROM или карта видеоадаптера, сразу переходите к соответствующей главе и начинайте чтение. Каждая глава оканчивается общими инструкциями по осуществлению инсталляции (эти инструкции, однако, не заменяют специальной документации, которая сопровождает каждый компонент, но описываемые шаги процесса установки дают основное представление об их подключении).

Если вы собираетесь конструировать компьютер с нуля, начните с главы 1 и читайте главы по порядку.

Ввод команд для компьютера

Время от времени вам потребуется набрать команду в DOS (или в другой используемой вами операционной системе); в книге такой текст обычно представляется в следующем виде:

Type me

Введите этот текст и нажмите клавишу <Enter> для обработки команды.

Команды меню

В этой книге я перечисляю команды меню, используя следующий формат:

Файл⇨Открыть

Такая запись, например, означает, что вы должны щелкнуть на меню Файл, а затем выбрать пункт Открыть в раскрывающемся меню.

Вывод сообщений на экран

Изредка я упоминаю о сообщениях, которые вы увидите на экране и которые посылает вам приложение или операционная система; они выделены в книге так:

```
Это сообщение выведено на экран приложением.
```

Что можно не читать

Хотя в действительности для сборки компьютера вам не потребуется большого количества технической информации, вам могут быть просто любопытны технические детали, окружающие компьютер вообще и используемые в нем компоненты. Такая техническая информация представлена во врезках.

Как организована эта книга

Книга состоит из пяти частей, каждая из которых содержит несколько глав. Приложение содержит описание основных операционных систем. В предметном указателе вы найдете все используемые в книге аббревиатуры, названия компонентов и деталей. На важные темы и информацию даны перекрестные ссылки, чтобы облегчить их поиск.

Часть I. Действительно ли я могу сделать это?

В этой части вам представляется главный инструмент сборки ПК — отвертка; здесь я расскажу вам, что такое *в действительности* комплекс аппаратных средств, какие компоненты составляют ПК и как они работают. Мы также определим, какой тип компьютера вы должны конструировать.

Часть II. Сборка вашего ПК

В этой части мы соберем требуемые компоненты для конструирования "голого" ПК — если только вы не предполагаете играть в самую последнюю версию мультимедийной игры в гольф, такого набора основных деталей компьютера вам будет достаточно. Ознакомившись с этой частью книги, вы уже сможете запускать программы DOS и устанавливать выбранную вами операционную систему.

Часть III. Добавление необходимых элементов

Здесь рассматриваются вопросы добавления аппаратных средств, которые действительно делают мультимедийный компьютер столь привлекательным в использовании — это оборудование наподобие стереозвуковой карты, накопителя компакт-дисков CD-ROM или DVD, либо модема. Когда вы закончите чтение этой части, вы сможете использовать ваш новый ПК для доступа к Internet, слушать свой аудиокомпакт-диск во время работы и даже поиграть в новейшую мультимедийную игру в гольф.

Часть IV. Добавление усовершенствованных компонентов

В этой части я представляю усовершенствованные аппаратные средства, которые повышают функциональные возможности вашего ПК, включая работу в сети, соединения ISDN, цифровые сканеры и устройства SCSI. Не каждый владелец компьютера захочет найти в этой части технологические тонкости, но после прочтения соответствующих глав вы будете хорошо осведомлены о дополнительных элементах, которые делают ваш компьютер "ПК крутого пользователя".

Часть V. Великолепные десятки

Эта часть содержит короткие справки в виде советов и рекомендаций по различным темам, касающимся сборки ПК. Сюда входят также глава, посвященная потенциальным проблемам, и глава, которая поможет повысить быстродействие вашего нового компьютера.

Используемые в книге пиктограммы

Некоторые вещи, с которыми вы столкнетесь при конструировании своего компьютера, могут быть в той или иной степени важными. Чтобы обратить ваше внимание на разделы с важной информацией, я отметил их следующими пиктограммами.

Указывает на информацию, которая оградит вас от неприятностей и сбережет ваше время (а иногда и деньги).

Вы размышляете о том, чтобы использовать бывшие в употреблении (б/у) аппаратные средства от старых компьютеров, которые вы купили или которые вам просто отдали? Если так, то задержите свой взгляд на этой пиктограмме.

Если вам, как и мне, любопытно, что же происходит "за кулисами", эта пиктограмма для вас.

Как можно предположить, эта пиктограмма выразительно указывает на потенциальные неприятности. *Всегда* в первую очередь читайте информацию, отмеченную этой пиктограммой.

Рассматривайте эту информацию как печатный эквивалент тех липучих заметок, которые украшают переднюю панель некоторых персональных компьютеров. Вам может быть уже известен этот материал, но напоминание никогда не вредно.

Куда идти дальше

Прежде чем перевернуть эту страницу, возьмите карандаш и листок бумаги, чтобы написать заметки, либо отбросьте свои предубеждения и пишите прямо в книге. Если вам требуется специфическая помощь по какому-либо компоненту, перейдите прямо к соответствующей главе; если же вы решили стартовать сначала, начинайте с части I.

Наслаждайтесь, а не подгоняйте себя — помните, здесь вы *не* участвуете в гонках. Хотя процесс сборки вашего собственного компьютера может пока еще казаться вам несколько пугающим, в действительности он достаточно прост и его легко изучить. Кроме того, ничто больше не приносит такого удовлетворения, как использовать построенный своими руками компьютер или отвечать на все компьютерные вопросы друзей и родственников, поскольку вы — эксперт по компьютерам!

Часть I

Действительно ли я могу сделать это?

Да, время ответа, кажется, несколько затянулось

В этой части...

Здесь вы узнаете о различных компонентах, используемых для сборки компьютера, и о том, какие задачи они выполняют. Я также постарался охватить все основные правила сборки компьютера и разъяснить вопросы использования бывших в употреблении частей устаревших компьютеров, чтобы помочь вам сократить расходы на новый ПК. В конечном счете, вы будете действовать в качестве собственного консультанта в вопросах определения того, какой тип потребительского компьютера вам нужно собирать, чтобы удовлетворить свои запросы.

Глава 1

Что находится в компьютере?

В этой главе...

- Что представляет собой простейший персональный компьютер
- Использование правил Здравого Смысла Сборки
- Обзор стандартных компонентов ПК
- Соединение компонентов между собой

Если вы спросите у большинства людей о компьютерах, они расскажут вам, что ПК является сложным черным ящиком, полным запутанных деталей, понять которые можно лишь имея инженерную квалификацию. Спросите об этом же тех немногих людей, которым нравится все делать своими руками и которые действительно собирают компьютер, и они громко рассмеются. Даже если вы купите все эти таинственные электронные штучки, к которым люди технического склада (технари) нежно относятся как к компьютерным *компонентам*, встает вопрос — с чего начинать? Приобрели ли вы все, что нужно? Как все это приспособить для совместной работы? Всякий, кроме разве что законченного компьютерного кретина, мог бы собрать компьютер из "Конструктора"!

Здесь я сообщу вам замечательную новость: если вы умеете держать в руках инструмент, показанный на рис. 1.1, то вы благополучно соберете свой собственный компьютер. Когда вы узнаете больше о постройке собственного компьютера и начнете использовать этот инструмент, вы, вероятно, согласитесь со мной — собирать компьютер в действительности легче, чем ломать голову над тем, *как* использовать сложные программы, которые этот компьютер должен выполнять. Утверждение о том, что сборка компьютера так же сложна, как сборка или восстановление автомобиля, является только мифом (поощряемым, вероятно, продавцами компьютеров).

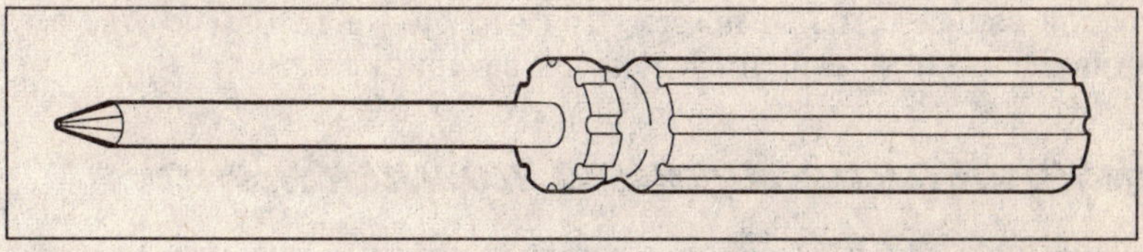

Рис. 1.1. Любимый инструмент компьютерного сборщика

Эта глава представляет вам стандартную электронику и периферийные устройства, которые можно использовать для конструирования компьютера, и показывает, как их приспособить друг к другу.

Компьютер может собрать каждый

Вы могли слышать ужасные истории о ком-то, кто пробовал усовершенствовать свой ПК и оказался засосанным через черную дыру в другое измерение. Как только вы объявите о начале постройки собственного компьютера, вы скорее всего столкнетесь со следующими мифами.

- ✓ **“Вы должны практически соображать, *как* работает машина, прежде чем совать свои руки внутрь компьютера!”** Неправильно — фактически вы не обязаны знать, как работает той или иной компонент. Требуется только соединить их корректно и поместить в корпус компьютера.
- ✓ **“Вы не сможете построить компьютер на карточном столике. Вам потребуется аэродром, полный комплект инструментов и склад, заполненный деталями”.** Нет. Компьютер не только можно собирать на обеденном столе, но при этом не требуются специальные инструменты. Отыщите свою любимую отвертку — и вы станете некоей машиной по сборке компьютеров.
- ✓ **“Вам потребуются годы, чтобы собрать компьютер. Когда вы закончите, ваш компьютер уже безнадежно устареет”.** Это зависит от того, как долго вы будете... Нет, нет, это только шутка! Этот миф определенно ложен — если у вас имеются все готовые к применению компоненты, а сборка ПК является первоочередным проектом, то вы легко закончите работу в течение уик-энда.
- ✓ **“Что-то не подойдет для работы с чем-то другим, ничего не получится”.** Снова неверно. (Кто эти старомодные люди? Вероятно, они продолжают думать, что самолет никогда не оторвется от земли.) Сегодняшние компьютерные компоненты спроектированы для совместной работы друг с другом. Независимо от того, какую марку вы купите и как много вы потратите, если вы купили стандартные компьютерные устройства, их можно объединить в один большой комплекс, составляющий работающий компьютер.

Есть ли какие-то секреты конструирования ПК? В действительности их нет. Именно поэтому многие открывают свой домашний бизнес по сборке потребительских компьютеров в свое свободное время. Постройка компьютера действительно очень увлекательное занятие — как только вы победите свои первоначальные опасения. Кроме того, вы возвыситесь в глазах людей, как только они узнают, что вы строите свой собственный компьютер. Неожиданно вы станете гениальным компьютерным гуру для вашей семьи и друзей. Так что будьте готовы к ответам на вопросы технической поддержки на вашей следующей вечеринке.

Конструирование лучшего компьютера

За последние пять лет я разработал для себя простые правила, которые можно успешно применять при конструировании чего-либо, начиная от мышеловки и заканчивая компьютером. Я назвал эти правила CSA, или, для тех, кто не переносит аббревиатур, Common Sense Assembly (здравый смысл сборки). Идея проста: можно избежать многих ошибок при сборке ПК, используя немного здравого смысла.

Придерживайтесь следующих правил CSA при подготовке и соединении компонентов компьютера.

✓ **Подготовьте побольше свободного места на столе и позаботьтесь о хорошем освещении**. Если вы собираете компьютер на обеденном столе, убедитесь, что рабочее пространство накрыто тяжелой тканью, чтобы избежать царапин. Если у вас есть настольная лампа, приспособьте ее так, чтобы получить требуемое освещение.

✓ **Не начинайте работу, если не подготовлены все необходимые компоненты и детали.** Если у вас нет чего-либо, необходимого для продолжения проекта от начала до конца, не начинайте работу, чтобы не остановиться на полпути. Легко можно пропустить какой-либо шаг или забыть что-то, если вы оставляете работу с компьютером и возвращаетесь к ней на следующий день.

✓ **Очень осторожно обращайтесь со своими компонентами.** Это правило здравого смысла не означает, что во время работы нужно надевать перчатки или охлаждать карты адаптера, лишь не роняйте детали на пол или не перебрасывайте их друзьям-помощникам.

Никогда не сгибайте печатные платы или карты адаптера, убеждайтесь в том, что соединительные кабели не перегнуты. Если какая-то деталь кажется неподходящей, не пытайтесь все же приладить ее. Отложите этот компонент, снова сверьтесь с инструкцией и попытайтесь сделать это другим способом.

Установка карт адаптера на материнскую плату иногда может потребовать немного больше времени или усилий, чем, например, подключение игрового картриджа к видеоигре. Но определить, правильно ли выровнена карта по отношению к слоту, довольно просто.

✓ **Читайте любую документацию, сопровождающую каждый компьютерный компонент.** Несмотря на то, что везде в этой книге я даю пошаговые инструкции по сборке, всегда имеется шанс, что один из ваших компонентов может требовать каких-либо специальных установок подключения или другого уникального обращения с ним.

✓ **Держите все руководства по вашим деталям вместе, чтобы легче было к ним обращаться.** После того как ваш компьютер будет запущен, можно снова быстро обратиться к руководствам, если необходимо изменить какие-то установки. Если вы решаете в будущем установить усовершенствованные элементы и продать старые устройства, это также рассматривается как хорошая манера для обеспечения сопровождения компонента его оригинальным руководством.

✓ **Сохраняйте квитанции и коробки от приобретаемых компонентов.** Хотя такое случается редко, но вновь купленная деталь может оказаться бракованной, и потребуется оригинальная упаковка, чтобы вернуть ее.

✓ **Используйте баночки для хранения мелких деталей.** Отдельные шурупчики, перемычки и проволочки имеют привычку теряться, если они предоставлены самим себе. Если вы закончили работать с шурупами и болтиками после успешной сборки ПК, положите их в банку и создайте свой собственный "склад запасных частей" — они пригодятся вам в будущем. Если вы истинный технарь, приобретите в магазине компьютерной аппаратуры одну из настенных полок с небольшими отделениями — они идеально подходят для хранения всяких мелких шурупов, проволочек и пружинок.

СОВЕТ

- ✓ **Держите намагниченную отвертку под рукой.** Это никогда не вредно — раньше или позже вы уроните шуруп внутрь корпуса компьютера. Если отдельные компоненты уже находятся в корпусе, не стесняйтесь поднять корпус, перевернуть его вверх дном и позвольте гравитации сделать свое дело. Если же установленные в корпус компоненты не прикреплены к нему, я рекомендую использовать намагниченную отвертку, чтобы подбирать своенравные шурупы одним лишь прикосновением к ним.
- ✓ **Проверьте *все* соединения компонентов после их установки.** Я не могу объяснить этот феномен (разве что обратиться к законам Мерфи), но часто вы будете соединять новый компонент жестко, только чтобы обнаружить позже, что вы случайно рассоединили некоторое другое соединение.
- ✓ **Оставляйте компьютер открытым во время сборки.** Не надевайте крышку корпуса немедленно после установки детали — может потребоваться заново подсоединить компонент, если, например, кабель соединен вверх ногами. Вместо этого, по возможности, сначала проверьте вновь установленное устройство — если оно продолжает работать, когда вы дотрагиваетесь до печатных плат, значит все в порядке.

ПОМНИ!

Между прочим, если вы не станете копаться внутри включенного монитора, то внутри вашей машины ничего никогда не взорвется и не изрыгнет вредную радиацию. Лично я надеваю крышку корпуса лишь в конце дня (чтобы защитить внутренности компьютера от пыли и маленьких детских пальчиков).

Главное, первостепенное, архиважное, абсолютно необходимое правило

Никакой паники!

ПОМНИ!

Есть лишь очень маленький шанс вывести компонент из строя, просто неправильно подсоединив его. Засеките время конструирования своего компьютера и регулируйте темп — таким образом можно избежать ошибок. Помните, что сборка компьютера — это не соревнование, ограниченное по времени.

После того как вы приобретете опыт и соберете несколько машин, вы сможете работать с рекордной скоростью. Например, я знаю нескольких супертехнарей, которые могут собрать сложный ПК за один час. Конечно, люди в обеденный перерыв часто смеются над ними — одержимость техникой имеет свою темную сторону, я полагаю.

Другое главное, первостепенное, архиважное, абсолютно необходимое правило

Жидкости запрещены!

ПОМНИ!

Если вы все-таки подумаете о том, чтобы поставить содовую или минеральную воду рядом со своим компьютером, вспомните о Чернобыле и Три майл айленд (Three Mile Island). Если вы капнете напитком или другой жидкостью на какой-либо компонент компьютера, эта жидкость будет разрушать все, с чем она соприкасается (это почти не шутка).

Компьютер состоит из стандартных элементов

Если вернуться к началу 70-х, когда появился первый персональный компьютер, то чтобы сконструировать его, вам нужны были бы хорошие знания в области электроники и пайки металлов. Все детали были припаяны вручную к печатной плате, и пришлось бы даже корпус изготавливать самостоятельно. Если вы когда-либо слышали термин *хакер* (или хэкер, hacker), то сообщу вам его первоначальное значение: хакер — человек, который "сколачивает" компьютер из отдельных радиодеталей.

На протяжении ряда лет компьютеры совершенствовались и теперь больше напоминают приборы, в которых один компьютер содержит в себе одновременно довольно много других компьютеров. С тех пор компания IBM представила IBM-PC — компьютеры, собранные с использованием стандартных компонентов с различными соединителями и разных размеров, так что вам не потребуется длительного опыта инженера-электронщика для их сборки. Эти детали являются самодостаточными, так что не ст*о*ит беспокоиться о пайке (или шестернях и пружинах). Каждая из них состоит из некоторых элементарных блоков, соединенных вместе тем или иным образом.

Фактически, производители компьютеров собирают свои машины из стандартизированных компьютерных компонентов, используя популярную сегодня продажу по почте или прямую продажу. Подобно вам, они заказывают стандартные компоненты и периферию и собирают компьютер согласно вашей спецификации.

Процесс, которому нужно следовать при конструировании своего компьютера, очень похож на следующий рецепт. Подобно выпечке пирога, вы в определенном порядке добавляете некоторые ингредиенты в вашу смесь и наперед знаете, какой лакомый кусочек получите, — в нашем случае это путешествие по Internet, написание большого романа или уничтожение ваших любимых пришельцев с планеты Кварк.

Ваши компьютерные компоненты

Прежде чем вы узнаете больше о том, где купить (или, если вам повезет, где-то подобрать) детали, из которых состоит компьютер, позвольте мне представить вам некоторые главные компоненты компьютера. Компьютер нуждается по крайней мере в каждом из перечисленных ниже компонентов в порядке их включения в работу. В этом разделе я опишу каждый компонент в общем, а детальное их описание вы найдете в последующих главах.

Между прочим, *подержанные* (или *бывшие в употреблении, б/у*) части компьютеров являются более полезными, чем об этом говорит их название; я использую этот термин для компонент, которые вы снимаете со старых компьютеров, для подержанных покупных или подаренных вам компонент. В главе 2 приведено несколько хороших советов и намеков, где найти подержанные компьютерные компоненты.

Большой металлический особняк

Корпус вашего компьютера — это дом с энергоснабжением, различными кнопками и лампочками на фасаде и вентилятором, который охлаждает внутренность компьютера. Некоторые мощные машины имеют даже более одного вентилятора, в зависимости от того, как много устройств внутри компьютера выделяют тепло.

Можно заметить несколько больших прямоугольных отверстий (называемых *карманами накопителей*) на фасаде корпуса. Но не расстраивайтесь, корпус вашего компьютера не дефектный. Эти отверстия позволяют подсоединять новые компоненты, такие как накопитель сменного медиа-устройства или CD-ROM. Если они не будут использоваться, карманы накопителей обычно закрываются пластмассовой декоративной пластиной (заглушкой). Фасад корпуса может иметь также шторку, которая открывается для доступа к карманам.

Можно приобрести корпус различных размеров. Выбираемый вами размер зависит от того, сколько дополнительных компьютерных игрушек (обычно называемых *периферийными устройствами*) вы желаете подсоединить к своему компьютеру. В главе 3 мы подробнее поговорим о корпусе вашего компьютера.

Сердце компьютера

Набор различных печатных плат внутри компьютера — это нечто достаточно большое, достаточно сложное и достаточно важное, чтобы называться *материнской платой* вашего компьютера. Материнская плата содержит *чип CPU*, который действует как мозг ПК, и *чипы RAM*, которые, будучи подключенными, выполняют роль компьютерной памяти. Фактически, материнская плата содержит все то, что вы видите на рис. 1.2.

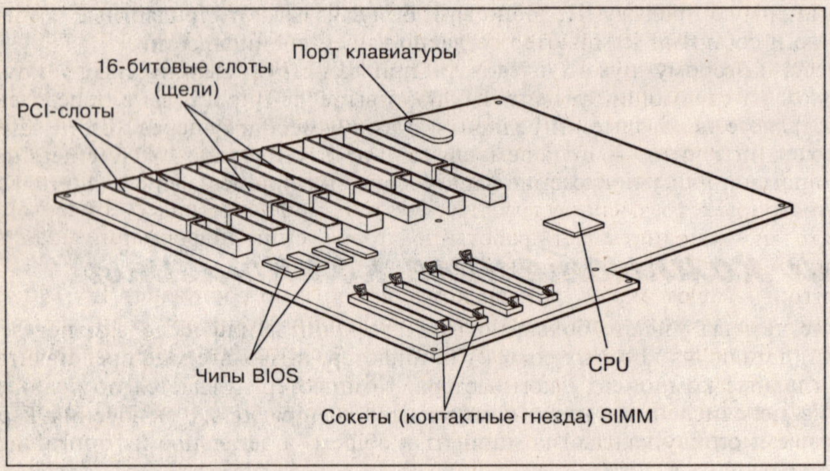

Рис. 1.2. Главная монтажная печатная плата вашего компьютера нежно называется "материнской платой"

Если вы получаете удовольствие от аббревиатур, сообщаю, что CPU означает *Central Processor Unit* (устройство центрального процессора), а RAM — *Random Access Memory* (оперативное запоминающее устройство). Не утруждайте себя запоминанием этих длинных названий — большинство людей знают, что означают аббревиатуры, но не имеют понятия, как расшифровываются отдельные буквы.

Устройства CPU работают с различными скоростями. Скорость работы CPU измеряется в мегагерцах (МГц), например 350 МГц. Иногда скорость CPU упоминается после названия процессора — Pentium II 350. Чем выше скорость CPU, тем быстрее работает ваш компьютер.

На сегодняшний день наиболее популярной маркой CPU является серия Intel Pentium, которая включает Pentium II и Pentium III (так же, как Intel Celeron), но вы можете обнаружить и некоторые другие марки, например AMD или Cyrix. Обычно эти альтернативные CPU намного дешевле и часто работают быстрее и эффективнее, чем Pentium, но некоторые программы имеют с ними проблемы. Для обеспечения совместимости я рекомендую использовать CPU серии Pentium/Celeron.

Материнская плата — вероятно, одна из наиболее дорогих частей, которые вы должны купить. Так, если вам удастся найти подержанную материнскую плату в хорошем состоянии с CPU класса Pentium II, покупайте ее, если цена подходящая. Какую цену можно считать подходящей? Цены на материнские платы колеблются каждый месяц (с тенденцией снижения), поэтому узнайте цену на новую материнскую плату, имеющую подобный чип Pentium-ряда, чтобы определить, много ли вы сэкономите на приобретении б/у платы.

Обо всех деталях на вашей материнской плате мы поговорим в главе 3. Чипы CPU и RAM обсуждаются в главе 4.

Голубой экран

Следующими в нашем списке идут *монитор* и *видеокарта* — вместе эти две части отображают все, от вашей электронной почты и самых последних финансовых результатов до всех этих сногсшибательных Web-страниц (не исключая также этих вездесущих кваркианцев, которых вы должны дезинтегрировать).

Все видеокарты имеют свои собственные специальные встроенные чипы RAM; чем большее количество RAM, тем больше цветов и деталей отображает карта. Современные видеокарты способствуют также ускорению работы вашего компьютера, как это демонстрирует трехмерное графическое или цифровое видео. Видеокарта может самостоятельно исполнять часть работы по отображению информации на экране, предоставляя вашему CPU заслуженный отдых.

Мониторы имеют экран, размер которого обычно составляет 14–19 дюймов по диагонали. Вы можете установить даже больший монитор, если жаждете иметь как можно большее экранное пространство. Естественно, чем больше монитор, тем он дороже.

Глава 6 содержит примерно все, что вы когда-либо (или никогда) захотите знать о видеокартах и мониторах ПК.

Места для подключений

Силовой кабель — не единственная необходимая связь с внешним миром вашего компьютера. Например, необходимо подключить клавиатуру и мышь или добавить внешний модем, джойстик или принтер. Некоторые из соединителей, используемых этими устройствами, включены в материнскую плату, в то время как другие установлены отдельно.

Помните старомодную мышь? Их все еще можно встретить и в наши дни, но вы можете также использовать другие средства для реализации идеи “указать и щелкнуть”, такие как шаровые указатели трекболы (trackballs), сенсорные панели (touchpads) и чертежные планшеты. Мышь фактически является необходимой для работы в среде Windows (хотя вы все еще можете, если необходимо, работать исключительно с клавиатурой).

Даже традиционная клавиатура изменилась. Можно найти новые эргономично оформленные клавиатуры, разработанные для того, чтобы сделать печатание более легким для ваших рук и предплечий. Клавиатура Windows 98 даже содержит две или три новые клавиши для активизации кнопки Пуск и отображения меню прямо из приложения (огромное спасибо Биллу Гейтсу (Bill Gates), что он не может добавить новые буквы к алфавиту). Тем не менее, если вы сможете где-нибудь подобрать старую стандартную клавиатуру ПК, она будет продолжать прекрасно работать.

Ваш компьютер также нуждается, по крайней мере, в одном последовательном и одном параллельном портах для возможности использования многих внешних устройств. Например, модемы связаны с последовательными портами, в то время как принтер использует параллельный порт. Другие более специализированные порты могут заканчиваться штырьками на задней стороне вашего нового компьютера, в зависимости от того, какие компоненты вы добавляете. (Более полная информация о портах содержится в главе 5.)

Склад данных

Ранее в этой главе я упоминал, что чипы RAM действуют как память вашего компьютера при его работе. Однако, когда вы выключаете компьютер, он “забывает” данные, находившиеся в RAM, поэтому вам необходимо еще постоянное место, где бы хранился адрес дяди Васи или ваше самое последнее сообщение. Такая постоянная память реализуется в трех формах: накопители на жестких дисках (hard drives), сменные накопители (removable drives) (наподобие накопителей Zip и Jaz) и накопители на гибких дисках (floppy disk drives) (с сопровождающими их дискетами). (Устройства-накопители на дисках иногда также называют при*в*одами или дисководами. — *Прим. ред.*)

Ваш компьютер нуждается, по крайней мере, в одном накопителе на жестком диске и в одном — на гибком диске; стандартный накопитель на гибком диске все еще использует традиционный 3$^{1}/_{2}$-дюймовый гибкий диск (флоппи-диск) объемом 1.44 Мбайт. Накопители на жестких дисках имеют намного большие объемы памяти для хранения данных. Более ранние накопители могут хранить сотни мегабайтов. Более новые жесткие диски могут содержать гигабайты (или Гбайты) данных (это — тысячи мегабайтов). Сегодняшний типичный накопитель на жестком диске располагает вместимостью от 6 до 20 Гбайт.

Приводы более новых накопителей на жестких дисках также обычно быстрее, чем старые приводы; они могут поставлять большее количество данных на ваш компьютер за более короткое время, чем приводы, сделанные немногим более двух или трех лет назад.

Если вы покупаете новый жесткий накопитель, есть смысл приобретать накопитель с возможно *большим* объемом памяти. Если вы планируете использовать бывший в употреблении накопитель с меньшей вместимостью, позже вам, вероятно, придется удалять одни программы, чтобы добавить другие новые программы и данные. Глава 7 станет вашим гидом в вопросах по жестким и гибким накопителям.

Звонки и свистки

Сегодняшние мультимедийные средства ПК имеют большее количество дополнений, приставок и забавных “наворотов”, чем простой смертный может себе позволить — ладно, за исключением Билла Гейтса, который имеет все это. Но если вы хотите запускать мультимедийные игры или образовательные программы, вам, как минимум, потребуются *звуковая карта* и *накопитель CD-ROM*, а также набор акустических динамиков. В главе 9 обсуждаются звуковые карты ПК, а в главе 8 мы подробнее рассмотрим приводы CD-ROM и новые приводы DVD.

Другое обычное дополнение к ПК — принтер. Я гарантирую, что вы откажетесь от вашей старой пишущей машинки, как только воспользуетесь текстовым процессором. Если вы желаете сосредоточиться на сегодняшней принтерной технологии, можете сразу перейти к главе 14. И не забудьте модем для соединения вашего компьютера с другими компьютерами по телефонным линиям, особенно если вы — фанат Internet (интернетоман). (Тема модемов рассмотрена в главе 10.)

СОВЕТ Даже если вы не запускаете мультимедийные программы или не проигрываете аудиоCD на вашем компьютере, следует, тем не менее, рассмотреть возможность добавления привода CD-ROM. Почему? По вполне понятной практической причине: огромное большинство доступных сегодня программ распространяются на компакт-дисках. Поиск версий таких программ на гибких дискетах становится все сложнее и сложнее, так что накопитель CD-ROM быстро окажется необходимым элементом каждого компьютера.

В последующих главах мы также обсудим усовершенствованные компоненты компьютеров для крутых пользователей, такие как сетевые аппаратные средства, сканеры и ISDN. Вы не обязаны читать эти главы и никто не будет вас тестировать по ним; эти главы — для отважных компьютерщиков или тех, кто действительно нуждается в соответствующей информации.

Соединение компьютерных компонентов

Вы можете задаться вопросом, как соединить все различные компоненты, которые составляют компьютер. "Что случится, если я соединю что-то неправильно? Не вспыхну ли я подобно Рождественской елке? Не сожгу ли я дорогой компонент? "

Признаюсь, когда я собирал мой первый компьютер, я был больше чем обеспокоен по той же самой причине. Чтобы успокоить вас, рассмотрим следующие факты.

- ✓ Большинство соединителей для компонентов компьютера помечены, чтобы вы могли подключить их правильно. Некоторые соединители разработаны так, чтобы их можно было установить только в единственно правильном направлении.
- ✓ Разрушение компонента компьютера из-за неправильного способа включения почти невозможно. В самом худшем случае устройство просто не будет работать. Лишь соедините компонент должным образом, и он прекрасно будет работать.

Рис. 1.3. Типичный соединитель накопителя на гибком диске

✓ Хотя ваш компьютер соединяется с настенной розеткой, на если вы не разбираете проводку электропитания или монитор (чего вы, полагаю, не собираетесь делать), вы не будете иметь дела с опасным напряжением. Конечно, это не означает, что не нужно соблюдать основных мер предосторожности — если вы будете шаг за шагом следовать процедурам сборки, вы будете совершенно обезопасены.

Большинство компонентов внутри компьютера связаны между собой кабелями. Например, на рис. 1.3 и 1.4 показаны кабель накопителя на гибком диске и силовой (питающий) кабель. Поскольку эти части вы добавляете к вашему компьютеру, я проинструктирую вас, как удостовериться, что вы соединяете кабели должным образом

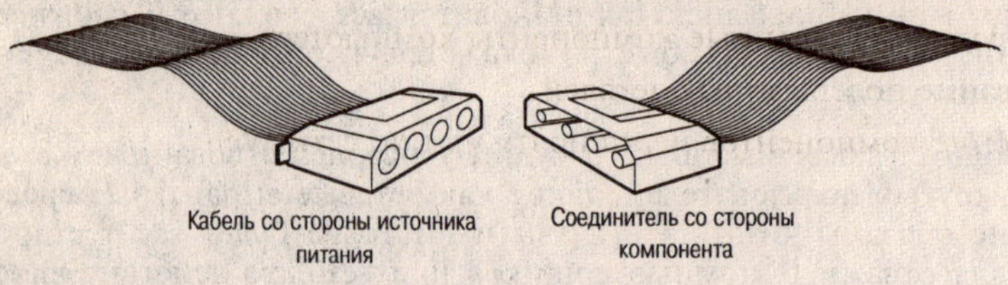

Рис. 1.4. Силовой кабель ПК

Вы будете также добавлять элементы, называемые *картами адаптера*. Эти печатные платы вставляются в (plug in) ваш компьютер совершенно так же, как штепсель игрового картриджа вставляется в пульт (консоль) видеоигры. Карты адаптера обеспечивают ваш компьютер дополнительными способностями, позволяя использовать внутренние модемы (глава 10), звуковые карты (глава 9) и т.п. Карты адаптера устанавливаются рядами с одной стороны компьютера, как показано на рис. 1.5.

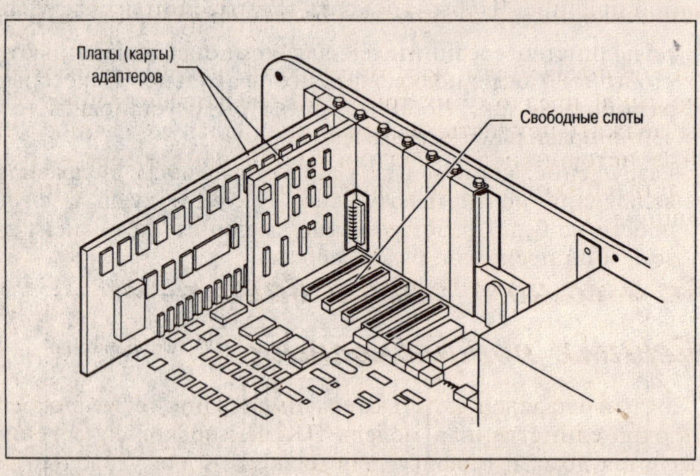

Рис. 1.5. Карты адаптера, установленные в компьютере

В зависимости от типа материнской платы, установленной в компьютер, вы будете использовать либо 16-битовую карту адаптера ISA, либо PCI- или AGP-карту (в главе 3 я объясню, как правильно выбрать нужный тип карты адаптера). Удостоверьтесь, что имеющаяся у вас карта адаптера именно того типа, который требуется, — неправильный тип карты не будет соответствовать реализуемому вами проекту компьютера.

Глава 2

Какой ПК я должен собирать?

В этой главе...

- Какой компьютер вам нужен
- Нужна ли вам специальная начинка
- Где подобрать выброшенные компоненты компьютера
- Использование подержанных деталей
- Приобретение компонентов через почту или по сети Web

Когда вы приходите в огромный розничный магазин электроники, чтобы купить компьютер, выбрать ПК по вашим потребностям, как я предполагаю, вам помогает продавец. Если же вы строите ваш собственный компьютер, вы должны *самостоятельно* определить, какой компьютер будет для вас наилучшим. Следуя моим советам, вы, вероятно, найдете ответ на этот вопрос гораздо лучше, чем многие так называемые эксперты, которые продают компьютеры. Помните, они прежде всего заинтересованы в получении денег для себя, так что продавцы в большой степени склонны предлагать вам более дорогую модель, чем вам действительно нужна.

В этой главе я покажу вам, как определить, какой компьютер удовлетворит ваши потребности, и предложу их три основные конфигурации. Я расскажу, какие детали вы должны покупать, включая специальную начинку. Я также окуну вас в различные источники для закупки частей компьютера — особенно подержанных (б/у) деталей, которые еще более могут сократить стоимость сборки вашей новой машины.

Спросите у самого себя о ваших компьютерных потребностях

Если бы каждый владелец компьютера имел одни те же потребности, нужна была бы лишь одна единственная модель ПК. Но поскольку сегодняшние компьютеры используются дома и в офисе, для бизнеса и для удовольствия, то ПК, работающий хорошо для одного человека, обычно не очень подходит другому. Хотя большинство компьютеров, продаваемых сегодня, — это компьютеры Pentium II или Pentium III, они так же отличаются друг от друга, как тридцать три аромата в вашем местном кафе-мороженое ... или, по крайней мере, должны отличаться.

Что делает компьютер уникальным?

Наиболее очевидные различия между компьютерами обычно определяются скоростью (и типом) процессора CPU, количеством (объемом) системной памяти RAM и объемом свободного пространства накопителя на жестком диске. В то же время, некоторые другие более тонкие различия между машинами также могут повлиять на их исполнение.

Эти различия включают количество и тип вторичного кэша (который мы обсудим в главе 3), количество видеопамяти (о которой идет речь в главе 6), скорость привода накопителя на CD-ROM (рассматриваемого в главе 8) и многие другие факторы.

Чтобы самостоятельно построить компьютер, в котором вы нуждаетесь, необходимо его спроектировать исходя из того, *кем* вы являетесь и *что* планируете делать. Самый легкий способ определить, какой компьютер вам нужен, это задать себе ряд вопросов. Если вы действительно наслаждаетесь телевизионными ток-шоу с участием юристов, у вас есть шанс подвергнуть себя перекрестному допросу — возьмите ручку и блокнот и запишите ваши ответы на вопросы в этом контрольном списке.

- ✓ **Первичное применение.** Что будет главной функцией вашего компьютера — другими словами, что вы будете делать с ним приблизительно 75% от времени, в течение которого вы используете ПК? Например, планируете ли вы использовать компьютер для обработки текстов, выполнения чертежей или серфинга по Internet? Являетесь ли вы заядлым игроком, который находит приятным играть в самые последние и самые горячие трехмерные выпуски (3D-версии) игр? Пометьте главную функцию вашего компьютера под заголовком "Первичное применение".

  Если вы не вполне уверены в том, каким будет первоочередное назначение компьютера, запишите только общий термин наподобие "офисная работа", "домашнее использование" или "очень дорогое пресс-папье".

- ✓ **Вторичное применение.** Что будет вторичной функцией вашего компьютера — т.е. для чего вы, как правило, будете использовать его, если вы не выполняете главную функцию? Вы по вечерам играете в компьютерные игры, или ваше семейство использует компьютер для образования или серфинга по Internet? Запишите вторичное назначение вашего компьютера под этим заголовком.
- ✓ **Семейный компьютер.** Будут ли дети использовать ваш компьютер для образования или игр? Если так, запишите такое его назначение под этим заголовком.
- ✓ **Режим DOS.** Вы имеете какие-либо старые программы MS-DOS, которые вам нужно выполнять дома или на работе? Если так, запишите далее "требуется режим DOS" под этим заголовком. (Фактически, эта информация понадобится позже, когда вы решите что варианта использования коварной Windows следует избегать. В Приложении А обсуждаются все главные операционные системы для вашего ПК.)
- ✓ **Видео высокого разрешения.** Будете ли вы смотреть на экран компьютера в течение более трех или четырех часов в день? Например, вы управляете домашним бизнесом или пишете романы на вашем ком-

пьютере? Или вы будете использовать ваш компьютер для работы со сверхмощной графикой типа самой последней передовой 3D-игры, в качестве профессиональной настольной издательской системы или для редактирования изображений с помощью программы типа Photoshop? Если так, запишите “требуется видео высокого разрешения (Hi-res video)” под этим заголовком.

✓ **Крутой пользователь.** Вы собираетесь использовать полный набор программ компьютера наподобие Microsoft Office? Вы будете выполнять изощренные и дорогие приложения наподобие Adobe Photoshop или AutoCAD? Если вы планируете использовать такие сложные программы, запишите “я — крутой пользователь”.

  Некоторые люди желают иметь по возможности самый быстрый компьютер — они ненавидят ожидать и готовы дополнительно платить свои зеленые, чтобы получить Cadillac среди компьютеров; это о чем-то говорит. Если вы соответствуете этому описанию и не возражаете платить дополнительно за многие из ваших компьютерных компонентов, продолжите свой протокол и запишите: “крутой пользователь”. Вам придется тратить больше денег, чем обычному человеку, потому что вы покупаете более мощные и дорогие части, но тогда вы, вероятно, соберете самый хороший компьютер в вашем доме.

✓ **Пользователь сети.** Вы собираетесь соединить ваш компьютер с другими компьютерами по сети LAN? (Это — техническая тарабарщина для обозначения *локальной (местной) сети (local area network)*, или, если угодно, просто *сети*.) Если ответ на этот вопрос — “Да”, записывайте: “Я — пользователь сети” (и готовлю себя к дополнительной головной боли при чтении главы 12, где обсуждаются сети).

✓ **Один последний вопрос.** Где вы были ночью 15-го? (Слишком плохой Перри Мэйсон не имел компьютера, чтобы следить за всеми этими деталями!)

Видите, оказывается это не слишком ужасно! Теперь вы устранили продавца и составили список задач и направлений деятельности вашего компьютера. Исходя из этого списка можно составить свое собственное описание ваших компьютерных потребностей. Погладьте себя по головке и налейте себе другую чашку кофе или достаньте другую бутылку содовой. В следующем разделе мы воспользуемся этим списком, чтобы определить типы компонентов, которые вы должны включить в ваш компьютер.

Ответы на ваши вопросы о компьютерных потребностях

Если бы вы покупали компьютер через розничный магазин, следующим действием продавца после исследования ваших компьютерных нужд была бы прогулка к одной конкретной модели, сопровождаемая заверениями наподобие: “Основываясь на том, что вы сказали мне, я рекомендовал бы эту машину как совершенный компьютер для вас. Это будут наличные, чек или запишем на ваш счет?”

Стоп, Миша! Возможно, что подсказка продавца *может* удовлетворить ваши потребности, но когда вы собираете ваш собственный компьютер, *вы* решаете, какие части наиболее важны для вас. Вас интересует скорость? Объем жесткого диска? Лучший звук или лучший цвет?

В этом разделе мы используем описание ваших компьютерных потребностей (которое вы сделали в предшествующем разделе), чтобы выбрать между тремя стандартными проектами (дизайнами) компьютера. Я создал каждый из этих основных проектов, чтобы удовлетворить специфический тип владельца компьютера. Позже в этой главе мы выясним, должны ли вы добавить специальную начинку к вашей базовой модели. (Этот метод может показаться вам знакомым — он используется здравомыслящими покупателями автомобилей, чтобы получить точно такой автомобиль, который они хотят, по самой низкой возможной цене.)

Просмотрите описания каждого из трех следующих проектов и затем выберите тот, который лучше всего может служить базовой моделью для вашего компьютера. Конечно, вы можете добавлять или удалять части, выбирать более дорогие части для любого из этих проектов или только намечать дополнительные части, которые вы захотите добавить после того, как ваш компьютер будет собран и заработает. Следующие проекты компьютера не являются жестко определенными спецификациями — это лишь мои предложения.

СОВЕТ

Я включил последнюю позицию в каждой из следующих спецификаций (строка "Необязательно") и указал одно или больше привлекательных дополнений (extras), которые большинство людей находят очень полезными по той или иной причине. Они абсолютно не требуются для выполнения программ, но они делают жизнь чертовски намного легче! Некоторые необязательные изделия, которые я предлагаю, могут быть использованы для модернизации существующей части в каждом проекте. Например, если вы желаете дополнительно потратиться на более быстрый процессор, я рекомендую тип процессора, который вам следует искать.

Проект № 1: экономичный класс Джека Бенни

Конечно, одна из причин, по которой вы хотите собрать компьютер самостоятельно, состоит в экономии денег — мой первый проект определенно скроен для тех, кто хочет построить базовый, упрощенный компьютер за минимальную цену. На этом компьютере вы не сможете пилотировать самый последний летный тренажер — но заметим: жизнь состоит не из одних только игр. Я могу только представить себе бедного Джека Бенни, который открывает свой бумажник и спрашивает себя: "А действительно ли мне нужна клавиатура? "

Этот компьютер подойдет вам, если описание в контрольном списке, которое вы составили в предыдущем разделе, удовлетворяет следующим утверждениям.

- ✓ И ваши **Первичное**, и **Вторичное применения** — обработка текстов, ведение домашней бухгалтерии, хранение результатов домашних рекордов или т.п., что не требует самого быстрого компьютера.
- ✓ Ваше описание в контрольном списке не содержит записей "семейный компьютер", "требуется Hi-res видео" или "крутой пользователь".

В табл. 2.1 я внес список соответствующих деталей и компонентов компьютера, которые вам понадобятся для реализации этого базового проекта компьютера. Он не содержит никаких излишеств, но все еще квалифицируется как основанный на Pentium персональный компьютер и дает представление о том, что можно построить с использованием перечисленных здесь частей.

Таблица 2.1. Требования для "голого" компьютера Pentium-класса

Компонент компьютера	Что искать
Корпус	Стандартная "коробка для пиццы" (так называемый SLIM), мини-башня ATX либо настольная модель, один вентилятор
CPU/материнская плата	Celeron 300 МГц, слоты ISA и PCI, кэш 256 Кбайт
Системная RAM	Объем 32 Мбайт
Накопитель на жестком диске	Один EIDE-накопитель объемом 3 Гбайт
Накопитель на гибком диске	Один $3^1/_2$-дюймовый накопитель объемом 1.44 Мбайт
CD-ROM	Внутренний накопитель 16x
Видеокарта	Стандартный адаптер PCI SVGA на 2 Мбайт
Монитор	14-дюймовый SVGA
Порты	2 последовательных и 1 параллельный
Ввод данных	Стандартная клавиатура (101 клавиша) и мышь
Необязательно	Модем для связи с Internet

Проект № 2: стандартный вариант Каннингхэма

Помните Ричи Каннингхэма и его семейство из кинофильма "Счастливые дни"? Если бы в 50-х домашние компьютеры были вокруг, Ричи и команда использовали бы именно этот стандартный проект. Он типичен во всем, включая умеренное количество денег, которые вы затратите на его сборку. Этот компьютер имеет основные возможности средств мультимедиа и может, не моргнув и глазом, обращаться с Internet.

Этот компьютер подойдет вам, если описание в вашем контрольном списке удовлетворяет следующим утверждениям.

- ✓ Ваше **Первичное применение** включает просмотр (browsing) Web, использование электронной почты Internet и групп новостей (newsgroups), работу с продвинутыми офисными программами типа крупноформатных таблиц и приложений планирования, использование простого программного обеспечения настольной издательской системы или создание произведений компьютерного творчества.
- ✓ Ваше **Вторичное применение** включает компьютерные игры, использование средств мультимедиа или образовательного программного обеспечения на CD-ROM.
- ✓ Ваше описание не включает "требуется Hi-res видео" или "крутой пользователь".

В табл. 2.2 перечислены требования к наиболее важным частям, которые вам потребуются для сборки компьютера среднего класса.

Таблица 2.2. Требования для компьютера Pentium-класса среднего уровня

Компонент компьютера	Что искать
Корпус	Модель мини-башня ATX, один вентилятор
CPU/материнская плата	Pentium II от 350 до 400 МГц

Компонент компьютера	Что искать
Системная RAM	Объем 64 Мбайт
Накопитель на жестком диске	Один EIDE-накопитель с объемом памяти от 6 Гбайт
Накопитель на гибком диске	Один $3^1/_2$-дюймовый накопитель с объемом 1.44 Мбайт
Видеокарта	Стандартный видеоадаптер AGP на 8 Мбайт
Модем	Внутренний типа v.90 "данные/факс" со скоростью 56 Кбайт/с
CD-ROM	Внутренний накопитель 32x
Звуковая карта	Sound Blaster-совместимая с технологией wavetable
Монитор	15-дюймовый SVGA
Порты	2 USB, 2 последовательных и 1 параллельный
Ввод данных	Стандартная клавиатура (101 клавиша) и мышь
Необязательно	Струйный принтер, сканер, 17-дюймовый монитор

Проект № 3: волшебный компьютер — мечта идиота

Проект № 3 — мечта крутого пользователя, это — первый класс! Такая система может справиться даже с самыми жесткими режимами работы типа создания трехмерных художественных произведений, обработки самых больших крупноформатных таблиц Excel и редактирования изображений с помощью Adobe Photoshop. Волшебный компьютер, который вы строите, может быть столь же хорош, как любой первоклассный компьютер, который можно было бы купить в самом большом магазине по продаже ПК, — кроме того, конечно, что при этом вы потратите на сотни долларов меньше.

Этот компьютер подойдет вам, если описание в вашем контрольном списке удовлетворяет следующим утверждениям.

- ✓ Ваше **Первичное применение** включает продвинутую или тяжелую вычислительную работу подобно автоматизированному проектированию, редактированию видео-мультимедиа или 3D-мультипликации. Если первичное применение предполагает игру в самые последние и самые большие компьютерные игры во всей их красе, вам также следует рассмотреть вопрос о сборке именно этой машины.
- ✓ Ваш контрольный список включает **"требуется Hi-res видео"** и **"крутой пользователь".**
- ✓ Вы просто хотите иметь по возможности лучший компьютер, который будет служить длительное время, прежде чем его потребуется модернизировать. (Когда мы будем обсуждать вопрос модернизации, я покажу вам, как воспользоваться преимуществом других людей, модернизирующих свои компьютеры, во врезке "Почему люди отказываются от так называемых устаревших компьютеров" ниже в этой главе.)

В табл. 2.3 перечислены требования к наиболее важным компонентам, которые необходимы для реализации этого проекта.

Таблица 2.3. Требования для компьютера Pentium-класса высшего уровня

Компонент компьютера	Что искать
Корпус	Модель полной башни, двойной вентилятор
CPU/материнская плата	Самый быстрый по возможности процессор Pentium III, слоты AGP и PCI
Системная RAM	128 Мбайт
Накопитель на жестком диске	Один EIDE-накопитель объемом от 15 Гбайт
Накопитель на гибком диске	Один $3^1/_2$-дюймовый накопитель объемом 1.44 Мбайт
Видеокарта	Ускоренный адаптер типа Windows AGP 3D SVGA с видеопамятью от 16 Мбайт, графический чипсет типа 3DFX или TNT
Модем	Внутренний типа v.90 "данные/факс" со скоростью 56 Кбит/с
CD-ROM	DVD-накопитель (с декодером AC-3 для просмотра DVD-фильмов)
Звуковая карта	Карта Sound Blaster PCI с wavetable (32 ли 64 голоса, позиционный 3D-звук)
Монитор	19-дюймовый SVGA
Порты	2 USB, 2 последовательных и 1 параллельный
Ввод данных	Стандартная клавиатура и мышь
Необязательно	Сканер, струйный или лазерный принтер, накопитель Zip или Jaz, SCSI-адаптер, ICDN-адаптер, сетевой адаптер, 21-дюймовый монитор, кабельный модем

После того как вы выберете лучшую базовую модель компьютера, который удовлетворяет вашим потребностям, можно идентифицировать любые дополнительные специальные устройства (или, на языке технарей, периферию), необходимые для использования ваших приложений.

Держите руку на пульсе специального оборудования

Если вы планируете использовать ваш новый компьютер почти исключительно для какой-то специфической цели (создание музыки или автоматизированное проектирование, например), то уже должны знать, какие вам понадобятся специальные устройства. Если же вы — полный профан в области предполагаемой специфической деятельности, в следующем разделе описаны некоторые специальные устройства, которые могут оказаться необходимыми для вас.

Чертежи, графика и хорошенькие картинки

Если вы — художник или интересуетесь компьютерной графикой, то, возможно захотите установить у себя что-то из описанного в этом разделе оборудования. Первые два устройства — периферийные, а два других можно добавить к стандартным компонентам вашего компьютера.

- ✓ **Чертежный планшет.** Это периферийное устройство компьютера — что-то вроде электронного куска бумаги, олицетворяющего реальный технологический прогресс, не так ли? Вы можете чертить на поверхности планшета, как показано на рис. 2.1, который в свою очередь посылает ваш рисунок непосредственно на экран компьютера. Многие художники, рисующие карандашом или кистью, и специалистычертежники предпочитают рисовать естественными движениями руки, скорее чем пытаться рисовать линии, используя курсор мыши. (Для получения большей информации о чертежном планшете перейдите к главе 5.)

- ✓ **Цифровой сканер** (рис. 2.2) позволяет считывать изображения с напечатанного материала непосредственно в графическую программу. Такой сканер можно использовать также для считывания текстов статей журналов или книг непосредственно в вашу программу обработки текстов. Некоторые сканеры используют особенность, называемую OCR, — аббревиатура, которую значительно легче использовать, чем полную фразу *optical character recognition* (оптическое распознавание символов). (По всем деталям относительно технологии сканера обращайтесь к главе 14.)

- ✓ **Цифровой сканер** (рис. 2.2) позволяет считывать изображения с напечатанного материала непосредственно в графическую программу. Такой сканер можно использовать также для считывания текстов статей журналов или книг непосредственно в вашу программу обработки текстов. Некоторые сканеры используют особенность, называемую OCR, — аббревиатура, которую значительно легче использовать, чем полную фразу *optical character recognition* (оптическое распознавание символов). (По всем деталям относительно технологии сканера обращайтесь к главе 14.)

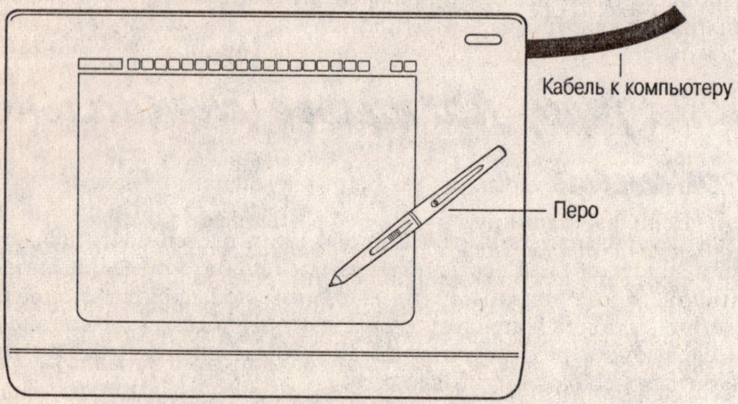

Рис. 2.1. Чертежный планшет — ответ технарей на спиральную записную книжку

- ✓ Если в вашем списке вы записали "требуется Hi-res видео", то вам будет нужна более быстрая, но и более дорогая **видеокарта** со следующими особенностями.
    - Чип акселератора Windows. Заботится об обработке видеоинформации, которая обычно выполняется вашим CPU, так чтобы программы Windows с графикой высокого разрешения выполнялись быстрее.
    - **Дополнительная видеопамять RAM.** Позволяет вашему монитору показать большее количество цветов с более высоким разрешением в среде, например, Windows. С дополнительной RAM ваш компьютер

сможет давать более высокое разрешение изображений для использования, например, в настольной издательской системе, которая может требовать минимального разрешения 1024×768. Таким образом вы сможете показывать большие картины с более точной и аккуратной передачей цветов.

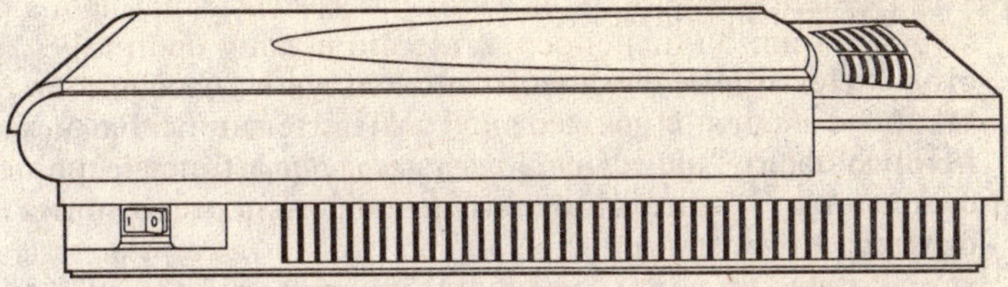

Рис. 2.2. Планшетный сканер достаточно велик, чтобы сканировать и графику, и текст

Оборудование для домашнего офиса и малого бизнеса

Вы собираетесь заняться бизнесом, похожим на мой? Никаких проблем — компьютер действительно поможет вам организовать домашний офис так, чтобы вы могли находить требуемую информацию, когда вам нужно (вообразите себе это!) Рассматривайте эти "extras" с точки зрения хорошего вложения денег в свою компанию.

- ✓ Большинство компьютеров в домашних офисах нуждаются в *струйном или лазерном принтере*. Оба этих принтера имеют различные преимущества, о которых мы подробно поговорим в главе 14.
- ✓ Если вы планируете добавить к вашему компьютеру *модем для передачи данных или факсов* (*data/fax modem*), можно было бы рассмотреть вопрос и о добавлении цифрового сканера. Помимо преимуществ, о которых я упоминал в предшествующем разделе, сканер также обеспечивает бо́льшие возможности по отправке факсов через ваш модем. Без сканера можно отправлять факсы только электронных документов, которые вы создаете на вашем компьютере, — вы окажетесь в затруднительном положении, если захотите присоединить к факсу какую-либо информацию с бумажной копии. При наличии сканера вы сможете просканировать отдельные страницы вашей твердой копии и затем отправлять их факсовые изображения.
- ✓ Как бы вам понравилось, если бы при переговорах по модемам ваш компьютер поднимал телефонную трубку для вас? Если вы приобретете модем типа *data/fax/voice*, то сможете назначать отдельные почтовые ящики для личных и деловых голосовых сообщений. Подробнее о голосовых модемах мы поговорим в главе 10.

Музыкальный компьютер Моцарта

Очень жаль, что Вольфганг Амадей не дожил до времен, когда стали использоваться компьютеры. Если вы — музыкант, то вам будет интересно узнать о некоторых новых вещах, которые вы можете делать с компьютером. Но музыкант вы или нет, следующие компоненты компьютера могут превратить ваш ПК в миниатюрную студию звукозаписи. Проверьте эти игрушки.

- ✓ Никакой уважающий себя компьютерный музыкант не остался бы без звуковой карты с поддержкой MIDI. При использовании стандарта MIDI можно "наигрывать" музыку непосредственно в компьютер с вашего инструмента и затем редактировать ее. Компьютер даже может фактически взять под свой контроль ваш инструмент и играть на нем автоматически. (Для получения более подробной информации о стандарте MIDI ознакомьтесь с главой 9.)
- ✓ Другое расширение звуковой карты, которое вы должны иметь в домашней компьютерной студии, — поддержка звука wavetable (т.е. табличного синтеза музыкальных инструментов и других звуков. — *Прим. ред.*). Wavetable-технология продуцирует более естественные, точные ноты, звучание которых много более похоже на звучание реального музыкального инструмента. (Больше информации о звуковых картах и технологии wavetable вы узнаете в главе 9.)
- ✓ Один из моих любимых "extras" позволяет производить запись ваших собственных звуковых компакт-дисков. Музыканты и аудиофилы (ребята в наушниках, любовно называемых дебильниками. — *Прим. ред.*) могут воспользоваться значительным падением цен на рекордеры CD. За сумму менее $300 можно приобрести полный комплект рекордера CD с полным программным обеспечением (стоимость незаполненных записываемых компакт-дисков приблизительно $ 2 за каждый, если вы покупаете их оптом). Ваши CD "домашнего приготовления" могут звучать столь же хорошо, как и коммерческие музыкальные компакт-диски, которые можно купить в магазине. На рис. 2.3 изображен типичный рекордер CD. (Детальное описание рекордеров компакт-дисков вы найдете в главе 8.)

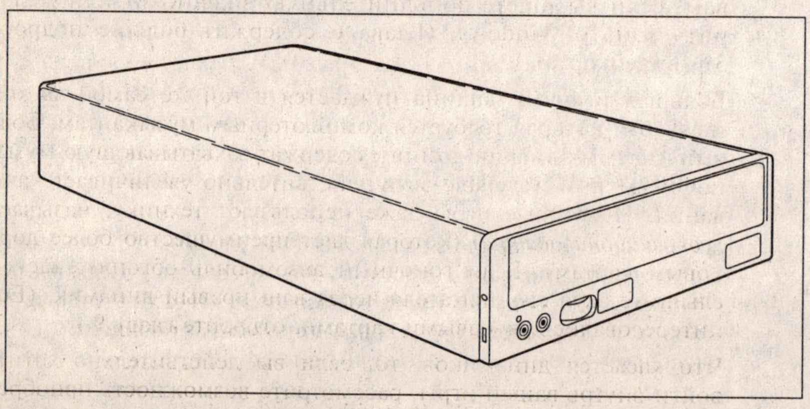

Рис. 2.3. Это ураган — рекордер для записи ваших собственных CD!

Почувствуйте себя героем игры физически

Теперь вам, вероятно, придется притворяться перед вашими друзьями и семейством, но пока вы можете расслабиться: я знаю реальную причину, почему вы нуждаетесь в компьютере. Если вы не играли в некоторые сегодняшние best-action (лучшего действия), стратегические и моделирующие компьютерные игры, вы теряете шанс полетать на вертолете Apache, поиграть в 18 отверстий с Арнольдом Палмером (Arnold Palmer) или занять планета за планетой целую галактику! Здесь представлены специальные устройства, необходимые для создания вашей законченной игровой машины.

- ✓ Когда вы упоминаете о компьютерных играх, большинство людей сначала думают о джойстике компьютера. Джойстики — традиционные любимцы для полетных игр, и они выпускаются в широком диапазоне стилей. Некоторые имеют две кнопки и продаются меньше чем за $10, другие имеют двадцать кнопок, являются полностью программируемыми для каждой игры и стоят более $100. Джойстик — не единственное управляющее устройство (контроллер): можно увидеть рулевое колесо и педали для автомобильных гонок, специальную клавиатуру для видеоигр и даже трехмерное устройство управления для игр наподобие Doom и Quake.

  Если вам не жалко потратить дополнительно наличные деньги, вы можете даже получить *джойстик с обратной силовой связью* (рис. 2.4), который колеблется и грохочет, пока ваш F-16 или Spitfire не получит "добро" на окончательное поражение некоего объекта ракетой, запускаемой с вашего компьютера! (Чтобы выяснить еще больше подробностей об этом "горячем" джойстике, сосредоточьте ваше внимание на главе 15.)

- ✓ Если вы предпочитаете 3D-игры, такие как Descent, Mechwarrior, Quake или Carmageddon, вам необходима усовершенствованная *3D-видеокарта*, которая поможет ускорить действие. Эта карта предназначена для выполнении сложных математических расчетов, необходимых для создания реалистичных трехмерных эффектов, и оставляет ваш компьютер свободным для концентрации на управлении программой. Фактически, 3D видеокарта также пригодится вам, если вы ищете дополнительную видеоRAM или желаете ускорить работу Windows. (Глава 6 содержит больше подробностей о 3D-видеокартах.)
- ✓ Большая игровая машина нуждается в той же самой звуковой карте wavetable, которая требуется компьютерным музыкантам. Большинство выпускаемых в наши дни игр содержат захватывающую музыку из кинофильмов, и wavetable-звук действительно увеличивает качество звучания. Некоторые игры даже используют технику, называемую *стереопозиционированием* (которая дает преимущество более дорогим звуковым картам). Если гоночный автомобиль обгоняет вас справа, вы слышите звук его двигателя через ваш правый динамик. (Если вы заинтересовались звуковыми картами, откройте главу 9.)
- ✓ Что касается динамиков, то, если вы действительно хотите как бы войти внутрь вашей игры, рассмотрите возможность приобретения более дорогой стереосистемы ПК, которая включает *предварительный громкоговоритель низкого тона* (или *субвуфер*). Аудиофилы знают, что

субвуфер-динамик обеспечивает самый богатый, самый глубокий бас (вплоть до субакустических звуков, которые вы не можете фактически слышать, а лишь ощущаете), а игроки наслаждаются грохотом, который сопровождает специальные эффекты наподобие лазерных взрывов, землетрясений и т.п. (Глава 9 содержит больше подробностей по стереозвуковым системам и субвуферам.)

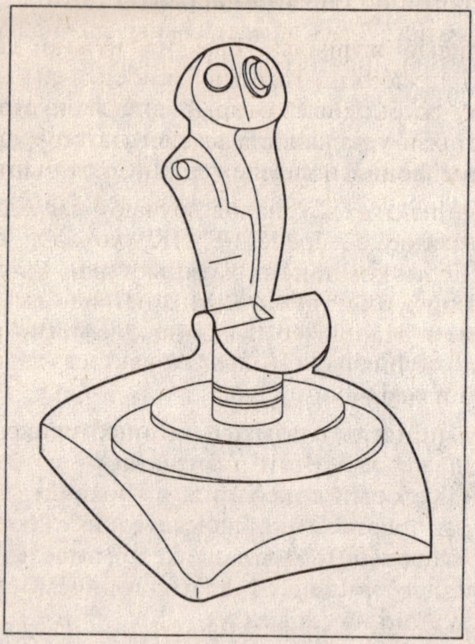

Рис. 2.4. Усовершенствованный программируемый джойстик для игр типа Top Gun

Приобретение компонентов компьютера

“Хорошо, Марк, теперь я знаю, в каких частях я нуждаюсь, но где я найду их?” Немногим более пяти лет назад вам пришлось бы изрядно потрудиться, чтобы найти каждый отдельный компьютерный компонент. Но теперь, когда персональный компьютер становится домашней необходимостью и все больше людей строят свои собственные компьютеры, имеется несколько источников приобретения частей, в которых вы нуждаетесь.

Вообще, я рекомендую, чтобы вы покупали компоненты новых марок для вашего компьютера. Почему? Некоторые компоненты в компьютере (например, накоптьели на жестких дисках, которые являются сложными устройствами и имеют большое количество перемещающихся частей) после нескольких лет использования могут выйти из строя. Кроме того, цены на самые быстрые и наиболее мощные компоненты постоянно снижаются. Рассмотрим пример бывшего в употреблении жесткого диска: зачем устанавливать старый, медлительный привод жесткого диска, который содержит только 1 Гбайт, когда вы можете добавить более новый, быстрый привод, который содержит целых 10 Гбайт (менее чем за $200)?

В этом разделе я сравниваю новые и бывшие в употреблении части компьютера и сообщаю несколько вероятных источников для приобретения каждой из них.

Все это очень важно

Посещая время от времени компьютерный магазин, вы можете почувствовать, как будто вы один и нет никого, кто бы помог вам сделать окончательный выбор и принять решение о покупке. Но так не должно быть! Если вы чувствуете, что нуждаетесь в большем количестве информации перед тем, как решить, покупать ту или иную деталь в магазине или найти ее еще где-нибудь, рассмотрите эти источники.

- ✓ **Компьютерные журналы.** Вам не нужно далеко ходить, загляните только в ближайший газетный киоск и вы найдете полдюжины превосходных журналов, которые специализируются на обзорах изделий, советах и уловках для владельца компьютера-новичка и охватывают самые новые и самые горячие компьютерные технологии.

  Некоторые из этих журналов вручают награды за аппаратные средства и программное обеспечение ПК, которое они оценивают наиболее высоко. Если компонент компьютера, который вы рассматриваете, удостоен двух или трех из этих наград, вы, вероятно, имеете дело с победителем. Например, я лично оцениваю рубрику "Награда выбора редактора" журнала *PC Magazine* как реальный индикатор высококачественного изделия.

- ✓ **Web.** Большинство издателей компьютерных журналов также предлагают онлайновые версии их печатного материала, и вы можете перекопать весь соответствующий Web-узел (сайт) для поиска информации об изделиях, обзоров и сравнения изделий. Некоторые хорошие примеры: IDG.net (по адресу `www.idg.net`), ZDNet (`www.zdnet.com`) и другие узлы наподобие CNET (по `www.cnet.com`).
- ✓ **Группы новостей Internet.** Для чтения свежих сообщений вам нужны связь с Internet и программа чтения групп новостей, поскольку группы новостей типа `alt.comp.hardware.homebuit` и `comp.hardware` переполнены интересными обзорами и советами. Если вам нужно спросить о чем-то определенном, просто отправьте по почте сообщение в группу новостей и получите ответ по электронной или обычной почте.
- ✓ **Группы пользователей компьютеров.** Группы пользователей компьютеров вам могут также пригодиться. Вы, вероятно, найдете кого-то, кто уже путешествовал по тому же самому пути, что и вы, и купил подобный компонент компьютера. Вы можете учиться на ошибках или успехах этого человека, чтобы не тратить лишние доллары из вашего собственного бумажника.

Покупка по почте

Прежде чем у вас появится второе дыхание и вы прочитаете следующий раздел этой книги, бегите (не идите или прогуливайтесь) к вашему журнальному киоску и хватайте экземпляр журнала "Компьютерный покупатель" — библии покупателя по почте! (Не забудьте сначала оплатить его.) " Компьютерный покупатель" — самое большое скопление рекламных объявлений о компьютерах, доступное в напечатанной форме, и я гарантирую, что на его пространных страницах вы сумеете найти любые части, какие только можно захотеть. Вы можете также скрутить более старые выпуски журнала упаковочной проволокой и сделать очень функциональные бумажные бревна для камина!

Этот журнал в последнем разделе содержит удобный указатель, который позволяет перелопатить все рекламные объявления, касающиеся определенного компонента, так что можно даже сравнивать цены на них. Например, вы можете быстро локализовать каждое рекламное сообщение, которое относится к CPU для Pentium III.

Всю жизнь мечтал покупать по почте!

Вы что-то сказали, друг мой? Вы говорите, что вам нужно купить некоторые новые части, наподобие вашей материнской платы, жесткого диска и видеокарты? Вы говорите, что все еще хотите сэкономить деньги и не хотите платить по раздутым ценам в вашем компьютерном магазине Maze O'Wires? Или, возможно, вы живете в маленьком городе без местного магазина по продаже компьютеров? Никогда не бойтесь — используйте покупку по почте и дайте возможность заработать своей почтовой службе.

Когда вы заказываете части от авторитетной почтовой компании, у вас имеется огромный выбор компонентов компьютера, и это всегда экономнее, чем закупка их в розничном магазине по продаже компьютеров. В зависимости от того, где вы живете, можно сэкономить также, избегая местного коммерческого налога на вашу покупку.

СОВЕТ

Если вы никогда не заказывали компьютерные части через почту и не уверены, что имеете дело с уважаемой компанией, придерживайтесь следующих руководящих принципов.

- ✓ Спросите продавца насчет полного описания компонента прежде, чем вы сделаете заказ, только чтобы убедиться, что вы покупаете нужное изделие. Не стесняйтесь задавать вопросы — например: "Это 16-битовая ISA-карта адаптера или PCI-карта адаптера?" Если вам больше нравится письменная форма, попросите продавца отправить вам по почте или факсом спецификации и ценник (прайс).
- ✓ Удостоверьтесь в том, что компания позволяет вам возвратить полученный компонент с полным возмещением его стоимости, если он окажется не тем, что вам нужно. Некоторые компании в случае возврата товара обязывают вас оплатить *накладные расходы*, которые связаны в основном с "трудной" работой по возврату коробки назад на полку (!).
- ✓ Некоторые люди очень осторожны в использовании кредитной карточки по телефону — вместо этого вы можете попросить об отправке вам товара наложенным платежом. Заказ наложенным платежом будет стоить вам дороже, но это лучше чем отправка по почте персонального чека и затем ожидание того, что он пропадет. Лично я всегда использую кредитную карточку, которая обеспечивает меня дополнительным левереджем (leverage — средство для достижения цели. — *Прим. перев.*) в случае возникновения проблем.
- ✓ Если вы не можете получить в точности тот компонент, который вам нужен, в одной компании, *всегда* можно попробовать сделать это в другом месте. Остерегайтесь продавцов, которые сообщают вам, что у них нет определенного компонента, который вы ищете, но они могут продать вам лучшую модель того же самого компонента за более высокую цену.

- ✓ Некоторые компании предусматривают дополнительную оплату за отгрузку товара либо автоматически берут доплату за срочную отправку “на следующий день”, если вы не запрашиваете регулярную (обычную) отгрузку. Если вы действительно не нуждаетесь в требуемом компоненте буквально завтра, можно наверняка сэкономить десяток долларов или больше, выбирая обычную регулярную доставку товара.

После того как вы соберете ваш первый компьютер, вы установите хорошие отношения по крайней мере с одной или двумя компаниями торговли по почте и сможете продолжать заказывать товар через них в будущем. У меня есть несколько любимых компаний, к каждой из которых я обращаюсь в первую очередь в поисках специфического компонента для моего компьютера. (Это всегда хорошая идея — найти своего местного поставщика — хотя бы потому, что вы всегда можете оценить товар собственными глазами и не будете способствовать чьему-то обогащению на отгрузке.)

Заказ компонентов по сети

Если вы имеете доступ к Internet на работе, в школе или в доме соседа, в поисках частей компьютера можно также путешествовать по безграничному мировому киберпространству.

Если вы собираетесь посещать магазины в режиме онлайн (в реальном масштабе времени), побывайте в одном из моих двух любимых онлайновых компьютерных магазинов: Web-узел Coputer Shopper по адресу `www.computershopper.com` и NECX Direct по адресу `www.necx.com`.

Оба эти Web-узла позволяют отыскать требуемые компьютерные детали многих различных изготовителей и предлагают компоненты, которые уже имеются на складах. Оба узла даже позволяют вам рассматривать расположенные рядом диаграммы для сравнения различных компонентов, так что можно сравнить их параметры и особенности работы, в диалоговом режиме.

Если используемый вами компьютер имеет принтер, можно использовать ваш броузер, чтобы вывести на печать полные описания частей, которые вы исследуете. Эти описания могут пригодиться позже, когда вы должны будете сделать заключительное решение относительно того, какую покупать марку того или иного компонента.

Большинство этих Web-узлов принимают только кредитные карточки, но они предлагают безопасные соединения, если вы используете один из броузеров Netscape Navigator или Microsoft Internet Explorer. Руководящие принципы, на которые я обращал ваше внимание ранее в связи с закупками элементов компьютера по почте, применимы также к онлайновому режиму заказов.

Почему люди отказываются от так называемых *устаревших* компьютеров

Большинство компьютеров, заменяемых или выбрасываемых сегодня, фактически работают прекрасно. Для большинства из нас компьютер вообще не устареет до тех пор, пока он больше не сможет управляться с программами, которые вы хотите использовать. У меня есть несколько друзей, которые все еще весьма довольны своими 386- и 486-ми компьютерами, — они не технические мастера и не используют свои компьютеры очень часто. Кроме того, если они могут все еще выполнять программы WordPerfect для DOS и PrintMaster, их стареющие компьютеры вполне их устраивают.

Вы не найдете единственно правильного ответа на вопрос, почему компьютер считают "устаревшим", но ответ не имеет никакого значения.

Важно то, что множество людей модернизируют свои "устаревшие" компьютеры, и это дает вам прекрасную возможность подобрать это совершенно функциональное бывшее в употреблении оборудование для сборки вашего собственного компьютера. Имеется несколько причин, по которым люди заменяют "устарелое" оборудование своего компьютера.

Для некоторых технарей компьютер становится устарелым в тот момент, когда на рынок врываются более быстродействующие CPU. Эти люди всегда находятся на переднем крае технологии; они модернизируют непрерывно — и непрерывно избавляются от старого, но все же вполне функционального оборудования. Это чудесная возможность "погреть руки" на некотором хорошем б/у механизме.

Вы можете сначала мне не поверить, но модернизируются в первую очередь не сетевые или офисные компьютеры, которым сам Бог велел изнашиваться быстрее других, — модернизируются чаще всего PC, используемые толпой компьютерных игроков. Сегодняшние компьютерные игры требуют намного больше "лошадиных сил" и более продвинутых аппаратных средств, чем средний набор наиболее употребительных офисных программ. Компьютерные игроки — хороший источник бывшего в употреблении оборудования.

Internet — также одна из главных причин, по которой люди заменяют свои устаревшие компьютеры, — легче соединиться с Web, используя Windows 98. Встраиваемые программы (plug-ins) и мультимедийная анимация, предлагаемые Web, не выполняются, как следует на устаревших аппаратных средствах. Некоторые люди думают: "Новая технология Web? Самое время апгрейдиться (т.е. модернизировать PC. — *Прим. ред.*)"! (И время для Вас погреть руки на их "устаревшем" оборудовании.)

Просмотрите соответствующие объявления в газете (или проверьте некоторые из источников, упомянутых в разделе "Приобретение компонентов компьютера" ранее в этой главе). Вы, вероятно, обнаружите, что сотни людей желают избавиться от своего "устаревшего" компьютерного оборудования — и часто по договорным ценам.

Сборка мусора может быть забавной!

Для компьютерного технаря нет ничего более захватывающего, чем ковыряться в старом компьютере в поисках запасных частей — невозможно выразить словами, какие сокровища можно раскопать! Чипы RAM, устройство резервирования данных или, возможно, только кабель привода жесткого диска: все эти компоненты могли бы войти в ваш "Компьютерный конструктор" для реализации следующего проекта или для быстрого ремонта, если какой-то компонент на вашем новом компьютере вышел из строя.

В вашем распоряжении имеется множество возможных источников приобретения частей компьютера, бывших в употреблении.

- ✓ Компьютерные магазины. Каждый раз, когда я посещаю мой любимый местный компьютерный магазин или отдел по ремонту, — привет, парни! — я всегда спрашиваю, есть ли у них какие-нибудь "новые" (недавно снятые с машины) б/у части. Это потому, что эти технари занимаются модернизацией чужих компьютеров и часто имеют дело с устаревшими компонентами, которые они будут более чем счастливы продать вам по умеренной цене. Однако такой метод не сработает в случае компьютера Mega-MultiMillion Computer Mall — они не продают подержанных частей. Фактически, и здесь вы можете столкнуться с тем пресловутым компьютерным продавцом "подержанных автомобилей".

- ✓ **Группы пользователей компьютеров.** Если вы — член местной группы компьютерных пользователей, поспрашивайте вокруг на очередной встрече, нет ли у кого-либо запасной видеокарты или CD-ROM, которые они желают продать. Если вы удачливы, то можете даже получить предложение помощи в установке этих компонентов. Для некоторых групп пользователей могут также устанавливаться специальные расценки на аппаратные средства и программное обеспечение через специальные соглашения с изготовителями.
- ✓ **Web.** Множество онлайновых компаний специализируются на продаже подержанных аппаратных средств компьютера по сети Web. Многие из таких узлов позволяют также покупать компоненты по кредитной карточке, используя безопасную Web-связь. Попробуйте связаться с Web-узлом по адресу `www.ebay.corn` или ONSALE Online Auction Supersite по `www.onsale.com`; оба узла предлагают новые и подержанные компоненты в режиме онлайн через аукцион в реальном масштабе времени. Проверьте также Web-узлы наподобие Computer Discount Warehouse по адресу `www.cdw.com`, TechShopper (`www.techweb.com/shopper`) или The Used Computer Mall (`www.usedcomputer.com`) для заключения суперсделок высшего качества.
- ✓ **Компьютерные системы информационного табло (Bulletin Board System, BBS).** Вы или кто-то еще в вашей семье имеет доступ к модему? Почему бы вам не позвонить на BBS? В старые добрые времена до появления Internet компьютерные системы информационного табло были королями киберпространства. Даже сегодня десятки тысяч информационных табло все еще работают в режиме онлайн во всем мире. Если вы живете в центре большого города, вы, вероятно, видели по крайней мере одну или две системы информационного табло, которые содержат рекламные объявления о продаже, в частности подержанного оборудования компьютера.
- ✓ **Друзья и семейство.** Дядя Вася использует тот старый настоящий Pentium в качестве подпорки для стены гаража? После того как в вашем семействе станет известно, что вы компьютерный гуру, вы будете ознакомлены, вероятно, со всеми видами устаревшего оборудования. Друзья будут обращаться к вам, чтобы выслушать ваше мнение относительно того, сколько они могут получить за их старый компьютер (что является прекрасной возможностью сделать свое собственное предложение).
- ✓ **Продажи гаражей.** При местных продажах гаражей я нашел множество хороших частей, стоящих сотни долларов, и купил их за пенни! Конечно, вы хотели бы купить целый компьютер, но пока все детали заработают слаженно, с ними может оказаться действительно много мороки. Убедитесь, что приобретаемый компонент подходит к вашему компьютеру, и проверьте его в работе, прежде чем выложить наличные деньги.
- ✓ **Доски объявлений.** Имеется другой источник для приобретения подержанных частей — доски объявлений. К сожалению, большинство рекламирующих там владельцев думают, что их компьютеры и детали стоят гораздо больше, чем на самом деле, так что может потребоваться некоторый торг для установления приемлемой цены.

Что делать с подержанными частями?

Почему я продолжаю тараторить дальше относительно подержанных компонентов — в конце концов, вы строите новый компьютер, так почему, черт возьми, вы должны добавлять к нему старые части? Одна причина вполне очевидна: подержанная часть может стоить ровно наполовину дешевле новой — важное соображение, если вы хотите сэкономить деньги. Можно даже найти кого-то, кто просто отдал бы вам свой старый компьютер, из которого затем вы сможете извлечь компоненты для вашего нового компьютера.

ПОМНИ!

Если вы собирпете ваш первый компьютер, вы с удивлением можете обнаружить, что большинство частей компьютера могут служить много лет — например, б/у клавиатура и мышь могут работать точно так же с вашим новым компьютером Pentium III, как они делали это со старым 486-м компьютером. Монтажные (печатные) платы и твердые электрические компоненты являются удивительно крепкими и выносливыми, поэтому они имеют длинную эксплуатационную жизнь.

Можно найти все возрастающее количество старых компьютеров там, где вы покупаете конфеты и арахис, но их центральные процессоры *CPU* просто не могут идти в ногу с сегодняшним программным обеспечением. Однако все *другие* части внутри этих старых компьютеров работают прекрасно, и они могут продолжать прекрасно работать в вашем новом компьютере еще много лет. Модульный дизайн сегодняшних компьютеров позволяет легко выдернуть материнскую плату из старого компьютера, и вы можете быть вполне спокойны насчет того, что эта плата будет работать на вашей новой машине. Например, можно легко снять звуковую карту Sound Blaster AWE-32 с 486-го компьютера и благополучно встроить ее в ваш новый компьютер.

АТАС!

Если вы решаете добавлять к вашему компьютеру подержанные части, заранее удостоверьтесь в том, что используемые части работают прекрасно и что они не слишком стары для вашего компьютера. В связи с обсуждением в последующих главах каждого компонента компьютера, я приведу описание типов подержанных изделий, подходящих для компьютеров Pentium II или Pentium III.

Вообще говоря, вы можете подбирать подержанные части от 486-го компьютера для реализации Проекта № 1 (который мы обсудили в разделе “Ответы на ваши вопросы о компьютерных потребностях” ранее в этой главе). Можете даже подбирать некоторые б/у компоненты (типа привода гибкого диска, корпуса компьютера или клавиатуры) от старого 386-го компьютера. Однако, если вы “крутой пользователь” и строите компьютер, основанный на Проекте № 3, я рекомендую вам покупать только самые последние новые компоненты — старая технология, которая не была предназначена для компьютеров Pentium II или Pentium III, только замедлит работу вашего суперкомпьютера.

Часть II

Сборка вашего ПК

Я начал собирать компьютеры после того, как увидел, насколько легко собирается офисная мебель.

В этой части ...

Теперь начинается самое интересное — сборка “голого” ПК с нуля. Вы установите требуемые компоненты, в которых нуждается каждый компьютер, такие как модули RAM, CPU, печатные платы, накопитель на жестком диске и видеокарта. Если это звучит немного пугающе, не волнуйтесь, я объясню каждую часть компьютера подробно и в конце каждой главы приведу набор основных пошаговых инструкций их установке. ***Помните:*** все, в чем вы нуждаетесь, — это отвертка!

Глава 3

Строительство фундамента: корпус и материнская плата

В этой главе...

- Знакомство с корпусом вашего компьютера
- Выбор корпуса
- Выбор материнской платы
- Принятие мер против статического электричества
- Монтаж вашей материнской платы
- Подключение электропитания
- Присоединение лампочек и кнопок

Не нужно быть архитектором или строительным прорабом, чтобы знать, что здание хорошо лишь настолько, насколько хорош его фундамент. Постройте небоскреб на песке, и не будет иметь значения, как хорошо вы обложили плиткой ванные комнаты или насколько быстро бегают лифты. В конечном счете, здание на слабом фундаменте раньше или позже упадет и потянет за собой все, что в нем находится.

В этой главе вы найдете сведения о различных компонентах, общих для всех типов корпусов компьютера. Я покажу вам, как построить прочную основу для вашего компьютера, выбирая правильный размер и тип корпуса компьютера, который обеспечивает каркас (шасси) для размещения всех других компонентов компьютера. Я представлю вам географию вашей материнской платы, тогда вы выясните, как ее установить и соединить с электропитанием компьютера.

После того как вы соберете шасси вашего компьютера, выяснится, как добавить новые компоненты, например накопитель на жестком диске и CD-ROM, на это шасси и продолжить ваш конструкторский проект на последующих стадиях.

Корпус — это не только коробка

Почему так важно выбрать надлежащий корпус для вашего компьютера?

- ✓ Если вы — крутой пользователь (т.е. имеете значительный компьютерный опыт или нуждаетесь в мощном компьютере для продвинутых применений), то вам нужно пространство, на котором вы могли бы развернуться. Добавление устройств и других игрушек может легко привести вас к необходимости заменить стандартный настольный корпус. Поверьте мне, модернизировать корпус для обеспечения большей вместимости — это настоящая головная боль: первым делом нужно дезассемблировать (грубо говоря, разобрать) ваш полный компьютер, снять материнскую плату и другие компоненты, а затем переместить все их в больший корпус. Так что, когда вы выбираете корпус и думаете о ваших будущих потребностях, следует помнить о возможной необходимости модернизации вашего компьютера.

- ✓ Если место на вашем столе ограничено, можно сэкономить для себя часть этой ценной недвижимости, выбрав корпус в виде башни (tower) для размещения его под столом.
- ✓ Современные компьютерные корпуса имеют различный дизайн цвета и формы, так что вы можете подобрать обтекаемый корпус черного или оливкового цвета, если вам это нравится (но имейте в виду, что в дальнейшем может оказаться трудно найти другие части в таких же экзотических тонах). Большинство компонентов компьютера с внешними лицевыми панелями, например накопители CD-ROM и накопители на гибких дисках, окрашивают только в миндальный или белый цвета, которые имеют тенденцию выделяться, подобно воспаленному большому пальцу, на фоне черного корпуса. Именно поэтому первичный цвет для корпусов компьютера все еще миндаль, и я бы рекомендовал вам придерживаться этого цвета — если только вы не хотите получить компьютер, который бы напоминал вам, что он собран из отбросов.

Новые накопители на жестком диске, CD-ROM или DVD и ленточные устройства резервирования данных могут быть вставлены внутрь корпуса в места, называемые *карманами для устройств.* Большинство корпусов имеют по крайней мере один или два прямоугольных выреза перед этими пустыми карманами. Можно использовать эти открытые карманы для крепления частей, которые нуждаются в доступе к внешнему миру (действительно, немного сложновато будет вставить CD-ROM или дискету в привод, если он захоронен внутри корпуса). Если открытый карман в настоящее время пуст, он закрывается прямоугольной пластмассовой панелькой, которая гармонирует с внешним видом корпуса. Другие карманы остаются закрытыми; эти карманы обычно сохранены для дополнительных накопителей на жестком диске, в которых нет нужды в процессе обычного использования.

ПОМНИ!

Наиболее новые корпуса поступают с уже смонтированными крепежными средствами, необходимыми для крепления материнской платы, но никогда не вредно уточнить это. Вам будут нужны винты и пластмассовые распорные детали, и они должны быть включены в комплект либо корпуса, либо материнской платы.

Вы можете выбирать из трех стандартных типов корпусов, каждый из которых предоставляет вам достаточно пространства для модернизации.

Корпус "коробка для пиццы"

Рис. 3.1 иллюстрирует очень тонкий корпус типа "*коробка для пиццы*" (pizza-box, или т.н. SLIM) — и прежде, чем вы спросите, скажу — он сделан не из картона. Этот корпус не предполагает много открытых карманов для накопителей (обычно один, максимум — два). Вы не сможете добавить сюда какие-либо карты адаптера, но этот корпус занимает меньше всего места по сравнению с любым другим стандартным корпусом компьютера.

Корпуса типа "коробка для пиццы" обычно используются для сетевых автоматизированных рабочих станций или как простые терминалы, так что я не рекомендую вам покупать один из них для вашего домашнего компьютера. Если вы строите машину экономического класса и хотите сэкономить не только место, но и деньги, корпус "коробка для пиццы" может оказаться вполне подходящим.

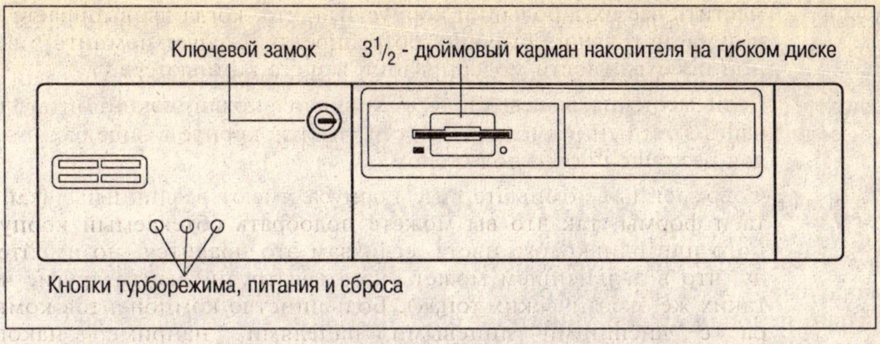

Рис. 3.1. Тонкий и аккуратный корпус типа "коробка для пиццы".

Корпуса "коробка для пиццы" не имеют достаточно места для последующей модернизации.

Настольный корпус

Следующий тип корпуса в нашей демонстрации мод — традиционный *настольный корпус (desktop)*, показанный на рис. 3.2. На вашем столе этот корпус обычно располагается горизонтально, точно так же, как старые тяжеловесные корпуса компьютеров PC-XT и -AT в древних 80-х. Современный настольный корпус перешел на диету, и дни тех бегемотов ушли безвозвратно. Настольный корпус не настолько компактен, как корпус "коробка для пиццы", но он все же ненамного больше, чем положенные рядом две буханки хлеба. Некоторые новые настольные корпуса допускают одновременно установку в горизонтальное либо вертикальное положение, в зависимости от ориентации, которую вы предпочитаете.

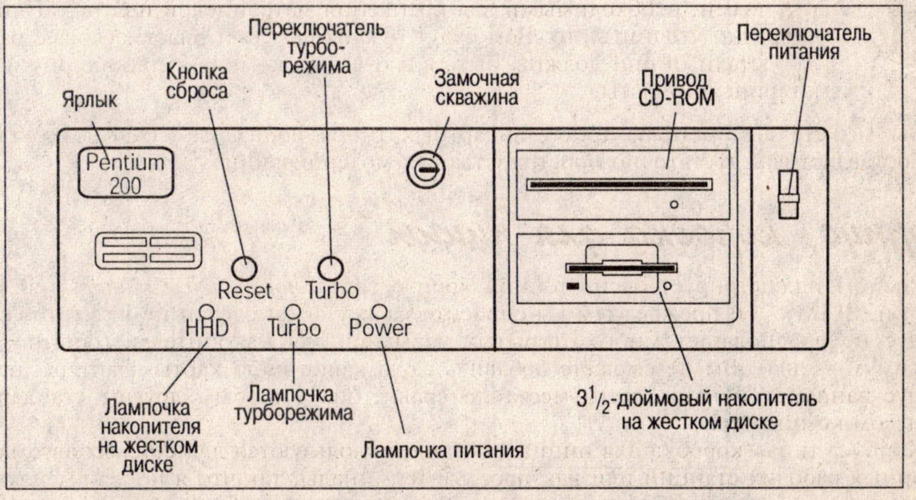

Рис. 3.2. Стандартный настольный корпус — средний класс компьютерного замка

Настольный корпус на лицевой стороне обычно имеет два или три открытых кармана для накопителей, а также один или два скрытых кармана. В задней части такого корпуса, как правило, предусматривается место для стандартных семи или восьми карт адаптера. Такое устройство корпуса — типичное решение для домашнего компьютера, и если вы не крутой пользователь, выбирайте именно настольный корпус.

Корпус типа "полная башня"

Для технарей и крутых пользователей, которые имеют всё, мы предлагаем Ferrari среди корпусов — мускулистый корпус типа "*полная башня*" (full tower), который стоит вертикально подобно старой универсальной ЭВМ. Как показано на рис. 3.3, многие корпуса типа "полная башня" имеют четыре или даже пять открытых карманов. Если вы планируете наполнять ваш компьютер различными наворотами — этот корпус для вас. Подобно настольному, корпус "полная башня" с обратной стороны имеет место для стандартных семи или восьми карт адаптера. Из-за веса и размера полностью снабженных оборудованием корпусов "полная башня", они предназначены для вертикального расположения на полу под вашим столом, куда можно легко дотянуться ко всем кнопкам и приводам CD-ROM.

СОВЕТ

Многие изготовители также производят корпуса типа "мини-башня", которые также устанавливаются вертикально, но предназначены для расположения рядом с монитором на вашем столе. Средний корпус "мини-башня" имеет такие же карманы для накопителей, как и стандартный настольный корпус.

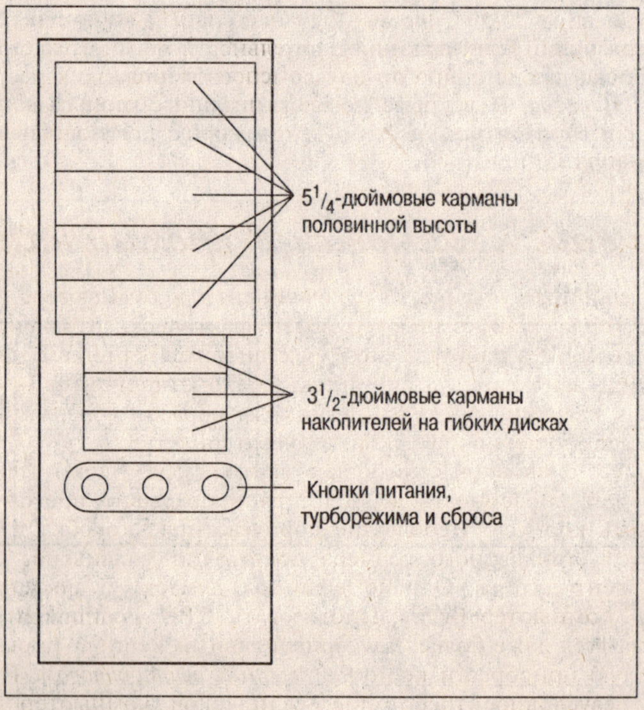

Рис. 3.3. Профессиональный борец среди компьютерных корпусов — корпус "башня"

Питание на первом плане

Ваш новый компьютер будет нуждаться в энергии, и эту его потребность обеспечивает *блок электропитания*, который понижает напряжение от настенной розетки до приемлемой для вашего компьютера величины. Блок питания затем качает живительный сок (читай — ток) к компонентам компьютера через множество индивидуальных силовых проводов.

Эти кабели заканчиваются специальными соединителями, которые можно вставить только в одном направлении, так что почти невозможно сделать ошибку и повредить накопитель на жестком диске или CD-ROM из-за электрического короткого замыкания, вызванного неправильным подключением кабелей. Материнская плата АТХ имеет только один силовой соединитель, в то время как более старые материнские платы АТ требуют двух соединителей. Позже в этой главе я расскажу, как подсоединять оба типа плат.

Большинство корпусов сегодня продаются с уже установленным блоком электропитания; предварительная установка блока питания не только устраняет один шаг в алгоритме сборки вашего ПК, но также гарантирует, что вы получите электропитание надлежащего качества. Кроме того, все отверстия для выключателей и кабелей совпадают.

Если вы покупаете подержанный корпус, удостоверьтесь, что он укомплектован блоком питания и работающим вентилятором. Следует убедиться также, что марка блока электропитания внесена в список UL и одобрена FCC.

Подержанный блок питания в отдельности не многого стоит, особенно если он был сконструирован для приспособления его к нестандартному корпусу. *Никогда* не вскрывайте блок питания в попытках пристроить его и заставить работать в специфическом корпусе. Не заставляйте семью жить под напряжением!

Держите ваш компьютер в прохладном месте

Поскольку различные устройства и компоненты в компьютере производят большое количество тепла, ваш компьютер может фактически отключиться, заблокироваться или давать сбои в работе, если ему становится слишком жарко. Длительное перегревание уменьшает эксплуатационную жизнь компонентов — особенно вашего CPU — и ведет к их раннему отказу. Каким же образом содержать ваш компьютер прохладным при таких волнах высокой температуры?

Ответ совершенно прост — с помощью вентилятора! Блок питания вашего компьютера использует способность вентилятора непрерывно прогонять воздух через внутреннюю часть корпуса. Небольшие корпуса типа "коробка для пиццы" и настольные корпуса стандартного размера достаточно маленькие, поэтому требуют только одного вентилятора. Однако если вы думаете о покупке корпуса типа "башня" и ваш компьютер будет использовать CPU Pentium II или Pentium III (которые нагреваются даже более, чем оригинальный Pentium-процессор), я настоятельно рекомендую приобрести корпус с *двойным вентилятором*. Наличие двойного вентилятора — безусловное требование, если такой компьютер будет оставаться включенным в течение многих часов подряд или если он полностью набит частями и устройствами.

Чипы CPU серии Pentium настолько нагреваются, что их оборудуют своим собственным вентилятором, расположенным наверху или около процессора, чтобы держать его в прохладе. Этот вентилятор связан с одним из силовых кабелей, ведущих к блоку питания. Если CPU перегревается, он обычно блокирует ваш компьютер или возвращает какие-то очень странные результаты при выполнении ваших программ.

После того как ваш компьютер запущен, следует разместить его в таком месте, где выходное отверстие вентилятора не блокировалось бы стеной или мебелью. Открытое местоположение обеспечивает лучший проток воздуха.

Кнопки, лампочки и другие безделушки

Большинство корпусов компьютеров, выпускаемых сегодня, имеют на передней панели сигнальную лампочку включения/выключения электропитания и лампочку активности накопителя на жестком диске — этими компонентами управляет ваша материнская плата. Корпуса компьютеров, которые выпускались несколько раньше, оборудованы также *цифровым индикатором* (digital readout) скорости компьютера. Это бесстыдное световое шоу для потребителя фактически абсолютно ничего не стоит, и такой цифровой индикатор редко используется в наши дни. Цифровое считывание должно быть сконфигурировано вручную, и не все материнские платы поддерживают это, так что не тратьте никаких дополнительных денег, чтобы получить цифровой индикатор, если вы не тип, который просматривает все серии фильма *Star Trek*, затрачивая на каждую серию кучу времени.

Не поднимайте пыль!

Компьютеры нуждаются во внутреннем вентиляторе, чтобы держать всю чувствительную электронику в прохладе. Однако циркуляция воздуха имеет недостаток: все внутренние части в пределах вашего нового компьютера через какое-то время становят пыльными — очень важно открывать корпус компьютера каждый год или чаще, чтобы снять пыль с материнской платы, блока питания и других устройств, которые вы установили. Накопленная пыль может действовать подобно изоляционному слою и приводить к тому, что чипы и электрические части будут перегреваться.

Прежде чем вы откроете корпус компьютера, чтобы модернизировать или очистить от пыли, сбегайте в магазин компьютеров или фотомагазин и купите "консервированный" воздух — вы знаете, те распылительные баллончики, которые "стреляют" потоком сжатого воздуха для сдувания пыли из закоулков и частей компьютера. Будьте особенно осторожны при сдувании пыли с материнской платы, вентилятора и блока питания (которые, вероятно, будут очень грязными). Сжатый воздух также удобен для очистки клавиатуры и карт адаптера. Помогите нашей планете, выбирая марку, которая не разрушает озоновый слой, и не сделайте ошибку, купив один из тех воздушных гудков, которые футбольные фаны используют на стадионе (попомните мое слово, они не работают, а только раздражают соседей).

Что касается кнопок, то ваш корпус, вероятно, имеет кнопку включения/выключения питания (Power) и кнопку сброса (Reset); он может также иметь кнопку включения/выключения турборежима (Turbo), которая для сегодняшних компьютеров полезна настолько же, насколько ваш аппендикс — для вас. Я активно презираю замочные скважины, и если ваш корпус снабжен таковой, я рекомендую игнорировать ее полностью.

Корпус должен также включать простой акустический динамик, который выглядит точно так же, как динамик в недорогом карманном радиоприемнике. Хотя вы, вероятно, захотите добавить мультимедийную звуковую карту и внешние динамики к вашему компьютеру, чтобы полностью использовать преимущества сегодняшнего программного обеспечения (подробнее о мультимедийном звуке вы узнаете в главе 9), этот небольшой внутренний динамик будет продолжать выполнять важную задачу: если при запуске компьютера что-то не так, этот динамик множеством звуковых сигналов сообщит вам об этом.

Кроме этих стандартных элементов, ваш корпус может выглядеть, как пустыня, либо быть изящно вылепленным по вашему желанию. Естественно, корпус дизайнера от Gucci будет стоить вам дороже, но тогда на вечеринках и за ланчем вы сможете тонко хвастаться своим хорошим компьютерным вкусом, редакторы захотят опубликовать ваше фото в своих журналах мод, и, вообще, вы могли бы стать одним из кумиров толпы. Это вполне могло бы случиться.

Как насчет этих щелей!

Корпус компьютера на задней стороне имеет множество отверстий, предусмотренных для *карт адаптера*. Каждое из этих щелевых отверстий, называемых *слотами*, позволяет вам привинтить карту к скобе, которая прилагается к карте адаптера и удерживает ее твердо на месте. Если карта имеет несколько *внешних разъемов*, они также видны через заднюю часть корпуса.

В большинстве корпусов эти слоты открыты, но в собранном компьютере слоты должны быть закрыты. Добавление крышек слотов влечет за собой небольшую ручную работу. Если ваши слоты уже закрыты, переходите к следующему разделу. Если вы планируете позже установить по крайней мере одну или две карты адаптера, оставьте один или два слота открытыми, чтобы оградить себя от лишних хлопот по удалению установленных крышек.

Чтобы закрыть отверстия слотов позади корпуса вашего компьютера, следуйте приведенным ниже инструкциям.

1. **Проверьте детали, которыми укомплектован корпус, и найдите крышки слотов (они представляют собой тонкие металлические полосы с перпендикулярным загибом наверху).**

   Нужно также найти несколько винтов, которые ввинчиваются в отверстия с резьбой над каждым щелевым отверстием.

2. **Положите открытый корпус на стол.**

   Вам должно быть ясно видны резьбовые отверстия для винтов и щелевые отверстия в задней части корпуса.

3. **Задвиньте крышку слота по щелевому отверстию так, чтобы отверстие для винта в крышке поравнялось с отверстием в корпусе, как показано на рис. 3.4.**

4. **Вставьте и закрутите винт так, чтобы он удерживал крышку над щелевым отверстием.**

5. **Повторяйте пп. 3 и 4, пока не закроете все щелевые отверстия.**

Обеспечьте вашему компьютерному замку полную безопасность

Даже если бы я хотел обеспечить безопасность своего компьютера, я не использовал бы замок, который встроен в корпус компьютера — замок можно отключить, просто сняв крышку с компьютера и отсоединив провод. Часто вы находите, что корпуса, изготовленные некоей компанией, имеют один и тот же ключ, так что один ключ в офисе может отпирать половину компьютеров в здании. Ключи, кроме того, имеют тенденцию легко теряться.

Если вам необходимо предотвратить доступ к вашему компьютеру в то время, как вы получаете свою чашку кофе "Ява" или банку кофеин-содержащей содовой, используйте хранитель (saver) экрана Windows 95/98 с выбором пароля. Если вы нуждаетесь в полной безопасности, множество шифровальных утилит, имеющихся на рынке сегодня, могут предотвратить доступ к вашим данным; они работают полностью через программное обеспечение, так что можете забыть об этом глупом металлическом ключе.

Другой "противопожарной" мерой безопасности является использование *дополнительного пароля,* который защищает ваш компьютер от управления, если вы сразу не вводите правильный пароль. Большинство материнских плат могут быть сконфигурированы для затребования дополнительного пароля через BIOS-меню.

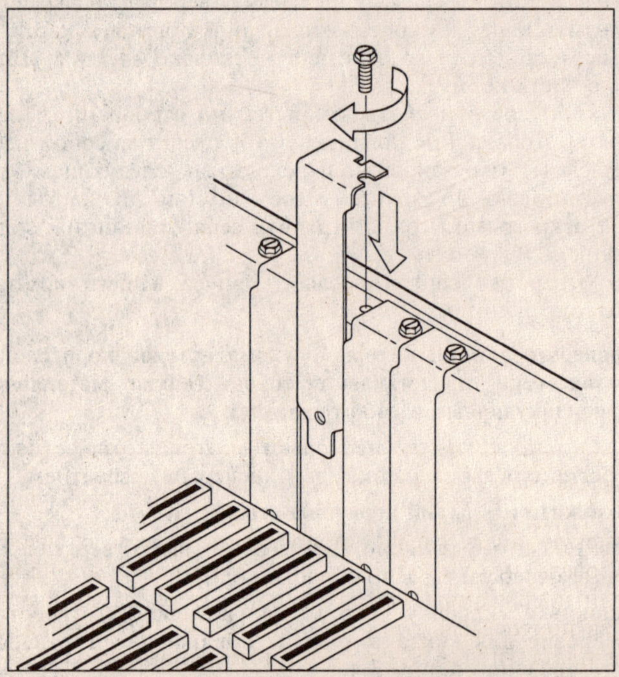

Рис. 3.4. Закрытие свободных щелевых отверстий крышками слотов

Ваш лучший друг — материнская плата

На рис. 3.5 показана материнская плата — сердце и душа вашего компьютера. Материнская плата содержит большую часть электроники и цепей микросхем, в которых нуждается компьютер, чтобы следовать вашим распоряжениям. В зависимости от типа выбранного вами процессора, на поверхности материнской платы имеются большое квадратное или щелевое гнездо для крепления чипа CPU вашего компьютера и несколько рядов маленьких щелей (слотов), в которых будут крепиться чипы RAM.

Пять лет назад покупка отдельной материнской платы была довольно сложным делом. Однако с постоянным увеличением скоростей CPU и требований к сегодняшнему программному обеспечению парни на толкучках теперь продают материнские платы вместо мороженого. Некоторые компании, которые рекламируются в *Computer Shopper magazine* или используют Web-магазины компьютерных частей, не продают ничего, кроме материнских плат. И вообще, вы можете купить "голую" материнскую плату в магазине компьютеров, если в нем есть отдел ремонта.

Размеры материнской платы

В настоящее время выпускаются материнские платы одного из трех типоразмеров: Baby AT, AT и ATX (в порядке увеличения размера). Корпус типа "башня" вмещает любой из трех размеров, в то время как настольный корпус обычно вмещает лишь карты типа Baby AT и AT.

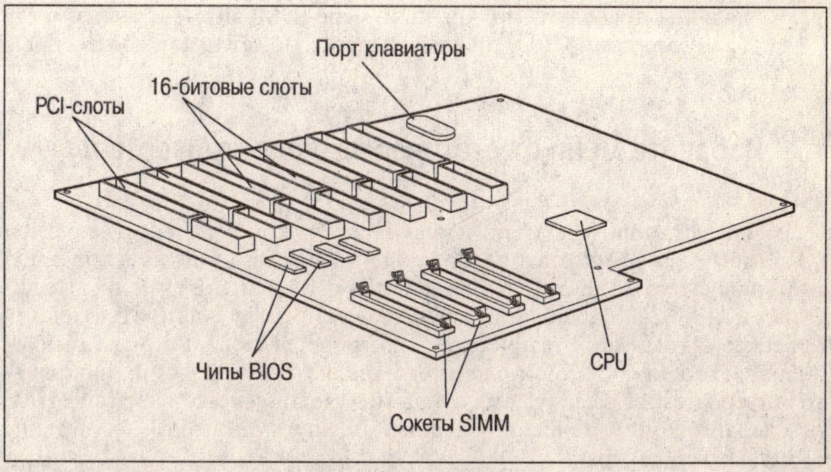

Рис. 3.5. Типичная материнская плата Socket 7 класса Pentium

Материнскую плату следует приобретать в первую очередь, тогда можно гарантировать, что вы купите корпус, к которому эта плата подойдет. Если вы нашли подержанные корпус и/или материнскую плату, удостоверьтесь, что вновь покупаемая часть подойдет к уже имеющейся. Например, материнская плата типа ATX требует соответствующего ATX-корпуса и блока питания ATX, но плата размера AT не будет соответствовать корпусу ATX. Большинство материнских плат Pentium II и III можно установить лишь в корпуса типа ATX.

Особенности материнской платы

Покупая материнскую плату, придерживайтесь следующих принципов.

✓ **Имейте дело минимум с Pentium 233 МГц.** У вас можете возникнуть сильное искушение "разориться" на 486-ю материнскую плату. Но, уже не говоря о скорости процессора, вы приобретете вчерашнюю технологию и не будете иметь той мощи Pentium-класса, которая вам необходима для управления многими текущими (или будущими) программами и операционными системами. Даже если реклама гласит: "Хороший выбор для Windows 95 или Windows 98", скажите: "До свидания, 486-й!"

  Если же ваш ближайший сосед *отдал* вам 486DX2-66-ю материнскую плату, можете ее использовать — но не ожидайте, что она будет удовлетворять самому последнему программному обеспечению. Цены на Pentium понизились настолько значительно, что даже оригинальный компьютер Pentium почти исчез с полок магазинов.

✓ **Покупайте больший тайник.** Все материнские платы Pentium-класса предлагают особенность, называемую *кэш-памятью* (cache memory). В действительности кэш-память — это "комната ожидания" для данных, которые использует CPU. Чем больший кэш (буквально — тайник), тем лучше. Большинство материнских плат, которые используют процессор типа Socket 7 (socket-style), поступают с объемом, по крайней мере, 256 Кбайт кэш-памяти, однако, если вы — крутой пользователь, вы должны требовать по крайней мере 1 Мбайт. (В зависимости от выбранного вами CPU, процессор также может иметь собственный кэш.)

Избавьте меня от статического электричества!

Прежде чем вы установите материнскую плату в корпусе, самое время предупредить вас об опасностях статического электричества. Статическое электричество может повреждать электрические компоненты в мгновение ока, и даже сам Томас Эдисон не смог бы восстановить их. Я не буду начинать ужасно интересный рассказ о том, как статическое электричество было обнаружено в 400 г. до н.э. неизвестно кем с помощью куска шелка и стеклянной палочки — для всех, кто интересуется, замечу, что открытие статического электричества могло бы быть сделано доисторическим человеком, прогуливавшимся в пещере по ковру из медвежьей шкуры.

Вместо этого при обработке материнских плат, карт адаптера, монтажных печатных плат и других частей компьютера лишь запомните простое правило: перед установкой любой печатной платы, карты адаптера или другой части на вашем компьютере (или удаления их из корпуса) устраните любое статическое электричество, которое могло возникнуть, дотронувшись до металлических частей. Можно также снять статическое электричество, прикоснувшись к уху вашей супруги, но я не рекомендую этот метод.

Если вы будете следовать этому правилу, можете даже забыть, что статическое электричество существует. Обычно металлические элементы оформления вашего компьютера — "хороший выбор", но вы ведь можете также касаться металлического стола или стула. Если ваш компьютер включен с открытой крышкой (что случается весьма часто, когда вы устанавливаете накопитель на жестком диске или карту адаптера), вы можете касаться металлического корпуса вашего блока питания. Антистатические коврики подходят для клавиатуры и способствуют отдыху запястий, а также снимают электростатику. Однако единственное время, когда меня волнует статическое электричество, — время фактической работы с частями и печатными платами, так что я не использую такие коврики ежедневно.

- ✓ **Подумайте о встроенном контроллере.** Крутые пользователи одобряют *встроенный EIDE-контроллер*, *UltraDMA-контроллер* или *SCSI-контроллер* на стандартной материнской плате Pentium-ряда, который делает компьютер более быстродействующим и удобным в использовании. (Более подробная информация о приводах EIDE приведена в главе 7.) Материнской плате со встроенным контроллером не нужен отдельный контроллер накопителей на жестком /гибком диске (поэтому вы можете сэкономить этот слот адаптера для другой игрушки).
- ✓ **Дополнительные расходы на встроенные порты стоят этого.** Подобно встроенным контроллерам, встроенные последовательные и параллельные порты будут экономить слоты адаптеров (если нужно, перейдите к главе 5, где обсуждаются последовательные и параллельные порты). Фактически, некоторые материнские платы даже имеют встроенные видеокарты, но я предпочитаю добавлять свой собственный видеоадаптер.

Если ваша материнская плата имеет встроенный контроллер и встроенные порты, следует удостовериться в нескольких вещах. Во-первых, убедитесь, что контроллер поддерживает *четыре* расширенные IDE-устройства (например, такой контроллер позволяет управлять двумя накопителями на жестком диске, IDE CD-ROM и IDE-накопителем резервирования данных). Во-вторых, встроенные последовательные и параллельные порты должны быть быстродействующими — последовательные порты должны использовать *чипы 16550 UART*, чтобы можно было использовать самые последние быстродействующие модемы, а параллельные порты должны быть типа ECP/EPP. Материнская плата должна также позволять вам заменять встроенные последовательные и параллельные порты. Эти советы могут звучать по-древнегречески, но продавец на другом конце телефона должен точно знать, о чем вы говорите.

Конечно, если вы уже где-то подобрали б/у EIDE-контроллер накопителя на жестком диске или быстродействующий порт карты адаптера, то вам не нужны все эти встроенные в материнскую плату особенности и вы можете использовать более дешевую плату.

- ✓ **Удостоверьтесь, что ваша новая материнская плата имеет по крайней мере два PCI-слота.** Если вы бережете каждую копейку, можете использовать старую материнскую плату Pentium со стандартными ISA-слотами, но более новая PCI-технология обеспечивает лучшее качество работы некоторых карт адаптера (например, PCI-карты захвата видео или карты контроллера накопителя на жестком диске).

Каждая материнская плата несет набор чипов, называемых BIOS (*Basic Input-Output System* — базовая система ввода-вывода). Ваш BIOS определяет многое из того, что может делать ваш компьютер, а также управляет событиями для различных типов ввода. Например, ваш BIOS отслеживает, какие накопители на жестком и гибком дисках вы можете использовать, и определяет события, когда вы нажимаете клавишу на клавиатуре, и как данные читаются и записываются на RAM. Обычно мы забываем о BIOS нашего компьютера и лишь позволяем ему делать свою работу. Но если только компьютер начинает сбоить или возникает действительно серьезная ошибка, мы сразу вспоминаем о нашем BIOS, который выводит для нас сообщение об ошибках. Большинство компьютеров сегодня используют одну из трех или четырех фирменных прошивок BIOS типа Intel, Award, Phoenix или AMI.

- ✓ **Покупайте материнскую плату с Flash BIOS.** Вы могли видеть рекламное объявление о наличии в магазине Flash BIOS, которое звучит подобно имени героя научно-фантастического фильма. Это — хорошая особенность, которая позволяет модернизировать способности вашего компьютера с помощью новых особенностей и фиксации дефектов.
- ✓ **Магазин для Plug and Play.** Имеется другая очень необходимая вам особенность BIOS: возможность *Plug and Play* (подключай и играй), которая позволяет вашему компьютеру автоматически конфигурировать многие типичные карты адаптера. Операционные системы Windows 95 и Windows 98 действительно пользуются преимуществом материнской платы с BIOS типа Plug and Play, если она у вас есть.
- ✓ **Память с произвольной выборкой.** Все материнские платы имеют максимальное количество памяти RAM (или памяти с произвольной выборкой), которой они могут управлять. Если агентство NASA не выбрало вас для управления следующим запуском космического челнока, вам будет вполне достаточно платы, поддерживающей 128 или 256 Мбайт памяти RAM. Настоящие технари или ультракрутые пользователи могут требовать поддержки 384 или 512 Мбайт RAM, но очень маловероятно, что они будут когда-либо полностью использовать всю эту мощь на персональном компьютере.

Берите вашу отвертку и устанавливайте материнскую плату

Как летит время! Подготовьтесь добавить материнскую плату к ранее приобретенному корпусу вашей системы. Следуйте описанной ниже процедуре.

1. **Защитите вашу новую материнскую плату от статического электричества (которым вы зарядились от вашего Трикси, домашнего персидского кота), предварительно коснувшись металлической поверхности.**
2. **Накройте рабочую поверхность одной или двумя газетами и положите на них открытый корпус.**

   Вам должны быть хорошо видны отверстия для винтов и пластмассовых стоек там, где будет крепиться материнская плата. Ознакомьтесь с документацией, которая сопровождает корпус вашего компьютера, и запомните все необходимые инструкции.
3. **Держа материнскую плату за края, положите ее внутрь корпуса и выровняйте по месту.**

   Все электрические компоненты (подобно сокету (гнезду) CPU, сокетам SIMM/DIMM и слотам адаптера) должны находиться с верхней стороны монтажной платы; на нижней стороне платы не должно быть никаких компонентов. Чтобы выровнять корпус, удостоверьтесь, что слоты карт адаптера совмещены со щелями, вырезанными в задней части корпуса, как показано на рис. 3.6.

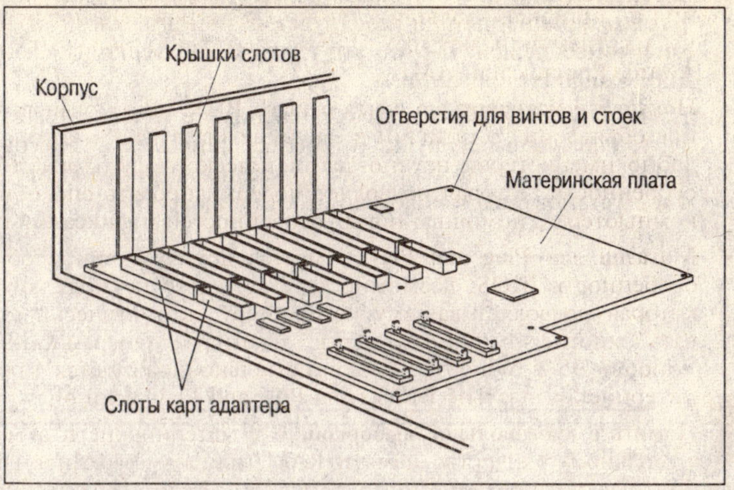

Рис. 3.6. Выравнивание материнской платы в корпусе путем совмещения слотов адаптеров со щелями в корпусе

4. **Теперь обратите внимание, какие винтовые отверстия корпуса совместились с отверстиями для винтов на вашей материнской плате, и отметьте их расположение на листе бумаги.**

   Большинство корпусов используют только два или три винта крепления платы, в то время как остальная часть платы поддерживается и жестко крепится пластмассовыми распорными деталями. Эти распорные детали обычно просовываются сквозь металлическую петлю (ушко) или металлическую направляющую — они служат для поддержания материнской платы на определенном расстоянии от поверхности днища во избежание любого возможного опасного контакта с металлом корпуса компьютера. Можно найти дополнительную помощь при определении расположения указанных отверстий в руководстве по эксплуатации материнской платы.

5. **Снимите материнскую плату с корпуса и вставьте пластмассовые распорные детали в соответствующие отверстия (в вашей материнской плате).**

   Рис. 3.7 иллюстрирует, как следует проталкивать распорные детали через отверстия со стороны основания (нижней поверхности) платы — распорки должны со щелчком твердо встать на свое место.

6. **Прежде чем окончательно установить материнскую плату, потратьте несколько минут, чтобы проверить, не следует ли установить какие-либо выключатели или перемычки.**

   Большинство материнских плат отпускаются с предварительными установками, которые прекрасно работают, но их ст*о*ит все же проверить. Старые материнские платы были сконфигурированы с выключателями DIP (маленькие коробочки со скользящими или качающимися кнопками) и перемычками в виде штырьков, которые можно соединять с помощью маленького пластмассового или металлического элемента (джампера). (Новые материнские платы Pentium-класса разработаны специально для людей, подобных вам и мне, которые испытывают крайне неприятное чувство при втыкании и перемещении крошечных вещей, так что эти платы очень редко нуждаются в каком-либо конфигурировании.)

На всякий случай: если вы устанавливаете выключатель DIP, используйте карандаш или ручку, чтобы выдвинуть пластмассовые слайдеры в правильное положение, как показано на рис. 3.8, где выключатели 4 и 6 установлены в положение ON (включено).

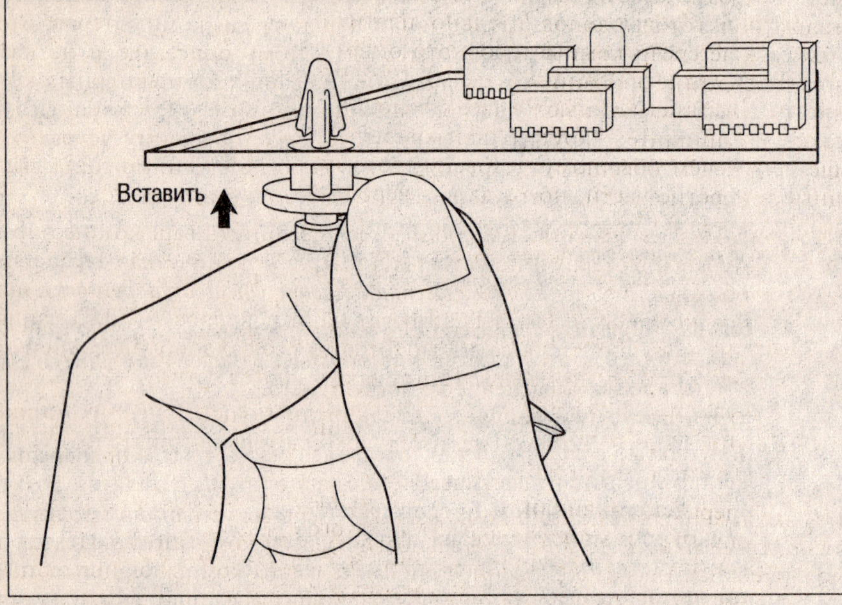

Рис. 3.7. Вставка распорки снизу материнской платы

Если нужно установить перемычку, используйте ваши пальцы или пинцет, чтобы поднять пластмассовый джампер и поместить его на штырьки в правильное положение. Рис. 3.9 демонстрирует джампер на штырьках 1 и 2.

Рис. 3.8. Выключатели DIP могут использовать скользящие (слева) или качающиеся (справа) кнопки

7. **Поднимите материнскую плату за края и задвиньте ее на свое место в корпусе, одновременно следя за правильным размещением всех пластмассовых распорных деталей.**

   Не расстраивайтесь, если вам потребуется несколько попыток, ничего не сгибайте и не применяйте грубую силу — я никогда не мог установить материнскую плату с первой попытки. Еще раз убедитесь, что слоты адаптера совмещены со щелями в корпусе, как прежде. После того как материнская плата установлена, очень мягко нажмите на каждый угол платы и удостоверьтесь, что она правильно расположилась и не шатается.

8. **Предполагаю, что вы готовы завернуть винты до предела. Но не закручивайте их очень сильно — в таких случаях монтажные печатные платы имеют тенденцию раскалываться.**

   Некоторые платы поступают с тонкими токонепроводящими шайбами для винтов, так что не забудьте использовать их, если они были включены в комплект поставки.

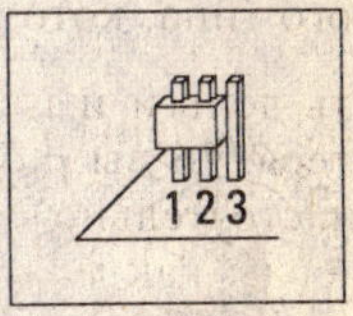

Рис. 3.9. Пинцет оказывается полезным при установке такой перемычки

Вы сделали это! Поздравляю — как видите, это было не так уж трудно, не так ли?

Вы закончили сборку основного шасси вашего компьютера. В следующем разделе вы подсоедините кабели, необходимые для обеспечения электропитания материнской платы.

Я смеюсь над надоедливыми проводами!

Самая трудная часть монтажа вашей материнской платы закончена, но процесс еще не завершен. Теперь необходимо подсоединить провода от блока электропитания, а также подвести провода к кнопкам и лампочкам на передней панели корпуса компьютера. Это нужно делать прямо сейчас, пока материнская плата открыта; у вас пока есть неограниченный доступ ко всем штырькам и соединителям на вашей материнской плате без карт адаптера и кабелей, висящих вокруг и мешающих работе.

Подача питания к материнской плате

Первое подсоединение, которое следует сделать, наиболее важное — соединить материнскую плату с блоком питания. Чтобы соединить два кабеля, которые снабжают материнскую плату электроэнергией, следуйте приведенным ниже инструкциям.

1. **Если корпус подключен к настенной розетке, в первую очередь выньте штепсель из розетки.**
2. **Найдите два соединителя питания на материнской плате.**

   Если вы не можете сразу найти питающие соединители, загляните в руководство по эксплуатации материнской платы. Теперь должно быть понятно, почему я рекомендую вам хранить всю документацию по аппаратным средствам компьютера. Если вы устанавливаете материнскую плату типа ATX, то два питающих кабеля уже объединены в один кабель, а штепсель предназначен для подсоединения только одним единственным образом. Это облегчает вашу работу и является еще одной причиной, по которой я рекомендую строить ПК с АТХ-корпусом.

В старой материнской плате типа АТ два силовых кабеля для питания платы отличаются от всех других кабелей, которые отходят от одной стороны блока питания, — они имеют длинные плоские соединители. Эти соединители также можно подключить единственным образом, но на материнской плате АТ их два. Поэтому сразу не разберешься, какой из них куда подсоединять.

3. **Если вы устанавливаете материнскую плату типа АТ, выровняйте два кабеля так, чтобы черные провода на краях кабелей находились рядом друг с другом, как показано на рис. 3.10, а соединители имели правильную конфигурацию.**

   Просто выровняйте штырьки и мягко сожмите соединители друг с другом, пока разъемы не зафиксируются щелчком.

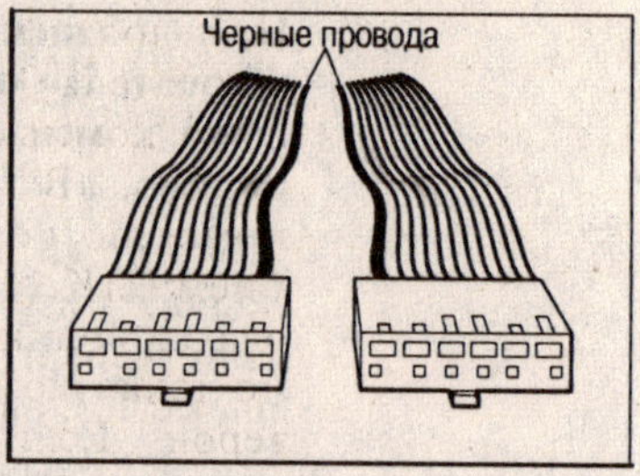

Рис. 3.10. Правильное соединение питающих кабелей материнской платы

Первый раз, когда вы делаете это, соединение питающих кабелей может показаться немного страшноватым, но даже если вы соедините кабели на АТ-плате в неправильном порядке, это не повредит вашу материнскую плату — она просто не будет работать. Чтобы устранить эту неисправность, просто поменяйте относительное расположение соединителей на кабелях.

Подключение к плате лампочек, выключателей и звукового сигнализатора

Далее, чтобы соединить материнскую плату с различными выключателями и лампочками (а также с вашим сверхважным встроенным динамиком) на корпусе компьютера, выполните следующее шаги.

1. **Еще раз загляните в документацию, сопровождающую корпус вашего компьютера, чтобы определить, к какой лампочке или выключателю направлен каждый провод.**

   Таким образом, вы добрались до игры "состязание цветов". Например, соединитель на зеленых и белых проводах мог бы предназначаться для кнопки Turbo, в то время как красные и белые провода могли бы подсоединяться к динамику ПК.

   СОВЕТ

   Вы используете подержанный корпус без какой-либо документации? Если так, вы можете, тем не менее, определить, что с чем связано, проведя небольшую работу в качестве детектива-электрика. Следуйте за проводами назад к их источнику и запишите себе, с чем связан каждый выключатель или лампочка, — и не забудьте сохранить этот листок бумаги до следующего раза, когда вам снова придется выполнять вашему компьютеру хирургическую операцию.

2. **Определив, какой соединитель с чем соединяется, обратитесь к руководству по вашей материнской плате для определения местоположения соответствующих штырьков.**

   На большинстве материнских плат соответствующие слова (или их аббревиатуры) напечатаны справа рядом со штырьками, что облегчает их правильное расположение, даже если у вас нет копии руководства.

✓ **Power Light, или Power LED.** Это лампочка индикации включения/выключения питания на передней панели корпуса компьютера.

✓ **Turbo Switch, или Turbo Sw.** Если ваша материнская плата имеет соединитель для выключателя *турборежима*, два штырька соединителя должны быть связаны с проводом этого выключателя. Переключатель Turbo позволяет выбирать между высшей скоростью вашего компьютера, или турборежимом, и несколько меньшей скоростью. В прошлые годы выполнение с меньшей скоростью помогало компьютеру работать со старым программным обеспечением ПК, наподобие первых компьютерных игр. Большинство владельцев компьютеров теперь *никогда* не отключают турборежим, но такая возможность потребовала времени для развития компьютеров. Если ваш корпус не имеет выключателя турборежима, тем лучше!

✓ **Turbo Light, или Turbo LED.** Это лампочка индикации турборежима на фасаде корпуса; обычно она зажигается, когда компьютер работает в режиме Turbo. Еще раз повторю, ваш корпус может не иметь лампочки Turbo.

✓ **HDD Light or HD LED.** Это лампочка индикации деятельности накопителя на жестком диске на передней панели корпуса. Она зажигается всякий раз, когда ваш компьютер осуществляет доступ к накопителю на жестком диске, так что эта лампочка почти все время мерцает.

✓ **Reset.** Этот включатель сброса для перезагрузки компьютера также расположен на фасаде корпуса; вы нажимаете его, когда ваш компьютер зависает.

✓ **Key Lock.** Этот соединитель ведет к замочной скважине на передней панели корпуса; когда ваш компьютер запирается на ключ, клавиатура отключается. Ключевой зам*о*к — другой анахронизм со времен древних 80-х, к счастью, с большинства корпусов сегодня эта немного раздражающая особенность устранена. Ни я, ни кто-либо из тех людей, кого я знаю, никогда не использовали этот замок. Если у вас нет неотложной потребности в такой безопасности, не тратьте дополнительные деньги, чтобы ее заполучить. Если же корпус уже снабжен замком, не стесняйтесь оставлять его провода разъединенными.

✓ **Speaker or Spk.** Этот провод должен вести к внутреннему динамику вашего компьютера — даже если в будущем вы планируете добавить звуковую карту, вы должны подсоединить этот динамик. Это обеспечивает звуковые сообщения об ошибках, которые помогут диагностировать проблемы с вашим компьютером. Вопросы использования этих звуковых сообщений об ошибках обсуждаются в следующей главе.

Рис. 3.11. Соединение кабелей от корпуса с материнской платой

3. **Присоедините каждый из кабелей к их контактным штырькам на материнской плате, вставив соединитель на штырьки, как показано на рис. 3.11.**

Для большинства кабелей не имеет значения, какой стороной соединитель обращен к вам. Вы можете установить, следует ли перевернуть соединитель, в процессе первых испытаний запуска вашего компьютера, рассматриваемых в следующей главе.

Специальные инструкции по выключателю питания для материнской платы типа AT

Вы устанавливаете б/у материнскую плату типа AT? Это значит, что ваш выключатель питания не связан с материнской платой! Вместо этого кабель, который должен соединяться с выключателем питания на корпусе, отходит непосредственно от блока питания. В этом случае проверьте документацию по эксплуатации корпуса и блока питания и определите, какой при этом используется тип соединителя.

В некоторых корпусах выключатель питания устанавливается на задней стороне — в этом случае у вас не будет отдельного провода выключателя питания, поскольку выключатель непосредственно подсоединен к блоку питания. Если вы устанавливаете материнскую плату типа ATX, выключатель питания на самом деле подключен непосредственно к материнской плате.

Глава 4

Мешок чипов: добавление RAM и CPU

В этой главе...

- Подключения в вашем CPU
- Добавление системы RAM
- Определение типа имеющихся слотов
- Тестирование результатов вашей работы

После того как вы установите материнскую плату внутри корпуса вашего компьютера, он все еще лишен одной или двух (в зависимости от типа материнской платы) очень важных частей: мозга (*Central Processing Unit*, или CPU) и памяти (*Random Access Memory*, или RAM). Когда вы запускаете компьютерную программу, CPU компьютера фактически производит вычисления и выполняет команды, записанные в этой программе. RAM компьютера действует как рабочая область для программы, сохраняя данные, изменяя и восстанавливая их, когда это требуется в соответствии с программой. (Компьютеры Pentium II и Pentium III использовали бы память DIMM — аббревиатура от *Dual Inline Memory Module*, если вы сами не догадались, — в то время как старые компьютеры Pentium-класса используют SIMM-память, аббревиатура от *Single Inline Memory Module*.)

Например, если вы запускаете программу адресной книжки на вашем компьютере, CPU использует записанные в программе инструкции для поиска названий (имен) или печати адресных этикеток, а RAM вашего компьютера будет хранить все эти названия, имена и адреса, пока вы не выйдете из программы.

СОВЕТ

Очень советую вам покупать материнскую плату с предустановленными модулями CPU и RAM — тогда вам не нужно будет волноваться относительно проблем их совместимости с этим типом материнской платы. (Имеются различия в типах сокет (гнезд), требованиях по напряжению и физических размерах между линиями CPU-чипов для Pentium, Pentium II и Pentium HI, так что не каждая материнская плата принимает каждый CPU.) Если ваша материнская плата поступает с этими предустановленными чипами, можете пропустить бóльшую часть материала этой главы и пойти поиграть в футбол или выпить немного пива с такими же везунчиками. Хотя не забудьте — вы должны вернуться сюда, к последнему разделу этой главы, чтобы проверить готовность вашего шасси. Если же вам необходимо установить или CPU, или RAM, вы присосетесь к этой главе, словно рыба-присоска к стеклу аквариума, и должны будете следовать соответствующим инструкциям, а затем проверить ваше шасси.

Ваш монстр нуждается в мозге

Предположим, что кто-то, кто модернизировал свой ПК, пожертвовал вам (к вашей радости) CPU от Pentium II 333 MHz (ведь такое могло бы случаться, не так ли?). Или, что более вероятно, вы нашли в режиме онлайн продающийся CPU по большой цене. Так или иначе, необходимо установить этот ваш CPU на вашу материнскую плату — именно туда, куда следует, а ведь штырьки на CPU могли быть легко повреждены маленькими детьми или домашними животными.

Для новичка процесс установки CPU — вероятно, один из самых страшных моментов во всем проекте. Если вы чувствуете, что нуждаетесь в профессиональной помощи по этому вопросу, принесите ваш корпус и CPU в ваш местный отдел по ремонту компьютеров либо обратитесь к компьютерному гуру, которого вы знаете, за помощью с установкой CPU. Попросите, чтобы CPU установил эксперт, но внимательно понаблюдайте за этим процессом вблизи — если вы просто получите правильно выполненную работу, это не прибавит вам опыта.

Если вы устанавливаете процессор Pentium II или Pentium III типа Слот 1 в соответствующий разъем материнской платы, следуйте приведенным ниже инструкциям для установки вашего чипа CPU.

1. **Коснитесь шасси вашего компьютера, чтобы рассеять любое статическое электричество.**
2. **Положите открытое шасси компьютера на вашу рабочую поверхность.**

   Если компьютер был включен в сеть, выньте штепсель из розетки теперь.
3. **Найдите щелевой соединитель CPU, кронштейн и стерженьки на вашей материнской плате.**

   Какие проблемы могут возникнуть с этим надоедливым слотом CPU? Ваше руководство по материнской плате должно включать схему, которая укажет, где скрывается слот CPU. На многих материнских платах кронштейн слота уже установлен; если же это делаете вы, выровняйте кронштейн по соответствующим отверстиям в материнской плате и используйте застежки, включенные в комплект материнской платы (силы давления большого пальца должно быть достаточно, чтобы протолкнуть их на место). Рис. 4.1 демонстрирует, как типичный процессор Pentium II устанавливается на место с помощью кронштейна.
4. **Приложите два С-образных зажима к обеим сторонам корпуса CPU.**

   Теперь эта вещь начинает смотреться, как остов высоконаучного проекта — но эти зажимы просто обеспечивают удержание процессора и гарантируют, что ваш CPU не будет смещаться и шататься (см. рис. 4.2).
5. **Тщательно задвиньте CPU в кронштейн.**

   Обратите внимание, что С-образные зажимы, вентилятор и его выходное отверстие должны встречаться с соответствующими выступами на уже установленной вами материнской плате. Чтобы удостовериться, что ваше выравнивание правильно, посмотрите на полностью собранный CPU сверху и сбоку.
6. **Защелкните замки на зажимах до их блокировки на вершине процессора.**
7. **Если требуется, подведите кабель питания вентилятора процессора к разъему на материнской плате.**

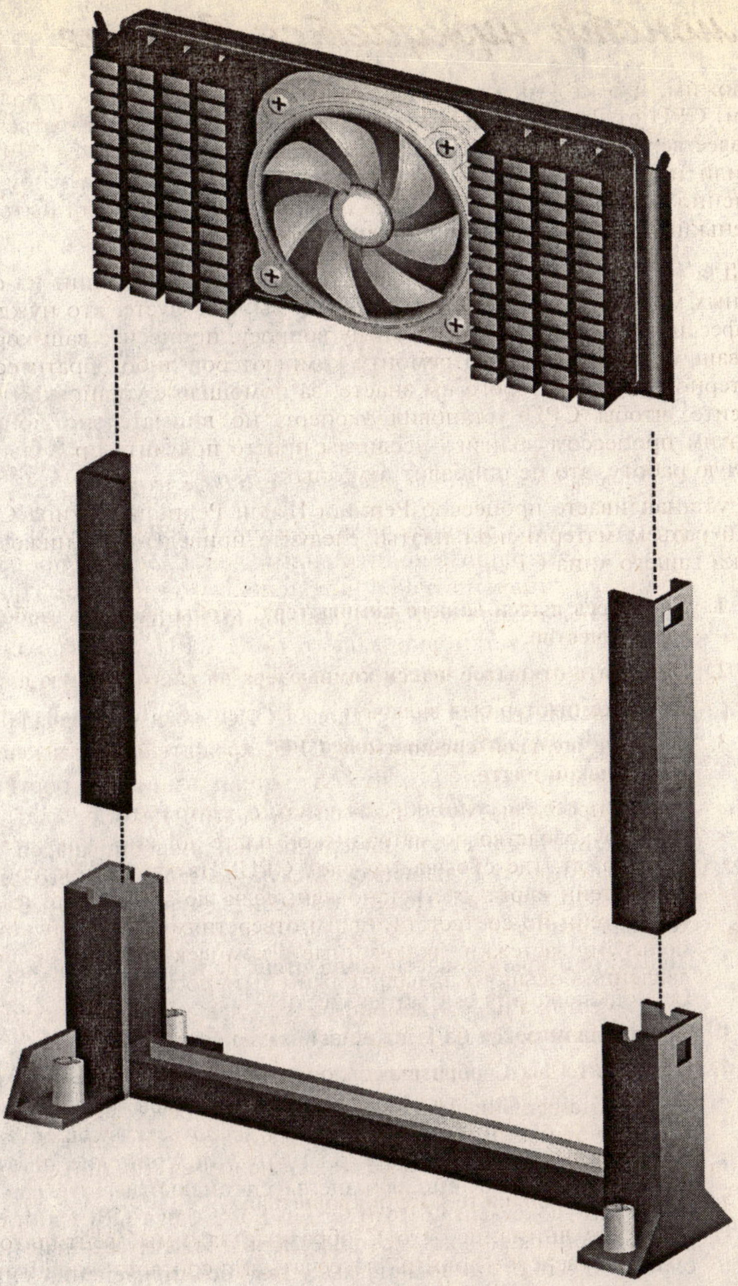

Рис. 4.1. Кронштейн — хорошее основание для некоторого CPU в Слоте 1

Рис. 4.2. С-образные зажимы прочно удерживают CPU на месте

Хотя для всех продвинутых процессоров Pentium II и Pentium III вы будете использовать метод установки, примененный нами для *Слота 1*, процессоры K6 и K6-2 от AMD и чип оригинального Pentium используют плоское гнездо (обычно называемое *Socket 7*). Если ваша материнская плата использует процессор Socket 7 (или Super Socket 7), для установки вашего чипа CPU следуйте приведенному ниже алгоритму:

1. **Не начинайте работу по установке CPU, пока вы сначала не коснетесь какой-либо металлической поверхности.**

   Держу пари, вы только что закончили вынимать партию пушистых носок из вашей сушилки для одежды, не так ли?

   Касание металлической поверхности, наподобие шасси вашего компьютера, отведет статическое электричество от вашего тела. Статическое электричество может повредить чувствительные компоненты компьютера!

2. **Положите открытое шасси компьютера на вашу рабочую поверхность.**

   Не подключайте компьютер к сети.

3. **Расположите сокет CPU на вашей материнской плате.**

   Сокет 7 CPU выглядит как большой квадрат, который может содержать две или три тысячи штырьков. Если вы нуждаетесь в помощи для поиска сокета CPU, обратитесь к соответствующей схеме в руководстве по вашей материнской плате. Материнские платы Pentium и AMD K6/K6-2 обычно оснащены специальными гнездами, называемыми ZIF-сокетами (Zero Insertion Force), для CPU; в отличие от старых материнских плат, которые использовали 386-й и 486-й процессоры, ZIF-сокет позволяет вам легко, без применения силы, устанавливать или снимать CPU.

4. **Если ваша материнская плата имеет ZIF-сокет для CPU, поднимите рычаг сбоку сокета.**

   В руководстве по эксплуатации материнской платы должно быть указано, как поднять рычаг, который "отпирает" ZIF-сокет так, чтобы вы могли вставить свой чип.

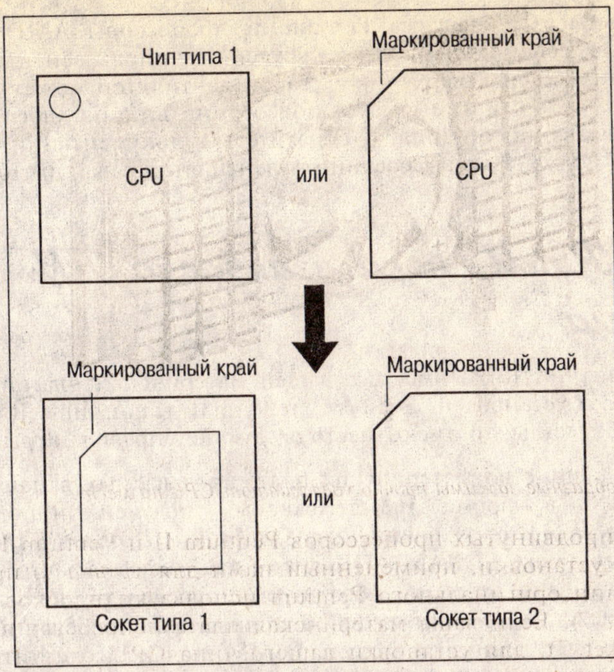

Рис. 4.3. Чипы CPU и соответствующие сокеты, будучи правильно совмещенными, готовы к успешному партнерству

5. **Тщательно разместите чип CPU сверху сокета.**

   Грани чипа должны соответствовать граням сокета и обрезанный угол должен соответствовать маркеру сокета. Посмотрите на чип сверху и сбоку и удостоверьтесь, что штырьки, которые вы можете видеть, находятся сверху над соответствующими отверстиями.

6. **Разрешаю глубоко вздохнуть и расслабиться. Затем пальцами мягко надавите на края чипа.**

   Можно даже слегка надавить на верх CPU. После некоторого начального сопротивления чип должен плотно войти в гнездо сокета. Равномерно нажимайте на CPU до тех пор, пока штырьки станут не видны при взгляде со стороны.

7. **Если ваша материнская плата имеет ZIF-сокет для CPU, опустите рычаг сбоку от сокета.**

   Опустите проволочный рычаг до "защелкивания" ZIF-сокета так, чтобы чип CPU был зафиксирован на месте.

НИКОГДА не пытайтесь силой вынуждать CPU Socket 7 соединиться с материнской платой — если у вас нет полной уверенности в том, что чип размещен правильно и все штырьки находятся на своих местах, остановитесь и снова сверьтесь с вашим руководством по материнской плате, чтобы еще раз удостовериться, что чип выровнен правильно. Если CPU правильно не выровнен и вы пробуете силой заставить его войти в гнездо, вы просто согнете некоторые из штырьков (которые, в принципе, могут быть подправлены, но лишь опытным техником). В самом худшем случае, вы сломаете штырьки — если это случится даже с одним штырьком, можете похоронить также то, что осталось от чипа, на вашем заднем дворе и искать другой CPU.

Все оригинальные CPU класса Pentium и процессоры AMD K6/K6-2 имеют сверху встроенные вентиляторы для охлаждения чипов; вентилятор фактически прикреплен или приклеен к верху чипа. Такой вентилятор может иметь отдельный питающий кабель, который вам следует подсоединить, либо кабель питания может тянуться непосредственно от чипа — обратитесь к документации по эксплуатации CPU и выясните, должны ли вы соединить вентилятор с вашим блоком питания и как это сделать.

Добавьте RAM, пока «закваска ПК» не загустела

Если вы купили чип RAM вместе с вашей материнской платой, он уже должен быть предварительно установлен. Если же вы купили ваши чипы RAM отдельно или где-то подобрали б/у чипы, то имеют место следующие правила игры.

- ✓ Большинство материнских плат, продаваемых в наши дни, содержат RAM в форме 168-штырьковых модулей (чипов) DIMM типа *SyncDRAM* (сокращение для *Synchronous Dynamic RAM*, часто называемого также SDRAM). Перед тем как заказывать чипы DIMM для установки их на плату, обратитесь к руководству по материнской плате и выясните, нет ли каких-то специальных требований. Рис. 4.4 иллюстрирует типичный модуль DIMM, только и ожидающий, чтобы его куда-нибудь воткнули и установили.

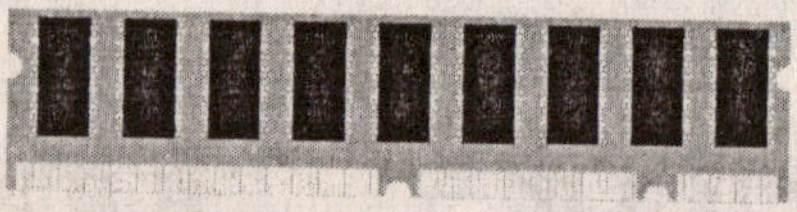

Рис. 4.4. Это картофельный чип? Или это шоколадный чип? Нет, это чип DIMM

- ✓ Старые материнские платы Pentium использовали 72-штырьковые модули SIMM типа *EDO* (сокращение для *Extended Data Output*). Еще раз напомню, что только ваша конкретная материнская плата определяет, какие типы памяти могут быть на ней установлены.
- ✓ Чтобы избежать путаницы и не распыляться, лучше заказывать все чипы RAM сразу у одного и того же дилера. Вообще, модули RAM, сделанные различными изготовителями, по предположению работают вместе, пока все они согласованы по времени доступа и другим параметрам, но я слышал ужасные истории в Internet относительно проблем их совместимости. Всякий раз, когда это возможно, заказывайте чипы определенной марки у определенного дилера.
- ✓ Проверьте проект, который вы создали в главе 2, с точки зрения рекомендуемого количества памяти RAM, которое вы должны использовать, — но не забывайте старый принцип: "Чем больше RAM, тем веселее!" Это особенно справедливо по отношению к операционным системам OS/2, Windows 98 и Windows NT: чем большее количество памяти RAM вы можете добавлять, тем лучше и быстрее работает ваша система.

- ✓ Во времена 486-х и оригинальных процессоров Pentium модули SIMM обычно группировались парами; большинство сегодняшних материнских плат позволяют установить один или два модуля DIMM.

Вы готовы устанавливать ваши чипы DIMM? Хорошо, тогда следуйте этим инструкциям.

1. **Коснитесь чего-либо металлического, чтобы избавиться от статического монстра (надеюсь, вы поняли, о чем речь).**
2. **Накройте вашу рабочую поверхность одной или двумя газетами и положите шасси поверх этой газеты.**

   Пока ничего не включайте в сеть.
3. **Найдите слоты памяти DIMM, которые, как правило, находятся в одном углу материнской платы рядом с CPU.**

   Если ваша материнская плата была разработана неким Пикассо, проверьте руководство, которое должно содержать схематический чертеж и помочь вам найти слоты памяти. Вы должны также найти инструкции, по которым ряд (группа) слотов заполняется в первую очередь — удостоверьтесь, что вы добавляете память в порядке, указанном в руководстве. (Ряды обычно отмечаются также непосредственно на материнской плате, только чтобы избежать неразберихи.) Вообще, большинство людей заполняют сначала ряд 0, затем ряд 1 и т.д.

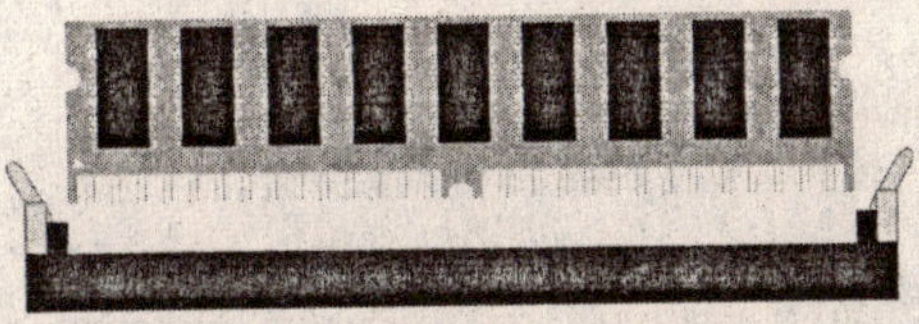

Рис. 4.5. Сокет DIMM, готовый к работе

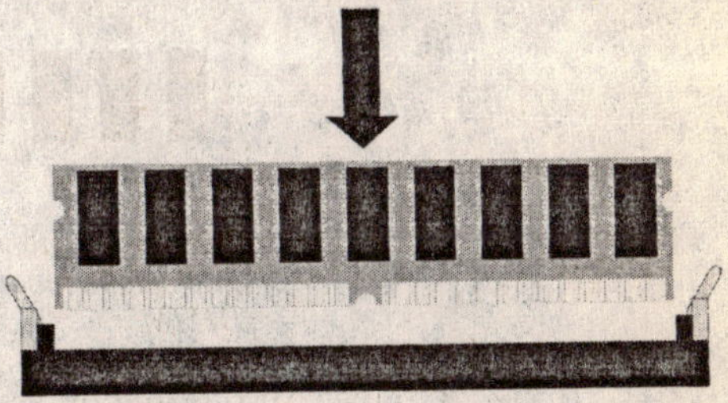

Рис. 4.6. Бережно вставьте чип DIMM в его сокет

4. **Поверните материнскую плату так, чтобы слоты памяти DIMM находились прямо перед вами, — слоты должны выглядеть, как показано на рис. 4.5.**

   Чтобы запереть DIMM жестко на месте, небольшой умный механизм захвата в сокете использует трение. Вы легко заметите вырезы в соединителях снизу модуля, которые соответствуют распорным деталям в сокетах памяти; вы просто не сможете установить чипы DIMM неправильно — эти вырезы дают пример хорошо продуманной разработчиками технологии сборки.
5. **Совместите металлические "зубы" внизу модуля с сокетом и легким толчком вниз установите чип в гнездо, как показано на рис. 4.6.**
6. **Как только модуль установится на свое место, удостоверьтесь, что два рычага маленького умного механизма захвата с обеих сторон сокета щелчком сдвинулись к центру, как показано на рис.4.7.**

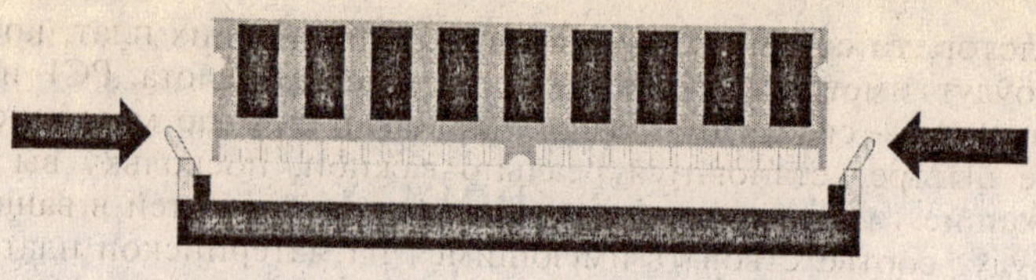

Рис. 4.7. Защелкните рычаги фиксатора на DIMM-сокете

Браво, вы и это сделали! Правильно установленный чип DIMM должен вертикально сидеть на материнской плате, а два рычага фиксатора должны красоваться по бокам модуля.

Встречайте ваш автобус

В то время, когда корпус вашего компьютера открыт и вам все ясно видно, выберите момент и определите, какой у вас имеется тип *щелей (слотов) для подключения к шине (bus slots* в дословном переводе с англ. — окна автобуса. — *Прим. ред.)*. Когда вы добавляете к вашему компьютеру какие-либо внутренние карты адаптера, они устанавливаются в эти гнезда (речь идет, в действительности, о расширении самой материнской платы). Если вы чувствуете неуверенность в определении типов имеющихся

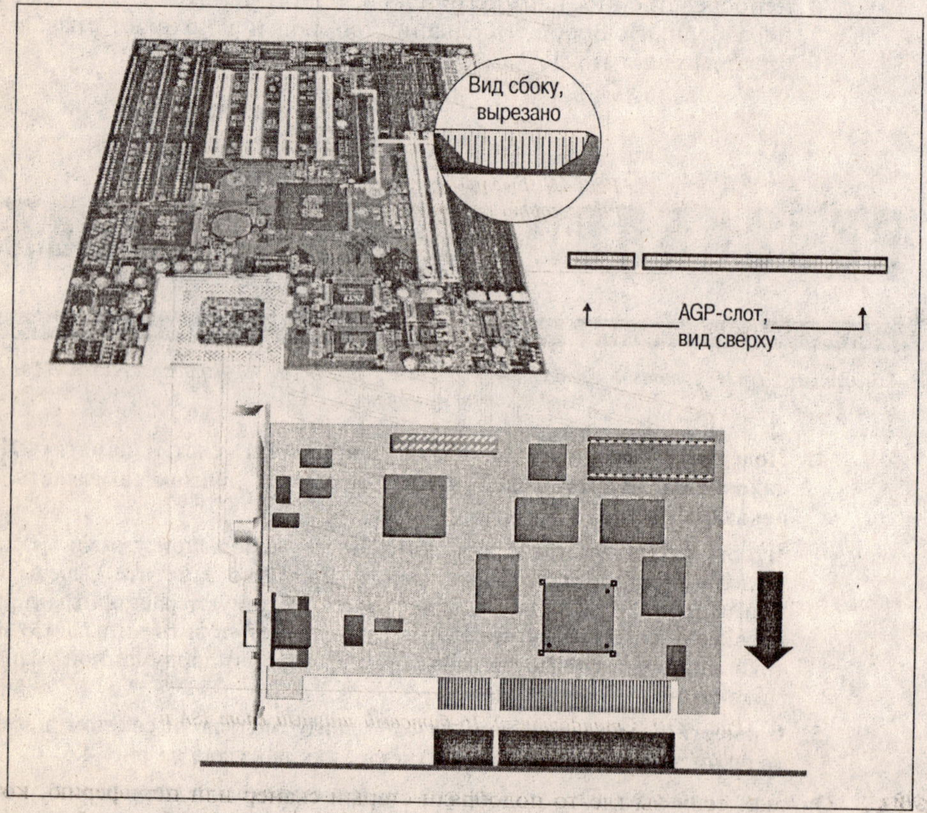

Рис. 4.8. Шинный слот AGP и карта адаптера AGP

у вас шинных слотов, то сообщаю: большинство материнских плат, которые вы покупаете сегодня, будут иметь AGP-слот, три или четыре слота PCI и один или два 16-битовых слота ISA — сверьтесь с вашим руководством по материнской плате. Эта информация все быстрее становится реально важной, поскольку вы должны будете покупать надлежащие типы карт адаптера для различных частей в вашем компьютере; если карты не будут соответствовать имеющимся на материнской плате слотам, вы не сможете ее использовать!

Рассматриваемые слоты представляют собой ряд длинных параллельных разъемов на вашей материнской плате, и большинство материнских плат поступают примерно с пятью—семью слотами. Рис. 4.8—4.10 иллюстрируют три наиболее общих типа слотов на материнских платах Pentium II и III: сверхбыстрый AGP-слот видеокарты, быстродействующий 32-битовый шинный слот PCI (*Peripheral Component Interconnect*) и более старый и медленный 16-битовый слот ISA (*Industry Standard Architecture*).

На рис. 4.11 показан 8-битовый слот, который возвращает нас назад во времени дальше, чем любой другой слот. Вы вряд ли увидите его на материнской плате Pentium II или III — особенно, если он рассчитан на частоту 100 МГц, — но такие слоты легко перепутать со слотами типа PCI.

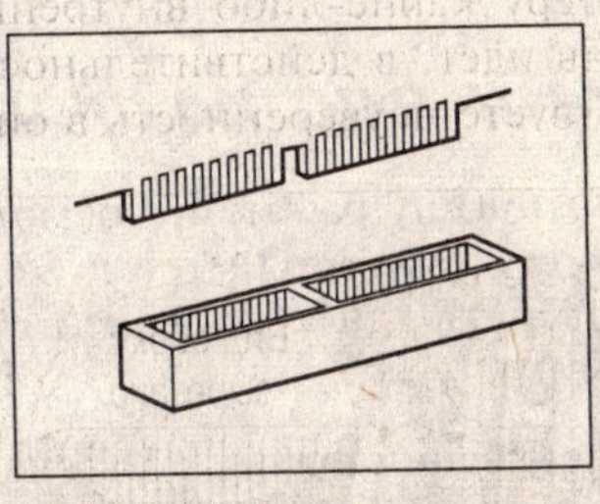

Рис. 4.9. Быстрый шинный слот PCI и карта адаптера PCI

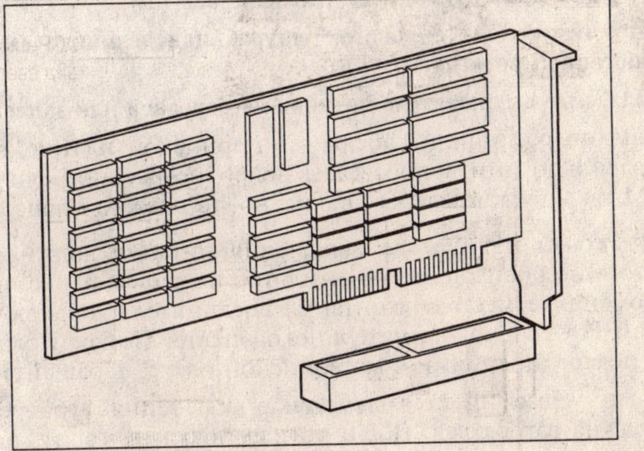

Рис. 4.10. Стандартный 16-битовый шинный слот ISA и карта адаптера ISA

Однако, если вы где-то подобрали старый сканер или периферию, которая использует свою собственную 8-битовую карту, то вы без проблем можете использовать эту карту в 16-битовом слоте типа ISA.

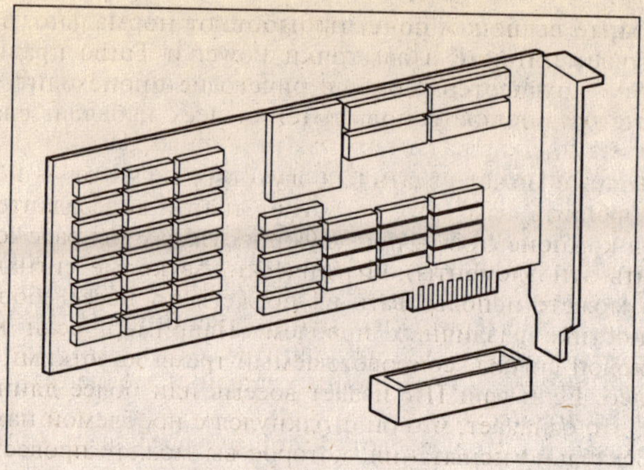

Рис. 4.11. Архаичный 8-битовый шинный слот ISA и соответствующая 8-битовая карта

Проверим, что же у нас получилось?

Сейчас самое время проверить вашу работу и посмотреть, насколько хорошо вы ее сделали. Хотя ваш компьютер все еще не имеет даже подсоединенных монитора и клавиатуры, можно все же проверить качество вашей сборки. Такая проверка выполняется по описанным ниже шагам:

1. **Подсоедините силовой шнур с трехштырьковой вилкой, который поступил с корпусом компьютера, к соответствующему разъему на блоке питания.**

   Хорошенько вставьте вилку в гнездо блока питания — вы ведь не хотите, чтобы она свободно шевелилась там.

2. **Другой конец силового шнура подсоедините к вашей любимой настенной розетке.**

3. **Нажмите выключатель питания на передней или задней панели корпуса.**

Если вы правильно соединили кабели с материнской платой, ваши выключатели присоединены правильно (эти вопросы мы подробно рассмотрели в главе 3) и ваши чипы CPU и RAM также установлены правильно, то должно произойти следующее.

✓ Лампочка индикатора включения питания должна загореться. (Если этого не произошло, а вентилятор на вашем блоке питании вращается, поменяйте местами контакты соединителя, подключенного к штырькам Power Light на материнской плате. По всем вопросам, связанным с подсоединениями к материнской плате, обращайтесь к главе 3.)

✓ Если у вас имеется лампочка включения турборежима, она также должна загореться. (Если эта лампочка не горит, поменяйте местами контакты соединителя, подключенного к штырькам Turbo Light на материнской плате. Глава 3 содержит инструкции по созданию связей с вашей материнской платой.)

✓ Вентилятор на CPU должен начать вращаться. (Если этого не происходит, проверьте, подключили ли вы кабель от вентилятора к блоку питания.)

Если рассмотренные выше компоненты работают нормально, значит ваша материнская плата получает питание и лампочки Power и Turbo правильно соединены. (Если при включении компьютера вообще ничего не происходит, то отключите его от сети и проверьте правильность подключения всех кабелей, связанных с вашим компьютером.)

Ваш компьютер также может издать ряд звуковых сигналов — не волнуйтесь, просто он пытается сообщить вам, что не может найти видеоадаптера, клавиатуры и других аналогичных компонентов (в последующих главах мы рассмотрим, как установить и подсоединить эти элементы). Фактически, звуковые сигналы компьютера — ваши друзья, и вы можете использовать их позже в процессе сборки в качестве помощников в диагностике различных проблем. Например, если машина испускает один длинный звуковой сигнал, сопровождаемый тремя короткими звуками, значит у вас проблема с видео. Если ваш ПК издает восемь или более длинных непрерывных звуковых сигналов, это означает, что он столкнулся с проблемой памяти.

Это — всё относительно испытания, которое вы можете провести на этой стадии. После того как ваше шасси пройдет все эти тесты, вы будете готовы добавить еще несколько компонентов к вашему компьютеру.

Глава 5

Три органа чувств ПК: порты, мышь и клавиатура

В этой главе...

- Какие вам нужны порты
- Выбор карты адаптера порта
- Выбор клавиатуры
- Выбор координатно-указательного устройства
- Установка карты адаптера порта
- Подсоединение внешних устройств к портам
- Тестирование вашего компьютера

В сегодняшнем мире графических интерфейсов пользователя (читай — Windows 98, Windows NT и OS/2) одной клавиатуры больше не достаточно. Чтобы использовать наиболее современные компьютерные программы, вам необходимо иметь возможность перетащить и отпустить (drag and drop) и делать двойной щелчок (double click), другими словами, ваш компьютер нуждается в мыши (или другом координатно-указательном устройстве). Фактически, такие указательные устройства окружали нас в течение более чем десятилетия и были стандартным оборудованием на больших компьютерах (подобно Atari ST и Commodore Amiga) задолго до появления операционной системы Windows 3.0 на персональном компьютере. Большинство компьютерных фанов предпочитают скорость команд клавиатуры, но как бы там ни было, мышь оказывается также очень необходимой.

И мышь, и клавиатура подсоединяются к вашему новому компьютеру через специальные соединители, подключаемые к соединительным *портам* на передней или задней панелях корпуса. Вашему компьютеру также необходимы порты для передачи информации на принтер и для отправки и получения данных через модем.

В этой главе мы выясним, как добавить порты к вашему компьютеру (если это требуется), как подсоединить клавиатуру и мышь, а также другие доступные сегодня координатно-указательные устройства различных типов. Мы также более подробно поговорим о быстродействующих последовательных портах и выясним, почему они вам нужны, с точки зрения использования современных быстродействующих модемов.

ПОМНИ!

Если вы купили новую материнскую плату, она должна иметь несколько уже встроенных портов (например, все материнские платы имеют встроенный разъем для клавиатуры). Однако более "старинные" материнские платы могут потребовать приобретения отдельной карты адаптера, которая добавляет COM-порты и порт принтера в ваш компьютер. Если вы установили ATX-материнскую плату в ATX-корпус, необходимые вам порты уже установлены! Если же ваша материнская плата имеет встроенные порты, но без соединителей, вам нужно будет присоединить разъемы порта к материнской плате и затем добавить порты к корпусу компьютера — так что не пропускайте чтение всей этой главы; при необходимости можете сразу перейти к разделу "Соединение встроенных портов" ниже в этой главе.

Погоня за преимуществами порта

Готовьтесь восхититься разнообразием портов, которые вы можете добавлять к своему компьютеру! Ваш компьютер определенно нуждается в первых трех или четырех портах, упомянутых в следующем списке, а остальное — необязательные порты, оперирующие со специальными аппаратными средствами, которые интересны лишь крутым пользователям.

✓ **Порт клавиатуры.** Порты клавиатуры имеют две разновидности — один тип приспособлен для соединителя IBM PS/2 со штырьками (рис. 5.1). Стандартный тип порта клавиатуры имеет больший, чем PS/2, соединитель с круглым штекером. Большинство современных материнских плат имеют порт клавиатуры PS/2. Если вы хотите использовать клавиатуру, которая использует круглый соединитель старого типа (обычно называемый AT-соединителем), приобретите переходник, который позволит вам включать старую клавиатуру в PS/2-порт.

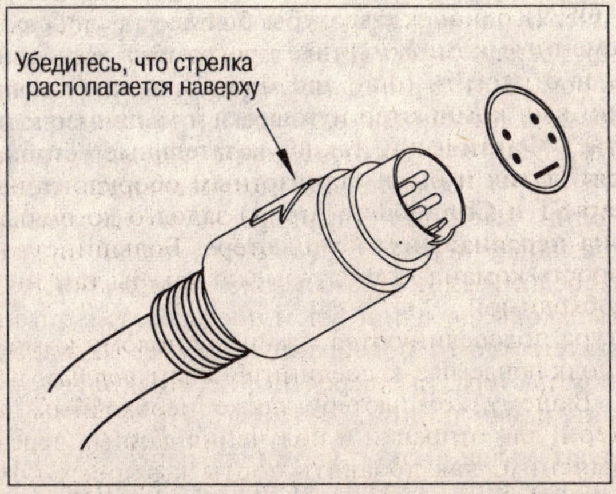

Рис. 5.1. Стандартный соединитель типа IBM PS/2 клавиатуры

✓ **Последовательный порт.** Этот тип порта обычно называется *COM-портом* (сокращение от COMmunications port). В прошлом компьютеры использовали последовательные порты для соединения с модемом и мышью (вы, возможно, даже использовали этот тип порта для подключения к некоторым принтерам, называемым последовательными принтерами). В современных компьютерах последовательные порты сохранены, прежде всего, для внешних модемов.

Последовательный порт обычно определяется одним из четырех стандартных обозначений COM-портов, подобно COM1 или COM2, которое идентифицирует специфический порт, используемый компьютером. Используя до четырех COM-портов на одном компьютере, вы сможете одновременно управлять несколькими модемами. Большинство материнских плат со встроенными портами (и картами адаптера последовательных портов, которые вы добавляете к материнской плате) располагают двумя последовательными портами. Эти порты бывают двух разновидностей (9- и 25-штырьковые "мужские" версии), но сегодня намного более популярен один 9-штырьковый последовательный порт. (Между прочим, "мужской" соединитель, или "папа", имеет штырьки, в то время как "женский" соединитель, или "мама", имеет отверстия для тех же штырьков.)

Быстродействующие внешние модемы — т.е. модемы, работающие со скоростью приема/передачи данных 14.4 Кбит/с (килобит в секунду) или быстрее, — требуют, чтобы быстродействующий последовательный порт работал с предельной скоростью. Старые последовательные порты просто не могут обрабатывать такой быстрый поток данных. При покупке материнской платы или карты адаптера последовательного порта удостоверьтесь, что они представляют *класс 16550 высокоскоростных UART-чипов* (это — заумное описание *быстродействующего последовательного порта*). Больше информации о быстродействующих UART-чипах вы найдете главе 10, где я подробно обсуждаю модемы.

✓ **Параллельный порт принтера.** Хотя в это трудно поверить, но этот тип порта не очень изменился со времен ранних компьютеров класса PC-XT и -AT. Параллельные порты принтера выглядят и работают практически так же, как они это делали в начале 80-х; первоочередная цель их "жизни" состоит в том, чтобы обеспечивать связь с вашим принтером. В отличие от последовательного порта, параллельные порты перемещают данные одновременно по нескольким проводам, а не по двум. Если вы покупаете порт для материнской платы или карту адаптера порта, обязательно удостоверьтесь, что он имеет по крайней мере один быстродействующий *двунаправленный параллельный порт*. Параллельные порты — "женского рода" и принимают 25-штырьковые соединители. К сожалению, параллельные порты часто путают с 25-штырьковым соединителем последовательного порта, но если вы не используете где-то подобранную б/у последовательную карту от старого компьютера, вы, вероятно, не столкнетесь с 25-штырьковым последовательным портом.

✓ **PS/2-порт мыши.** Как я упоминал ранее, старые компьютеры позволяют подсоединить мышь, используя один из последовательных портов. Однако большинство сегодняшних материнских плат и карт адаптера имеют уникальный порт мыши типа PS/2 — этот тип порта фактически не считается последовательным портом.

Если вы где-то подобрали подержанную мышь, предназначенную для последовательного порта, ее все еще можно использовать на вашем компьютере. Только проверьте руководство по вашей материнской плате или порту карты адаптера и выясните, как заблокировать PS/2-порт мыши (вы, вероятно, должны будете установить выключатель DIP или перемычку, либо утилита конфигурации BIOS вашей материнской платы может иметь установку, которая заблокирует этот порт). Ваша последовательная мышь должна прекрасно бегать, если она связана с вашим последовательным портом COM1. Если вы хотите использовать и б/у последовательную мышь, и внешний модем, а у вас имеется только один последовательный порт, то вам придется купить новую карту адаптера последовательного порта с двумя последовательными портами.

- ✓ **USB-порт.** Аббревиатура USB — сокращение от *Universal Serial Bus* (универсальная последовательная шина). Этот быстродействующий порт поистине принимает форму универсального метода подсоединения всех видов периферийных устройств к вашему компьютеру. USB-порт может разместить целых 127 устройств (вероятно, достаточно даже для Билла Гейтса) и обеспечивает темп передачи данных до 12 Мбит/с (мегабит в секунду). Кроме того, любая периферия, которую вы подключаете к USB-порту, автоматически опознается операционной системой Windows 98 (как это и должно быть); можно также удалять эти же устройства без перезагрузки вашего компьютера. Порт USB становится все более популярным как средство связи для сканеров, джойстиков и контроллеров, цифровых камер и даже принтеров. Если вы покупаете новую материнскую плату, удостоверьтесь, что она поступает с USB-портами, и тогда вы можете послать прощальный воздушный поцелуй неразберихе с портами.
- ✓ **FireWire-порт.** Иначе известный как высокопроизводительная последовательная шина IEEE-1394, FireWire-порт означает СКОРОСТЬ — вплоть до 100 Мбит/с, которая делает его совершенным средством для подсоединения дорогих игрушек, производящих большое количество данных, подобно цифровым видеокамерам и камерам, обслуживающим видеоконференции, сверхбыстрым сканерам и цветным лазерным принтерам. Подобно USB, FireWire автоматически распознается Windows 98; он поддерживает до 63 устройств. Если вы планируете редактировать цифровое видео или участвовать в видеоконференциях, рассмотрите возможность добавления порта FireWire на ваш ПК.
- ✓ **Игровой порт.** Если вы планируете добавить звуковую карту к вашему компьютеру, она может также иметь игровой порт для вашего джойстика или другого игрового устройства управления. Большинство карт адаптера порта типа "множественный ввод/вывод" также обеспечивает встроенный игровой порт наряду со стандартными последовательными и параллельными портами. Игровые порты имеют по 15 штырьков, и один порт может подсоединять два стандартных двухкнопочных IBM-джойстика.
- ✓ **MIDI-порт.** Этот тип специализированного порта используется для подсоединения музыкальных инструментов MIDI к вашему компьютеру; MIDI-порты обычно встроены в звуковую карту, и MIDI-порт может также действовать как игровой порт. (О звуковых картах и MIDI мы подробнее поговорим в главе 9.)
- ✓ **Инфракрасный порт.** Если у вас есть портативный компьютер (laptop, лэптоп) с *инфракрасным портом*, вы можете захотеть добавить такой порт и на ваш новый компьютер. Инфракрасный порт позволяет передавать данные и файлы между двумя компьютерами без необходимости тянуть кабели между двумя машинами. Инфракрасный порт становится удобным, если вы часто путешествуете и предпочитаете использовать свои данные, синхронизированные между вашей портативной и настольной системами. Инфракрасные порты обычно устанавливаются на всех современных материнских платах.

- ✓ **SCSI-порт.** Если вы устанавливаете SCSI-адаптер (который мы рассмотрим в главе 11) на свой компьютер, то следует знать, что эта карта также позволяет подсоединить к ее *SCSI-порту* внешние устройства: сканеры, рекордеры CD и другие SCSI-устройства.

СОВЕТ

Даже при том, что вы *теперь* знаете, что представляет собой каждый порт, я рекомендую создать ярлыки для ваших портов после того, как вы их установите. Если вы вовремя промаркируете ваши порты, то в будущем устраните любые проблемы идентификации.

Универсальный параллельный порт

Вы можете использовать параллельные порты принтера для подсоединения многих других типов устройств, а не только один параллельный принтер. Сегодня выходят на сцену много устройств, использующих параллельный порт, наподобие накопителей Zip, сканеров с параллельным портом и даже аппаратных средств захвата видео. Вместо того чтобы открывать корпус и добавлять новую карту адаптера, эти устройства просто включаются в ваш параллельный порт, и затем вы включаете ваш принтер в устройство Старожилы, подобные мне (которые помнят времена 8-битовых компьютеров), признают этот метод подсоединения периферии компьютера — мы имели обыкновение называть это *формированием гирляндной цепочки (daisy-chaining)*. (Ищите параллельный порт, который в будущем, тем не менее, устареет, поскольку, по всей вероятности, USB-порт, в конечном счете, возьмет свое.)

О клавиатурах, мышах и людях

"Дедушка, в ваши времена компьютеры действительно имели только один вид мыши и один вид клавиатуры?" Вещи действительно очень изменились — теперь вы можете выбирать из множества головокружительных координатно-указательных устройств и клавиатур (и даже комбинации того и другого).

Мышь видоизменилась

На тот случай, если вы не уверены в том, какое координатно-указательное устройство (которое далее будем называть просто указательным устройством) больше всего вам подходит, ниже приведены некоторые руководящие принципы, призванные сориентировать вас в правильном направлении.

- ✓ **Стандартная мышь.** Базовая конструкция мыши все еще вокруг нас; такая мышь поступает в двух- и трехкнопочном вариантах. Если вы выбрали мышь с тремя кнопками, у вас есть возможность программировать среднюю кнопку (например, программное обеспечение, которое поступило с моим трекболом (см. ниже), позволяет мне запрограммировать среднюю кнопку мыши для выполнения двойного щелчка одним ее нажатием). Мышь все еще остается хорошей указкой для традиционного указательного устройства, но она тяжеловата для тонкой работы и, кроме того, занимает много места на столе. Это указательное устройство имеет также тенденцию часто загрязняться: необходимо чистить мышь при первых же признаках пропусков или неаккуратного отзыва на ваши действия.

Более новые модели мыши имеют между кнопками колесико, которое позволяет прокручивать Web-страницы и документы вверх и вниз, — очень удобно!

- **Беспроводная мышь.** Этот тип мыши не тащит за собой кабельный хвост, и многие владельцы компьютеров находят эту особенность привлекательной. Достижения радиотехники также позволяют вам управлять курсором с намного большей свободой, чем стандартная мышь. Но будьте готовы очень часто кормить этого монстра новыми батарейками и проверять, как далеко вы можете фактически отойти от компьютера без боязни потерять сигнал.

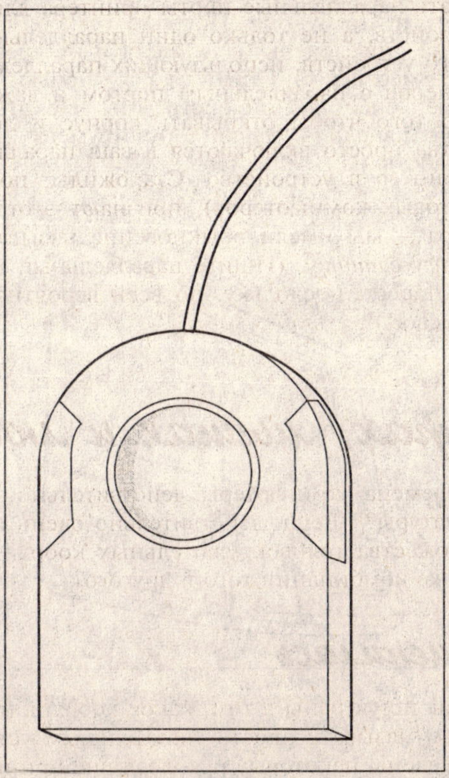

Рис. 5.2. Типичный трекбол

- **Трекбол.** Как показано на рис. 5.2, это указательное устройство походит на перевернутую стандартную мышь: вместо перемещения корпуса мыши вы перемещаете шарик указательным или большим пальцем. Поначалу трекболы немного сложнее в использовании, но поскольку они остаются на одном месте, они требуют намного меньше места на рабочем столе.

СОВЕТ

- Если вы решили остановить свой выбор на трекболе для вашей компьютерной системы, подумайте о приобретении моего любимого указательного устройства: *оптического трекбола*. Эти устройства намного дороже стандартных трекболов, но они никогда не требуют регулировки или чистки и имеют меньше перемещающихся частей, чем стандартные трекболы или мыши. Эти трекболы используют шарики, покрытые шаблонным узором (сеткой) из точек, оптические датчики в теле трекбола “читают” эти точки для определения перемещения шарика.

- ✓ **Сенсорная панель (touchpad).** Это указательное устройство было очень популярно на портативных компьютерах (лэптопах), но оно доступно также для настольных компьютеров. При использовании сенсорной панели (рис. 5.3) вы перемещаете свой палец по поверхности ее экрана, и курсор следует за вашими движениями в режиме поступления информации на экран (on-screen). Чтобы щелкнуть, вы можете либо нажать кнопку на сенсорной панели, либо нажать на поверхность панели дважды в быстрой последовательности. Никакая ручка или другой стилус не требуются. Подобно трекболам, сенсорные панели занимают на столе очень мало места и не требуют чистки, но каждые несколько месяцев они требуют регулировки, которая осуществляется с помощью специальной программы. Некоторые люди считают, что сенсорная панель — лучший инструмент для высококачественной тонкой работы на компьютере.

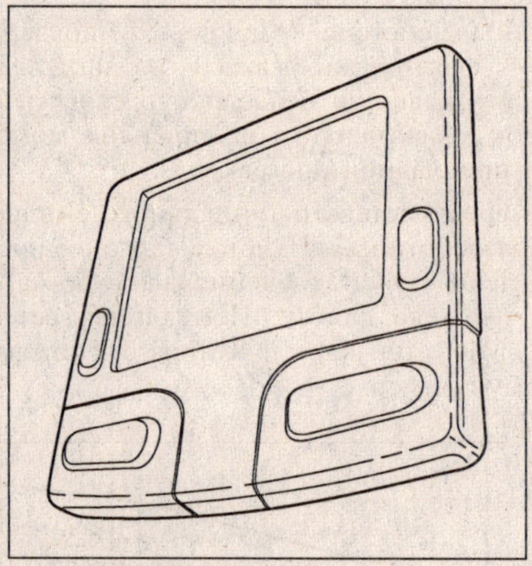

Рис. 5.3. Сенсорная панель выглядит немного странно, но она работает!

- ✓ **Чертежный планшет (drawing tablet).** Это координатно-указательное устройство представляет собой увеличенную версию сенсорной панели — чертежная панель определенно предназначена для занятий компьютерным искусством и разработки чертежей. Она позволяет рисовать вручную на панели, и рисунок затем появляется на экране компьютера. В зависимости от размера планшета можно использовать линейку или трафарет. Когда вы не рисуете, чертежный планшет можно также использовать в качестве обычной сенсорной панели.
- ✓ **Пальчиковая мышь (fingertip mouse).** Это указательное устройство впервые применялось на лэптопах. В действительности оно не очень похоже на мышь и представляет собой крошечную кнопку, которая расположена в середине гладкого корпуса. (Во многих лэптопах пальчи-

ковая мышь расположена между кнопками клавиатуры.) При использовании пальчиковой мыши вы подталкиваете (нажимаете) кнопку по горизонтали в том направлении, куда хотите направить курсор на экране компьютера. Чем *дольше* вы удерживаете кнопку нажатой, тем *дальше* перемещается курсор; чем *сильнее* вы нажимаете на кнопку, тем *быстрее* перемещается курсор. Чтобы сделать щелчок, вы нажимаете кнопку на корпусе мышки. Как и в случае с сенсорной панелью, пальчиковая мышь время от времени требует регулировки, выполняемой специальной программой.

Ключ к выбору клавиатуры

Клавиатура клавиатуре — рознь! Например, если вам дали старую 84-клавишную клавиатуру, повесьте ее в сарае как талисман удачи рядом с подковой. Такие клавиатуры не имеют отдельного набора клавиш для управления курсором. Если вы используете любую версию Windows, то вам нужна, по крайней мере, стандартная 101-клавишная клавиатура.

Некоторые более дорогие клавиатуры имеют дополнительные особенности, которые могут сделать вашу компьютерную жизнь значительно более легкой.

- ✓ Операционная система Windows 98 поддерживает дополнительные клавиши — фактически, каждая из них даже напоминает эмблему Windows! Эти клавиши позволяют раскрывать меню системы, отображать список задач, печатать специальные символы и многое другое, не выходя из прикладной программы.
- ✓ Учитывая вред кистевого туннельного синдрома, многие клавиатуры сегодня разработаны с учетом эргономических требований. Они обычно имеют приспособление для отдыха запястий и более удобную для человека форму. Популярная естественная клавиатура от Microsoft (Microsoft Natural Keyboard), показанная на рис. 5.4, — хороший тому пример.

Рис. 5.4. Ловите волну! Эргономичная клавиатура от Microsoft помогает уменьшить напряжение запястья

- ✓ Вы бережете каждый квадратный сантиметр места на столе? Тогда обратите внимание на клавиатуру со встроенным трекболом или сенсорной панелью. Эти объединенные (интегрированные) клавиатуры уменьшают перемещения рук и делают вас более эффективной машинисткой.
- ✓ Для зажиточных домоседов: взгляните, никаких проводов! Беспроводная клавиатура позволяет вам сидеть развалясь на вашем диване при компиляции большого американского романа — не забывайте только о батарейках. Замечу также, что такие клавиатуры весьма дороги.

СОВЕТ

Если вы используете настольный корпус, сделайте себе *полку для клавиатуры*, которая очень напоминает выдвижной ящик, приспособленный под вашим компьютером. Такую полку можно выдвинуть и получить доступ к клавиатуре. После использования клавиатуры для набора текстов или команд можно просто задвинуть полку обратно. Это простое устройство экономит много места на столе и в то же время ваша клавиатура всегда под рукой.

При покупке новой клавиатуры всегда попробуйте ее в работе, прежде чем достать свой кошелек. Вообще, компьютерные люди бывают очень привередливы относительно своей клавиатуры: печатание длинного документа на плохой клавиатуре приблизительно эквивалентно многократному тыканию вашими пальцами в мокрую губку.

Установка карты адаптера порта

Если ваша материнская плата не имеет встроенных последовательных и параллельных портов, то самое время добавить карту адаптера порта. Эти карты обычно имеют один последовательный и один параллельный порты на самой карте, и вы можете добавить с помощью кабелей еще последовательный и игровой порты. Другие карты имеют также USB-порты. Проверьте руководство, которое сопровождает карту адаптера порта, и определите, чем фактически являются соединители на вашей карте и какой разъем следует добавить отдельно.

В руководстве по эксплуатации карты адаптера должна также содержаться информация об установочных параметрах выключателя DIP или перемычек, которые должны быть сконфигурированы. Теперь самое время сделать это, прежде чем ваша карта затеряется среди трех или четырех других карт, и вы должны будете стать акробатом, подобно Большому Замбини (Great Zambini), чтобы во всем разобраться. Вместе с тем, могу сообщить хорошую новость о большинстве карт адаптера порта: фабричные установки по умолчанию — обычно только те, какие вам нужны, но никогда не вредно сначала все проверить.

Чтобы установить карту адаптера порта, сделайте следующее.

1. **Не начинайте работу с компонентами компьютера, пока не коснетесь рукой какой-либо металлической поверхности.**

   Вы весь день перетаскивали ваши ноги через этот шикарный длинношерстный ковер? Вы говорите, ваш город неподвижен, а на самом деле он статический! (Здесь автор играет словами: static означает одновременно "статический " и "неподвижный". — *Прим. перев.*)

2. **Положите открытый корпус на рабочую поверхность.**

   Ничего пока не включайте в розетку!

3. **Найдите слот карты адаптера соответствующей длины с обратной (задней) стороны корпуса вашего компьютера.**

PCI-карты используют короткие слоты, в то время как 16-битовые карты вдвое длиннее. Поскольку большинство карт адаптера порта 16-битовые, то, держу пари, вам потребуется 16-битовый слот. Удостоверьтесь также, что определенные метки-вырезы на соединителях на вашей карте соответствуют определенным распорным деталям слота — эти распорки гарантируют, что вы не воткнете 8-битовую карту в слот PCI. Обнаруженный пустой слот имеет требуемую длину? Отлично! Пойдем дальше.

4. **Возьмите вашу испытанную отвертку, отверните винт и снимите металлическую крышку слота в задней части корпуса, как показано на рис. 5.5.**

   Суньте обе эти детали (винт и крышку) в вашу коробку для запасных деталей — они пригодятся вам, когда потребуется снова закрыть корпус, если вы решите удалить карту адаптера.

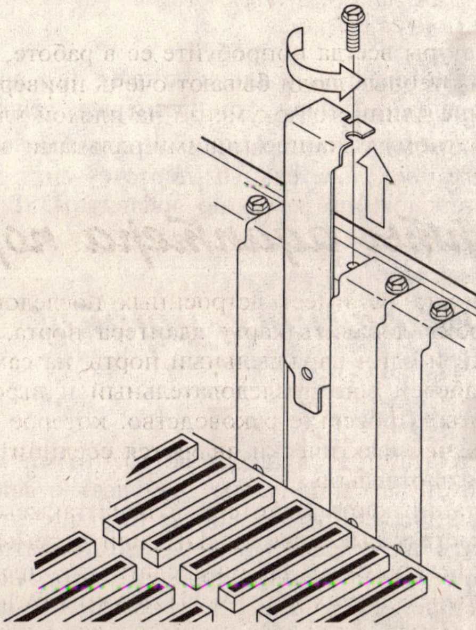

Рис. 5.5. Чтобы открыть слот, снимите сначала металлическую крышку с корпуса компьютера

5. **Поставьте карту адаптера в вертикальное положение, выровняйте соединители внизу карты со слотом на материнской плате, как показано на рис. 5.6.**

   Металлическая скоба карты должна совместиться с открытым пространством, образовавшимся при удалении крышки слота.

   Карта адаптера имеет дополнительные соединители, которые никак не стыкуются со слотом? Если так, попробуйте приспособить 16-битовую карту в 8-битовый или PCI-слот. Ищите слот, который соответствует соединителям и меткам.

6. **Если вы спешите сделать обеденный перерыв, то можете даже надавить на ребро карты сверху вниз, чтобы воткнуть ее в слот на материнской плате.**

   Хотя установка карты не сопровождается щелчком, вы сразу можете определить, когда карта твердо встанет на свое место. Скоба должна быть плотно прижата к корпусу компьютера.

Рис. 5.6. Убедитесь, что соединители снизу карты совмещены со слотом

7. **Возьмите винт, который вы удалили на шаге 4, и привинтите им скобу к корпусу, но не прилагайте при этом чрезмерных усилий.**

Теперь ваш компьютер оборудован по крайней мере одним внешним параллельным портом и одним внешним последовательным портом — и, в зависимости от карты адаптера порта, вы можете также по желанию добавить USB-порт, игровой порт или PS/2-порт мыши.

Соединение встроенных портов с внешними

Если ваша материнская плата поступила со встроенными последовательными, параллельными и USB-портами, вам нет нужды добавлять отдельную карту адаптера — но вы все еще должны присоединить внешние порты к тыльной стороне корпуса компьютера и соединить их с вашей материнской платой. Внешние порты должны выглядеть наподобие металлических крышек слота, но они также имеют один или два разъема на внешней стороне и отдельные ленточные кабели для каждого такого разъема.

Если ваш компьютер использует материнскую плату и корпус типа ATX, то ваши порты уже связаны. В этом случае пропустите этот раздел.

Чтобы установить внешние порты и соединить их со встроенными, следуйте приведенным ниже инструкциями.

1. **Не приступайте к работе по сборке компьютера, пока не коснетесь рукой какой-либо металлической поверхности или предмета.**

   Оставьте в покое эту гладкую пластмассовую видеоигру, которую вы все время держите в руках! Ведь сейчас вы можете быть носителем статического электричества!

2. **Удалите винт и металлическую крышку слота в задней части корпуса и сохраните обе эти детали в вашей коробке запасных частей.**
3. **Вставьте крышку слота с разъемами (т.е. порт) в свободный слот.**
4. **Возьмите винт, который вы удалили на шаге 2, и закрепите скобу порта.**
5. **Проверьте ваше руководство по материнской плате и найдите соединители для встроенных портов.**

   Эти соединители подобны соединителям материнской платы для кнопки "Reset" или выключателя "Turbo".
6. **Подсоедините кабели от портов к разъемам на вашей материнской плате, как это требует руководство по эксплуатации материнской платы.**

   Штырек 1 на соединителе материнской платы должен быть совмещен с маркированным проводом на кабеле; такая маркировка обычно представляет собой красную полосу или соответствующую надпись.

Подсоединение клавиатуры и указательного устройства

Наконец, настало время добавить те существенные части, которые позволят вам спорить с вашим компьютером непосредственно: это мышь и клавиатура. Как я упоминал ранее в этой главе, компьютеры используют один из двух различных типов соединителей клавиатуры, а мышь может быть связана с последовательным портом или отдельным портом мыши. Шаги, которые вам следует далее сделать, определяются вашей материнской платой и тем, что она обеспечивает.

Подключение клавиатуры

Подсоединение клавиатуры достаточно просто, но имеется парочка тонкостей, о которых вы должны знать. Чтобы установить клавиатуру, руководствуйтесь следующими инструкциями.

1. **Найдите порт клавиатуры на задней панели корпуса компьютера.**

   Если вы приобрели старую клавиатуру, порт должен иметь толщину примерно с ваш мизинец. Если же у вас PS/2-порт клавиатуры, он должен иметь толщину ластика. Если ваш соединитель клавиатуры того же размера, что и порт клавиатуры, порадуйтесь и продолжайте. Если же соединитель не соответствует разъему порта, поворчите про себя и отправляйтесь в магазин компьютеров за переходником, чтобы заставить старую клавиатуру соединиться с PS/2-портом (либо изберите для этого какой-либо иной путь).
2. **Поместите разъем соединителя клавиатуры в порт и медленно вращайте, слегка нажимая на него.**

   Соединитель должен вписаться в порт лишь единственным образом, так что вы должны почувствовать, когда штырьки соединителя войдут в свои гнезда порта. Если на вашем соединителе с внешней стороны есть небольшая стрелка или выемка, то они указывают обычно положение "верх" (хотя не каждая материнская плата имеет приличие указывать свой "верх" таким же самым способом).

3. **Когда разъем соединителя клавиатуры правильно выровнен по отношению к разъему порта, с усилием втолкните его в порт до упора.**

Подсоединение мыши (или другого указательного устройства)

Раскройте ваше руководство по эксплуатации материнской платы и определите, имеет ли она встроенный PS/2-порт мыши, затем следуйте приведенным ниже инструкциям.

Если ваш компьютер *не имеет* PS/2-порта мыши, то сделайте следующее.

1. **Найдите 9-штырьковый последовательный порт с тыльной стороны корпуса вашего компьютера.**
2. **Совместите 9-штырьковый разъем на конце соединителя вашей мыши с последовательным портом.**

   Соединитель может войти в порт лишь единственным образом.
3. **Когда соединитель будет правильно выровнен, втолкните его в порт до упора.**

   Если хотите, зафиксируйте разъем, поворачивая выступы на соединителе по часовой стрелке. В некоторых соединителях вместо выступов используют винты, поэтому вам потребуется очень маленькая отвертка, чтобы закрутить их в порт. Если соединитель плотно сидит в разъеме порта, можете не прикручивать его винтами.

Если же ваш компьютер *имеет* PS/2-порт мыши, для ее подключения выполните следующие шаги.

1. **Найдите соответствующий порт с обратной стороны корпуса вашего компьютера.**
2. **Поместите разъем соединителя в порт и, слегка нажимая на него, медленно вращайте.**

   Соединитель должен вписаться в порт только в одном положении, так что вы почувствуете, когда штырьки попадут в свои отверстия в разъеме порта. Ваш соединитель на внешней стороне может иметь маркер в виде небольшой стрелки или плоской области, который обычно указывает "верх".
3. **После того как соединитель правильно выровнен, задвиньте его в разъем порта до упора.**

Проверка и еще раз проверка!

Даже при всем том, что вы добавили все ваши порты и подсоединили к ним минимально необходимые устройства, в действительности нет никакого способа проверить их в работе — но не все потеряно! Вы можете проверить вашу клавиатуру прямо сейчас. Нажмите включатель питания на передней (или задней) панели корпуса вашего компьютера.

Если вы правильно соединили клавиатуру с портом на вашей материнской плате, на клавиатуре должны высветиться индикаторы Num Lock, Caps Lock и Scroll Lock. Если эти индикаторы светятся, значит ваша клавиатура установлена правильно, если не светятся, выньте соединитель клавиатуры из разъема порта клавиатуры и попробуйте включить его снова. Если и вторая попытка окажется неудачной, попробуйте подсоединить другую, заведомо исправную клавиатуру, чтобы удостовериться в работоспособности порта, а также проверьте ваше руководство по материнской плате, чтобы убедиться, что вы соединяете клавиатуру именно с портом клавиатуры. (Помните, разъем этого порта имеет те же размер и форму, что и порт мыши.)

Чтобы покончить здесь с внешними устройствами вашего компьютера, которые обычно устанавливают в первую очередь, сообщаю: для установки внешнего модема следует использовать внешний последовательный порт (глава 10); если же вы хотите установить принтер, используйте имеющийся у вас порт принтера (глава 14).

Глава 6

Изображения: добавление видеокомпонентов и монитора

В этой главе...

- Ускорение процессов обработки изображений с помощью ускоренной видеокарты
- Что такое степень разрешения видео
- Добавление 3D-видеокарты
- Что такое глубина цвета
- Выбор монитора
- Выбор нужного размера точки экрана
- Как избежать мерцания изображения
- Монтаж карты видеоадаптера
- Подсоединение монитора
- Использование хранителя экрана
- Тестирование выполненной работы

Раз уж вы принялись за сборку собственного компьютера, приготовьтесь к тому, что с вашим *видеомонитором* будет связано значительно больше особенностей, характеристик, функций, аббревиатур и различных тонкостей, чем с любым другим компонентом компьютера. Компоненты компьютера, такие как мышь и клавиатура, остаются в значительной степени неизменными, начиная со старого компьютера класса 386, но сегодняшние визуальные программы и операционные системы требуют мониторов и видеокарт, которые обеспечивают фотографическое качество цвета и четкости деталей. Компьютерные игроки и мультимедийные фанаты тратят все больше денег на продвинутую 3D-графику и цифровое видео хорошего качества.

В этой главе я помогу вам понять все эти мудреные слова и аббревиатуры, окружающие технологию видео, чтобы вы могли принять осознанное решение о том, что покупать. Я дам вам подробную информацию двух составляющих вашей видеоподсистемы: *карты видеоадаптера*, приспосабливаемой внутри вашего компьютера, и *монитора*, который воспроизводит изображения. Здесь мы разберем также, к*а*к выбрать видеокомпоненты с требуемыми вам характеристиками и к*а*к установить их.

Почти все о видеокартах

Видеокарта играет важную роль в вашем компьютере: она посылает визуальную "продукцию", произведенную в соответствии с программой, на ваш монитор, который отображает эту "продукцию" на своем экране. Такая визуальная информация может представлять собой алфавитно-цифровые знаки (символы), которые формируют слова, графику с высоким разрешением, подобно фотографии, или даже образ некоего монстра в вашей любимой компьютерной игре.

Приготовьтесь — в этом разделе я приглашаю вас в увлекательное путешествие, предпринятое с целью помочь вам найти видеокарту, которая в точности подойдет для ваших приложений.

Полный вперед!

Если в течение последних пяти лет или около того вы не жили под скалой в пустыне Моджав (Mojave), то, вероятно, сталкивались с компьютерной программой Windows. Графические операционные системы, наподобие MacOS, OS/2 и Windows, были разработаны для того, чтобы облегчить использование компьютеров путем отображения информации в более наглядном виде.

Вы, вероятно, согласитесь, что графический *интерфейс типа указать и щелкнуть* (point-and-click) — хорошая разработка, но когда этот тип интерфейса был представлен впервые, компьютеры и близко не были готовы управляться с графикой. Первые программы Windows выполнялись мучительно медленно, и броская графика перед отображением на экране обрабатывалась слишком долго — с тех пор популярным прозвищем для Windows версии 3.0 стало "WinDoze" (игра слов: Windows — окна, WinDoze — сонные окна. — *Прим. перев.*).

Однако со временем Windows постепенно превратилась в признанную операционную среду, и проектировщики аппаратных средств компьютера занялись проблемами, связанными с медлительностью графики и усилили стандартный видеоадаптер ПК. Такое разделение функций позволило бы CPU компьютера сконцентрироваться на управлении программами и выполнении вычислений. С появлением ускоренной графической карты технари на всем земном шаре сделали коллективный вздох облегчения. Наконец-то графика двинулась вперед на полной скорости!

Ускоренные карты имеют отдельный встроенный процессор для управления сложными графическими функциями, наподобие рисования 3D-объектов и показа меню (причем, как я уже отметил, ваш CPU не принимает участия в решении этих задач). Ускоренные карты всегда стоили значительно больше, чем обычные стандартные видеокарты, но в последнее время они настолько понизились в цене, что большинство фирменных видеокарт в настоящее время выпускаются только ускоренными. При покупке быстродействующей видеокарты придерживайтесь следующих основных принципов.

- ✓ Если вы планируете вложить деньги в ускоренный видеоадаптер, то лучшее качество работы вам обеспечит видеокарта порта AGP (аббревиатура от *Accelerated Graphics Port — ускоренный графический порт*). Если ваша материнская плата не поддерживает порт AGP, во что бы то ни стало приобретите PCI-карту видеоадаптера. Установка быстрой видеокарты в 16-битовый ISA-слот немного напоминает принуждение чистокровной лошади тянуть плуг: карта будет работать, но лишь на небольшую часть своих возможностей. Только AGP-шина (или, если вы используете старую материнскую плату, PCI-шина) обеспечит сверхвысокую производительность, с которой ваша новая видеокарта должна прекрасно справляться. (В главе 3 содержится намного больше информации о выборе материнской платы с поддержкой для AGP- и PCI-карт адаптера.)
- ✓ Большинство изготовителей видеокарт обеспечивают стандартные величины, характеризующие работу их ускоренных карт; эти величины можно использовать для сравнения скорости работы различ-

ных карт. Например, фирма ATI, изготовитель моей видеокарты Rage 3D Pro, измеряет скорость карты в единицах *WinMarks* (хорошо известная стандартная единица для графических аппаратных средств под Windows).

- ✓ Удостоверьтесь, что ваша новая карта полностью поддерживается драйверами для операционных систем Windows 3.x, Windows 95/98, Windows NT и OS/2. При наличии соответствующего программного обеспечения драйверов все эти операционные системы очень выигрывают от использования ускоренного видеоадаптера. Если вы ищете определенное программное обеспечение драйвера, я рекомендую посетить узел Driver Zone по адресу `www.driverzone.com` (это Web-узел, который содержит драйверы для компонентов компьютера почти каждого изготовителя и каждого типа, которые я когда-либо видел).

Если вы пытаетесь сэкономить деньги и где-то подобрали б/у видеокарту от 386-го или 486-го компьютера, то вы, конечно, можете использовать и эту старую карту. Однако я настоятельно советую вам заменить ее и перейти на современную технологию как можно скорее — в этом разделе вы узнаете, на какие особенности видеокарт обращать внимание при поиске нужной карты. В связи с более быстрым видеопоказом вы перестанете экономить на нем время и предпочтете работать на вашем компьютере с видеокартой AGP, предназначенной для компьютеров Celeron, Pentium II или Pentium III (либо с видеоадаптером PCI, предназначенным для Pentium-компьютеров).

Увлекательная поездка на волшебной шине[1]

Если вы знакомы с историей материнских плат и различной архитектурой шин, которые использовались в компьютерах, вы, вероятно, довольно забавный рассказчик в компаниях друзей. Ко всему этому могу добавить, что 486-е компьютеры использовали изящную шину, называемую *VESA Local Bus (VLB, локальная шина VESA)*, которая была быстрее, чем первоначальная стандартная 16-битовая шина ISA.

Шина VLB была предшественницей шины PCI и обеспечивала быстрый доступ к CPU и RAM вашей системы. Она использовалась для тех же самых целей, что и PCI используется в старых машинах Pentium: соединение вашей карты видеоадаптера и карты контроллера накопителя на жестком диске для обеспечения, по возможности, самого быстрого потока данных. К сожалению, шина VLB не была достаточно быстрой и канула в историю вчерашних технологий; VLB не подходит для использования на материнской плате Pentium. PCI-шина, которая примерно на 30% быстрее, была объявлена победителем для накопителей на жестком диске, в то время как AGP-шина обеспечивает самое быстрое выполнение работ, связанных с видео.

3D-видео полностью изменит мою жизнь?

Очень даже возможно! Вы, наверное, видели трехмерную компьютерную графику по телевидению или в кино; но насколько необходима 3D-видеокарта кому-либо, кто не использует дорогую графическую программу, подобную AutoCAD? Компьютерные

[1] Игра слов: слово “bus” переводится и как автобус, и как шина. — *Прим. перев.*

игроки скажут вам, что нет лучших аппаратных средств для улучшения трехмерных игр, наподобие Descent, Quake и Mechwarrior, чем 3D-видеокарта. С использованием 3D-видеокарты объекты в этих играх выглядят настолько реалистично, что кажется, будто их можно потрогать руками, а сами игры выполняются намного быстрее.

Если вы работали с компьютерной графикой, то, возможно, уже вошли в 3D-мир — мир трех измерений; если же это не так, то сейчас вы получите общее представление о нем. Сегодняшние 3D-видеокарты выполняют *визуализацию (rendering)* — это компьютерный термин для обозначения процесса *рисования (drawing)* объектов в трех измерениях и нанесения перекрывающего узора на поверхности объектов (далее будем использовать уже вошедшее у нас в обиход слово *рендеринг. — Прим. ред.*). Например, квадратный деревянный блок первоначально представляется как простой кубический объект, но когда добавляется фактура деревянного узора, объект выглядит как настоящий деревянный блок.

3D-видеокарта оперирует со сложной математикой, необходимой для создания трехмерных изображений (точно так же, как ускоренная видеокарта делает свое дело для Windows), позволяя вашему CPU сосредоточиться на обработке программы. Рис. 6.1 иллюстрирует один из кадров, выполненных моей любимой программой визуализации TrueSpace (Истинное Пространство) и представляющих “холодную” 3D-графику (в данном случае — гигантского шагающего робота). 3D-видеокарта ускоряет почти каждое действие в программах, подобных TrueSpace, так что, если вы занимаетесь созданием 3D-графики, такая карта отрабатывает каждую копейку своей стоимости. Популярные 3D-видеокарты используют чипсеты (наборы чипов) от фирм 3Dfx, ATI и Creative Labs.

Ветераны рендеринга, вроде меня, используют множество действительно очень странных слов для описания 3D-видеокарты. Они скажут вам, что эти карты имеют *аппаратную поддержку для билинейной фильтрации, создания Gouraud-теней и Z-буферизации (buffering)*. Не увлекайтесь так говорить об этих характеристиках в компьютерном магазине — средней руки продавец, вероятно, подумает, что вы говорите на иностранном языке! К счастью, вам это и не обязательно говорить — если вы много работаете с рендерингом или любите играть в самые последние 3D-игры, только удостоверьтесь, что покупаете видеоадаптер, который поддерживает 3D-графику аппаратными средствами самой видеокарты, и оставьте тяжеловесные слова для раскалывания орехов!

Благодарю за память

Материнская плата вашего компьютера — не единственный компонент, который имеет собственную память RAM, ваша видеокарта также нуждается в памяти. В сущности, видеоадаптер использует RAM, чтобы хранить значения пикселей и цветов; чем большее количество RAM на вашей видеокарте, тем больше цветов вы сможете показать и использовать более высокое видеоразрешение монитора. Я рекомендую минимум 4 Мбайт видеопамяти и 8 Мбайт — если вы выполняете приложения с интенсивной графикой.

Поскольку приведенные ниже факторы очень важны при выборе видеокарты, мы обсудим их по отдельности.

Подробности о цветах

На заре компьютерной эры вы были бы счастливы, если бы могли отображать на экране 4 или 16 цветов одновременно, — такие, теперь уже старые, стандарты назывались CGA (аббревиатура от *Color Graphics Adapter — цветной графический адаптер*) и

EGA (от *Enhanced Graphics Adapter — расширенный графический адаптер*). Люди были удовлетворены CGA- и EGA-цветами в течение удивительно долгого времени главным образом потому, что аппаратные средства компьютера в те дни стоили целое состояние, и, потом, зачем кому-то потребовалось бы большее количество цветов, чтобы выполнять (смешно!) программы DOS? Даже компьютерные игроки были счастливы видеть 16-цветные изображения (и некоторые из них продолжают утверждать, что раньше игры имели больше глубины и авторского воображения, потому что не полагались почти исключительно на роскошную графику).

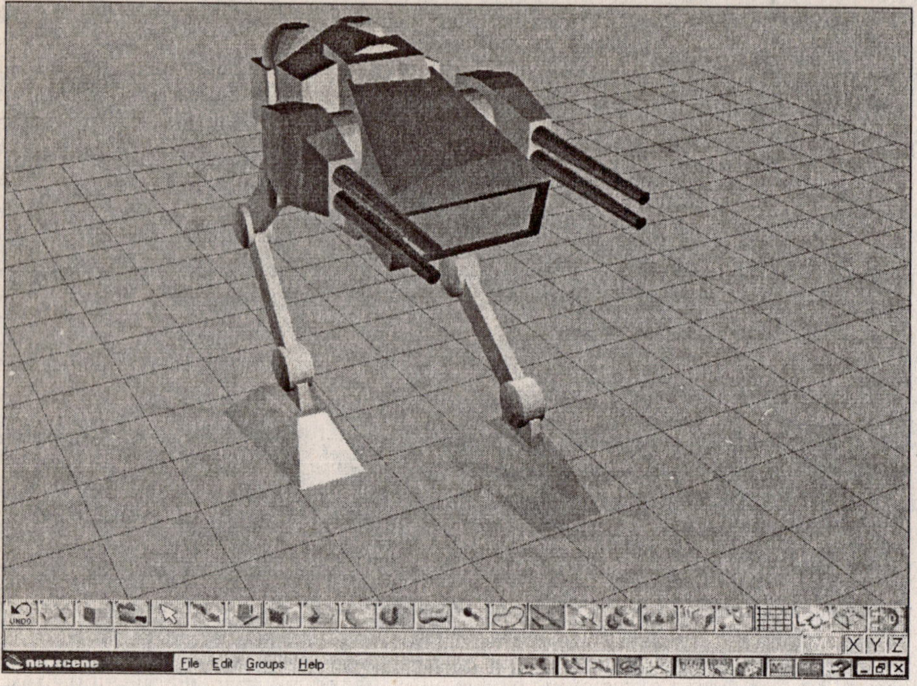

Рис. 6.1. Моя любимая программа 3D-рендеринга TrueSpace от фирмы Caligari

С появлением операционной системы Windows версии 3.0 и стандарта VGA (*Video Graphics Array — массив видеографики*) с 256-ю цветами ситуация резко изменилась. Внезапно все устремились к более броскому и более реалистичному цвету. В настоящее время большинство компьютеров используют стандарт SVGA (*Super Video Graphics Array — супермассив видеографики*), и сегодняшние сложные видеокарты могут обеспечить одновременное отображение на экране более чем 16-ти миллионов цветов. Такие картинки уже имеют цвета истинно фотографического качества, и если вы никогда не видели изображений с высоким разрешением и с таким количеством цветов, вы действительно много потеряли! Таким образом, когда вы покупаете видеокарту и монитор, еще раз удостоверьтесь, что вы требуете именно стандарт SVGA.

Если ваша видеокарта имеет объем RAM меньше 2 Мбайт, у вас не будет возможности показать 16 миллионов цветов при работе в системе Windows, но всегда будет доступно 256 цветов (и всегда есть возможность позже оснастить почти любую видеокарту дополнительной памятью). Если основное применение вашего нового компьютера включает сканирование или редактирование графики (либо вы просто хотите получить лучший доступный цвет), вам следует искать карту, которая располагает 4 Мбайт видеоRAM или больше, и при этом достаточно долгое время вам не нужно будет волноваться относительно ее модернизации.

Если вы действительно хотите увидеть то, на что способен монитор SVGA, разыщите и попробуйте запустить программу Dazzle.

Подробности о степени разрешения

Дополнительная память видеоRAM позволяет монитору показывать изображения в более высоком разрешении. Чтобы объяснять, что такое *степень разрешения*, я должен познакомить вас с отдельной точкой на экране вашего монитора, называемой *пикселем*. Изображение на экране монитора состоит из тысяч пикселей, расположенных на линиях; каждый пиксель отображает определенный цвет. Разрешение вашей видеосистемы выражается в количестве пикселей, умещающихся вдоль горизонтальной линии на экране, и количестве этих линий по вертикали. Например, разрешение 640x480 означает, что монитор показывает 640 пикселей по горизонтали экрана и 480 пикселей по вертикали. Для большей простоты большинство людей о разрешении экрана монитора говорят только "горизонталь на вертикаль".

При более низких разрешениях графические объекты выглядят большими и неуклюжими, с рваными краями и угловатыми формами. Любое разрешение ниже 640x480 пикселей (стандартное разрешение для Windows 3.x и Windows 95/98) в настоящее время практически непригодно.

При более высоких разрешениях, например 800x600 или 1024x768, вы можете отобразить большее количество различных изображений, данных, пиктограмм и информации на вашем экране одновременно — внезапно вы обнаруживаете, что можете работать с целой брошюрой в своей программе настольной издательской системы без уменьшения ее масштаба либо разместить на экране больший кусок своей любимой Web-страницы без необходимости ее прокрутки. Кроме того, детали изображений смотрятся лучше и позволяют вам работать более эффективно.

Но подождите — не все так просто, как кажется! Действительно, в пределах системы Windows существует обратно пропорциональная зависимость между разрешением и количеством цветов. Если объем видеоRAM в вашем компьютере меньше 2 Мбайт, вы все еще можете выбрать более высокое разрешение, но при этом, очевидно, придется вернуться назад к 256 (или даже к 16) цветам. Если же вам требуется большее количество цветов, можно увеличивать глубину цвета, но разрешение при этом естественным образом должно будет понизиться.

Насколько глубок ваш цвет?

Вы все время будете слышать разговоры технарей о *глубине цвета*, особенно когда они спорят относительно Web. Цветовая глубина связана с количеством цветов в изображении; популярные цветовые глубины — 16, 256, 64000 и 16000000 цветов. Большинство графических объектов в Web используют глубину в 256 цветов — более низкая цветовая глубина требует меньше времени, необходимого для загрузки изображений в Web-броузер. И все же, некоторые люди, создающие Web-страницы, любят использовать 16000000-цветную графику, поскольку такая графика (как ни странно!) выглядит лучше. Так что борьба разгорается!

Почему же так происходит? Потому что реализация обеих этих желательных особенностей — дополнительные цвета и более высокие разрешения — требует большего количества RAM, и если ваша старая видеокарта имеет только 1 Мбайт памяти RAM, необходимо будет решить, что же вам больше требуется. Наилучший выбор, как обычно, находится где-нибудь посередине — возможно, разрешение 800x600 пикселей и 256 цветов.

Если ваша работа связана с "тяжелой" графикой, приобретение дополнительной памяти RAM будет хорошей инвестицией. Рис. 6.2 иллюстрирует вкладку Установки (Settings) диалогового окна Параметры отображения (Display Properties) в операционной системе Windows 98; в этой вкладке можно определить и цветовую глубину (в данном случае окно Цвета (Colors)), и разрешение (ползунок в окне Размер экрана (Screen area)), которые вы будете использовать при работе в Windows.

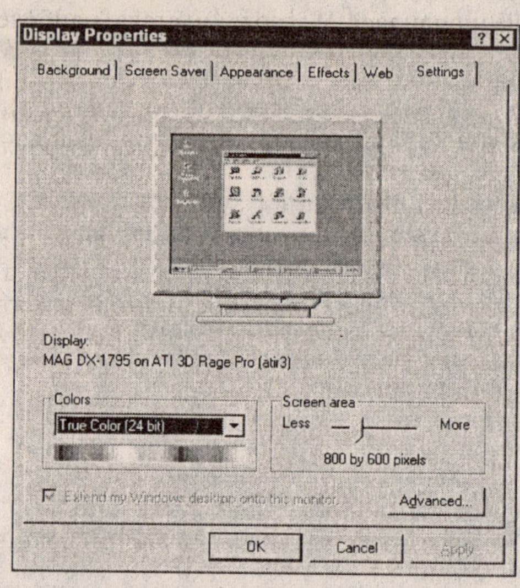

Рис. 6.2. Вот где видна разница в возможностях при использовании дополнительной памяти RAM в Windows 98

Смотрите! Пришельцы с планеты MPEG!

Технологии видеокарт переполнены аббревиатурами, а эта карта — реальный победитель по количеству букв в ее названии: стандарт MPEG означает *Moving Pictures Expert Group (экспертная группа по движущимся картинкам)*. Теперь вы запросто можете бросаться этими словечками перед вашими друзьями, не так ли? По крайней мере, это название предполагает что-то ценное: MPEG — это аббревиатура для стандарта сжатия (компрессии) цифрового видео и графики на вашем компьютере.

Если вы планируете интенсивно использовать компьютер для показа или редактирования цифрового видео, убедитесь, что ваша видеокарта имеет *аппаратную поддержку MPEG* и может расшифровывать цифровое MPEG-видео с минимальным использованием вашего CPU. При такой поддержке MPEG цифровые видеоизображения будут формироваться гладко даже на полном экране, и вы сможете видеть большее количество деталей в более высоком решении.

Между прочим, если цифровое видео — часть первичного применения вашего компьютера, другое полезное дополнение, которое вы можете сделать к своему компьютеру, — это процессор Intel Pentium, Pentium II или Pentium III с MMX-технологией. Эти процессоры имеют дополнительную поддержку программ мультимедиа (включая цифровое видео).

Цифровое видео

Что же представляет собой цифровое видео и почему вам необходима поддерживающая его видеокарта? Подобно цифровой звуковой записи на звуковых компакт-дисках, видеоинформацию также можно хранить в цифровом формате. Фактически, эта технология возникла с появлением лазерного диска.

На компьютере, однако, цифровое видео получило жизнь лишь в последние три или четыре года. Когда появилась Windows и стала наиболее предпочтительной операционной системой, произошел крупный скачок в развитии цифрового видео, поскольку эта система уже содержала поддержку цифрового видео в формате Microsoft AVI (DOS не имела никакой встроенной поддержки для показа видео). Компьютерные игры и Web-сеть также способствовали популяризации цифрового видео на экране компьютера.

Большим препятствием на пути распространения цифрового видео был огромный объем памяти, требуемой для его хранения, — несколько минут несжатого цифрового видео (записанного с разрешением полного экрана и со стереозвуком) может легко выйти за 200 или 300 Мбайт постоянной памяти на вашем накопителе на жестком диске. (Такие огромные пространства, требуемые для цифрового видео, — одна из причин популярности дисков CD-ROM, которые могут хранить до 680 Мбайт компьютерных или 74 минуты аудиоданных.)

Вы обратили внимание, что я секунду назад сказал "несжатого" видео? Это то, для чего (и из-за чего) появился MPEG — один из двух или трех форматов сжатия, который существенно уменьшает размер файла цифрового видео. Видео сжимается (или *кодируется*) в процессе записи, а затем MPEG-программа разворачивает (или *декодирует*) его на вашем компьютере. Такая операция требует времени и много ресурсов вашего CPU — именно это было главной причиной медленного, с запинками воспроизведения видео на всем экране, либо показа видео в окне размером с почтовую марку на старых компьютерах.

Что мне еще нужно от видеоадаптера?

К этому времени вы, вероятно, пожимаете плечами и с отвращением думаете, что вам, скорее всего, придется заплатить $1000 за видеоадаптер хорошего качества, который имеет ускоритель, 3D-поддержку, по крайней мере 4 Мбайт RAM и аппаратные средства MPEG-декодера.

Не бойтесь, дорогой товарищ! Как пример, карта XPERT@Play от фирмы ATI имеет все эти особенности и даже еще несколько — и вы можете найти ее в магазине компьютеров за $ 100 (другие сопоставимые карты ст*о*ят примерно столько же). Неплохая цена за компьютерный компонент крутого пользователя, не так ли?

Знание нескольких других особенностей помогут вам определить, какую же покупать видеокарту. Вот короткий список особенностей, каждая из которых добавляет видеокарте привлекательности.

- ✓ **Более высокая частота регенерации.** Если вы — один из тех, кто много времени работает с ПК, ваши глаза в конце дня будут чувствовать себя намного лучше, если ваша видеокарта обеспечивает частоту регенерации (или кадровой развертки) от 75 до 100 Гц и выше. (Частоту регенерации более подробно мы обсудим позже в этой главе в разделе "Чувствуете ли вы регенерацию?")

- ✓ **Поддержка.** Перед покупкой видеокарты проверьте Web-узел компании-изготовителя. Задайте им несколько вопросов: "Как часто изготовитель модернизирует драйверы для рассматриваемой карты? Имеет ли карта техническую поддержку через Web-сеть, или вам долго придется ожидать своей очереди на обслуживание в сервисном бюро?"
- ✓ **Сопутствующее программное обеспечение и утилиты Windows.** Большинство доступных сегодня видеоадаптеров включают сопровождающее их программное обеспечение на дисках CD-ROM. Программное обеспечение обычно выделяет на первый план высшие характеристики видеокарты (например, 3D-видеокарта обычно включает одну или две игры, которые подчеркивают преимущества аппаратных средств 3D-карты). Другие популярные продукты — мультимедийные энциклопедии и мультимедийное образовательное программное обеспечение для детей. Лучшие карты имеют утилиты, которые расширяют функциональные возможности системы Windows, например предоставляют возможность быстро изменить разрешение вашего рабочего стола. Ищите сопутствующее программное обеспечение, которое лучше всего удовлетворит ваши потребности.
- ✓ **Телевизионная продукция (TV output, или TV-выход).** Если вы создаете на своем компьютере деловые презентации или качественную анимацию для телепередач, то может возникнуть вопрос: "Как показать свою работу по вашему телевизору или передать ее для видеозаписи?" Самый легкий способ состоит в том, чтобы приобрести видеоадаптер, который может передавать видеоизображения на TV, VCR (видеомагнитофон) или видеокамеру так же, как и на монитор компьютера.

Видеокарта с *TV-выходом* — это не то же самое, что и *TV-карта* (адаптер, который позволяет смотреть телепередачи в небольшом окне на вашем мониторе). Хотя TV-карта — лишь игрушка для спортивных фанатов и любителей рекламных роликов, без нее вы не сможете смотреть передачи TV, даже если ваша видеокарта имеет TV-выход. Подробнее TV-карты мы рассмотрим в главе 15.

- ✓ **Видеопанорамирование.** Если у вас имеется необходимое количество памяти RAM, то некоторые карты позволят панорамировать ваш экран по большому изображению или документу, как это делают с помощью кинокамеры: держат актера в кадре в то время, когда он перемещается от одной части декораций к другой. Эта особенность позволяет рассматривать настолько большие изображения или документы, которые полностью даже не помещаются на экране. Если вы собираетесь редактировать графику большого формата в программе Photoshop (или редактировать большие документы, или брошюры в пакете настольных издательских систем), возможность видеопанорамирования (т.е. поддержка так называемого *виртуального экрана. — Прим. ред.*) могла бы быть для вас особенно ценной.
- ✓ **Поддержка DirectX Windows 95/98.** Чтобы привлечь компьютерных игроков к увлекательному миру Windows 95 и 98, Microsoft представила сложную графическую систему под названием *DirectX*, которая ускоряет игры и мультипликацию. Некоторые видеокарты обеспечивают лучшую поддержку системы DirectX, чем это делают

другие. Если вы планируете играть в большое количество игр под управлением Windows 98, удостоверьтесь, что ваша видеокарта поддерживает DirectX.

- ✓ **Поддержка DPMS.** Видеокарта с поддержкой DPMS (аббревиатура от *Display Power Management Signaling* — управление питанием дисплея) может отключать ваш монитор с целью экономии электроэнергии в случае, если вы оставляете свой компьютер без присмотра в течение заранее установленного времени. (Эта особенность реализуется только для монитора DPMS, который мы рассмотрим ниже в этой главе.)

DVD-детали

Вы, возможно, уже обратили внимание на новый тип видеодиска, который недавно появился на глазах у публики: диск DVD (общеупотребительная аббревиатура от *Digital Versatile Disc — цифровой многофункциональный диск*). Эти диски — новое поколение дисков CD-ROM — предназначены для того, чтобы в конечном счете заменить ленту типа VHS для распространения домашних видеофильмов.

Почему? Во-первых, коротко говоря, диски DVD приблизительно в семь раз превышают стандарт CD-ROM по объему данных — невероятных 4.7 Гбайт (гигабайт), так что они способны сохранить даже самый длинный видеофильм. (Двухсторонние диски DVD будут иметь гигантских 17 Гбайт памяти!) Во-вторых, на диски DVD можно записывать объемный звук Dolby Digital и останется еще много места для тонкостей наподобие субтитров на нескольких языках. Наконец, диски DVD используют новую форму кодирования MPEG — MPEG-2, которая обеспечивает столь же хорошее изображение, как и коммерческое спутниковое телевидение (намного лучше, чем средняя VHS-лента). Чтобы воспользоваться преимуществами дисков DVD, удостоверьтесь, что ваша видеокарта поддерживает аппаратные средства MPEG-2 (чтобы вам это стало ясно сразу, некоторые изготовители маркируют свои карты как “DVD-совместимые”).

Для более глубокого ознакомления с накопителями на жестких дисках DVD обратитесь к главе 8.

Обозначение вашей визуальной территории

К счастью, вам нужно будет запомнить меньше информации о мониторе вашего компьютера, чем о видеоадаптере, — но она остается важной для обеспечения наилучшего возможного отображения информации. В этом разделе мы обсудим некоторые основные моменты, которые необходимо учесть при покупке хорошего монитора.

Подобно клавиатуре, монитор — это нечто, что вы действительно должны попробовать лично. Вам необходимо увидеть монитор и качество изображения своими собственными глазами, прежде чем вы его купите, — часто единственное различие между двумя мониторами с почти одинаковыми ценами состоит в том, что один из них просто больше вам понравился.

Если в вашем городе есть хотя бы один или два магазина компьютеров, посетите каждый из них и осмотрите мониторы, которые они предлагают. Прежде чем принять решение о покупке, запишите фирменный знак и номер модели монитора и посмотрите, сможете ли вы купить его дешевле в режиме онлайн или по почте через журнал HotLine.

Какой бы монитор вы ни выбрали, он должен быть способен показывать SVGA-графику. Без монитора SVGA даже лучшая видеокарта и наиболее мощный компьютер Pentium III напоминает те старые игры "Pong" начала 80-х. (Кстати, в наши дни становится все труднее найти VGA-монитор по точно такой же причине.)

Не заменить ли и мне свой 14-дюймовый монитор?

Существует несколько различных размеров монитора (все они измеряются по диагонали экрана, как и экраны телевизоров): 14-, 15-, 17-, 19-дюймовый — вплоть до 21-дюймового монитора (который особенно полезен для тех, кто работает с настольной издательской системой или занимается компьютерным черчением). Какой из этих размеров более всего подходит для вас?

Можете сравнивать размер вашего монитора с размером вашего автомобиля. 14-дюймовый монитор подобен Фольксвагену "Жук" 1971 г. выпуска, а 21-дюймовый монитор соответствует спортивному седану BMW. Оба этих автомобиля делают одну и ту же работу — перевозят вас, но один из них быстрее, больше по размерам и более привлекателен для поездок (и, естественно, намного дороже). Сидя в BMW, вы можете растянуться как вам угодно; этот автомобиль имеет все самые последние средства управления и множество автоматических функций, которые держат все под контролем, — все так же, как и в случае с 21-дюймовым монитором.

Вообще, чем больше монитор, тем удобнее он будет в работе, особенно, если вы усядетесь перед вашим компьютером на много часов подряд. При одном и том же разрешении 17-дюймовый монитор воспроизводит изображения так же, как и 14-дюймовый, но сама картинка оказывается физически больше и детали выделяются более ясно. С увеличением разрешения вашего рабочего стола (скажем, до 1024×768 пикселей или около того) размер монитора становится более важным — меньший монитор вынужден сокращать все размеры картинки так, чтобы полный рабочий стол соответствовал размерам экрана.

Вы когда-нибудь слышали сравнение: "Большой, как 19-дюймовый TV?" Размеры мониторов компьютеров страдают той же самой погрешностью: хотя два монитора могут рекламироваться как 17-дюймовые, один из них может иметь *фактическую область просмотра* 15.9 дюймов, в то время как другой может иметь область просмотра 16.1 дюймов. Можно ожидать поэтому, что второй монитор фактически показывает больше, чем первый. Первый монитор, вероятно, выглядит так же, но вы будете платить скорее за больший пластмассовый корпус, чем за область экрана, пригодную для использования. При покупке монитора стоит заплатить несколько долларов больше за монитор с большей областью просмотра.

Для игр и, в основном, домашнего использования вполне достаточно 15- или 17-дюймового монитора, но если вы планируете выполнять графическую работу в течение нескольких часов подряд, я рекомендую вам 17- или 19-дюймовый монитор.

Размер точки экрана монитора

При покупке монитора следует иметь в виду еще один важный показатель, который можно использовать для сравнения различных моделей, — *размер точки (dot pitch)* монитора. Не углубляясь в техническое обсуждение электронных пушек, электронно-лучевых трубок и магнитных полей, запомните следующее: меньший размер точки монитора соответствует более детальному и точному отображению графики. (Фактически, размер точки характеризует величину каждого пикселя изображения: чем меньше этот размер, тем ближе пиксели друг к другу и тем более детальным оказывается изображение.)

Хотя более дорогие мониторы могут похвастаться размером своих точек 0.22 или 0.25 мм, типичные мониторы SVGA имеют *точечный шаг 0.28 мм*, который устраивает большинство компьютерных пользователей. Однако любой точечный шаг свыше 0.28 мм уже теряет значительное количество деталей и приводит к появлению зернистости в более высоких разрешениях — чем выше точечный шаг, тем хуже изображение.

Чувствуете ли вы регенерацию?

Другой характеристикой, на которую следует обращать внимание при покупке монитора, является максимальная *частота регенерации*, которая определяет число изменений вашей картой видеоадаптера экранного изображения в секунду. Вам нужен монитор с частотой регенерации, по крайней мере 60 Гц, и чем выше частота, тем лучше. Хотя человеческий глаз не может заметить этого, большинство мониторов изменяют каждый пиксель на экране 60 раз в секунду (при частоте регенерации 60 Гц). Экран расчерчивается строка за строкой, начиная с верхнего левого угла (на рис. 6.3 показан этот процесс).

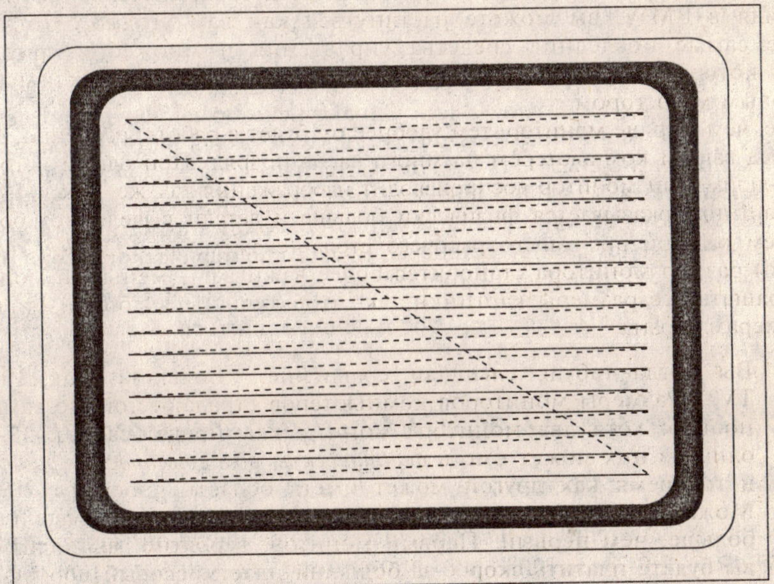

Рис. 6.3. Вы можете представить себе повторение этого пути 60 раз в секунду?

Хотя вы не в состоянии видеть процесс перерисовки экрана, человеческий глаз все же *может* ощутить различие между частотами 60 и 75 Гц — чем больше раз экран перечерчивается за каждую секунду, тем более контрастное, более ясное и более устойчивое изображение. В настоящее время лучшие мониторы имеют среднюю частоту регенерации 75 и 85 Гц. Если вы намерены проводить долгие часы перед монитором, ваши глаза будут меньше уставать, если ваш монитор будет иметь более высокую частоту регенерации. Ваша видеокарта также должна поддерживать более высокую частоту регенерации.

АТАС!

Нападение пираньи размером с точку

Итак, вы направились покупать монитор в компьютерный магазин. Продавец нападает на вас подобно стервятнику и подводит вас к замечательному дешевому 17-дюймовому монитору. "Это ли не замечательная сделка? Вы получаете 17-дюймовый монитор по цене 15-дюймового!"

Пристально глядя сразу в оба его маленьких бисерных глаза, спросите его: "О'кей, лентяй, каков размер точки этой замечательной сделки?" Если его возмущенным ответом будет что-то вроде: "Размер точки 0.39 мм", можете держать пари, что этот монитор, скорее всего, не будет достигать высокой фокусировки точек и разрешения, более чем 800x600 пикселей, а изображение будет не очень читабельным! В лучшем случае такой монитор подойдет для играющих в компьютерные игры MS-DOS с разрешением 640x480, но использование его под Windows, в конечном счете, будет сводить вас с ума зернистыми, грязно выглядящими шрифтами.

Эти дешевые мониторы — обычно подделки, так как никакой основной изготовитель мониторов, подобный фирмам NEC, Sony или MAG Innovision, не желал бы производить такого монстра.

СОВЕТ

Обычные частоты регенерации для сегодняшних ПК — 72, 75 и 85 Гц (я рекомендую 75 или 85 Гц). Однако некоторые очень дорогие быстродействующие мониторы (обычно используемые для автоматизированного проектирования, связанного с компьютерным черчением) могут иметь частоты регенерации более 100 Гц. Если ваш монитор и видеокарта имеют драйверы Windows 95 или 98, ваш компьютер может автоматически устанавливать оптимальную частоту регенерации для специфической комбинации аппаратных средств вашего компьютера.

Помните, лучший судья качества изображения монитора — ваш собственный глаз, так используйте его!

Чередование не имеет никакого отношения к плетению лаптей

Мы все еще не завершили наше путешествие по миру мониторов — имеется еще одна важная особенность, которую нужно принимать во внимание при покупке монитора. Одни рекламные проспекты многих мониторов утверждают, что они могут давать более высокие разрешения *с прогрессивной разверткой (noninterlaced)*, в то время как другие говорят, что они могут обеспечивать то же самое разрешение при *чередующейся развертке (interlaced)*. Для примера — одна модель, которую я видел недавно в магазине компьютеров, может достигать "высокого разрешения 1280×1024 с чередованием". Какой же монитор лучше?

Пора перерисовывать...

Почему компьютер должен перерисовывать изображение?" Хороший вопрос — к счастью, ответ на него не требует квалификации инженера-электрика, в противном случае я бы серьезно увяз в нем.

Изображение, которое вы видите на экране вашего монитора, фактически производится пылающим фосфоресцентным покрытием, нанесенным на внутреннюю поверхность электронно-лучевой трубки. Это покрытие светится, когда его атакует поток электронов. Однако в то время, как электроны сосредоточены на одной части экрана, на другой его части светящееся покрытие темнеет, а затем полностью прекращает светиться. Поэтому монитор должен постоянно с частотой регенерации повторять рисование изображения, чтобы стабильно его удерживать.

Если вам предложили монитор с прогрессивной разверткой, можете идти и праздновать (но позже, закончив чтение этой главы). Мониторы с прогрессивной разверткой могут давать изображения с высоким разрешением без мерцания, характерного для мониторов с чередованием; они не сильно утомляют глаза после нескольких часов работы с ПК. Я рекомендую монитор с прогрессивной разверткой, потому что сам использую именно такой.

Поскольку монитор с чередованием фактически пропускает каждую вторую линию на экране и регенерирует изображение не полностью, а по частям за два прохода луча (сначала нечетные, а затем четные линии, как показано на рис. 6.4), в отличие от монитора с прогрессивной разверткой, за один проход прочерчивающий все линии (рис. 6.3), то фосфоресцентное покрытие электронно-лучевой трубки монитора, засвеченное электронным лучом при первом проходе, быстро прекращает светиться, пока луч заканчивает второй проход. Поэтому монитор с чередованием в процессе регенерации экрана может демонстрировать эффект мерцания. Это мерцание можно охарактеризовать в диапазоне от "слегка заметное" до "совершенно ужасное" (в зависимости от выбранного вами разрешения), и оно может стать причиной головной боли или усталости глаз. Из-за того, что монитор с чередованием работает не так напряженно, как монитор с прогрессивной разверткой, он будет стоить, вообще говоря, менее дорого.

Поскольку выбор монитора зависит от того, как вам понравится его изображение, я рекомендую активно выбирать именно ВАШ монитор, а не просто что-то, имеющее "меньшую цену за лучшие характеристики", из каталога HotLine по почте или как-то иначе. Даже наиболее дорогой монитор может мерцать или выглядеть неказистым, так что вам предстоит принять очень личное решение.

Что еще делает большой монитор?

После знакомства с главными особенностями хорошего монитора вы уже почти готовы идти за покупками. Но в этом разделе я перечислю еще несколько дополнительных характеристик, которые вы должны иметь в виду, выбирая наиболее подходящий для вас монитор. Следует также помнить, что приведенные ниже особенности может иметь как хороший 14-дюймовый монитор, так и дорогая 17-дюймовая модель.

- ✓ **Плоская лучевая трубка.** Если вы можете вообразить себе написание документа, игру в компьютерные игры или переписку по электронной почте на поверхности баскетбольной площадки, вы получите некоторое представление о том, почему владельцы компьютеров жаждут иметь мониторы с экранами как можно более плоскими. Старые мониторы с выпуклыми экранами имеют тенденцию искажать изображение, особенно если вы выполняете работу с мелкими деталями, наподобие верстки в настольной издательской системе или изготовления чертежей.

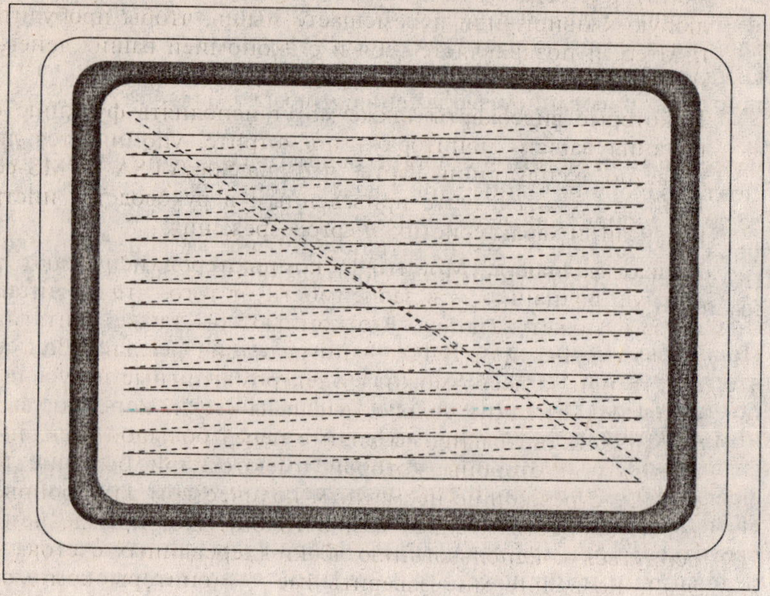

Рис. 6.4. Монитор с чередованием перескакивает линии при перерисовке экрана

- ✓ **Плоская панель.** Хотя они очень дороги, но эти цветные дисплеи — мечта, сбывшаяся наяву. В плоскопанельных мониторах используется та же жидкокристаллическая технология, что и в компьютерных экранах лэптопов, так что они имеют ширину, составляющую только 15–20% ширины традиционного монитора. С плоскопанельным монитором вы получаете истинно плоское от края до края изображение великолепного цвета и без искажений. Кроме того, плоскопанельные экраны выделяют намного меньше тепла и потребляют намного меньше электроэнергии, чем обычные электронно-лучевые трубки.
- ✓ **Матовое покрытие.** Как правило, все, что вы создаете или делаете на вашем компьютере, должно сиять — но *не сам* монитор! Экран с матовым (антибликовым) покрытием может быть очень полезен в ярко освещенном офисе или в офисе с большим количеством окон. Если вы остановили свой выбор на мониторе, не имеющем матового покрытия, можно позже приобрести матовую панель отдельно и приспособить ее на ваш монитор.

- ✓ **Energy Star/DPMS-управление.** Большинство продающихся в наши дни материнских плат Pentium-класса имеют встроенную систему управления питанием под названием *Energy Star* (энергетическая звезда). (Прежде чем Energy Star стала стандартом, эти материнские платы обычно назывались *зелеными*, или *энергосберегающими* платами.) Вы можете сконфигурировать материнскую плату с системой Energy Star для отключения питания компьютера до того, как вернетесь из булочной со своими пончиками. Если же ваш монитор — Energy Star-управляемый, то компьютер может отключать только монитор. Когда вы возвращаетесь из булочной, вы просто нажимаете любую клавишу или перемещаете мышь, чтобы пробудить ваш компьютер, и поздравляете себя и с экономией ваших денег, и с сохранением вашей окружающей среды.

Некоторые видеокарты также могут исполнять функцию отключения питания вашего монитора — посмотрите, упоминается ли в руководстве по эксплуатации карты, что она Star/VESA DPMS-совместимая. Если это так, следуйте приведенным в руководстве инструкциям по реализации характеристик энергосбережения.

- ✓ **Низкая радиация.** Мониторы компьютеров испускают электромагнитную радиацию — в зависимости от того, что вы читаете на досуге, вам может казаться, что компьютеры также притягивают Снежного человека или НЛО, — но радиация реальна. Ваш монитор ответственен за всевозможные электромагнитные излучения от вашего компьютера, какие только мыслимы (если, конечно, вы думаете об этом). Действительно, вы сидите перед большой стеклянной трубой, с обратной стороны которой имеются три большие электронные пушки, стреляющие несметным количеством электронов с гиперсветовой скоростью прямо вам в голову! Но, прежде чем вы решите вернуться к использованию абаки (деревянных счетов. — *Прим. перев.*), позвольте мне заверить вас — мониторы компьютеров в использовании безопасны! Тем не менее разрабатываются новые конструкции мониторов с целью дальнейшего уменьшения электромагнитной эмиссии до стандарта, называемого *MPR II* и установленного Шведским управлением по технической аккредитации (Swedish Board for Technical Accreditation), либо даже до более строгого Европейского стандарта TCO. Даже если вы планируете проводить много часов ежедневно перед таким монитором, эти стандарты гарантируют, что вы не получите ожогов.
- ✓ **Цифровые средства управления.** Старые мониторы имеют координатно-манипуляционные средства управления, которые используются для регулирования всех параметров дисплея от контрастности и яркости до центровки и размеров по вертикали и горизонтали. Это прекрасно до тех пор, пока ваш 4-годовалый ребенок не начинает возиться с ними. Технари, подобные мне, одобряют более точные цифровые средства управления с OSD (аббревиатура от *On-Screen Display* — воспроизведение в режиме поступления информации на экран) — они делают тонкую настройку изображения монитора более похожей на настройку вашего VCR (видеомагнитофона) и обеспечивают понятные меню, которые непосредственно появляются на экране монитора.

Большинство мониторов с цифровыми средствами управления предлагают также отдельные программируемые конфигурации, которые вы можете хранить в памяти. Если какая-либо конкретная программа изменяет характеристики вашего экрана, можно загрузить специальную конфигурацию, вместо того чтобы каждый раз заботиться о ручной настройке монитора.

- ✓ **Цветовая конфигурация.** Этот розовый действительно напоминает вам розовый цвет? Если ваш монитор поддерживает *цветовую конфигурацию* (т.е. регулировку цветовой температуры), вы можете фактически изменять оттенки цветов, показываемых вашим монитором. Эта особенность — воистину клад для пользователей, которые работают с настольной издательской системой и редактируют изображения, — они могут регулировать свои цвета так, чтобы они соответствовали цветовой диаграмме Pantone, используемой принтерами.
- ✓ **Встроенные динамики.** Встроенные в монитор динамики не для каждого — они обычно значительно увеличивают цену вашего монитора, а стереоэффект от динамиков, которые разнесены друг от друга лишь на несколькими дюймов, довольно сомнителен. (Помните, звуковая карта имеет гнезда, позволяющие вам добавить свои собственные внешние динамики, которые обычно продают по цене около $20–100 за пару. Более подробная информация по этому вопросу содержится в главе 9.) Однако если вы стремитесь к комфорту и хотите сэкономить место на столе, можете, конечно, подумать о приобретении монитора со встроенными динамиками.
- ✓ **Наклонно-поворотная подставка.** Старые мониторы CGA и EGA обычно поставляются с маленькими выдвижными ножками, но любой монитор хорошего качества, который вы хотите купить, сегодня должен иметь подставку, которая наклоняется и вращается. Ваша шея будет благодарить вас за это! Если вы где-то подобрали б/у старый монитор VGA без такой подставки, в большинстве компьютерных магазинов вы сможете приобрести отдельную наклоняющуюся *подставку для монитора.*

  Посмотрите на людей, которые ежедневно долгие часы набирают текст на клавиатуре, и вы поймете, что правильный наклон вашего монитора очень и очень важен. Вы должны иметь возможность сидеть перед клавиатурой и набирать текст в естественной позе, ваш монитор должен находиться на уровне глаз на расстоянии, по крайней мере, около 70 см. Должным образом установленный монитор позволит вам работать без излишнего напряжения вашей шеи или глаз.
- ✓ **Гарантия.** Поскольку вы можете использовать монитор SVGA с почти любым IBM-совместимым компьютером, какой вы только сможете собрать в обозримом будущем, есть смысл дополнительно оплатить более продолжительный гарантийный срок своего монитора. Большинство современных мониторов имеют три–пять лет гарантии, в то время как дешевые модели обычно предполагают только однолетний гарантийный срок.

При желании вы можете где-нибудь разыскать программу Display Doctor. Эта программа позволяет показывать игры и мультимедийные программы при максимальном разрешении и размере рамки на экране для карты видеоадаптера и монитора, которые вы используете.

Установка карты видеоадаптера

В этом разделе вы узнаете, как добавить карту видеоадаптера к вашему шасси. Рассматриваемая здесь карта видеоадаптера должна иметь один VGA-порт непосредственно сбоку карты.

Прежде всего, скажу несколько слов о конфигурации. Некоторые видеокарты на внешней стороне имеют набор выключателей DIP, которые устанавливают конфигурацию, например цветной или монохромный режим, и вы должны установить их сейчас. Другие установки выключателей DIP могут позволять различные проверки или регулировку частоты регенерации. Обратитесь к руководству по вашей видеокарте и выясните назначение каждого выключателя или перемычки, которые вы должны отрегулировать.

Большинство видеокарт на рынке сегодня являются *самонастраивающимися* (jumperless, без перемычек) или *Plug and Play (подключи и играй)* — эти видеокарты конфигурируют сами себя автоматически в соответствии с характеристиками вашего компьютера. Например, системы Windows 95 и 98 могут обычно автоматически установить видеокарту типа Plug and Play. Если у вас имеется одна из таких видеокарт, поздравьте себя за хороший выбор — но все же не вредно даже в последнюю минуту проверить ваше руководство и обратить внимание на любые инструкции, которые могут относиться к вашей операционной системе.

Чтобы установить карту видеоадаптера, следуйте приведенным ниже инструкциям.

1. **Коснитесь металлической поверхности прежде, чем вы начнете что-либо делать с вашей видсокартой (или с чем-нибудь еще на вашем компьютере).**

Позвольте мне догадаться..., вы только что надули воздушный шар в виде Чебурашки для развлечения ваших детей? Если так, теперь ваша кожа — один большой проводник статического электричества, а эта статика может повредить вашу видеокарту.

2. **Если шасси вашего компьютера в настоящий момент включено, отключите его.**

3. **Найдите слот карты адаптера надлежащей длины с тыльной стороны корпуса компьютера.**

   Если у вас AGP-видеокарта и материнская плата Pentium II или Pentium III, вы легко найдете единственный AGP-слот (обычно он расположен в средней части материнской платы). Если у вас имеется 32-битовая PCI-видеокарта и материнская плата Pentium, следует использовать один из более коротких слотов карты адаптера (это должны быть PCI-слоты). Если же вы приобрели 16-битовую ISA-видеокарту, используйте один из более длинных слотов карты адаптера. (Вам требуется помощь в идентификации слотов карты, которая у вас имеется? Тогда вернитесь к разделу “Встречайте ваш автобус” в главе 4, где иллюстрируются эти слоты.)

   Большинство карт видеоадаптера, предназначенных для компьютеров Pentium-класса, в настоящее время соответствуют только AGP- или PCI-слоту. Если вы не уверены, нужен ли вам 16-битовый ISA-слот, AGP- или PCI-слот, проверьте документацию по вашей видеокарте.

4. **После того как вы найдете нужный слот, возьмите вашу любимую отвертку и удалите винт и металлическую крышку слота в задней части корпуса.**

   Положите обе эти детали в вашу коробку для запасных частей.

5. **Поставьте вашу карту видеоадаптера в вертикальное положение. Выровняйте соединитель в основании карты по отношению к слоту на материнской плате.**

   Все соединители и любые метки на видеокарте должны быть совмещены с соответствующими разъемами и метками слота; металлическая скоба карты должна совпадать с открытым пространством, образовавшимся после удаления вами крышки слота.

Ваша карта адаптера имеет дополнительные соединители, которые не совпадают со слотом? Если так, то это означает, что вы пытаетесь приспособить 16-битовую карту в 8-битовый или PCI-слот. Ищите слот, который имеет соответствие между соединителями и метками карты.

1. **Если все выровнено, как это должно быть, надавите на верхнее ребро карты и задвиньте ее в слот на материнской плате.**

   Хотя вы не услышите характерного щелчка, вы легко определите, когда карта твердо установится в гнездо слота; при этом скоба карты должна расположиться заподлицо с корпусом.

2. **Вставьте винт в соответствующее отверстие в скобе и закрутите его в корпус, но не делайте чрезмерно сильного натяжения винта.**

Подсоединение встроенного видеопорта

Наряду с последовательными и параллельными портами некоторые материнские платы в наши дни имеют также собственный встроенный видеоадаптер. Если ваша материнская плата имеет встроенную поддержку видео, вам не нужно добавлять отдельную карту видеоадаптера — но вы, тем не менее, должны прикрепить планку с видеоразъемом к задней части корпуса компьютера и соединить его с вашей материнской платой. Порт видео выглядит как металлическая крышка слота, но имеет также разъем на внешней стороне и кабель, ведущий к материнской плате.

Чтобы установить встроенный видеопорт, сделайте следующее.

1. **Коснитесь металлической поверхности, чтобы освободиться от любого статического электричества на вашем теле.**

   Почему вы работаете на вашем компьютере сразу после разгрузки бельевой сушилки? Никогда не притрагивайтесь к любым внутренним компонентом вашего компьютера, пока не коснетесь металлической поверхности для сброса статики.

2. **Удалите винт и металлическую крышку слота в задней части корпуса компьютера.**

   Положите обе эти детали в коробку с запчастями.

3. **Вставьте закрывающую пластину видеопорта (с разъемом) в свободный слот.**

4. **Вставьте винт и закрепите скобу.**

5. **Проверьте ваше руководство по материнской плате и найдите соединитель для встроенной поддержки видео.**

6. **Соедините кабель в порядке, описанном в руководстве по материнской плате.**

Подсоединение монитора

Подсоединение вашего монитора к компьютеру — простая задача, и, к счастью, VGA-видеопорт и кабель соединяются вместе лишь в том случае, если они правильно выровнены по отношению друг к другу.

Чтобы подсоединить ваш монитор, выполните следующее.

1. **Найдите VGA-порт видео с обратной стороны корпуса компьютера.**

   Хотя он того же размера, что и последовательный порт, но вы заметите, что порт VGA имеет 15 штырьков.

2. **Совместите соединитель на конце кабеля монитора с портом видео на корпусе компьютера.**

   Скошенные стороны на соединителях порта и кабеля разработаны специально для того, чтобы соединить их только единственно правильным образом.

3. **Когда соединитель правильно совмещен с портом видео, введите соединитель в разъем порта до упора.**

4. **Если желаете, прикрепите соединитель к порту, поворачивая головки на соединителе по часовой стрелке.**

   На некоторых соединителях вместо головок используются винты, и вам потребуется маленькая отвертка, чтобы их закрутить. Если вы чувствуете, что соединитель прочно держится в гнезде разъема порта, не фиксируйте его.

5. **Вставьте вилку (с тремя штырями) силового кабеля, который поставляется вместе с вашим монитором, в соответствующий разъем с обратной стороны корпуса монитора.**

   С усилием введите вилку в разъем монитора до упора и удостоверьтесь, что она держится прочно и не шатается.

6. **Вставьте вилку кабеля питания монитора в настенную розетку.**

   Если ваша настенная розетка рассчитана только на два штыря (это указывает на то, что розетка не заземлена), то я настоятельно рекомендую вам установить компьютер там, где есть *заземленная* розетка (а не пристраивать соответствующий переходник к вилке кабеля).

СОВЕТ

Возможно, вы заметили, что соединитель кабеля питания вашего монитора на стороне монитора и соединитель кабеля питания компьютера на стороне компьютера — очень похожи; в действительности они взаимозаменяемы. Взаимозаменяемость кабелей была одной из первых вещей, которые кто-то сделал правильно для персональных компьютеров линии IBM. Взаимозаменяемые кабели позволяют вам взять первый попавшийся стандартный кабель питания и использовать его либо для вашего компьютера, либо для монитора. Большинство технарей в своих коробках запчастей имеют по крайней мере один или два запасных кабеля питания.

Действительно ли необходим хранитель экрана?

Есть ли необходимость защитить ваш монитор, используя хранитель экрана? Этот вопрос так часто задается новыми владельцами компьютеров, что я хотел бы ответить на него для вас здесь: ответ — "Нет". Современные цветные мониторы VGA и SVGA не страдают от *дефектов, обусловленных выжиганием люминофора экрана*, так же, как и старые монохромные мониторы, которые были первоначально соединены с компьютерами IBM PC, XT и AT. Такое выжигание было особенно ужасным для монохромного монитора. Если его оставляли на несколько (много) часов с одним и тем же изображением, это изображение буквально выжигалось на внутренней поверхности трубки монитора. Это остаточное темное изображение просматривалось даже при работе с другими программами. Даже сегодня вы, наверное, все еще время от времени видите одну из этих древних реликвий.

Если вы работаете в среде Windows 3.1 или Windows 95/98, вы бесплатно получаете один или два хранителя экрана.

Если вы нуждаетесь в простой мере безопасности в вашем доме или офисе, можете защищать экран паролем, который предотвращает доступ кого-либо к использованию вашего компьютера. Хотя, будьте осторожны — все еще остается возможность обойти хранитель экрана, перезагрузив компьютер (либо просто дважды щелкнув выключателем компьютера).

Вы можете сконфигурировать некоторый хранитель экрана для показа прокручивающегося сообщения, которое является безупречным средством дать товарищу по работе знать, где вы находитесь и когда возвратитесь.

Некоторые хранители экрана являются настолько юмористичными, что могут уберечь вас от потери чувства юмора, особенно в плохие дни.

Неужели я могу, наконец, загрузиться!

Это действительно так: вы, наконец, сможете увидеть что-нибудь на экране после того, как закончатся испытания, описанные в этой главе. Вы можете также визуально проверить и удостовериться, что на данном этапе сборки чипы CPU и RAM правильно распознаны вашей материнской платой.

Если вы еще не включили ваш ПК, включите его сейчас. Нажмите выключатель питания на мониторе, а затем включите питание на передней или задней панели корпуса компьютера.

Чтобы удостовериться, что все ваши компоненты правильно распознаются компьютером, включите монитор и все другие внешние устройства, такие как модем или принтер, перед включением компьютера (либо одновременно). Самый легкий и наиболее удобный способ сделать это — соединить все кабели питания от ваших различных компьютерных устройств к одному предохранителю от бросков тока или напряжения. Таким образом можно включать или выключать всю систему единственным щелчком одного выключателя, и, кроме того, вся ваша система будет защищена от скачков напряжения, вызванных разрядами молний или столкновениями с инопланетянами.

Если вы правильно установили ваш видеоадаптер и подсоединили кабель монитора, произойдет следующее.

- ✓ Вы увидите сообщение на вашем экране, которое идентифицирует видеоадаптер или материнскую плату. Не имеет значения, что именно вы увидите, важно лишь то, что ваш монитор показывает сообщение. (Если ваш монитор не показывает какой-либо текст, проверьте установку вашей видеокарты, удостоверьтесь, что кабель монитора уверенно подключен, убедитесь, что выключатель монитора находится в положении "Вкл". Удостоверьтесь также, что регуляторы контрастности и яркости на мониторе установлены в среднее положение.)
- ✓ Через несколько секунд вы должны увидеть, как ваш компьютер считает количество RAM на материнской плате. Фактически, компьютер тестирует свою компьютерную RAM каждый раз при загрузке, так что следите за тем, вся ли задействована память, которую вы имеете, и нет ли каких-либо сообщений об ошибках. (Если ваш компьютер возвращает сообщение об ошибках относительно памяти системы или RAM, возвращайтесь к главе 4 и проверьте, правильно ли вы установили RAM. Можете также проконсультироваться с руководством по вашей материнской плате и убедиться в том, что вы правильно выбрали группу чипов для добавления RAM.)
- ✓ Если тестирование RAM проходит нормально, ваш компьютер, вероятно, покажет на экране детальную информацию обо всех компонентах, которые он может найти в системе (в зависимости от того, какой у вас CPU), а также сообщит, сколько имеется RAM и сколькими портами может располагать компьютер. (Если же ваш компьютер запирается, возвратитесь к главе 4 и дважды проверьте установку вашего CPU.)

На следующем этапе процесса самозагрузки ваш компьютер пробует найти накопитель на жестком или гибком диске и очень быстро расстраивается, не находя их. Ваш бедный компьютер, вероятно, один или два раза подаст звуковой сигнал, а затем затихнет в расстроенных чувствах. Выключите компьютер, нежно погладьте его по корпусу и заверьте ваше наполовину собранное шасси, что вы добавите накопители на жестком и гибком дисках в следующей главе.

Если ваша машина выдержала это испытание, значит, вы успешно добавили видеоадаптер и монитор к вашей системе — хорошее продвижение!

Имеется множество тестовых программ, которые являются диагностическими инструментами и способны проверить каждую часть видеосистемы вашего ПК. При желании вы всегда их найдете.

Глава 7

Создаем хранилища: накопитель на жестком диске и другие устройства хранения

В этой главе...

- Покупка накопителя на жестком диске
- Выбор быстрого накопителя на жестком диске
- Определение необходимой емкости хранилищ
- Использование нескольких накопителей на жестком диске
- Выбор контроллера накопителя
- Добавление накопителя на гибком диске
- Резервное копирование данных на ленту
- Использование сменных носителей: накопители Jaz и Zip
- Установка карты контроллера
- Установка накопителя на жестком диске
- Установка гибкого накопителя
- Установка ленточного накопителя для резервного копирования

Постоянное хранение... Ваш новый компьютер нуждается в складе для хранения всех программ и данных, которые вы будете использовать: для этого к своему компьютеру вы должны добавить накопитель на жестком диске. Можно было бы просто открыть свежий номер журнала с прайс-листами и купить первый попавшийся на глаза накопитель на жестком диске. Но если вы ищете что-то более или менее приличное, наберитесь терпения и рассмотрите все возможности. Чтобы во время покупки сделать осознанный выбор (и сделать установку более легкой), вы должны знать, какие особенности накопителя на жестком диске и спецификации являются наиболее важными.

Накопитель на жестком диске — не единственное магнитное устройство хранения, необходимое вашему компьютеру. В этой главе я также представлю вам накопитель на гибком диске, ленточные резервные устройства для защиты от потери ваших ценных данных и даже сменные магнитные носители, которые позволят носить от 250 Мбайт до 2 Гбайт данных... в вашем кармане!

"Охота на Хард Драйв"

Если покупка накопителя на жестком диске — это то, что вам действительно нужно, тогда приготовьтесь: через весь этот раздел быстро и свободно будет течь аббревиатурная река. Здесь я расскажу вам, какие типы накопителей на жестком диске будут соответствовать вашему компьютеру и в чем состоят преимущества и неудобства каждой породы накопителей на жестком диске.

Парочка сегодняшних технологий

К счастью, сегодняшние ПК используют только два главных типа технологий накопителей на жестком диске.

- ✓ **Enhanced IDE.** Этот тип накопителя на жестком диске, обычно известный как EIDE, — наследник трона IDE (*Integrated Drive Electronics* — объединенная электроника накопителя); часть *Enhanced* (расширенный) просто означает, что эти накопители меньше по размерам, работают быстрее и имеют большую емкость запоминающего устройства. Как можно догадаться из названия, в накопители IDE встроено большинство электронных деталей, которые обычно располагаются на карте контроллера накопителя на жестком диске. Расширенный IDE (т.е. EIDE) — единственная наиболее популярная технология накопителей на жестком диске, которые используются почти в каждом изготовляемом сегодня ПК. Большинство EIDE-карт адаптера могут управлять максимум четырьмя EIDE-устройствами (включая накопители на жестком диске, ленточные резервные накопители и записывающие устройства (рекордеры) CD).

  Рис. 7.1 иллюстрирует соединительные разъемы современного накопителя EIDE. Обратите внимание на внешний вид и расположение соединителя питания, соединитель ленточного кабеля и набор перемычек типа ведущий/ведомый (master/slave, в дословном переводе с англ. — хозяин/раб. — *Прим. перев.*) — вы должны хорошо ознакомиться с этими компонентами до установки вашего накопителя на жестком диске. Конечно, эти компоненты могут находиться в различных местах на вашем накопителе, но они там имеются — проверьте ваше руководство по эксплуатации накопителя на жестком диске и определите их точное местоположение. Перемычка ведущий/ведомый особенно важна; установка, которую вы выбираете для этой перемычки, определяет, является ваш накопитель первичным (ведущим, основным) или вторичным (ведомым, второстепенным) накопителем в ПК с двумя жесткими накопителями. Если у вас только один накопитель, нужно выбрать тип перемычки "Основной накопитель в системе единственного накопителя". Ваше руководство по эксплуатации накопителя на жестком диске обеспечит установки для перемычки основной/второстепенный.

- ✓ **SCSI.** Фактически, чтобы быть более точным, я должен говорить SCSI-2, но большинство технарей просто сокращают это название. SCSI — аббревиатура от *Small Computer Systems Interface* (малый интерфейс систем компьютера), и это — мечта крутых пользователей. Типичный накопитель SCSI может перемещать данные во много раз быстрее, чем его коллега EIDE, а большие накопители SCSI могут хранить до 18 Гбайт данных или даже больше. SCSI-накопители на жестком диске можно часто обнаружить на сетевых компьютерах-серверах и на мощных графических рабочих станциях.

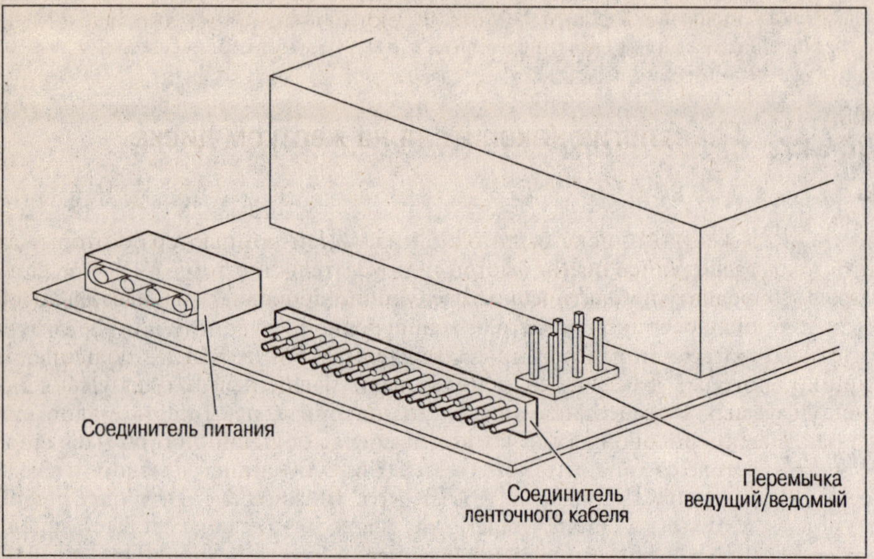

Рис. 7.1. Рабочая лошадь сегодняшних ПК — стандартный накопитель на жестком диске типа EIDE

Однако возможности SCSI не ограничиваются лишь накопителями на жестком диске: быстродействие типичного SCSI-адаптера позволяет ему объединять на вашем компьютере целых семь различных SCSI-устройств (включая сканеры и рекордеры CD). Некоторые варианты SCSI могут поддерживать до 15 устройств. SCSI является также стандартным накопителем на жестком диске для всех компьютеров Macintosh. К сожалению, в действительности мы произносим аббревиатуру SCSI как слово "scuzzy" (ск***а***зи). Для выяснения всех деталей по SCSI и ее применению на вашем ПК перейдите к главе 11.

"Хорошо,— скажете вы, — SCSI победила, правильно?" На самом деле, неправильно: EIDE — лучший накопитель на жестком диске по трем важным причинам.

- ✓ **Первое:** EIDE-накопители и карты адаптера обычно дешевле аппаратных средств типа SCSI, что делает их более популярными среди изготовителей компьютеров.
- ✓ **Второе:** не каждое приложение компьютера будет нуждаться в принципиальном увеличении производительности с использованием SCSI-аппаратных средств. Например, ваш текстовый процессор нисколько не будет работать лучше с накопителем SCSI, чем с накопителем EIDE, поскольку в то время, как вы печатаете, скорость доступа к жесткому диску совершенно не важна.
- ✓ **Третье** (и, я думаю, наиболее важное): установка и конфигурирование карт адаптера, накопителей и других устройств типа SCSI — наиболее раздражающее занятие. В отличие от EIDE, где весь процесс состоит в

установке единственной перемычки, цепь SCSI-устройств требует правильного завершения (см. ниже) и уникального идентификационного (ID) SCSI-номера для каждого устройства. Многие компьютерные гуру были раздражены из-за безуспешных попыток вынудить норовистую SCSI-карту работать должным образом — обычно эти карты бросают с местного моста в реку и пускают на дно, где они продолжают раздражать даже рыбу.

Генеалогия накопителя на жестком диске

Накопители на жестком диске были одной из частей компьютера, которые за последние годы развивались очень быстро, и доказательство тому — святое семейство старых аббревиатур. Фактически, следующие аббревиатуры настолько стары, что я даже не буду беспокоить вас их расшифровкой.

Вначале компьютеры использовали накопители MFM и RLL — большие, тяжелые ящики, которые фактически использовали магнитные катушки (вид магнитов, используемых в стереодинамиках). Эти накопители на жестком диске занимали практически половину корпуса компьютера. Большинство из нас, старожилов, с нежностью вспоминают накопитель MFM, мечущийся в наших настольных системах. Сегодня вы уже не сможете купить ни один из этих накопителей — только если запрыгнете в машину времени.

Следующим достижением был ESDI, горячее новое изделие, которое добавило накопителям на жестком диске больше скорости и мощности. Они нуждались в новых контроллерах, и каждый крутой пользователь изворачивался, как мог. Об этих накопителях вы также можете забыть.

IDE-накопители были следующими на горизонте, и некоторые из них все еще окружают нас. Эти накопители намного меньше по размерам, более долговечны и работают быстрее, чем более ранние модели. Вы можете все еще встретить накопители IDE на некоторых 386-х и, в основном, 486-х компьютерах.

В случае с накопителем EIDE, который вам нужен, необходимо только установить одну или две перемычки и удостовериться, что кабель правильно подключен, — и вы в дамках!

К системе EIDE были добавлены и другие усовершенствования, например *накопители Ultra IDE* (иногда называемые Ultra DMA, или DMA/33), которые могут перемещать данные со скоростями, приближающимися к скоростям накопителей SCSI-2, но требуют специальной карты контроллера. Если вы собираете оригинальный Pentium-компьютер, придерживайтесь промышленного стандарта накопителя EIDE. Если вы строите более быстрый компьютер Pentium II или Pentium III, потратьте дополнительные деньги на Ultra IDE/Ultra DMA. (Имеется даже более быстрая версия Ultra DMA, называемая DMA/66, которая может поставлять данные со скоростью до 66 Мбайт/с.)

Но не отказывайтесь полностью от SCSI — я возвращусь к более подробному описанию SCSI в главе 11 и даже покажу вам, как его установить. Фактически, можно комбинировать аппаратные средства SCSI и EIDE на одном и том же компьютере. Если вы обнаружите, что вам необходима цепь устройств, после того, как ваш компьютер будет собран и заработает с накопителем EIDE, вы всегда сможете добавить и SCSI-устройства.

Вы можете приобрести программное обеспечение, которое позволяет измерить скорость работы как SCSI-, так и EIDE-накопителей на жестком диске.

Подробнее о накопителях на жестком диске

Какие же нюансы толковый покупатель ищет в накопителе EIDE? Имеется несколько наиболее важных характеристик

- ✓ **Емкость запоминающего устройства.** Здесь нет никакой тайны — чем больше емкость запоминающего устройства, тем большее количество данных вы не сможете хранить на накопителе. В то время как устаревший накопитель MFM на 50 Мбайт рассматривался в те дни как чудо техники, современные накопители EIDE содержат где-то от 2 до 20 Гбайт (напомним, 1 гигабайт равен 1000 мегабайт). Мощности накопителей на жестком диске все время постоянно увеличиваются.

  В среднем большинство домашних компьютеров, работающих с Windows 98, нуждаются по крайней мере в 2 Гбайт пространства накопителя на жестком диске. Для офисного компьютера размер накопителя на жестком диске в большой степени зависит от того, какие программы выполняются; некоторые комплекты офисного программного обеспечения требуют 200 или 300 Мбайт. Могу лично порекомендовать: лучше всего купить накопитель настолько большой, чтобы вы поначалу не могли себе вообразить, что когда-либо сможете исчерпать его пространство, — поверьте мне, мой друг, вы его заполните! Я предложил бы накопитель объемом по крайней мере 4 Гбайт.

- ✓ **Время доступа** накопителя (часто называемое временем поиска) — мера скорости чтения и записи данных накопителем. Более низкое значение времени доступа соответствует более скорому накопителю. Время доступа измеряется в миллисекундах (*мс*) и обычно указывается рядом с названием накопителя. Естественно, чем быстрее накопитель, тем он дороже (как хочется хоть один раз увидеть лучшую вещь, которая стоила бы дешевле обычной!).

  Сегодняшние самые быстрые накопители EIDE имеют времена доступа около 8.5 мс, но любая скорость от 9 до12 мс должна быть достаточно велика для вашего Pentium-компьютера. Если вы — крутой пользователь с процессором Pentium II или Pentium III, придерживайтесь времени доступа накопителя не выше 10 мс.

- ✓ **Об/мин.** Наконец-то аббревиатура, которую большинство из нас понимают! Да, действительно, это — ваш старый друг, *обороты в минуту*, обозначают скорость, с которой вращаются жесткие диски внутри вашего накопителя. Вообще, чем больше оборотов в минуту делает привод, тем быстрее накопитель может восстановить данные. Но прежде чем вы привяжете тахометр к вашему дисководу, вы должны знать, что обороты в минуту не настолько точно характеризуют работу накопителя, как время доступа. Быстрый привод накопителя EIDE может давать до 7200 об/мин, и я рекомендовал бы накопитель со средней скоростью 5400 об/мин.

- ✓ **Размер.** Большинство EIDE-накопителей имеют размер $3^{1}/_{2}$ дюйма, что означает их соответствие стандартному $3^{1}/_{2}$-дюймовому карману в корпусе компьютера (такие карманы обычно предусмотрены в корпусах для накопителей на гибком диске, но они могут быть закрыты). Если в корпусе вашего компьютера имеется открытый на половину высоты стандартный $5^{1}/_{4}$-дюймовый карман, то вам необходим *переходник (устройство крепления) накопителя*, чтобы $3^{1}/_{2}$-дюймовый накопитель соответствовал $5^{1}/_{4}$-дюймовый карману. Такой переходник накопителя — это просто металлический квадрат, внутри которого удерживается меньший $3^{1}/_{2}$-дюймовый накопитель; в свою очередь, переходник закрепляется на шасси компьютера, как будто это $5^{1}/_{4}$-дюймовое устройство.

Некоторые из больших SCSI-накопителей емкостью 18 Гбайт все еще используют карман накопителя полной высоты, но вы вряд ли когда-либо столкнетесь с таким накопителем в мире EIDE-устройств.

AV означает звуко/визуальный

Звуко/визуальные (Audio/Visual или AV) накопители предназначены специально для тех, кто записывает и редактирует цифровое видео и звук, свои собственные CD. В отличие от большинства накопителей на жестком диске, накопитель AV не производит перекалибровку постоянно из-за различий в температуре; он ждет, пока накопитель не закончит передачу данных, что гарантирует устойчивый поток данных. AV-накопители обычно имеют также больший кэш (обычно 2 Мбайт).

- ✓ **Кэш** накопителя на жестком диске (иногда называемый буфером) содержит данные, которые часто используются (или будут вскоре затребованы) вашим CPU. При наличии кэша диска накопитель непосредственно не должен повторно считывать с диска одни и те же данные по многу раз. Можете предполагать, что лучше иметь больший кэш (и обычно более дорогой накопитель также). Я рекомендую накопитель с кэшем по крайней мере 256 Кбайт.
- ✓ **Гарантия.** Накопитель на жестком диске — одна из немногих частей вашего компьютера, которая одновременно достаточно сложна и имеет собственные перемещающиеся части, поэтому типичный накопитель на жестком диске при нормальном использовании имеет период полураспада (почти в буквальном смысле. — *Прим. ред.*) три года или около того. Стандартная промышленная гарантия для накопителей на жестком диске — три года, но можно найти накопители с гарантией до пяти лет.

Вы предполагаете использовать накопитель, бывший в употреблении? Если так, тщательно изучите состояние накопителя перед тем, как принять решение использовать его. Например, если этому накопителю больше трех–четырех лет (или если его использовали в течение нескольких часов каждый день на протяжении двух–трех лет), это действительно уже хороший средний возраст, и такой накопитель, вероятно, не достаточно быстр для системы Pentium II или Pentium III. В сущности, вы будете замедлять работу всего вашего компьютера, если используете этот накопитель. Кроме того, старые накопители обычно содержат до 1 Гбайт или, возможно, немного больше 500 Мбайт. На жестком накопителе с объемом памяти менее 1 Гбайт сегодняшние операционные системы типа Windows не оставят вам достаточно места для дополнительных программ или файлов данных. Поэтому я спешу посоветовать вам приобрести новый накопитель на жестком диске, который использует самую последнюю технологию.

Древний гибкий диск еще жив — почему?

В прежние времена, задолго до появления модемов и сетей, существовал только один путь для перемещения информации от одного компьютера к другому, поддержки ваших компьютерных файлов или хранения данных вне компьютера — гибкий диск, или дискета. Дискета была иконой, универсально-признанным символом, который каждый уважал, и если у вас не было полного драйвера для накопителя на гибких дисках... Хорошо, не будем о грустном.

СОВЕТ

Выжимание большего пространства из тощего накопителя на жестком диске

Если вы не можете позволить себе накопителя на жестком диске объемом 8 Гбайт, найдите другой способ расширить возможности хранения меньшего накопителя. DOS 6.22, Windows 95 и Windows 98 обеспечивают изящную особенность, называемую сжатием диска. Версия для Windows называется DriveSpace. Эта утилита позволяет создать дополнительное пространство на жестком диске путем сжатия данных так, чтобы они занимали меньше места. Когда ваш компьютер требует эти данные, они автоматически, “на лету”, разворачиваются и могут быть использованы любой запросившей их программой.

В зависимости от того, какие данные вы храните, можно почти удвоить доступное пространство на жестком диске (некоторые типы данных сжимаются лучше, чем другие). Некоторые владельцы компьютера немного тревожатся при использовании DriveSpace, в основном потому, что предыдущий основанный на DOS метод сжатия дисков имел тенденцию “забывать” данные, если с ним не обращались совершенно правильно. Для работы под Windows 95 и 98, однако, я могу рекомендовать DriveSpace как почти ошибкоустойчивый способ немедленно получить большее количество столь необходимых мегабайтов на жестком диске. Обратитесь к руководству по системе Windows для получения большей информации относительно утилиты DriveSpace. Если вы работаете с другой операционной системой, в ней может иметься какая-нибудь версия Stacker (упаковщик), коммерческой программы сжатия, которой вы можете воспользоваться.

Почему дискеты больше не в моде?

Постепенному снижению популярности дискеты способствовало несколько факторов.

- ✓ Дискеты — наиболее хрупкие из всех магнитных носителей информации. Даже пластмассовый корпус $3^1/_2$-дюймовой дискеты не очень ее защищает, и дискеты имеют тенденцию просто "терять" данные из-за облучения магнитными полями, высокой температуры и просто из-за старости. (Никогда, *никогда не кладите* дискеты на стереодинамики и мониторы!)
- ✓ Разработка действительно больших программ, которые просто не могут экономно разместиться менее чем на 40 дискетах, подготовила прекрасную почву для вторжения на рынок CD-ROM.
- ✓ Приводы накопителей на гибких дисках настолько же медлительны, насколько медленно высыхает краска. Программа, которая требует 20 секунд времени, чтобы загрузиться с гибкого диска, с накопителя на жестком диске загружается за две секунды. Совершенно непрактично выполнять программы с гибкого накопителя или регулярно обращаться к файлам на гибком диске.

Так почему же гибкие накопители — все еще стандартное оборудование компьютеров?

Накопители на гибких дисках — все еще стандартное оборудование компьютеров частично из-за универсального характера $3^1/_2$-дюймовых дискет; они были вокруг настолько долго и использовались столь повсеместно, что ни один изготовитель компьютеров не хочет сделать решающий шаг и выпустить компьютер без гибкого накопителя. (Если, конечно, вас не интересует новый компьютер Macintosh наподобие iMac..., но если это так, почему тогда вы читаете эту книгу?)

Другой причиной длительного выживания $3^1/_2$-дюймовых дискет является то, что все пользователи компьютеров все еще нуждаются в некоторой форме сменного хранилища, а гибкие накопители достаточно дешевы. Были разработаны более совершенные формы сменных носителей информации (например, накопители Zip и Jaz, о которых мы поговорим позже в этой главе). Однако, все же, эти типы накопителей более дороги в производстве и недостаточно универсальны.

Компания IBM однажды предприняла попытку сделать диски 2.88 Мбайт стандартом, но она была встречена гулом насмешек со стороны большинства жителей компьютерного мира. К тому времени цифровое видео и звук пришли в Web и на CD-ROM, и даже маленький файл цифрового видео или звука, вероятно, не разместится на отдельной дискете, даже если бы этот гибкий диск имел 2.88 Мбайт памяти.

Наконец, во всем мире все еще имеются очень важные данные, хранящиеся на $3^1/_2$-дюймовых дискетах.

Выбор накопителя на гибком диске

В действительности есть не так много особенностей, по которым вам предстоит выбрать себе накопитель на гибком диске.

СОВЕТ

Если у вас есть старые $5^{1}/_{4}$-дюймовые дискеты на 1.2 Мбайт, которые вам все еще нужно будет читать, можно рассмотреть возможность приобретения *комбинированного* гибкого накопителя, который позволяет расположить друг над другом и $3^{1}/_{2}$-дюймовый, и $5^{1}/_{4}$-дюймовый накопители в одну и ту же половину высоты $5^{1}/_{4}$-дюймового кармана для гибкого накопителя. В противном случае вам потребуется стандартный $3^{1}/_{2}$-дюймовый высокоплотный на 1. 44 Мбайт накопитель на гибком диске.

Не забудьте карту контроллера

Многие продающиеся в настоящее время материнские платы обладают б*о*льшими, чем только объединенные последовательные и параллельные порты, достоинствами. Ваша материнская плата может иметь уже встроенный *контроллер* накопителей на жестком и гибкого дисках. Если же ваша материнская плата не имеет встроенного *расширенного IDE-контроллера*, то самое время купить его. Контроллер направляет потоки данных к вашим накопителям на жестком и гибком дисках и другим дополнительным устройствам туда и обратно.

Сегодняшние CPU компьютеров Pentium II и III проглатывают файлы с вашего накопителя на жестком диске с такой скоростью, с какой накопитель может их отправлять, так что — подобно вашему видеоадаптеру — EIDE-контроллер накопителя на жестком диске должен определенно использовать 32-битовую PCI-шину, которая намного быстрее, чем ISA-шина. Если ваша материнская плата не имеет PCI-слотов, нужно согласиться на 16-битовый ISA-контроллер, который может быть размещен в слоте ISA.

Имеются также две другие особенности, которые вы должны рассмотреть при выборе контроллера (независимо от того, будет ли он отдельной картой адаптера или встроенным в вашу материнскую плату).

- ✓ **Вторичная поддержка IDE.** Когда стандарт IDE впервые был представлен, никто не мог себе представить, что почти каждый пользователь компьютера будет нуждаться в более чем двух накопителях на жестком диске или IDE-устройствах, так что оригинальная IDE-спецификация предусматривала только два накопителя. Но люди быстро ощутили сильную неудовлетворенность и стали поговаривать о революции, так что изготовители компьютерных аппаратных средств решили создать вторичный IDE-порт для компьютеров, которые нуждались в более чем двух накопителях. Поскольку многие приводы CD-ROM представляют собой IDE-устройства, проверьте и убедитесь, что приобретаемый вами контроллер (или материнская плата со встроенным контроллером) может поддерживать четыре накопителя типа IDE.
- ✓ **Кэш.** Кэш память контроллера хранит часто используемые контроллером данные или данные, которые, вероятно, вскоре потребуются вашему CPU. Это улучшает выполнение работы, поскольку CPU может восстановить необходимые данные прямо из кэша

памяти, что оказывается намного быстрее, чем их повторное чтение с накопителя. Не стоит тратить деньги на оснащение контроллера дополнительным кэшем, если только вы не крутой пользователь, не планируете использовать ваш компьютер как сетевой сервер или что-нибудь в таком духе — домашние и простые офисные ПК действительно не нуждаются в таком быстродействующем доступе к диску.

Выбор ленточного накопителя

Есть одна причина, по которой дискеты когда-то были хороши для дублирования (резервного копирования) вашего накопителя на жестком диске. Конечно, в те дни накопитель на жестком диске содержал 50 или 75 Мбайт, так что вам нужна была только одна или две коробки $3^1/_2$-дюймовых высокоплотных дискет, чтобы сделать вашу работу (т.е. сделать резервную копию данных со всего жесткого диска с целью хранения их отдельно от компьютера. — *Прим. ред.*). Однако никто серьезно даже не рассматривал бы вопрос о резервировании одного из сегодняшних 6- или 8-гигабайтных накопителей на жестком диске с помощью дискет на 1.44 Мбайт — никто не заслуживает наказания, подобного этому. В результате многие владельцы компьютеров не делают резервных копий своих данных.

Теперь тщательно рассмотрим следующее утверждение, поскольку, к сожалению, оно истинно. *Подавляющее большинство владельцев компьютеров в мире не имеют абсолютно никакой возможности обратиться за помощью, если их накопитель на жестком диске выходит из строя или если они, как это иногда бывает, неправильно удаляют файл или директорию.* Если ваши данные важны для вас — а я, конечно, предполагаю, что это именно так, — действительно ли вы можете позволить себе потерять все это за несколько секунд? (Если на этот вопрос вы ответили "нет", тогда продолжайте читать. Если же вы ответили "да", тогда я задаюсь вопросом, зачем вам в первую очередь нужен компьютер.)

Для резервирования ваших данных существуют три популярных решения: ленточное резервное устройство, накопители Zip или Jaz либо записывающее устройство CD. Накопители Zip и Jaz мы обсудим в следующем разделе, а на записывающем устройстве CD я остановлюсь в главе 8. Здесь же мы сосредоточимся на резервировании вашего накопителя на жестком диске путем его записи на ленту.

Ленточные накопители широко варьируют по скорости и вместимости. Старые модели QIC-80, использовавшиеся в качестве стандарта, вмещали 250 Мбайт на одну ленту (со сжатием; лента, фактически, поддерживает лишь 120 Мбайт, но программное обеспечение резервирования автоматически в процессе записи сжимает данные, так что можно разместить до 50% больше данных на одну ленту). Типичные скорости — около 10 Мбайт в минуту, хотя некоторые изготовители таких накопителей предлагают собственные карты адаптера ленточного накопителя, которые могут повышать скорости до 19 Мбайт в минуту.

Однако, даже при возможности резервирования 250 Мбайт, эти накопители сразу стали анахронизмом, так что стандарт QIC-80 был обновлен до новой технологии под названием *Travan*, которая позволяет резервировать до 800 Мбайт сжатых данных на одной ленте. На рис. 7.2 показан типичный накопитель Travan.

Большинство накопителей Travan — внутренние устройства, которые занимают отдельный карман половинной высоты в корпусе компьютера. Хотя некоторые накопители Travan требуют отдельной карты контроллера (которую необходимо иметь наряду с накопителем), чаще всего они либо соединяются с кабелем вашего накопителя на гибком диске, либо действуют как еще одно IDE-устройство на компьютере. Некоторые внешние модули ленточного резервного устройства соединяются с вашим параллельным портом. Такие внешние ленточные накопители хороши для офисного использования или для резервного копирования с целью обмена данными между лэптопом и настольным компьютером. Приобрести накопитель Travan вы можете примерно за $200.

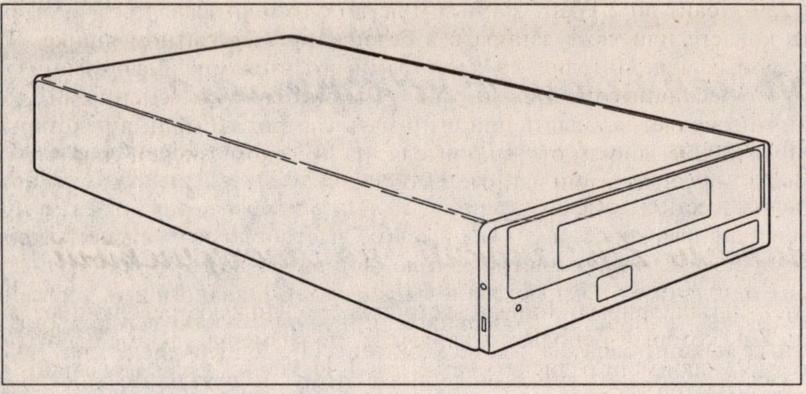

Рис. 7.2. Стандартный ленточный накопитель Travan, вмещающий 800 Мбайт на одну ленту

Cadillac среди устройств резервной записи на ленту — накопитель DAT (аббревиатура от Digital Audio Tape — цифровая звуковая лента), который в несколько раз быстрее, чем накопитель Travan, как при копировании, так и при восстановлении файлов. Ленты DAT могут также хранить 2 Гбайт или больше данных на одной ленте. Как и следует ожидать, эти накопители очень дороги, их цена в среднем составляет приблизительно $400, и большинство их них требуют установки SCSI-карты адаптера, прежде чем вы сможете их использовать. (Больше информации о SCSI вы найдете в главе 11.)

Какой бы метод резервирования ваших данных вы ни выбрали, я настоятельно рекомендую вам сделать своей привычкой резервировать ваши данные один раз в неделю или один раз в месяц, в зависимости от того, как часто важные данные изменяются на вашем жестком накопителе.

СОВЕТ

Я резервирую всю мою систему путем записи ее на ленту один раз в неделю. Тем не менее для быстрого резервирования отдельных файлов все еще очень удобно использовать дискеты. Хотя они могут содержать только 1.44 Мбайт, на дискетах хорошо хранить небольшие файлы, с которыми вы работаете, например файлы документов Word или данные записной книжки. Эти файлы достаточно маленькие, чтобы легко разместиться на отдельном гибком диске, и не требуется никакого изощренного программного обеспечения резервирования. Например, я просто копирую на дискету самые последние версии файлов, которые я наработал, а затем копирую эти файлы обратно на мой жесткий диск, если на компьютере я сделаю с этими файлами что-то действительно страшное. Помните, однако, что вам не следует полагаться на дискеты как на постоянное устройство хранения резервной копии!

Эй, вы случайно удалили вашу информацию!

В этом разделе я расскажу о двух накопителях, которые позволят вам брать где-нибудь от 250 Мбайт до 2 Гбайт данных и легко с ними управляться — отправлять их, сбрасывать коллеге или даже запирать в безопасном депозитном ящике. Я говорю о двух популярных накопителях со сменными носителями информации от фирмы Iomega — это накопители Zip и Jaz. Накопитель со сменными носителями информации позволяет вставлять или вынимать картриджи (или, в некоторых случаях, фактически жесткие диски от накопителя на жестком диске), так что вы всегда можете носить *почти все* ваши данные с собой.

Накопитель Zip: гибкий, но мускулистый

Пару лет назад фирма Iomega устроила маленькую революцию, представив накопитель Zip, который использует картридж, по размеру и форме очень похожий на стандартную $3^1/_2$-дюймовую дискету объемом 1,44 Мбайт. Первоначально накопитель Zip поддерживал 100 Мбайт, но новая модель может содержать гигантский объем (250 Мбайт) данных, и доступ к этим данным намного быстрее, чем у вашего старого знакомого — накопителя на гибком диске. Zip "показывает" среднее время поиска 29 миллисекунд.

Хотя каждый диск накопителя Zip продается за сумму от $10 до $15, способность хранить 250 Мбайт означает, что вы, наконец, имеете средства для переноса файлов цифрового видео и звуковых файлов или, возможно, содержимого целого Web-узла — и все это на диске, который можно носить в кармане. В то же самое время компьютерные технари на всем земном шаре снова издали вздох облегчения.

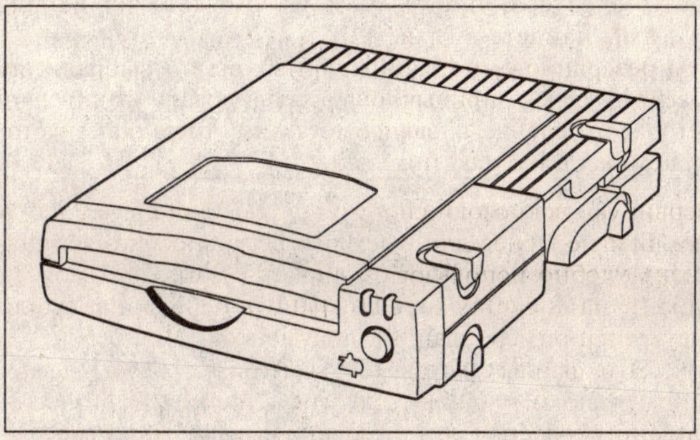

Рис. 7.3. Версия накопителя Zip для параллельного порта со сменными носителями информации от фирмы Iomega

Рис. 7.3 иллюстрирует версию накопителя Zip для параллельного порта, который просто соединяется с вашим портом принтера. Для управления накопителем под управлением DOS, Windows 3.1, Windows 95 и 98 или Windows NT действительно необходима только одна маленькая программа, и, в отличие от программного обеспечения драйвера, вы можете загрузить эту программу в любое время. Если вы устанавливаете полный набор утилит накопителя Zip, можно защитить диск паролем либо создать каталог содержимого всех ваших дисков так, чтобы вы легко могли расположить его в отдельном файле.

Накопитель Zip также доступен в SCSI-версии, которая на 20–30% быстрее, чем параллельный порт того же уровня. В момент написания этой книги обе версии стоили приблизительно $ 150, но SCSI-версия, естественно, требует SCSI-карты адаптера. (Глава 11 обеспечит вас всеми деталями по SCSI.)

Хотя диски Zip могут содержать меньше данных, чем ленточный накопитель Travan, они — быстрее, поэтому многие владельцы компьютеров используют накопители Zip для резервирования своих данных. Учитывая это, фирма Iomega включила в обе версии накопителя Zip простую в использовании программу резервирования (со сжатием) и восстановления данных.

Накопитель Jaz: лучшее средство хранения

Вскоре после представления накопителя Zip Iomega начала производить накопитель Jaz, и другие изготовители накопителей на жестком диске съежились — этот накопитель хранит невероятных 2 Гбайт на единственном картридже! В отличие от накопителя Zip, Jaz-картридж фактически представляет собой сменный жесткий диск накопителя на жестком диске. Когда вы носите в кармане Jaz-картридж, то фактически носите с собой внутренность накопителя на жестком диске, но без всякой его электроники. Когда же вы вставляете картридж в накопитель Jaz, остальная часть оборудования перемещается на свое место, и... вы получаете накопитель на жестком диске! На рис. 7.4 представлен накопитель Jaz.

Jaz-накопители — исключительно SCSI-устройства, они имеют среднее время доступа приблизительно 12 мс, которое лишь на миллисекунду или около того больше, чем у серийного накопителя на жестком диске. Поэтому накопители Jaz — совершенные устройства для презентаций и цифрового видео. Внешний накопитель Jaz (который весит аж целый килограмм) просто подключается к внешнему SCSI-порту на вашей SCSI-карте адаптера.

Внутренний накопитель Jaz (который размещается внутри корпуса вашего компьютера) в настоящее время продается по цене около $300. Внешний (портативный) накопитель Jaz продается приблизительно за $400. Картриджи к нему стоят примерно $100 за каждый.

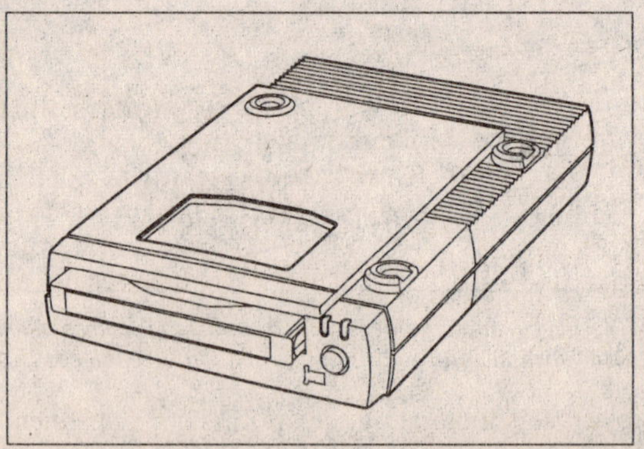

Рис. 7.4. SCSI-накопитель Jaz — очевидный чемпион среди одногигабайтных портативных хранилищ

Подсоединение карты контроллера накопителя

Не забывайте, что EIDE-контроллер может быть *уже* встроен в вашу материнскую плату — если так, поздравьте себя. В этом случае сразу переходите к п. 8 этого раздела и приступайте к установке ваших EIDE-накопителей на жестком и гибком дисках в соответствии с инструкциями последующих разделов.

> СОВЕТ
>
> **Действительно ли вы нуждаетесь в съемных хранилищах?**
>
> Если быть до конца честным, то вы абсолютно не нуждаетесь в сменном накопителе для хранения данных, если ваше первичное применение компьютера не удовлетворяет одному из перечисленных ниже критериев.
>
> ✓ Если вы планируете посылать или получать файлы, которые не могут быть эффективно переправлены по Internet или на дискете (поскольку файлы слишком большие). Например, издатели и печатники любят использовать накопители Zip и Jaz для пересылки файлов настольной издательской системы.
>
> ✓ Если имеет место проблема безопасности ваших данных и вы хотите их защитить. Лучший способ сделать это — носить ваши данные с собой или запереть их на ключ (в буквальном смысле. — *Прим. ред.*) — накопители Jaz и Zip легко с этим справятся.
>
> ✓ Если вы хотите хранить информацию без того, чтобы заполнять ею ваш накопитель на жестком диске. В этом случае накопители Zip или Jaz могут действовать как склады для хранения архивированных данных.
>
> Да, любой технарь был бы безмерно рад добавить один из этих накопителей к своей системе!

Готовы? Тогда для установки вашей карты контроллера накопителя выполните следующее.

1. **О, мой Бог, вас ударило молнией?! Значит, теперь совсем не время устанавливать очередной компонент компьютера; но если уж вам не терпится, коснитесь металлической поверхности прежде, чем что-то станете делать. Это освободит от любого статического электричества, которое могло собраться на вашем теле.**
2. **Если шасси вашего компьютера в настоящее время включено, отключите его.**
3. **Найдите слот карты адаптера надлежащей длины в задней части корпуса.**

   Большинство EIDE-карт контроллера для компьютеров Pentium соответствуют только PCI-слоту. Если вы не уверены, какой слот — 16-битовый ISA- или PCI-слот — вам нужен, обратитесь к документации по вашей карте.
4. **Определив местоположение слота адаптера, выньте из ножен вашу могущественную отвертку и удалите винт и металлическую крышку слота в задней части корпуса.**

   Положите обе эти детали в вашу коробку с запасными частями. Возвратите отвертку на ее место среди других инструментов.

5. **Поднимите карту контроллера за углы. Совместите соединители в основании карты со слотом на материнской плате. Все соединители и любые метки должны совпадать с таковыми на слоте, а металлическая скоба карты должна оказаться напротив открытого пространства, образовавшегося после удаления крышки слота.**

6. **Если соединитель на основании карты выровнен со слотом, нажмите на верхнее ребро карты и задвиньте ее в слот на материнской плате.**

   Хотя вы не услышите щелчка, вы догадаетесь, когда карта твердо встанет на свое место, при этом скоба должна оказаться заподлицо с задней стенкой корпуса.

7. **И снова работает ваша отвертка: достаньте винт и аккуратно (не чересчур сильно) закрепите скобу карты на корпусе компьютера.**

8. **Загляните в руководство по вашему контроллеру (или материнской плате) и определите местоположения двух соединителей: один соединитель должен находиться на контроллере или на материнской плате для основного накопителя на жестком диске и один соединитель — для накопителя на гибком диске. Присоедините ленточные кабели, которые поставляются в комплекте с контроллером или материнской платой, к этим соединителям, как показано в вашем руководстве.**

   Удостоверьтесь, что вы правильно соединяете кабель с каждым соединителем — кабель накопителя на гибком диске обычно имеет бугорок на том конце, который соединяется с накопителем.

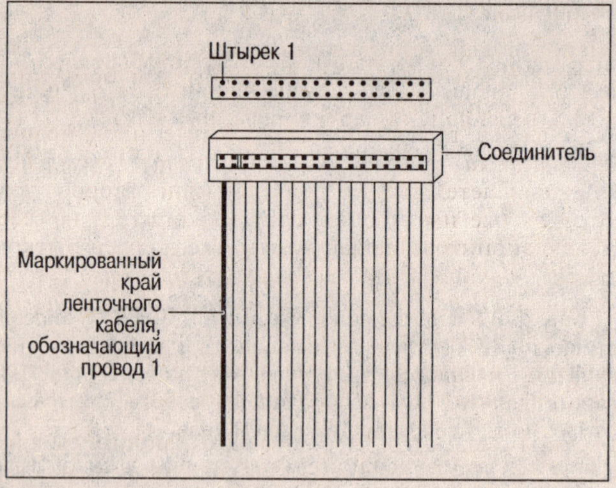

Рис. 7.5. Штырек 1 на мужском соединителе должен всегда быть на той же самой стороне, что и провод 1 на ленточном кабеле

СОВЕТ

Для любого ленточного кабельного соединителя, который вы присоединяете к накопителю или карте адаптера, штырек 1 на мужском соединителе всегда должен соответствовать отверстию для штырька 1 в женском соединителе. Почти в каждом корпусе штырек 1 на мужском соединителе — это штырёк в верхнем левом углу соединителя. "Хорошо,— скажете вы,— но как я могу узнать, какая сторона ленты кабеля является проводом 1?” Никаких проблем — каждый ленточный кабель имеет один провод, который окрашен красным или отмечен как-то иначе (возможно, надписью). Этот провод и есть Провод 1, который должен всегда соединяться со штырьком 1 (рис. 7.5).

Установка EIDE-накопителя на жестком диске

Установка (или, иначе, инсталляция) накопителя EIDE — до смешного простая процедура. Чтобы установить накопитель на жестком диске, выполните описанные ниже шаги.

1. **Вы только что закончили причесывать ваши волосы? Теперь, когда вы выглядите изумительно, коснитесь металлической поверхности и только после этого начинайте работать с накопителем — это освободит вас от любого статического электричества, которое могло на вас образоваться.**
2. **Если шасси вашего компьютера в настоящее время включено, отключите его.**
3. **Если вы устанавливаете только один накопитель, проверьте установки перемычек на вашем накопителе на жестком диске и убедитесь, что они установлены в положение *единственный накопитель*, *основное устройство.***

   Именно такая установка предусмотрена по умолчанию и делается изготовителем, поскольку подходит для большинства накопителей, но никогда не вредно убедиться в этом еще раз. Если перемычки не установлены правильно, переместите их в правильные положение *единственный накопитель*, *основное устройство*. Если вы устанавливаете два устройства (или второе устройство на ПК, который уже имеет один EIDE-накопитель на жестком диске), ваш EIDE-накопитель на жестком диске должен быть установлен как *несколько накопителей, основное устройство*, а другое устройство должно быть установлено как *несколько накопителей, второстепенное устройство*.

4. **Выберите открытый карман накопителя на корпусе компьютера для вашего накопителя на жестком диске.**

   В зависимости от размеров вашего накопителя, он может устанавливаться в $3^{1}/_{2}$-дюймовом карман, или вам, вероятно, придется использовать $5^{1}/_{4}$-дюймовый карман половинной высоты. Если вы хотите приспособить $3^{1}/_{2}$-дюймовый накопитель в $5^{1}/_{4}$-дюймовый карман половинной высоты, вам понадобится переходное устройство накопителя, содержащее полозья со стороны накопителя на жестком диске и приводящее его полную ширину к $5^{1}/_{4}$ дюймам. Если накопитель имеет тот же самый размер, что и открытый карман, вам не нужен переходник и его можно просто закреплять винтами.

5. **Если ваш накопитель необходимо установить в переходник, используйте винты, которые входят в комплект накопителя, и с их помощью прикрепите полозья переходника с обеих сторон вашего накопителя.**

6. **Задвиньте накопитель в выбранный карман с лицевой стороны корпуса компьютера.**

   Сначала должен войти конец с соединителями, а электронная начинка должна находиться снизу, как показано на рис. 7.6.

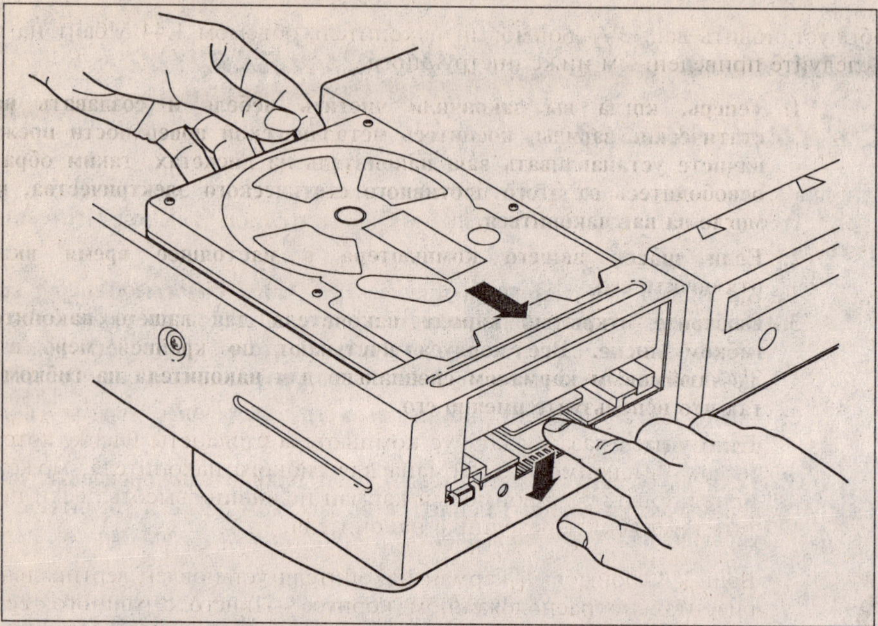

Рис. 7.6. Накопитель должен войти в открытый карман соединителями вперед

7. **Тщательно двигайте накопитель на жестком диске назад и вперед в кармане, пока винтовые отверстия со стороны кармана не совпадут с соответствующими отверстиями со стороны накопителя. Используйте винты, которые входят в комплект накопителя (или ваш комплект переходника), для крепления накопителя к карману.**

   Обычно используются четыре винта, чтобы гарантировать надежное крепление накопителя на жестком диске к карману.

8. **Подсоедините один из кабелей от блока питания к разъему питания на накопителе на жестком диске.**

   Такое соединение можно сделать лишь единственно правильным образом. Плотно прижмите соединитель кабеля к разъему накопителя и убедитесь, что соединение надежно.

9. **Подсоедините ленточный кабель, входящий в комплект поставки карты контроллера (или в комплект вашей материнской платы, если она имеет встроенный контроллер), к задней части накопителя на жестком диске.**

   Помните: провод с маркировкой — это провод 1. Если вы не уверены в том, какой штырек на соединителе накопителя является штырьком 1, обратитесь к руководству по вашему накопителю. Соединитель карты должен в точности соответствовать гнездам разъема накопителя, так что как только вы их правильно выровняли, сожмите их до упора.

Хорошая работа! Как видите, вам не нужно быть электриком, чтобы установить накопитель на жестком диске в свой компьютер.

Установка $3^1/_2$-дюймового накопителя на гибких дисках

Чтобы установить ваш $3^1/_2$-дюймовый накопитель объемом 1.44 Мбайт на гибком диске, следуйте приведенным ниже инструкциям.

1. **Теперь, когда вы закончили чистить мебель и создавать на себе статические заряды, коснитесь металлической поверхности прежде чем начнете устанавливать ваш накопитель на дискетах, таким образом вы освободитесь от этого противного статического электричества, которое могло на вас накопиться.**

2. **Если шасси вашего компьютера в настоящее время включено, отключите его.**

3. **Выберите открытый карман накопителя для вашего накопителя на гибком диске. Все корпуса поступают по крайней мере с одним $3^1/_2$-дюймовым карманом специально для накопителя на гибком диске, так что используйте именно его.**

   Если у вас оказался корпус компьютера с планеты Quark, который не имеет $3^1/_2$-дюймового кармана для гибкого накопителя, можете даже использовать $5^1/_4$-дюймовый карман половины высоты, если приобретете комплект переходника накопителя.

   Ваш $3^1/_2$-дюймовый карман накопителя установлен вертикально в горизонтально расположенном корпусе? Ничего страшного, если, конечно, вам не спихнули по дешевке корпус-мутант. Накопители на гибком диске работают одинаково хорошо и в горизонтальном, и в вертикальном положениях. Снисходительно улыбнитесь про себя и продолжайте установку.

4. **Задвиньте накопитель в выбранный карман с лицевой стороны корпуса (сначала должен войти конец с соединителями).**

   Если вы устанавливаете накопитель горизонтально, кнопка для извлечения диска должна находиться ниже приемной щели накопителя. Если же накопитель устанавливается в вертикальное положение, то не имеет значения, где расположена указанная кнопка.

5. **Подвигайте накопитель назад и вперед в его кармане, пока отверстия для винтов со стороны кармана не поравняются с соответствующими отверстиями со стороны накопителя. Для крепления накопителя к карману используйте винты, которые входят в комплект накопителя на гибких дисках.**

   Вообще говоря, используются два винта, чтобы гарантировать надежное крепление накопителя в кармане.

6. **Подсоедините один из питающих кабелей от блока питания к соединителю питания на накопителе на гибком диске.**

   Чтобы избежать ошибок с вашей стороны, соединитель кабеля и соответствующий ему разъем на накопителе разработаны так, что их можно объединить только одним (правильным) путем. Задвиньте соединитель кабеля в разъем накопителя плотно до упора.

7. **Подсоедините ленточный кабель, входящий в комплект карты контроллера (или материнской платы, если она имеет встроенный контроллер), к задней части накопителя.**

   Если вы устанавливаете этот накопитель на гибком диске как накопитель А: (стандартная конфигурация для персональных компьютеров), используйте последний соединитель на кабеле (тот, на котором имеется часть перевернутых проводов на кабеле). Этот соединитель можно подключить единственно правильным образом, поэтому он должен хорошо войти в соответствующий разъем. Когда соединитель правильно выровнен, введите его в разъем до упора и убедитесь в надежности контакта.

Установка внутреннего ленточного резервного накопителя

Вы решили установить ленточный накопитель для резервного копирования? Хорошая идея — вы будете счастливы после того, как заполните гигабайт пространства на жестком диске своего накопителя. Для установки вашего ленточного резервного накопителя следуйте приведенным ниже инструкциям.

1. **На вашей кровати шелковые простыни? Больше ничего не говорите — просто коснитесь любой металлической поверхности прежде, чем прикоснетесь к внутренней части вашего компьютера. Это освободит вас статического электричества, которое может скрываться на вашем теле с последней ночи.**
2. **Если шасси вашего компьютера в настоящий момент включено, не забудьте отключить его питание.**
3. **Выберите открытый карман накопителя для вашего ленточного накопителя.**

   Если ваш ленточный накопитель помещается в $3^{1}/_{2}$-дюймовом кармане накопителя, используйте именно этот карман. В противном случае используйте $5^{1}/_{4}$-дюймовый карман половинной высоты и комплект переходника для вашего накопителя.

   В отличие от $3^{1}/_{2}$-дюймового накопителя на гибком диске, ваш ленточный накопитель должен располагаться в корпусе компьютера сторого горизонтально, так что вы не сможете использовать для его установки вертикальный карман накопителя.
4. **Задвиньте ленточный накопитель в отобранный карман с лицевой стороны корпуса компьютера (сначала должен войти конец накопителя с соединителями).**

   Проверьте руководство по эксплуатации вашего накопителя для правильной его ориентации (большинство устройств на лицевой стороне имеют метку).
5. **Подвигайте ленточный накопитель назад и вперед, пока отверстия для винтов со стороны кармана не поравняются с соответствующими отверстиями со стороны накопителя. Используйте винты, которые входят**

в комплект ленточного накопителя (или в комплект переходника), чтобы прикрепить накопитель к карману.

Следует использовать четыре винта, чтобы гарантировать прочность крепления ленточного накопителя в кармане.

6. **Подсоедините один из питающих кабелей от блока питания к соединителю питания на накопителе.**

   Такое соединение, как и ранее, можно выполнить только правильно, что делает жизнь каждого компьютерного сборщика более легкой. Удостоверьтесь, что разъемы вы соединили до упора и контакт надежен.

7. **Большинство ленточных резервных устройств соединяются с вашим ленточным кабелем гибкого накопителя (либо ленточный накопитель поступает с собственным ленточным кабелем, тогда ваш накопитель на гибком диске подключается к нему).**

   Обратитесь к руководству по эксплуатации ленточного накопителя и разберитесь, какой именно метод используется вашим накопителем, а затем следуйте приведенным в руководстве инструкциями для соединения кабеля.

Конфигурирование накопителя на жестком диске и испытание всего компьютера

В этом разделе вы сконфигурируете ваш новый накопитель на жестком диске и сформатируете его.

Для работы по этому разделу вам необходима копия полного набора дисков инсталляции операционной системы MS DOS 6.22. Не имеет значения, что позже, возможно, вы планируете работать в среде Windows 98, Windows NT или OS/2 — пока что DOS позволит вам проверить ваш компьютер и сформатировать ваш EIDE-накопитель на жестком диске.

Настройка ПК и конфигурирование накопителя на жестком диске

Чтобы начать с настройки накопителя на жестком диске, удостоверьтесь, что монитор и клавиатура подключены и что питание вашего компьютера включено. А теперь следуйте приведенным ниже инструкциям.

1. **Прежде чем включить компьютер, вставьте первый диск из набора дисков инсталляции MS DOS в накопитель на гибком диске.**

   Загляните также в руководство по материнской плате и посмотрите, нажатие какой клавиши или комбинации клавиш на клавиатуре вызывает экран *настройки CMOS* вашего компьютера. (CMOS обозначает *Complementary Metal Oxide Semiconductor* — дополнительный металлический окисный полупроводник) и представляет собой особый тип памяти RAM, которая хранит данные даже после того, как ваш ПК выключен.) Обычно клавишей, предназначенной для вызова этого экрана, является <Delete> (или, возможно, <F1>). Если вы не можете найти эту клавишу, не паникуйте — все материнские платы показывают клавишу настройки, когда вы включаете компьютер, — нужно только внимательно наблюдать за информацией на экране монитора и быть готовым нажать эту клавишу вовремя.

2. **Нажмите кнопку включения питания на передней или задней панели корпуса вашего компьютера.**
3. **Как только вы увидите экранную подсказку на ввод экрана установки, нажмите обозначенную клавишу.**

   Появляющийся при этом экран выглядит по-разному в зависимости от типа материнской платы, но вы должны видеть меню по крайней мере с одной строкой для `IDE HDD Auto Detect` (автодетектор IDE HDD) или `Hard Drive Auto Detection` (автообнаружение жесткого накопителя), или чего-то подобного. Используйте клавиши управления курсором для выбора нужной функции и следуйте появляющимся на экране инструкциям — ваша материнская плата должна автоматически идентифицировать характеристики накопителя на жестком диске.
4. **После ввода установочных параметров накопителя на жестком диске выберите стандартный экран установочных параметров и установите ваш накопитель A:** как `3 1/2-inch 1.44MB floppy drive`.

   На этом же экране установите внутренние часы компьютера с текущими датой и временем.
5. **Выйдите из режима установки — удостоверьтесь, что введенные вами значения сохранены.**

   Обычно имеется отдельный пункт меню Save values and exit (Сохранить значения и выйти). После ввода этой команды ваш компьютер должен перезагрузиться.

Теперь ваш ПК может распознать накопители на жестком и гибком дисках. Для накопителя на гибком диске это — все, что необходимо. Однако накопитель на жестком диске теперь должен быть отформатирован, прежде чем ваш компьютер сможет получить к нему доступ.

Форматирование накопителя на жестком диске

На данном этапе ваш новый компьютер знает, что имеет накопитель на жестком диске и накопитель на гибком диске, а также спецификации этих накопителей. Однако накопитель на жестком диске пока еще не сегментирован (не созданы разделы) и не отформатирован: так, когда вы перезагружаете ваш ПК, он не может найти доступ к накопителю на жестком диске. После мучительного ожидания ваш компьютер подаст звуковой сигнал и сообщит вам, что имеет место отказ накопителя на жестком диске. Спокойно улыбнитесь про себя, вставьте первую дискету из вашего набора инсталляции MS DOS и продолжите процесс загрузки, нажав соответствующую клавишу. Накопитель на гибком диске должен подать признаки жизни, и, в конечном счете, на экране монитора незамедлительно появится заставка инсталляции операционной системы DOS.

Если вы установили б/у накопитель, на котором уже имеются существующие данные, то он должен загрузиться корректно в том случае, если на предыдущем ПК, с которого он был снят, этот накопитель был накопителем C: (основной накопитель на жестком диске). Я бы, все же, порекомендовал снова его сегментировать и отформатировать, чтобы гарантировать, что форматирование будет полностью совместимо с вашим контроллером накопителя на жестком диске.

Вы уже готовы форматировать свой накопитель на жестком диске? Хорошо! (Я-таки сделаю из вас настоящего компьютерного гуру!) В действительности форматирование подготавливает ваш накопитель на жестком диске к считыванию данных путем создания областей хранения информации на магнитной поверхности, а также директории (своеобразной адресной книги. — *Прим. ред.*), которая хранит местоположение всех файлов, сохраняемых на вашем накопителе на жестком диске.

Как только появится программа установки MS DOS, нажмите клавишу <Escape> для выхода из этой программы — вы не сможете установить DOS, пока накопитель не разделен и не отформатирован. А теперь выполните следующее.

1. **В ответ на приглашение DOS введите FDISK и нажмите клавишу <Enter>.**

   Появится программа FDISK. Эта программа подготавливает ваш накопитель к форматированию, т.е. разделяет единственный физический жесткий диск на многочисленные поименованные логические диски. Ваш накопитель должен быть сегментирован (иными словами, разделен на один или большее количество логических дисков) прежде, чем вы сможете его отформатировать.

2. **Нажмите <Enter>, чтобы выбрать опцию 1, и затем выберите опцию** `Create Primary DOS Partition` **(создание первичной сегментации DOS).**

   Когда когда появится приглпшение от FDISK, укажите, что вы хотите создать один огромный раздел.

3. **После сегментирования диска программой FDISK и его активизации (т.е. установки активного загрузочного раздела) нажмите <Escape> для выхода из программы FDISK и возвращения к приглашению ввода команд DOS.**

   Это действие грубо перезагрузит ваш компьютер. Но компьютер снова пожалуется, что не может найти накопитель на жестком диске. Еще раз нажмите соответствующую клавишу и дайте возможность DOS загрузиться с дискеты.

4. **Когда появится приглашение DOS, наберите на первый взгляд невинную команду FORMAT C:/S и затем нажмите <Enter>.**

   Эта команда приказывет DOS отформатировать ваш новый накопитель C:, а приставка /S определяет, что DOS должен скопировать необходимые файлы системы DOS, которые позволяют вашему компьютеру загружаться с накопителя на жестком диске. Если вы устанавливаете первый накопитель на жестком диске в вашем компьютере, программа FDISK назначает этому устройству идентификационную литеру C:, которая зарезервирована для первого накопителя на жестком диске в системе.

   Если вашему новому накопителю программа FDISK назначила другую литеру, вы должны специфицировать эту литеру вместо C: (например, если вы устанавливаете второй накопитель на жестком диске, то у вас уже есть рабочий накопитель C:, и программа FDISK, вероятно, назначит вашему второму накопителю на жестком диске литеру D:, так что в предыдущей команде вы заменили бы D: на C:).

Хотя вы отформатировали этот накопитель, потому что он новый, на уже работающем ПК вы НИКОГДА не должны набирать команду **FORMAT** в ответ на приглашение DOS, если не знаете *наверняка*, что вы делаете, например форматируете дискету на вашем накопителе A:. Будет также не очень смешно, если вы наберете эту команду на какой-то другой машине вашего друга — это простейший способ быстро прекратить всякую дружбу. Если вы выполните эту команду и ответите Y ("да") на приглашение, вы потеряете каждый бит информации на накопителе — это подобно стиранию влажной губкой каракулей первоклашек с классной доски.

5. **Теперь, когда я напугал вас до смерти, идите и сделайте именно это: наберите Y в ответ на приглашение подтверждения.**

   Помните, ваш накопитель — новое изделие, поэтому на его диске нет ничего такого, что вы могли бы бояться потерять.

6. **Выполнив все шаги по форматированию накопителя на жестком диске, перезагрузите компьютер.**

   Когда на экране появится сообщение BIOS, выньте дискету инсталляции MS DOS из накопителя на гибком диске и встаньте по стойке "смирно", пока ваш компьютер, который вы собрали совершенно *самостоятельно,* загружается с собственного накопителя на жестком диске в самый первый раз!

Теперь вы должны определиться с тем, какую операционную систему вы будете использовать. В Приложении я представлю вам системы MS DOS, Windows 95, Windows 98, Windows NT, OS/2, Linux и UNIX и расскажу о том, чем каждая из этих операционных систем может быть для вас полезной.

Часть III

Добавление необходимых элементов

Это напоминает мне, как на прошлой неделе я устанавливал свой накопитель на жестком диске.

В этой части...

Здесь вы добавите все те причудливые безделушки, в которых нуждается любой современный мультимедийный компьютер: накопитель DVD, стереозвуковую карту и модем для работы в Internet. Приготовьтесь взрывать 3D-захватчиков, путешествовать по Web или слушать звуковые CD, в то время как вы работаете с электронной таблицей!

Глава 8

Раскручиваем диски CD-ROM и DVD

В этой главе...

- Толкование большого мифа о CD-ROM
- Распределение CD-ROM по скоростям
- Различия между CD-ROM и звуковыми CD
- Снизойдем до DVD
- Покупка накопителя CD-ROM
- Запись ваших собственных CD
- Проигрывание звуковых CD на вашем компьютере
- Надлежащее обращение и уход за CD
- Инсталляция накопителя CD-ROM и его драйвера
- Тестирование вашей работы

Становится трудно вспомнить минувшие дни — я говорю о доисторическом времени, задолго до того, как компьютеры обзавелись накопителями CD-ROM. Вам уже известно, наверное, что современный мультимедийный компьютер требует накопителя CD-ROM для игр, цифрового видео, диалоговых энциклопедий и глупостей, подобных разговору медведей, — но в мире CD-ROM вы можете фактически делать намного больше, чем только это. Сегодняшняя технология даже позволяет записывать ваши собственные компакт-диски данных и звуковых CD или смотреть видеофильмы с объемным звуком Dolby Digital!

В этой главе мы исследуем все доступные в настоящее время аппаратные средства CD-ROM и DVD и обсудим особенности, которые помогут определить, какой накопитель больше всего подойдет для вашего нового компьютера. После того как вы установите накопитель и требуемое для него программное обеспечение, вы будете готовы вступить в мир мультимедиа.

Рассмотрим детально CD-ROM

Готовы ли вы к долгому, высоко техническому обсуждению битов и байтов, отражения лазерного луча и двигателей с переменной скоростью вращения?

Если это так, значит, вы читаете не ту книгу! Спешу сообщить, что большинство накопителей устроены почти одинаково, используются они тоже примерно одинаково и работают они приблизительно одинаково хорошо. (Раздражающим исключением из этого правила является записывающее устройство CD, которое для корректной работы требует точной конфигурации и немного ласковых уговоров.)

Однако множество дополнительных особенностей часто помогают определить цену накопителя CD-ROM, и мы обсудим их в этом разделе.

Назовите ваш интерфейс

Точно так же, как в случае накопителей на жестком диске, вы можете выбирать из двух стандартных интерфейсов для вашего нового накопителя CD-ROM.

- ✓ **IDE.** Большинство CD-ROM сегодня используют ту же самую IDE-технологию как наиболее популярный тип накопителя на жестком диске, так что вы можете соединять накопитель CD-ROM с тем же самым контроллером, что и накопитель на жестком диске. (Об IDE-технологии я подробно говорил в главе 7.) Наслаждайтесь этим видом удобства, поскольку это не часто случается в мире ПК.
- ✓ **SCSI.** Вы можете захотеть выбрать SCSI-накопительCD-ROM для обеспечения большей скорости — точно так же, как SCSI-накопители на жестком диске, которые мы обсуждали в главе 7. Накопители SCSI CD-ROM перемещают данные намного быстрее, чем их IDE-коллеги. Прежде большинство записывающих устройств CD требовало SCSI-интерфейса, но сегодняшние устройства записи на CD типа IDE быстро набирают популярности. (Детальная информация о SCSI-интерфейсе содержится в главе 11.)

СОВЕТ

Многие CD-ROM связаны со звуковыми картами и являются частью комплекта мультимедиа — вообще, звуковая карта из такого комплекта имеет встроенный IDE-интерфейс для CD-ROM, так что вы можете использовать соединитель на звуковой карте, скорее чем IDE-соединитель на вашей карте контроллера или на материнской плате.

Большой миф о скоростном CD-ROM

При покупке накопителя CD-ROM вас забросают числами: 12x, 16x, 24x и т.д. Эти числа — не размер, украшающий баскетбольную обувь NBA, — число перед “x” (знак умножения. — *Прим. ред.*) указывает на то, к*а*к быстро CD-ROM может перемещать данные.

ТЕХНИЧЕСКИЕ ПОДРОБНОСТИ

Что действительно происходит в моем накопителе CD-ROM?

Чтобы вы абсолютно точно это знали, скажу, что ваш накопитель CD-ROM использует лазер для чтения длинного ряда крошечных канавок на поверхности диска. Эти канавки фактически представляют цифровые данные (вереница нулей и единиц), которые ваш компьютер может распознавать как данные программы или музыку. Фактически, ваш компьютерный накопитель CD-ROM внутренне очень схож с рядовым звуковым CD-проигрывателем. Готовы узнать совершенно бесполезный факт? Если развернуть все канавки в типичном CD-ROM в одну линию, то она растянется более чем на три мили!

Как лазер читает эти микроскопические канавки? Лазерный свет непосредственно отражается лишь от гладких областей диска (которые называются lands), в то время как канавки рассеивают свет и не отражают его. Линза в вашем накопителе CD-ROM собирает отраженный свет, и по этому можно обнаружить различие между канавками и гладкими участками. Рефлексивная (отражающая) поверхность на CD-ROM — тонкий слой металла, который придает диску лоснящийся радужный вид.

Первоначально односкоростные накопители CD-ROM могли считывать данные с диска со скоростью приблизительно 150 Кбайт/с; значок "х" означает умножение этой первоначальной скорости. Например, накопитель 8х (энтузиасты гонок среди CD-ROM обычно произносят это как *восьмая скорость*) может считывать данные в восемь раз быстрее, чем первые накопители с единственной скоростью. Так, накопитель CD-ROM 8х может перемещать данные с диска на ваш компьютер со скоростью приблизительно 1200 Кбайт/с.

Хорошо, так где же здесь "миф"? Ладно, большинство сегодняшних игр и приложений действительно *не нуждаются* в такой гигантской скорости передачи данных, как у накопителей CD-ROM 24х или 32х. Причина в том, что эти более быстрые накопители стоят весьма дорого (по сравнению с более прозаичными и недорогими накопителями 6х и 8х, которые пару лет назад были обычными), а также в том, что типичная игра или приложение на CD-ROM все еще, вероятно, будут рекомендовать накопитель 4х или 6х. Самая большая выгода этих накопителей заключается в том, что они предоставляют технарикам (будущим технарям. — *Прим. ред.*) случай похвастать своими быстрыми накопителями.

Поскольку большинство программ и игр не нуждаются в великолепной скорости накопителя CD-ROM 32х, очень многие владельцы компьютеров все еще весьма удовлетворены накопителями 8х. Если вы хотите сохранить какие-то деньги, покупая или где-то подбирая б/у накопитель 8х для вашего нового компьютера Pentium III, я говорю вам — можете делать это с чистой совестью.

Не поймите меня неправильно. Быстродействующие накопители в некоторых ситуациях действительно хороши. Например, накопитель CD-ROM 40х инсталлирует одно из тех огромных 300-мегабайтовых офисных приложений или 3D-игры на ваш накопитель на жестком диске намного быстрее, чем накопитель 8х, — так что быстрый накопитель CD вполне может сохранить ваше время. Кроме того, более быстрый накопитель CD — фактически предпосылка для просмотра полноэкранного цифрового видео с CD-ROM или видеодиска, где более высокая скорость передачи данных предотвращает пропуски кадров или судорожную анимацию. Если первичное применение вашего компьютера (вспомните главу 1. — *Прим. ред.*) вращается вокруг цифрового видео, либо у вас имеются лишние деньги или вы просто испытываете крайне неприятное чувство при ожидании, быстрый накопитель CD-ROM — вероятно, лучший выбор.

Сражение накопителей: внутренний против внешнего

Накопители CD-ROM, использующие IDE-интерфейс, — внутренние накопители; они помещаются во внутреннем заливе накопителя половины высоты в корпусе вашего компьютера (точно так же, как накопители на жестком и гибком дисках). Однако если вы используете SCSI-накопитель CD-ROM, вы можете приобрести внешний комплект, который включает отдельный корпус и блок питания (так что владельцы системы SCSI могут выбирать или внутренний, или внешний накопитель CD-ROM).

Внешние накопители CD-ROM весьма удобны, если у вас есть портативный компьютер (лэптоп), который имеет SCSI-карту интерфейса, но никакого внутреннего накопителя CD-ROM. Можно подсоединить внешний накопитель CD-ROM к SCSI-порту вашего лэптопа, носить накопитель с собой, когда вы путешествуете, а затем, по возвращении домой или в офис, просто снова подсоединить накопитель к настольному компьютеру. Можно также организовать совместное использование внешнего накопителя CD-ROM многими компьютерами в офисе (если все эти компьютеры имеют SCSI-карты адаптера).

Если вам нужен внешний накопитель CD-ROM для совместного использования более чем одним ПК и все они имеют USB-порты, то вам очень повезло! Совершенным устройством для этой цели будет портативный USB-накопитель CD-ROM.

Применение внешних накопителей также устраняет значительную долю тепловыделения внутри корпуса компьютера, поскольку лазер, используемый в накопителях CD-ROM, производит большее количество тепла, чем любая другая часть в компьютере. Естественно, внешние накопители значительно дороже, потому что в данном случае нужно оплачивать отдельный корпус, блок питания и внешний кабель.

Чем отличаются звуковой CD и CD-ROM компьютера?

Подобно многому другому в компьютерном мире, ответ на этот вопрос, конечно, заключается в аббревиатурах! Звуковой CD (или *compact disc, компакт(ный)-диск*) содержит цифровой звук в стандартном международном формате, называемом Red Book (красная книга). С другой стороны, CD-ROM компьютера (аббревиатура от *compact disc-read only memory, только читаемый диск с уплотненной записью*) является записываемым и использует стандарт Yellow Book (желтая книга). (Вы абсолютно не должны помнить такие мелочи, и вас никто не будет экзаменовать по этому материалу.) Звуковой проигрыватель CD не может читать CD-ROM, но накопитель CD-ROM компьютера может читать и звуковые CD, и CD-ROM компьютера.

Приблизительно за $100 вы можете приобрести внешний комплект параллельного порта, преобразовывающий любой внутренний IDE-накопитель CD-ROM в накопитель, который соединяется с вашим параллельным портом (точно так же, как внешний накопитель Zip, — см. главу 7). Эти комплекты печально известны своей медлительностью и, кроме того, требуют запуска специального программного обеспечения драйвера. Но если вы не можете добавить внутренний накопитель CD-ROM к вашему ПК или лэптопу, ваш компьютер не имеет системы USB и вы не хотели бы устанавливать SCSI-адаптер, подумайте об использовании внешнего комплекта параллельного порта.

Если вы не можете проигрывать больше одного CD-ROM одновременно...

Компьютерные накопители CD-ROM с самого начала развивались параллельно со звуковыми проигрывателями CD. Когда только появились звуковые плейеры, можно было проигрывать только один диск одновременно. Скоро, однако, потребность в проигрывателях, которые могли бы содержать больше одного компакт-диска (даже при том, что проигрывать их можно все еще было только по одному), дала новый толчок потребительскому спросу. Обычно несколько дисков устанавливались на так называемом подносе или помещались в специальный картридж, которые затем загружались в проигрыватель.

Могу сообщить, что многодисковые проигрыватели CD-ROM для вашего компьютера уже появились — если не принимать во внимание, что для краткости эти устройства обычно называются *jukebox* (*накопитель с автоматической сменой дисков типа jukebox*) в честь тех виниловых динозавров Wurlitzer, которые каждый хочет иметь у себя дома. Накопители с автоматической сменой дисков имеют несколько различных типоразмеров, включая внутренние накопители на половину высоты кармана в корпусе ПК, которые могут переключаться между четырьмя дисками. Накопители с более высокой вместимостью не поместятся в корпус компьютера, так что они располагаются вне компьютера в отдельном внешнем корпусе. Хотя накопитель с автоматической сменой дисков типа jukebox содержит несколько компакт-дисков, одновременно он может читать только с одного CD.

СОВЕТ

Внешние накопители с автоматической сменой дисков являются SCSI-устройствами, так что побеспокойтесь обо всем, что необходимо при приобретении такого накопителя, включая SCSI-адаптер (если его у вас нет), внешний кабель SCSI и все программное обеспечение драйверов для вашей операционной системы.

Другим типом многодисковых CD-ROM является *tower CD-ROM drive array* (башенный многодисковый накопитель CD-ROM). В действительности ничего экзотического здесь нет: система башни — просто большой внешний корпус, который имеет примерно от четырех до восьми половинных высот внутренних SCSI-накопителей CD-ROM, включая отдельный блок питания и вентилятор. Звучит немного странновато, не так ли? Ну хорошо, не смейтесь слишком ехидно: в отличие от накопителей с автоматической сменой дисков типа jukebox, башенные многодисковые CD-ROM могут читать с каждого из этих CD-ROM одновременно! Такие накопители-монстры обычно используются в офисных сетях и больших системах информационных табло, которые нуждаются в немедленном доступе к широкому диапазону различных CD-ROM. Для небольшого офиса система башни позволяет одному человеку восстанавливать файл изображения с одного диска, в то время как другой сотрудник ищет базу данных на другом CD-ROM.

Он будет с чайницей или с подносом?

Все самые первые компьютерные накопители CD-ROM использовали плоскую пластмассовую кассету (или картридж), называемую *чайницей* (caddy) CD-ROM. Этот

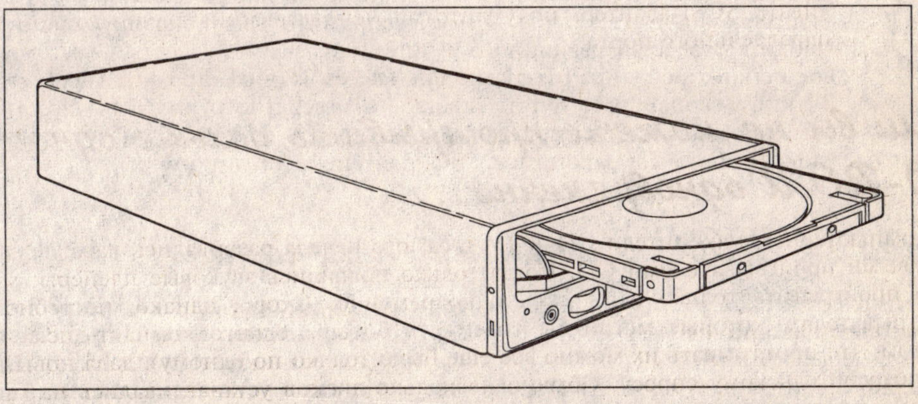

Рис. 8.1. Типичный накопитель CD-ROM с загрузочной кассетой типа чайницы

тип кассеты содержит диск внутри накопителя подальше от пыли и отпечатков пальцев. (При необходимости можно хранить свои компакт-диски прямо в такой чайнице.) Сначала CD вручную вставляется в чайницу, а затем чайница вручную вставляется в ваш накопитель. На рис. 8.1 изображен накопитель CD-ROM с кассетой-чайницей.

Однако, поскольку технология CD-ROM все время развивается, все более накопителей обращаются к моторизованной системе поддона типа *лоток* для удержания CD-ROM. Как видно из рис. 8.2, накопитель CD-ROM с лотком выглядит, скорее, как стандартный звуковой проигрыватель CD. Такие накопители имеют кнопку для автоматического выдвижения лотка; та же кнопка используется затем снова для возврата лотка и загрузки диска внутрь накопителя. Конечно, эта процедура намного более удобна, чем открытие пластмассовой чайницы каждый раз, когда вы хотите загрузить диск, так что толпы мультимедийных хиппи предпочитают накопители типа лотка.

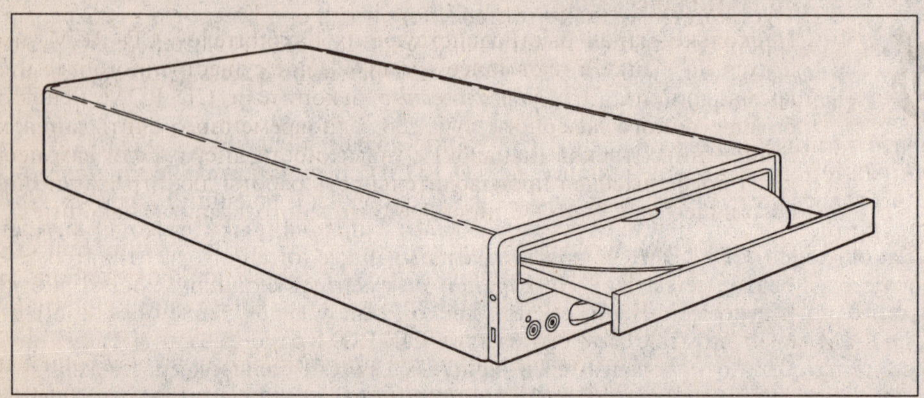

Рис. 8.2. Накопитель CD-ROM с системой загрузки дисков типа лотка

ИСПОЛЬЗУЙ Б/У

Если вы где-то подобрали б/у старый накопитель CD-ROM типа чайницы, нет никакого смысла отказываться от него — чайница делает свою работу точно так же и служит так же долго, как и накопитель типа лотка. Фактически, многие записывающие устройства CD все еще используют чайницы, поскольку они обеспечивают точное выравнивание, требуемое для записи CD, даже после нескольких лет их использования.

СОВЕТ

Если ваш накопитель CD-ROM когда-нибудь проглотит ваш CD и не захочет его отдавать, самое время распрямить вашу скрепку для бумаги. Найдите отверстие аварийного ручного извлечения кассеты — это маленькое немаркированное отверстие под кассетой (диаметром примерно 1 мм). Воткните конец разогнутой скрепки в отверстие ручного выдвижения и уверенно нажмите; кассета должна выскочить из корпуса накопителя. Эта уловка работает в накопителях и с чайницей, и с лотком.

Другой CD-ROM жаждет признания

При практической работе вы обнаружите не очень много различий между дорогим фирменным накопителем CD-ROM и более дешевым накопителем с той же скоростью от менее известного изготовителя. Оба накопителя читают и передают данные примерно с одинаковой скоростью и оба они могут управляться изнутри ваших приложений. (Например, соответствующей командой из вашей аудиопрограммы CD вы можете извлекать диск из накопителя любого типа.)

Так в каких же характеристиках накопителей действительно имеется различие? Ниже приведен список, который поможет вам отделить зерно от плевел, когда вы станете приобретать накопитель CD-ROM.

- ✓ **Время доступа.** Если вы неосторожны, то можете легко спутать *время доступа* накопителя CD-ROM с его *скоростью передачи* данных (измеряемой как 8х или 16х — см. раздел "Большой миф о скоростном CD-ROM" ранее в этой главе). Время доступа — фактическое время, требуемое вашему накопителю CD-ROM для размещения определенного файла на диске. Старые накопители имеют время доступа приблизительно 150 миллисекунд, но время доступа сегодняшних более быстрых накопителей CD-ROM составляет в среднем около 80 миллисекунд.

  Несколько марок быстродействующих накопителей CD-ROM, имеющихся на рынке в настоящее время, имеют существенно более низкое время доступа. Эти *многолазерные* накопители CD-ROM используют больше одного лазерного луча для одновременного считывания многочисленных треков (канавок) с поверхности диска. Если вам необходима более высокая производительность работы для игр и/или цифрового видео на CD-ROM, приобретайте многолазерный накопитель.

  В главе 7 мы обсуждали, насколько важно время доступа при выборе накопителя на жестком диске. Большинство накопителей на жестком диске имеют время доступа от 9 до 12 миллисекунд (намного меньше, чем время 80 миллисекунд стандартного накопителя CD-ROM), и это является другой причиной тому, что накопители на жестком диске все еще остаются чемпионами мира мультимедиа. Кроме того, с накопителем на жестком диске можно и читать, и писать данные, в то время как типичный накопитель CD-ROM может только считывать данные.

- ✓ **Средства управления звуком.** Когда первые накопители CD-ROM только появились на рынке, многие из их не имели даже гнезда для стереонаушников или регулятора уровня воспроизведения — в конце концов, кто знал, что проигрывание звуковых CD через систему мультимедиа компьютера станет настолько популярным? Хотя изготовители учли этот урок — большинство накопителей теперь включают гнездо для наушников и регулятор уровня громкости. Более дорогие накопители поступают со всем необходимым для двойного использования как звукового проигрывателя (плейера) CD и накопителя CD-ROM компьютера: наличие цифрового или оптического аудиовыхода и даже полный набор кнопок управления, таких как пропуск дорожки, пауза и воспроизведение.

- ✓ **Кэш (или буфер данных).** Точно так же, как накопитель на жестком диске, накопители CD-ROM используют специальный набор встроенных чипов RAM для фиксации (хранения) данных, часто требуемых немедленно или которые вскоре потребуются вашему компьютеру. Чем больше этот кэш, или буфер, тем меньшее количество прерываний происходит при передаче (перемещении) данных. Если вы планируете использовать ваш накопитель CD-ROM для цифрового видео, рассмотрите накопитель CD-ROM с кэшем RAM объемом один или более мегабайтов.

- ✓ **Поддержка.** Накопители CD-ROM — привередливые штучки, поэтому посетите Web-узел компании-изготовителя или дистрибьютера и удостоверьтесь, что ваш накопитель поддерживается полным диапазоном драйверов для операционных систем DOS, Windows 98/NT, OS/2 и UNIX. Выясните, как часто обновляются драйверы для модели, которую вы рассматриваете. Лучше покупать накопители CD-ROM от изготовителя, который регулярно модернизирует их драйверы. Узнайте также, предлагает ли компания техническую поддержку через Web, или вам придется тратить время и деньги на междугородные переговоры для получения поддержки по телефону.

Что нужно знать о DVD

Если вы следите за последними новшествами в бытовой электронике, вы, вероятно, уже слышали о дисках DVD (аббревиатура от *digital video disc* — цифровой видеодиск), но некоторые люди расшифровывают эту аббревиатуру как *digital versatile disc* — цифровой разносторонний диск). Диски DVD внешне очень похожи на стандартные звуковые компакт-диски или компьютерные CD-ROM, но они могут хранить намного больше данных. Они также показывают более высокую скорость перемещения данных, чем стандартные CD. Первое поколение дисков DVD содержит 4.7 Гбайт (что эквивалентно семи стандартным дискам CD-ROM), а DVD-спецификация допускает диски объемом до 17 Гбайт каждый!

Прежде чем вы действительно вдохновитесь достижениями промышленности компьютерных аппаратных средств и захотите заменить ваш традиционный CD-ROM, сообщу вам еще одну хорошую новость: накопитель DVD может читать ваши стандартные звуковые CD и компьютерные CD-ROM так, как это делают одновременно два обычных накопителя. Однако старые накопители DVD не могут читать диски, созданные записывающим устройством CD.

Накопители типа DVD фактически работают точно так же, как и накопители CD-ROM, но используют отличный тип лазера, а их канавки, несущие закодированные данные на поверхности диска, меньше по размерам и упакованы более плотно. Очевидно, чем плотнее упакованы данные, тем большее их количество можно расположить на отдельном диске, как это показано на рис. 8.3.

Возможно, вы спросите: "С какой это стати мне понадобится такое пространство?" Отвечаю: технология DVD, как предполагается, в конечном счете заменит ленту VHS на рынке платного видео, а потребности сегодняшнего цифрового видео в постоянной памяти уже перевалили за гигабайты. Хотя вначале подавляющее большинство потребителей не воспринимало DVD, качество цифрового видео с применением технологии DVD оказалось намного лучше, чем VHS. Кроме того, типичный голливудский кинофильм прекрасно помещается на единственном диске DVD и еще остается место. Диск CD-ROM просто не в состоянии вместить всю эту цифровую видеоинформацию.

Дополнительное место на диске DVD позволяет изготовителям включать даже такую роскошь, как комментарии режиссера, многоязыковый дубляж того же самого фильма или части фильма, отредактированные в широкоэкранной версии.

DVD-кино позволяет также воспроизводить объемный звук Dolby Digital — но если вы хотите смотреть кино на своем компьютере, то для проигрывания DVD-дисков с кинофильмами вам потребуется отдельный адаптер, называемый *картой декодера MPEG-2*. (Подробнее о декодерах — ниже в разделе "Основные сведения о декодере".)

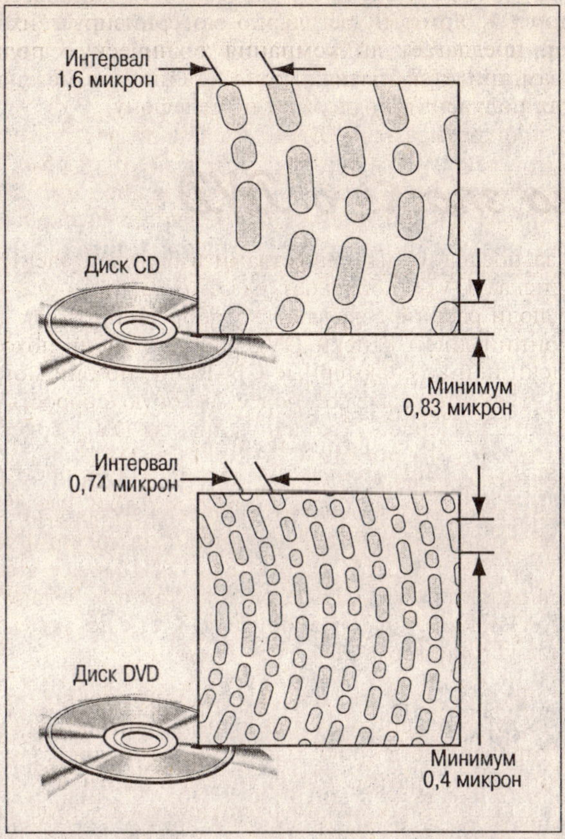

Рис. 8.3. Технология DVD на одном и том же дисковом пространстве пакует больше данных, чем CD-ROM

Нужен ли DVD для моего компьютера?

Если вы играли в одну из самых последних компьютерных игр, то, вероятно, поняли, почему технология DVD становится все более привлекательной: отдельный CD-ROM просто не имеет такого объема памяти, который требуется для хранения сегодняшних самых горячих игр. Например, нет ничего удивительного в том, что некая изощренная 3D-видеоигра поставляется на двух или трех компакт-дисках. Применение дисков DVD положит конец раздражению миллионов компьютерных игроков, связанному с длительным свопингом (swapping — перекачка) информации с диска (по крайней мере, в течение нескольких следующих лет).

Хотя технология DVD может считаться революционером на рынке домашнего видео, она слишком ОСТРА (MOTS) для владельцев компьютеров. Прошу меня извинить — аббревиатуры уже окончательно заняли мой мозг. MOTS — аббревиатура от "more of the same" (больше того же самого). Компьютерные DVD-накопители могут читать намного больше данных и делать это быстрее, но ведь диски используются все для тех же целей: игры мультимедиа, образовательные программы, цифровое видео и звук. (Пока никто не объявил, что DVD заменит эти раздражающие бесплатные диски CD-ROM, которые вы получаете по почте от каждой онлайновой службы и провайдера (поставщика услуг) Internet. Я использую эти бесплатные диски как подставки для бокалов гостей, а вы можете сделать действительно интересную DMFYBC; спешу пояснить, что это — конечно, аббревиатура от "digital mobile for your baby's crib" (цифровая передвижная коляска для вашего младенца.)

Итак, сколько же пройдет времени, прежде чем вам действительно станет необходим накопитель DVD на вашем компьютере? Это зависит от того, как быстро изготовители программного обеспечения переключат свои технологии с CD-ROM на DVD. Распространение CD-ROM на протяжении последующих нескольких лет все еще будет делать их предпочтительными носителями информации. Так что на обозримое будущее вы совершенно смело можете остановить свой выбор на стандартном накопителе CD-ROM для вашей системы.

Если вы, все же, решаете установить на своем компьютере накопитель DVD, удостоверьтесь, что ваш ПК имеет достаточно "лошадиных сил" для работы с ним. Я рекомендую компьютер (как минимум) с оригинальным CPU Pentium, MMX и тактовой частотой 233 МГц. Конечно, чем быстрее ваш CPU, тем лучше. (В главе 4 я подробно объяснял особенности CPU моделей Intel Pentium, Pentium II и Pentium III.) Ваша видеокарта должна быть способна отображать 16 миллионов цветов с разрешением по крайней мере 800×600, и вам будет нужен монитор SVGA с размером точки по крайней мере 0.28 мм). (В главе 6 содержится достаточно информации о видеокартах и мониторах.)

Основные сведения о декодере

Вы можете купить комплект накопителя DVD без аппаратных средств карты адаптера декодера (дешифратора), но тогда вы не сможете наслаждаться DVD-видеофильмами. Цифровое видео на диске DVD для экономии пространства сжимается с использованием стандарта MPEG- 2, и карта декодера MPEG-2 разворачивает это видео и обрабатывает объемный звук Dolby Digital. Без карты декодера вы не сможете просматривать те же самые диски, которые можно использовать в домашнем DVD-видеопроигрывателе.

Отдельный накопитель DVD (без карты декодера) — по существу более быстрый накопитель CD-ROM, который может также читать диски DVD. Эта конфигурация — хороший выбор для владельцев компьютеров, которые хотели бы иметь возможность читать диски следующего поколения для игр и мультимедиа, но не чувствуют необходимости смотреть кино на своих компьютерах.

Технические подробности

Звуковой стандарт Dolby Digital определяется аудиофилами также как технология *AC-3*, так что вы можете встретить эту связку "AC-3" в описании накопителя DVD, который включает и карту декодера.

Еще один камень преткновения стоит на пути к наслаждению от прослушивания объемного звука Dolby Digital: даже если ваш комплект накопителя DVD включает декодер, вам необходим еще стереоусилитель или стереоприемник, который поддерживает вход Dolby Digital так же, как соответствующая аудиосистема. И не забудьте, что нужно, кроме прочего, провести провода от компьютера к вашей стереосистеме.

Что нужно знать о записывающих устройствах CD

Запись компакт-дисков — непаханное поле. Технология CD-R (аббревиатура от *compact disc-recordable* — записываемый компакт-диск) позволяет записывать ваши собственные звуковые CD с коммерческим качеством и длительностью до 74 минут музыки; можно также сохранять до 680 Мбайт компьютерных данных. Кроме того, можно проигрывать эти диски на любом стандартном накопителе CD-ROM (но старые накопители DVD не могут их читать).

Как долго сохраняются записи на таком компакт-диске? Разные компании-изготовители приводят разные цифры, но средний срок годности записанного CD — обычно около десяти лет.

До совсем недавних пор (три—четыре года назад) устройства записи CD (рекордеры) были настолько дороги и трудны в использовании, что большинство компьютерных владельцев просто думали, что такие устройства для них недосягаемы. Но в последнее время эта технология (записывающие устройства CD, незаполненные диски, соответствующее программное обеспечение) действительно понизилась в цене. Незаполненные (чистые) диски теперь доступны по цене $2 за штуку, а записывающие устройства, которые обычно стоили более $1000, понизились в цене до $300 за полный комплект, который включает SCSI-карту адаптера и программное обеспечение записи.

Программное обеспечение записи CD также стало более доступным для рядового пользователя. Фактически, программы типа DirectCD фирмы Adaptec позволили бы вам записывать данные непосредственно на рекордер CD под управлением Windows 98 так же, как если бы это записывающее устройство было огромным накопителем на гибком диске.

На тот случай, если вам это интересно, сообщу: когда вы не используете рекордер для записи CD, его можно применять как обычный стандартный накопитель CD-ROM для чтения, поэтому вам не нужно покупать два накопителя.

Помните, ограничения авторского права определяют то, что вы юридически имеете право записывать! Если вы не уверены, что имеете право копировать материал, я настоятельно советую вам обратитесь к владельцу авторского права для получения его разрешения.

Любой ПК с процессором Intel Pentium по крайней мере 200 МГц и накопителем на жестком диске со временем доступа 12 миллисекунд или меньше может записывать CD, но я рекомендую, чтобы вы выделили хотя бы один гигабайт пространства на жестком диске для нужд записи. (Вам потребуется это пространство для хранения всех данных, которые вы намереваетесь записать.) Если вы выберете рекордер SCSI, вам потребуется также SCSI-адаптер. Отмечу также, что в настоящее время системы Windows 98 и Windows NT — лучшие операционные системы для записи компакт-дисков на персональном компьютере.

Зачем записывать свои собственные CD?

Множество компьютерных приложений могут извлечь выгоду из записывающего устройства CD — фактически, они сидели бы и просили этого, если бы только могли говорить. Если ваше первичное применение есть в приведенном ниже списке или если вы интересуетесь любым из следующих применений, обязательно рассмотрите возможность приобретения рекордера CD вместо простого накопителя CD-ROM, предназначенного только для чтения.

- ✓ **Создание звуковых CD.** Если вы — аудиофил с тонной труднообозримых виниловых альбомов (или стеком незаменимых кассет или ленточных бобин, собирающих пыль в углу вашей комнаты), можете переместить эти музыкальные сокровища на компакт-диск. Сегодняшние наиболее совершенные программы записи позволяют перестраивать дорожки в любом порядке, какой вам нравится, создавать наклейку со списком названий дорожек для драгоценной коробки с CD, и даже удаляет некоторые из потрескиваний, щелчков и шипений, связанных с ветхостью старых носителей информации.

  Если вы покупаете устройство записи CD прежде всего для звукозаписи, удостоверьтесь, что оно поддерживает формат записи, называемый *disc-at-once.* Этот формат позволяет создавать диски без раздражающего щелканья (мышью или клавишей) между записями каждой дорожки.

- ✓ **Архивное хранение.** Как бы вам понравилось удалить 3-летние налоговые отчеты, электронные таблицы и отработанные текстовые документы с вашего накопителя на жестком диске и освободить все это пространство без потери единственного байта из всей этой информации в случае, если она понадобится в будущем? Можно было бы архивировать эти данные "на ленту", но тогда, чтобы использовать их, вам нужно будет восстановить их на накопителе на жестком диске, а магнитная лента имеет ограниченный срок годности. Если для архивирования ваших данных вы используете диски CD-ROM, можете быть уверены, что те старые файлы будут доступны в течение нескольких последующих лет и могут читаться на любом накопителе CD-ROM. Кроме того, вы сможете управлять программами и читать файлы данных непосредственно с диска, так что вам не нужно будет что-либо восстанавливать.

- ✓ **Физическая транспортировка данные.** Вам необходимо во время командировочной поездки устроить презентацию или показать слайд-шоу (представить слайды)? Записываемый компакт-диск — совершенный способ носить до 680 Мбайт данных с собой везде, где вы идете или едете, без необходимости волноваться относительно магнитных полей или рентгеновского излучения в аэропортах (два страшных врага незащищенной пленки в коробках и магнитных носителей информации, подобных дискетам и резервным лентам). Безоговорочно принимая услуги записываемого CD-ROM, вы будете в полной уверенности, что компьютер сможет прочитать с CD всю вашу информацию.

- ✓ **Цифровые фотоальбомы.** Если у вас есть рекордер CD и цифровая видеокамера (или сканер, который может оцифровывать обычные фотографии), то у вас есть все необходимое для создания ваших собственных заказных фотоальбомов на диске. Вы можете показывать эти альбомы фотографий на любом компьютере с накопителем CD-ROM и цветным SVGA-монитором.

  Вы можете даже разместить на вашем CD-ROM условно-бесплатную программу графики, наподобие Paint Shop Pro, чтобы члены вашего семейства, не имеющие своего графического просмотрщика, могли инсталлировать ее у себя прямо с вашего диска. Привлекательность программы Paint Shop Pro состоит не только в том, что это условно-бесплатная программа; она также имеет превосходную особенность демонстрации слайдов, которая может показывать ваши картинки автоматически.

✓ **Малый бизнес.** Устройство записи CD в наше время становится настоятельно необходимым для распространения бета-копий большей части программного обеспечения или даже готовых программных продуктов, если вы не хотите тратиться на дублирование большого количества компакт-дисков на коммерческом предприятии по изготовлению копий. Хороший тому пример — CD-ROM "новый служащий", который содержит все шаблоны, эмблемы и документы для нового служащего, нанятого вашей компанией. Наличие всего этого на одном записанном CD-ROM освобождает также от суеты вокруг поиска художественного образа для логотипа компании.

СОВЕТ

Если вы связаны с большим количеством людей, которые будут обращаться к одним и тем же данным в сети, на Web-узле или в системе информационного табло, рассмотрите возможность записи данных на отдельный диск вместо хранения их на накопителе на жестком диске. Таким образом можно существенно сэкономить время, поскольку вам не нужно будет резервировать данные, если они сохранены на диске, и каждый может получить доступ к данным с накопителя CD-ROM на сервере.

Что делать с перезаписываемыми CD

Недавно на сцене появился другой тип рекордера CD — CD-RW, что означает *compact disc-rewritable* (перезаписываемый компакт-диск). В отличие от пустого диска CD-R, который может быть записан только однажды, диск CD-RW может использоваться повторно и записываться заново.

Перезаписываемый CD звучит так, будто является идеальным накопителем, пока я не упомянул об обратной стороне медали (читай — диска CD-RW. — *Прим. ред.*): диски CD-RW могут читаться только на накопителях, которые поддерживают CD-W, а это означает, что фактически все старые накопители CD-ROM и проигрыватели звуковых CD не могут читать диски CD-RW. Много новых типов накопителей CD-ROM могут читать оба диска, но необходимо тщательно проверить спецификации накопителя (или вызвать техническую поддержку изготовителя) и удостовериться, что конкретный накопитель может читать диски CD-RW. Когда совместимость подтверждается, то чистым победителем оказывается диск CD-R: стандартный диск CD-R может читаться на стандартных накопителях CD-ROM и проигрывателях звуковых CD, которые окружают нас уже в течение ряда лет.

Цены на аппаратные средства и программное обеспечение CD-RW, а также на незаполненные диски чуть выше стандартных цен на систему CD-R, так что решение простое: если вам нужно записывать диски, которые каждый может прочитать, займитесь CD-R. Если же вы записываете диски для использования на вашем собственном компьютере, удобства и экономия от использования перезаписываемых дисков обращаются лично к вам. Приобретайте систему CD-RW.

СОВЕТ

Если вы хотите получить всестороннюю информацию и профессиональные советы по вопросу записи ваших собственных звуковых дисков и дисков данных под управлением Windows 95, Windows 98 и Windows NT, я рекомендую вам книгу Mark L. Chambers *Recordable CD Bible* издательства IDG Books Worldwide, Inc.

Уход за вашими компакт-дисками

Вопреки популярному мнению, компакт-диски не неразрушимы. Хотя на диски CD-ROM не воздействуют магнитные поля (как на дискеты или резервные ленты), они имеют свои собственные правила по уходу и хранению. Даже если ваш новый накопитель CD-ROM — не первое ваше устройство, использующее компакт-диски, уделите особое внимание этому разделу, и вы никогда не потеряете ни одного байта данных (и ни одной музыкальной ноты) в своих записях.

Даже не думайте этого делать

Имеется короткий список наиболее типичных заклятых врагов любого компакт-диска — избегайте их всех! (Если только, конечно, вам не нравится бросать блестящие круглые вещи в мусорное ведро.)

- ✓ **Высокая температура.** Держите свои CD в прохладном месте. То же самое горячее место в автомобиле, которое так и притягивает ваши любимые кассеты (или те платные видики из магазина), может растопить ваши диски или вернуть их неудобочитаемыми.
- ✓ **Пыль.** Подобно любому звуковому проигрывателю CD, единственная пылинка может заставить накопитель CD-ROM перескакивать, перескакивать, перескакивать, ... (Мысль понятна.)
- ✓ **Жидкости.** Любая жидкость, будь-то водопроводная вода, виноградный сок или синильная кислота, может повредить CD. Если вы удачливы, то, возможно, сумеете удалить жидкое пятно с помощью небольшого количества изопропиленового спирта, но лучше держать ваши диски сухими подальше от всех жидкостей.
- ✓ **Пальцы.** Масляные отпечатки пальцев могут привести к загрязнению дисков, и ваш накопитель будет иногда отказываться читать их. Держите ваши компакт-диски за внешние торцевые края или используйте свой палец как шпиндель, втыкая его через отверстие в центре диска.
- ✓ **Острые предметы.** Царапины на рефлексивной (отражающей) стороне CD-ROM, могут отклонять лазерный луч, что ведет к потере данных. Если вы работаете с перезаписываемым диском CD-R, делайте это так, чтобы случайно не поцарапать золотой радужный слой на рабочей стороне диска. Держитесь подальше от шариковых ручек, когда маркируете ваши диски, — для этой цели используйте фломастер.

СОВЕТ

Проверьте руководство по эксплуатации вашего накопителя CD-ROM и посмотрите, чистит ли накопитель лазерную линзу автоматически. Если нет, то советую вам в порядке вложения капитала в ваш накопитель CD-ROM приобрести устройство для автоматической чистки лазерной линзы, которое можно подобрать в любом магазине компьютеров или электроники. Однако не используйте устройство для чистки лазерной линзы в рекордерах CD — записывающие устройства CD имеют больше одного лазера и более сложную систему линз, но главное — они не требуют чистки.

Все, что нужно знать о чистке CD

Если у вас уже есть дорогой высокотехнологичный аппарат для очистки компакт-дисков, можете использовать его также для чистки ваших компьютерных дисков CD-ROM. Однако я действительно не думаю, что такие приспособления Джеймса Бонда необходимы. Компактные диски были разработаны с учетом легкости их очистки. Я рекомендую для чистки рабочей поверхности ваших CD использовать специальную *ткань для фотографических линз.* На рис. 8.4 показано, как следует вытирать поверхность компакт-диска — от центрального отверстия шпинделя прямо к внешней стороне диска.

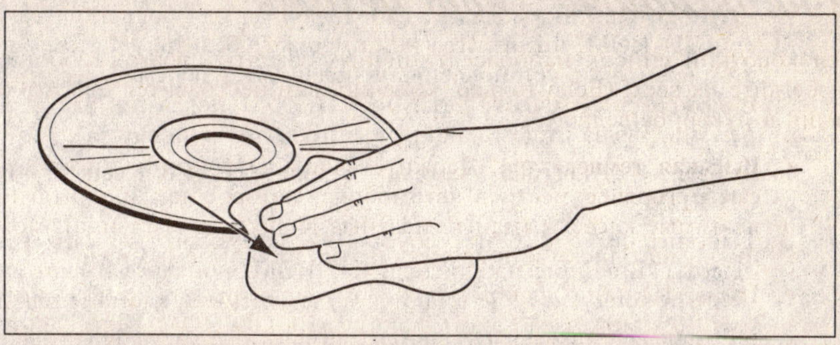

Рис. 8.4. Протирайте рабочую поверхность CD-ROM правильно — от центра к краю диска

Никогда не вытирайте компакт-диск круговыми движениями вдоль информационных канавок — при этом можно поцарапать поверхность, что обязательно приведет к потере данных.

Инсталляция накопителя IDE CD-ROM или DVD

Если вы установили накопитель EIDE на жестком диске (я рассказывал, как это сделать, в главе 7), то могли отключить некоторые связи. Ваш накопитель IDE CD-ROM или DVD использует те же контроллер и кабель, что и ваш EIDE-накопитель на жестком диске. Если хотите, возьмите маркер (не карандаш) и отметьте кабели в их текущем положении так, чтобы вы быстро могли восстановить существующие связи после того, как установите накопитель CD-ROM на место.

Если ваш компьютер в настоящее время использует единственный накопитель EIDE на жестком диске, сконфигурированный как *единственный накопитель, основное устройство* (как я рассказывал в главе 7, такая конфигурация является инсталляцией накопителя на жестком диске по умолчанию), то необходимо изменить установки перемычки на вашем накопителе как для *множество накопителей, основное устройство.* Пока вы не закончите решение этой задачи, ваш компьютер не сможет правильно распознать новый. Теперь выполните следующие шаги для установки накопителя CD-ROM.

1. **Теперь, когда вы сняли этот тяжелый шерстяной свитер, коснитесь рукой металлической поверхности прежде, чем станете работать с вашим накопителем. Выполнив этот первый шаг, вы освободитесь от любого статического электричества, которое могло быть на вас.**
2. **Если шасси вашего компьютера в настоящее время включено, отключите его и снимите крышку корпуса.**
3. **Проверьте установки перемычки на накопителе CD-ROM и убедитесь, что они установлены для *многочисленные накопители, второстепенное устройство.***

   Многочисленные накопители, второстепенное устройство — установка изготовителя по умолчанию, подходящая для большинства накопителей CD-ROM, но никогда не помешает убедиться в этом еще раз. Если перемычки установлены неправильно, переместите их в нужное положение. (В руководстве по CD-ROM показано, где расположены перемычки на вашем накопителе и как их установить.)
4. **Выберите открытый карман накопителя для вашего накопителя CD-ROM.**

   Накопитель CD-ROM требует $5^1/_2$- дюймового кармана половинной высоты. Внешние накопители CD-ROM, конечно, имеют свой собственный корпус и не нуждаются во внутреннем кармане накопителя.
5. **От лицевой стороны корпуса компьютера задвиньте накопитель в его карман.**

   Сначала должна войти задняя сторона накопителя с соединителями. Обычно на передней панели вашего накопителя имеется ярлык или соответствующая надпись.
6. **Вставьте накопитель в карман.**

   Двигайте накопитель назад и вперед, пока отверстия для винтов со стороны кармана не поравняются с соответствующими отверстиями со стороны накопителя. Укрепите накопитель винтами, входящими в комплект накопителя.
7. **Соедините один из кабелей питания от вашего блока питания с соединителем питания на накопителе.**

   Обратите внимание, что кабель подключается к соединителю питания только единственным способом.
8. **Подсоедините ленточный кабель, входящий в комплект карты контроллера (или материнской платы, если она имеет встроенный контроллер) к задней части накопителя CD-ROM.**

   Второй соединитель должен находиться на ленточном кабеле, соединяющем ваш накопитель на жестком диске с контроллером, — этот соединитель предназначен для второго IDE-устройства, которым в данном случае является ваш накопитель CD-ROM. Маркированный провод ленты должен находиться на стороне штырька 1. Если вы не уверены, какой штырек на соединителе накопителя CD-ROM является штырьком 1, обратитесь к руководству по вашему накопителю. Соединитель должен в точности соответствовать разъему; после того, как вы правильно выровняете его, введите соединитель в разъем до упора.

Если вы устанавливаете накопитель DVD с MPEG-2 картой декодера, нужно также одновременно установить и эту карту. Обратитесь к руководству по эксплуатации комплекта DVD и определите все кабельные связи, которые необходимо установить между картой декодера и накопителем DVD.

Присоединение внешнего SCSI-накопителя CD-ROM или устройства записи CD

Инсталляция внешнего SCSI-накопителя CD-ROM или записывающего устройства CD требует существующего SCSI-порта на внешней стороне вашего компьютера. Если ранее вы не установили SCSI-карту адаптера внутри вашего компьютера, сделайте это сейчас в первую очередь. (При желании можете перейти к главе 11, в которой содержится вся необходимая информации относительно SCSI.)

Чтобы подсоединить внешний SCSI-накопитель CD-ROM или устройство записи CD, следуйте приведенным ниже инструкциям.

1. **Определите месторасположение внешнего SCSI-порта с задней стороны корпуса.**

   SCSI-порт представляет собой плоский, толстый соединитель с большим количеством штырьков, как показано на рис. 8.5.

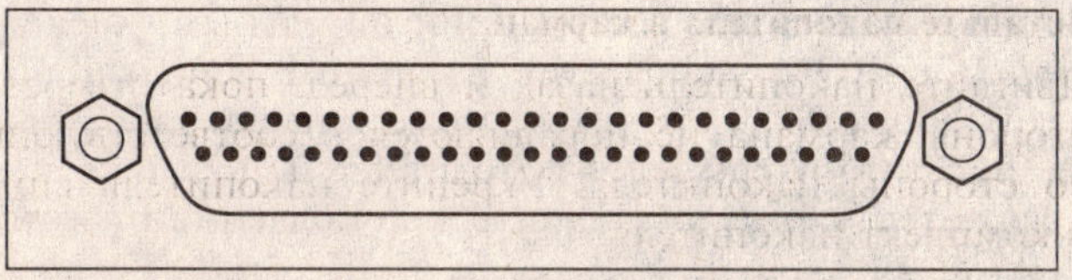

Рис. 8.5. Стандартный внешний порт SCSI во всей своей красе

2. **Совместите соединитель на конце вашего кабеля SCSI с SCSI-портом.**

   Наклоненные боковые стороны на соединителе разработаны специально, чтобы вставить его в порт единственно правильно.

3. **После того как вы правильно выровняли соединитель, вставьте его в порт до упора.**

4. **Если хотите, можете закрепить соединитель, защелкнув проволочные зажимы к центру кабеля, как показано на рис. 8.6.**

   Если вы чувствуете, что соединение надежно, можете не закреплять соединитель зажимами.

5. **Подсоедините силовой кабель вашего накопителя CD-ROM к настенной розетке.**

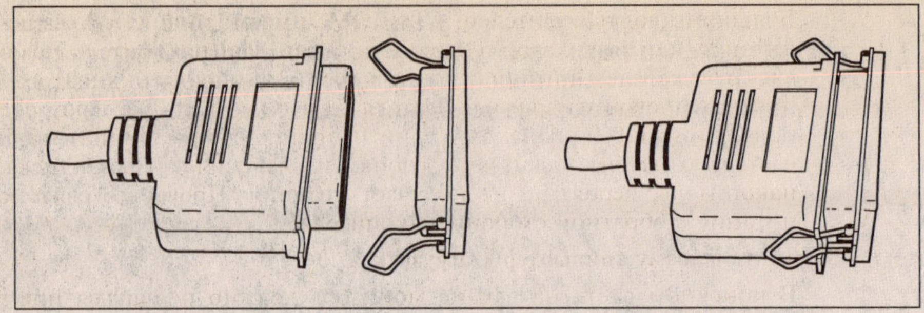

Рис. 8.6. Соединители SCSI обычно используют проволочные зажимы, гарантирующие надежность соединения

Загрузка драйверов и тестирование всей системы

Прежде чем ваша система сумеет распознать новый накопитель CD-ROM, необходимо установить драйвер DOS и лишь затем проверить качество инсталляции. Этот процесс намного легче, чем сама инсталляция накопителя CD-ROM: вставьте компакт-диск, запустите программу, а все остальное будет выполнено автоматически!

Вы установили где-то подобранный б/у накопитель CD-ROM от другого компьютера? Если это так, значит вы *уже* использовали первоначальное программное обеспечение инсталляции. Никакого выбора здесь быть не может — использование первоначального программного обеспечения инсталляции является абсолютно принудительным, поскольку каждый изготовитель CD-ROM использует различные лицензионные драйверы под DOS и Windows 3.x. Если вы не можете найти такое программное обеспечение, посетите Web-узел изготовителя и получите копию его драйвера либо свяжитесь с отделом технической поддержки изготовителя.

Системы Windows 98, Windows NT и OS/2 обычно не требуют отдельного драйвера CD-ROM, но предполагают таковой: эти продвинутые (усовершенствованные) операционные системы почти всегда устанавливаются от DOS, используя CD-ROM! Забавно, не так ли? Поэтому сначала вы должны установить DOS, затем драйвер CD-ROM и наконец вашу новую операционную систему. По этой причине необходимо всегда иметь под рукой резервную копию вашего CD-ROM с программным обеспечением инсталляции DOS, даже если вы планируете немедленно устанавливать другую операционную систему. Таким образом, если это окажется необходимо, вы всегда сможете начать работу на пустом месте.

Для установки драйвера CD-ROM и проверки вашего накопителя следуйте приведенным ниже инструкциям.

1. **Если вы еще не включили компьютер, сделайте это.**
2. **Подсоедините монитор и включите его питание.**
3. **Подсоедините клавиатуру.**
4. **Включите кнопку питания на передней или задней панели корпуса компьютера.**

Большинство накопителей CD-ROM имеют индикатор включения питания или индикатор активности. Если ваш накопитель правильно связан с кабелем питания, должна гореть лампочка индикатора питания на лицевой панели накопителя CD-ROM. Если же накопитель не подает никаких признаков жизни и поднос (или чайница) не открывается, когда вы нажимаете кнопку извлечения компакт-диска, ваш накопитель, вероятно, не получает питания. Проверьте связь кабеля питания с обратной стороны накопителя.

5. **Дайте вашему компьютеру загрузиться.**

   В конечном счете на экране монитора должно появиться приглашение DOS.

6. **Запустите программное обеспечение инсталляции CD-ROM.**

   Вставьте дискету инсталляции в накопитель на гибком диске и следуйте инструкциям, приведенным в руководстве по эксплуатации вашего накопителя CD-ROM для установки драйвера.

7. **После установки драйвера перезагрузите компьютер.**

8. **Вставьте какой-либо содержащий данные или музыку CD-ROM в ваш накопитель и определите директорию CD.**

   Ваш новый накопитель CD-ROM имеет отдельную литеру накопителя, точно так же, как и ваш накопитель на жестком диске. Если, например, вы установили единственный накопитель на жестком диске, то ваш компьютер, вероятно, назначит накопителю CD-ROM литеру D:.

   Чтобы вывести на экран директорию накопителя D:, в приглашении DOS наберите **DIR D:**.

   Если вашему накопителю CD-ROM была назначена другая литера, замените этой литерой букву D: в команде DIR. Не забудьте нажать клавишу <Enter> после того, как наберете эту команду. Если ваш накопитель работает и вы вложили в него CD-ROM с компьютерными данными, ваш компьютер должен показать, что все файлы и справочники, находящиеся на этом CD-ROM, внесены в список.

Если же накопитель, как вам кажется, не работает, удостоверьтесь, что он получает питание (горит ли индикатор питания накопителя?) Если нет, проверьте связь кабеля питания с накопителем.

Если накопитель получает питание, но, кажется, не читает CD-ROM, ваш кабель может быть перевернут. Поменяйте концы кабеля IDE, связанного с задней частью накопителя CD-ROM, отсоединив их, а затем повторно подсоединив требуемым образом.

Этой процедурой завершается инсталляция вашего накопителя CD-ROM. В следующей главе вы добавите звуковую карту и — наслаждайтесь цифровыми звуками и музыкой!

Глава 9

Пусть ваш ПК потанцует!

В этой главе...

- Приобретение нужной звуковой карты
- Разгадка wavetable-технологии
- Знакомство с MIDI
- Что такое трехмерный пространственный звук
- Разгадка объемного звука
- Подбор микрофона для вашей системы
- Выбор системных динамиков
- Приобретение низкочастотного динамика — субвуфера
- Инсталляция звуковой карты
- Тестирование вашей работы

Давайте посмотрим правде в глаза — дни компьютера как большого, тихого монолита прошли. Яркий тому пример — это то, как компьютеры изображаются Голливудом: в наши дни мультимедийные компьютеры в кино смотрятся скорее как видеоигры. Больше, чем почему-либо еще, такое изменение в восприятии произошло из-за звуковой революции, начавшейся с компьютеров Macintosh много лет назад и завершившейся в итоге домашними и офисными ПК, которые пищат, говорят, поют, кричат и даже рыдают! (Вы что же, никогда не слышали, как компьютер рыдает? Попытайтесь запустить программу Quicken на моем компьютере — и вы это услышите; ему, должно быть, трудно балансировать мой финансовый беспорядок.)

В этой главе вы добавите реальный высококачественный стереозвук на ваш ПК — вы сможете оживить не только свои игры, но даже ваш серьезный текстовый процессор. Мы обсудим обычные и низкочастотные динамики, которые удовлетворят даже наиболее требовательного компьютерного аудиофила. Не будет больше глупых "звуковых сигналов" от этого архаичного внутреннего динамика ПК — вы собираетесь добавить мультимедийную звуковую систему, и ваш новый ПК внезапно запоет, подобно птице!

Основы выбора звуковой карты

Помните, когда вы последний раз покупали новый кассетник или приемник для вашей домашней стереосистемы или для автомобиля? Несмотря на все эти причудливые формы и симпатичный блестящий хром, некоторые из систем звучали не достаточно хорошо. Я, например, давно обнаружил, что более дорогие модели часто не звучат намного лучше, чем более дешевые.

Вы, вероятно, уже знаете, что лучший способ выбрать звуковое оборудование — это послушать его звучание своими собственными ушами. А как вы собираетесь выбрать звуковую карту из каталога заказов по почте? Секрет состоит в том, чтобы знать, какая из компьютерных аудиоаббревиатур звучит для вас более благоприятно. К счастью, самообучиться компьютерной аудиотарабарщине в действительности очень легко. Если вы — аудиофил, то захотите сделать хороший выбор при покупке звуковой карты, поскольку это — наиболее важный компонент в вашем компьютере из тех, которые вносят вклад в качество звука. Выбор нужной звуковой карты сродни покупке лучшего приемника, какой вы можете позволить себе для вашего стерео, поскольку он — сердце хорошей стереосистемы.

Распознавание обычных пород звуковых карт

Сегодня доступны два обычных типа звуковых карт: 8- и 16-битовая карта. Количество бит относится к типу слота карты адаптера, требуемого для звуковой карты, но это также имеет большое значение для общего качества получаемого вами звука.

- ✓ **16-битовая карта** — сегодняшний стандарт звуковых карт. Хорошая 16-битовая карта может производить звуковые стереоэффекты и записывать в стереорежиме, обычно с качеством компакт-диска с частотой дискретизации 44 кГц; другими словами, звук, продуцируемый одной из этих карт, может достигать ясности и низкого шумового уровня, которыми вы наслаждаетесь, прослушивая звуковые CD. Выбираемая вами для своего ПК звуковая карта должна иметь также встроенный усилитель и игровой порт для джойстика.

  Большинство 16-битовых звуковых карт адаптера, существующих в настоящее время на рынке, являются картами типа *Plug and Play (подключи и играй)*. Этот тип карты адаптера не использует перемычек или выключателей DIP. Вместо этого карты адаптера Plug and Play конфигурируют себя автоматически (это в данном случае означает, что ваша новая звуковая карта не будет “воевать” с другими компонентами компьютера, наподобие ленточного резервного устройства). 16-битовая звуковая карта нуждается, как легко догадаться, в 16-битовом ISA-слоте; многие из доступных в наши дни наиболее усовершенствованных 3D-звуковых карт используют PCI-слот.

  Рис. 9.1 демонстрирует звуковую карту Sound Blaster 16 PnP (PnP — аббревиатура от уже знакомого вам “Plug and Play”).

- ✓ **8-битовая карта.** Эти карты иногда называются *оригинальными Sound Blaster-совместимыми* картами. Обычно 8-битовые карты не поддерживают истинную стереозапись или стереоэффекты, не имеют своего усилителя и являются самыми дешевыми звуковыми картами, какие только можно найти. Если вам действительно *не* все равно, какое качество звука производит ваш ПК, избегайте этих карт. Как следует из их названия, эти карты размещаются в 8-битовом слоте.

  Если вы случайно натолкнетесь на старую 8-битовую музыкальную карту фирмы AdLib — быстро пробегайте мимо! Карты AdLib были одними из первых звуковых карт, предназначенных для ПК, но в наши дни они фактически ничего не ст*о*ят. Эти карты не в состоянии поддерживать звуковые эффекты (например, свист пули или крик младенца), и, кроме того, они строго монотонные. 8-битовую звуковую AdLib-карту, о которой мы сейчас говорим, можно распознать по нанесенному на ней названию “AdLib” .

Не забудьте программное обеспечение!

А теперь удостоверьтесь, что выбранная вами звуковая карта является стандартной Sound Blaster-совместимой и хорошо поддержана программным обеспечением и драйверами, написанными для используемой вами операционной системы.

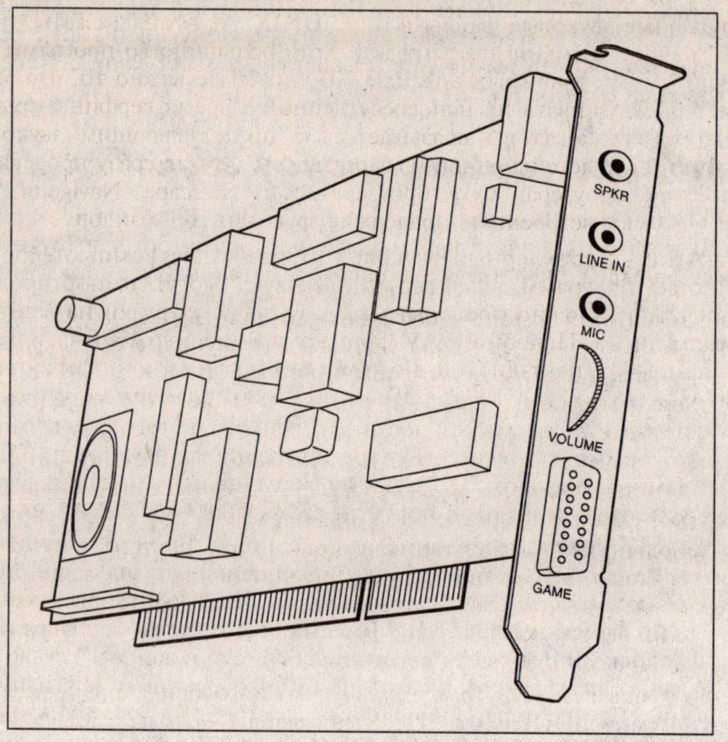

Рис. 9.1. Это — основной стандарт современных звуковых карт: карта Sound Blaster 16 PnP

На волнах Web-звуков

В мире мультимедиа вы можете столкнуться со многими типами звуковых и музыкальных файлов, особенно, если вы проводите много времени в сетях Internet и/или Web. Поэтому вам будет полезно узнать, что при наличии у вас соответствующего программного обеспечения и/или подключенного броузера ваша звуковая карта сумеет проигрывать также и следующие файлы.

✓ Формат WAV — стандарт Microsoft для записи, хранения и проигрывания цифровых звуковых файлов (это — популярный формат в Web). Каждый из наших любимых броузеров — Netscape Navigator и Internet Explorer — могут автоматически распознавать и проигрывать файлы WAV. Качество звуковых файлов в формате WAV может варьировать от высокого качества воспроизведения компакт-дисков до телефонного качества монозвуковых файлов. (Замечу, что чем более низкое качество звучания и/или меньше размер звукового файла, тем меньше времени необходимо для его передачи по Web.) Операционные системы Windows 98 и Windows NT включают простые инструменты редактирования звука и, как и другие программы редактирования звука, заслуживающие инсталляции, могут сохранять и проигрывать файлы WAV. Вы найдете вполне приличную коллекцию файлов WAV на моем любимом звуковом сайте The Daily.WAV по адресу `www.dailywav.com`.

- ✓ В сети Web вы часто будете сталкиваться со звуковыми файлами в формате AU. Этот звуковой формат был разработан Sun Microsystems, и файлы AU — наиболее популярные звуковые файлы в мире UNIX. AU-файлы сжаты, поэтому они требуют меньше времени для загрузки. Хотя большинство программ редактирования звука могут проигрывть файлы AU, но более важно то, что Web-броузер позволяет прослушивать их непосредственно во время серфинга (рыскания) по сети. Например, когда вы связываетесь с представляющим звуковые файлы Web-узлом и щелкаете на одной из записей, вы можете сразу прослушать его содержимое из броузера. Оба броузера — и Netscape Navigator, и Internet Explorer — имеют встроенную поддержку звуковых AU-файлов.
- ✓ Формат AIFF — популярный звуковой стандарт для компьютеров Macintosh: большинство программ редактирования звука могут импортировать файлы AIFF, так что их можно проигрывать сразу после загрузки на ваш накопитель на жестком диске. Подобно WAV-формату в Windows, AIFF-файлы имеют качество записи компакт-дисков, но они, как правило, не сжимаются, подобно файлам AU. Поэтому AIFF-файлы из-за своего размера не столь популярны в сети Web.
- ✓ Музыкальные файлы формата MP3 недавно буквально штурмом взяли Internet. Они также имеют качество CD, но значительно меньше по объему, чем такие же файлы в формате WAV. Очень многие Web-узлы, которые развились благодаря размещению танцевальной, популярной и альтернативной музыки в формате MP3, — нелегальны и, конечно, нарушают авторские права. Вы можете создавать MP3-файлы на вашем ПК, и некоторые компании даже представляют карманные MP3-проигрыватели, похожие на портативные кассетные плейеры.
- ✓ Подобно файлам MIDI (о которых мы поговорим подробнее в разделе “Нужны ли мне MIDI-порты?”), MOD-файлы — тоже музыкальные файлы, но они также включают эффекты “цифрового” звучания различных музыкальных инструментов. Фактически MOD-файлы звучат даже намного лучше на старых звуковая картах без wavetable-технологии. Этот формат относится к формату Commodore Amiga, но он вообще не распознается большинством программ редактирования звука; вам, вероятно, придется приобрести программу, позволяющую проигрывать файлы MOD, например MOD4WIN, которую можно найти по адресу `www.mod4win.com`.

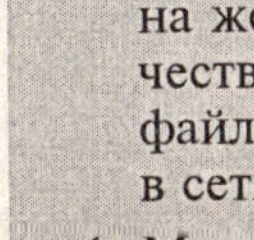

Если вы где-то нашли бывшую в употреблении звуковую карту без какого-либо программного обеспечения, посетите, если это возможно, Web-узел компании-изготовителя и выясните, можно ли от них загрузить самый последний драйвер для этой карты. Если у вас нет возможности соединиться с Internet, свяжитесь с отделом технической поддержки изготовителя и потребуйте соответствующее программное обеспечение. Могу посоветовать один онлайновый источник драйверов, которым я пользуюсь, — Driver Zone по адресу `www.driverzone.com`.

Если вы покупаете новую 16-битовую карту, она должна содержать не только необходимые драйверы, но также и программное обеспечение множества действительно интересных игрушек. Эти программы часто включают “панель управления стереопроигрывателя", которая позволяет проигрывать цифровые звуковые файлы в формате Windows WAV или MIDI-музыку. (Подробно об этом — в разделе "Нужны ли мне MIDI-порты?") Рис. 9.2 демонстрирует панель аудиомиксера, который входит в комплект поставки моей звуковой карты. При желании вы можете даже достать программу распознавания голоса или программу речевого воспроизведения текста (text-to-speech), которая позволит вашему компьютеру говорить с вами и "вслух читать" текстовые файлы.

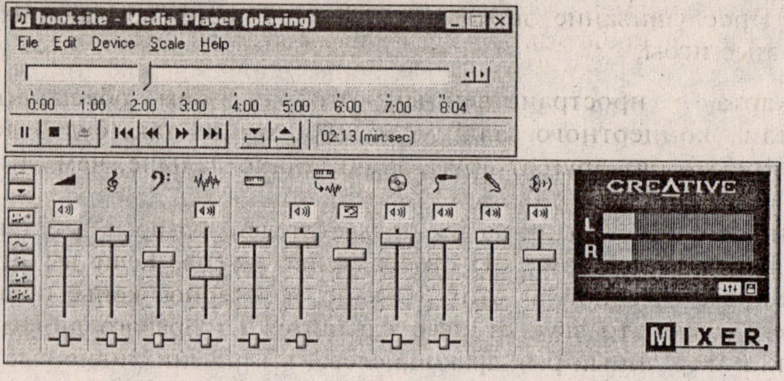

Рис. 9.2. Это напоминает панель моего стереопроигрывателя. Неужели ваш новый компьютер сможет проигрывать компакт-диски с записями группы Metallica?

Покачивание на волнах wavetable

Большинство звуковых карт сегодня предлагают то, что назвается *wavetable*-технологией. Что же представляет собой эта штуковина?

Прежде чем окунуться в обсуждение формы волн и аналого-цифровую обработку сигналов, рассмотрим реальные факты о wavetable: эту технологию действительно стоит добавить к вашей системе. Стандартная 16-битовая звуковая карта использует технику, называемую *частотной модуляцией* (*frequency modulation*, FM) — звуковая карта создает самую близкую возможную имитацию звука. Например, если ваш ПК должен звучать подобно роялю, FM звуковой карты производит по возможности самый близкий к звучанию рояля звук. Это будет, скорее всего, действительно близкая имитация, но все же еще можно определить, что звук генерируется компьютером.

С другой стороны, wavetable-карта фактически хранит реальный звук рояля в оцифрованной форме (внутри соответствующего чипа непосредственно на карте) и просто проигрывает его вместо того, чтобы синтезировать, — это большое усовершенствование! Играете ли вы в игру с фоновой музыкой или прослушиваете MIDI-музыку, wavetable-карта звучит определенно лучше. (Это объясняет, почему музыканты и аудиофилы, у которых есть компьютеры, обычно вкладывают свой капитал в wavetable-карту.) Большинство wavetable-звуковых карт может также быть модернизировано дополнительным встроенным RAM, который позволяет им предлагать более одного звука для одного и того же инструмента.

Однако wavetable-технология не срабатывает, когда цифровая музыка или цифровые звуковые эффекты записаны в формате WAV (такая музыка является фактически звуками, записанными как данные на вашем накопителе на жестком диске или CD-ROM). Технология wavetable способствует лишь улучшению машинно-генерируемой музыки, но она не способна заставить звуковой CD, проигрываемый на накопителе CD-ROM вашего компьютера, звучать как-либо лучше; помните об этом при выборе своей звуковой карты.

Зачем мне 3D-звучание?

Другая особенность, предлагаемая многими продвинутыми звуковыми картами, — *пространственное отображение звука.* 3D-звук имеет три основных применения.

- ✓ Проигрывание звуковых CD.
- ✓ Проигрывание цифровых звуковых файлов WAV.
- ✓ Прослушивание звуковых эффектов, сопровождающих компьютерные игры.

Звуковая карта с пространственным отображением обеспечивает эффект "аудитории" или "концертного зала" — музыка звучит так, будто воспроизводящие ее динамики отстоят друг от друга значительно дальше, чем они фактически разнесены.

Компьютерные игроки — одни из тех пользователей, которые действительно могут воспользоваться преимуществами 3D-отображения звуков. Если вы играете в игру, которая поддерживается одной из этих 3D-карт, и лазерное копье проносится мимо справа от вашего судна, то звук от него слышится из правого динамика. Если вы слышите глубокий, гортанный рык дракона слева, вы инстинктивно быстро поворачиваете вашего героя (с протянутым мечом!) налево.

Если вы — заядлый компьютерный игрок, я настоятельно рекомендую вам потратить несколько дополнительных долларов для приобретения карты, поддерживающей пространственное отображение звуков. Если вы — не аудиофил и не играете в компьютерные игры, эта особенность может быть и не важна для вас.

Программное обеспечение во многих игровых программах обеспечивает формирование менее эффектного 3D-отображения звуков, какое получается при проигрывании на стандартных звуковых картах. Однако вы всегда получите лучшие звуковые эффекты со звуковая картой, имеющей аппаратные средства поддержки 3D-отображения.

Помогите! Я окружен звуком!

По отношению к пространственному отображению будьте всегда на один шаг впереди — включая звуковые эффекты *и* музыку — и вы будете иметь *объемный звук*, точно такой же суперреалистичный звук, какой вы слышали в кинотеатрах или на лучших домашних стереосистемах. DVD-проигрыватели обычно предлагают встроенный объемный звук Dolby Digital. Можно, однако, позабавиться и с собственным ПК, если добавить на него и накопитель DVD, и MPEG-карту адаптера декодера. Тогда вы сможете играть в игры, смотреть коммерческие видеофильмы, прослушивать звуковые диски, записанные с объемным звуком. (Больше информации о приводах DVD и расшифровке MPEG см. в главе 8.)

Только наиболее дорогие высококачественные компьютерные звуковые карты могут производить объемный звук — и не забудьте, что вам потребуется пять динамиков, а также игры, видеофильмы или звуковые CD, закодированных с объемным звуком. Однако, поскольку граница между вашим ПК и традиционной стереосистемой будет продолжать стираться, вы будете получать все больше объемного звучания, и будет менее дорого добавить соответствующие аппаратные средства к вашему существующему ПК, чем приобретать отдельную стереосистему.

Нужны ли мне MIDI-порты?

Пошли дальше. Сейчас самое время поближе познакомиться с MIDI (довольно симпатичная аббревиатура от *Musical Instrument Digital Interface* — цифровой интерфейс музыкального инструмента), международным стандартом, объединяющим компьютеры, синтезаторы и многие типы специализированных музыкальных инструментов (подобно ударным и клавишным). MIDI-музыка построена в форме файлов данных, которые позволяют большинству компьютеров проигрывать одну и ту же музыку, и MIDI-файлы позволяют музыкантам записывать и воспроизводить музыку с использованием компьютеров. MIDI-файлы часто можно найти в сети World Wide Web; фактически одна команда кода HTML (Hyper Text Markup Langyage — язык гипертекстовой разметки. — *Прим. ред.*) позволяет вашей Web-странице проигрывать MIDI-песни как фоновую музыку. Большинство звуковых карт могут проигрывать музыкальные MIDI-файлы без каких-либо дополнительных аппаратных средств или программного обеспечения, а wavetable-карта может действительно звучать прекрасно при воспроизведении MIDI.

Однако большинство звуковых карт *не* обеспечивают соединители MIDI-интерфейса, которые бы позволили подсоединить синтезатор или другой музыкальный инструмент непосредственно к портам MIDI на вашем компьютере. Эти соединители обычно предлагаются как дополнительные средства, которые можно купить и установить позже, либо они поставляются вместе с картой по более высокой цене. Естественно, музыканты получают большое преимущество от подсоединения музыкального инструмента к своему компьютеру. Если вы используете программное обеспечение редактирования музыки с поддержкой MIDI, то можете проигрывать отдельные фрагменты и создавать MIDI-музыку непосредственно на инструменте либо проинструктировать ваш компьютер "играть" на инструменте автоматически.

Вам нужны соединители MIDI-интерфейса (иногда упоминаемого как дочерняя MIDI-плата)? Если вы не музыкант, то я не рекомендую расходовать дополнительные деньги на звуковую карту с этими соединителями. Если же вы — музыкант и хотите поэкспериментировать с компьютерами в создании (или исполнении) музыки, эти соединители для вас на вес золота! (Если вы — профессиональный музыкант и, возможно, уже эксперт по MIDI, то вам давно пора перейти к следующему разделу.)

Это Миша? Я тебя узнал!

Ваши уши — не единственные удачливые части тела, которым может принести пользу звуковая карта, — ваш рот также достоин наслаждения. С подключенным к вашей звуковой карте микрофоном вы можете воспользоваться преимуществами следующих или подобных им компьютерных приложений.

- ✓ **Запись голоса.** Самое простое приложение для микрофона должно позволять вам делать запись вашего голоса и других звуков. Вы можете создавать цифровые WAV-файлы звуков и "сопровождать" ими определенные действия в пределах системы Windows (так, чтобы действия, наподобие раскрытия меню, выполнения программы или закрытия окон, сопровождались своими собственными звуковыми эффектами). Вы можете также редактировать свои записи с помощью звукового редактора для добавления к ним специальных эффектов, добавлять звуковые файлы к своей Web-странице для ублажения путешественников по Web-сети либо только немного позабавиться со своей собакой.

- ✓ **Отдача команд голосом и диктовка.** Вообразите себя приказывающим своему компьютеру через микрофон выполнить ту или иную программу, открыть и закрыть окна или даже диктующим в ваш текстовый процессор с программой, наподобие ViaVoice Gold от корпорации IBM, — прекрасная идея, не так ли? Вы можете даже управлять некоторыми современными компьютерными играми с помощью голосовых команд. Благодаря популярности звуковых карт ПК, такие приложения доступны уже сегодня. Но обычно необходимо "обучить" ваш компьютер распознавать ваши словесные образцы, и эти приложения никогда не бывают на 100 процентов точными. Однако этот вид технологии постоянно совершенствуется, и это — большая помощь инвалидам-владельцам компьютеров и тем пользователям, которым неудобно пользоваться клавиатурой.
- ✓ **Голосовая электронная почта.** Если у вас есть приложение клиента электронной почты Internet, которое позволяет присоединять файлы, вы можете делать запись собственного голоса и посылать цифровые WAV-файлы наряду с текстом. Из-за большого размера файлов цифрового звука приложения голосовой электронной почты, наподобие Internet Voice Mail от фирмы VocalTec Communications Limited (находящейся по адресу www.vocaltec.com), делают запись вашего голоса с более низким качеством, чем качество компакт-диска. Но даже в этом случае приложение человеческого голоса к сообщению электронной почты производит грандиозное впечатление (особенно, когда вы не слышали голос какого-то близкого человека уже несколько недель).
- ✓ **Internet-телефония.** Нет никаких сомнений, что программы Internet-телефона — не только приятная возможность: если вам часто приходится связываться с кем-то, находящимся на большом расстоянии или за рубежом, вы можете сэкономить кучу денег! Программа Internet-телефона подключает ваш микрофон и звуковую карту к телефону — но вместо разговора по стандартным телефонным линиям ваши голоса передаются по Internet как цифровые данные. Следовательно, вы несете единственный расход — за диалоговое время от вашего провайдера Internet. Человек на другом конце линии также должен иметь подключенный к Internet компьютер и экземпляр той же программы Internet-телефона, какую используете вы. Некоторые из этих программ настолько изощрены, что имеют даже вывод информации о вызове на экран и автоответчики Internet-телефона. Если вас заинтересовала информация относительно этих программ, я рекомендую также книгу *Internet Telephony For Dummies* издательства IDG Books Worldwide, Inc.

Если вы решите, что было бы хорошо иметь программу Internet-телефона, ищите ту, которая поддерживает *полнодуплексную* работу. С 16-битовой звуковой картой с обеих сторон линии связи полный дуплекс позволяет обоим из вас говорить одновременно. Если вы ограничены полудуплексом, то сможете говорить только по очереди, точно так же, как по радиопередатчику типа прием-передача.

Вы можете обнаружить три основных типа микрофонов для компьютера: модель clip-on/stick-on (прикрепляющийся, рис. 9.3), более традиционный настольный микрофон (рис. 9.4) и головной вариант микрофона. Прикрепляющийся микрофон предназначен для защелкивания его на отвороте или воротнике вашей одежды, и это естественно лучше для улавливания вашего голоса. Когда этот микрофон не используется, его устанавливают в своего рода держатель, расположенный вблизи лицевой панели корпуса компьютера. Настольный микрофон, как нетрудно догадаться, устанавливается на столе или сверху на корпусе вашего компьютера. Такой микрофон имеет тенденцию собирать немного больше звукового фона вокруг вашего компьютера. Головные микрофоны (которые обычно используются телефонными операторами) позволяют вам использовать обе руки и дают свободу действий во время разговора, и при этом качество приема звука не изменяется. Такие микрофоны особенно удобны, если вы используете управление голосом или систему голосовой диктовки. Головной микрофон может также комплектоваться стереонаушниками.

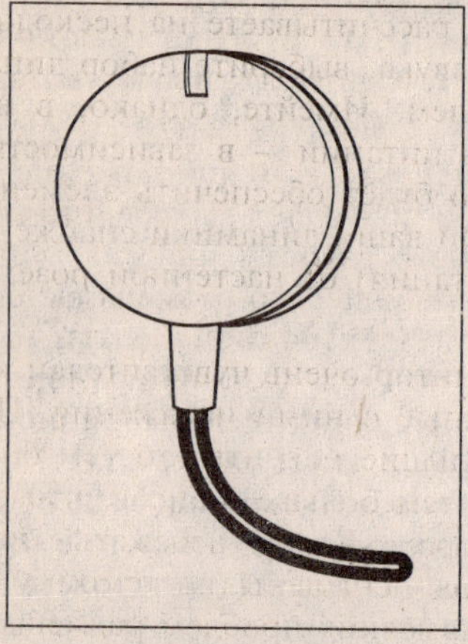

Рис. 9.3. Микрофон типа clip-on/stick-on

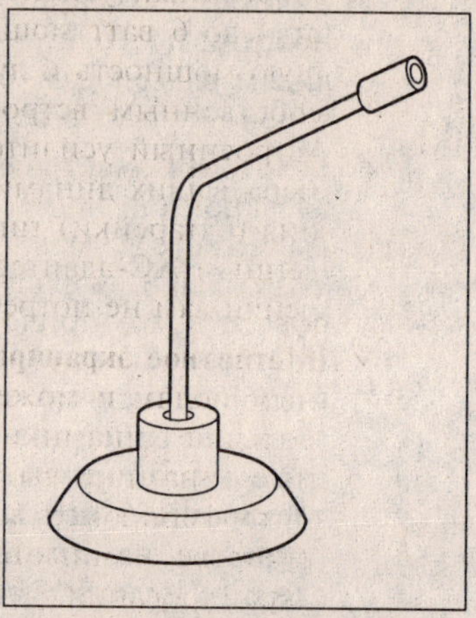

Рис. 9.4. Большой печально известный микрофон

У вас уже есть микрофон со стандартным гнездом, который вы используете при записи звуков на кассетный магнитофон? Этот тип микрофона должен хорошо работать и с вашей звуковой картой, но удостоверьтесь, что он снабжен подставкой, позволяющей расположить его вертикально.

Разговор громкоговорителей

Динамики компьютера — другая часть вашей системы, выбор которой зависит от ваших личных предпочтений. Например, некоторые владельцы компьютеров счастливы с набором наушников, которые помогают всем членам семьи поддержать их нормальное психическое состояние (особенно, если компьютер расположен рядом с комнатой младенца). Фактически, если у вас есть портативный кассетный стереопроигрыватель или стереорадиоприемник FM, можно использовать их наушники с вашей новой звуковой картой.

Другие владельцы компьютеров требовательны к своим компьютерным динамикам так же, как и к стереодинамикам своей стереосистемы. Для этих аудиофилов приемлемо только самое лучшее звуковое воспроизведение, особенно когда они воюют со слюнявыми фиолетовыми драконами из игры Medieval Dimention X. Ваши предпочтения в качестве звука определяют, потратите вы $10 или $200 (или даже больше) на динамики вашей компьютерной системы.

Если только вы не отдаете предпочтение наушникам, я настоятельно рекомендую набор динамиков, специально предназначенных для использования на компьютерах. Компьютерные динамики имеют разнообразные формы и размеры — некоторые даже объединены с компьютерным монитором — но мультимедийный монитор обычно намного дороже, чем традиционный монитор и отдельный набор динамиков. Динамики лучше размещать с обеих сторон монитора примерно на расстоянии 30 см от ваших ушей.

Во время покупки набора динамиков обратите внимание на следующие их особенности.

- ✓ **Мощность усиления.** Сегодняшние 16-битовые звуковые карты имеют встроенный усилитель, но он обычно обеспечивает только примерно от 4 до 6 ватт мощности. Если вы рассчитываете на несколько большую мощность и лучшее качество звука, выберите набор динамиков с собственным встроенным усилителем. Имейте, однако, в виду, что встроенный усилитель нуждается в питании — в зависимости от размера ваших динамиков необходимо будет обеспечить элементы питания (батарейки) типа C или D. Если ваши динамики снабжены собственным AC-адаптером (блоком питания) от настенной розетки, батарейки вам не потребуются.
- ✓ **Магнитное экранирование.** Ваш монитор очень чувствителен к магнитным полям и может давать связанные с ними искажения. Поскольку большие динамики используют большие магниты, то чем более мощные динамики вы устанавливаете, тем больше шансов, что они будут интерферировать с вашим монитором. Чтобы избежать этого, большинство компьютерных динамиков оснащены системой магнитного экранирования, что позволяет безо всяких проблем размещать их рядом с монитором.
- ✓ **Органы управления динамиками.** Если ваша звуковая карта имеет регулятор уровня (а значит, вы можете управлять уровнем динамиков изнутри операционной системы Windows 98), то зачем вам отдельные регуляторы верхних и нижних частот и уровня на динамиках? Если ваша звуковая карта имеет отдельный регулятор уровня, то он находится в задней части компьютера и к нему трудно добраться. Я предпочитаю использовать намного более удобные регуляторы, расположенные на динамике. Если нужно отрегулировать уровень для специфической игры или Web-узла со звуком, можно сделать это без того, чтобы открывать другое окно, запускать другую программу или тянуться к тыльной стороне компьютера.

Субвуфер: большая собака динамиков компьютера

Если вы наслаждаетесь вашими компьютерными играми — а я думаю, вы *действительно* наслаждаетесь, — я должен упомянуть еще об одном усовершенствовании динамиков. Компьютерный *субвуфер* (инфранизкочастотный динамик. — *Прим. ред.*) обеспечивает глубокий инфразвуковой басовый звук, который придает реализма, летите ли вы на реактивном самолете или играете в старую классическую аркадную игру, наподобие Asteroids. Вы будете чувствовать каждый взрыв буквально всеми своими фибрами! Рис. 9.5 демонстрирует стандартный динамик типа субвуфер.

Вы можете купить субвуфер отдельно либо приобрести динамическую систему, которая его включает. (Наиболее высокопроизводительные звуковые системы, продающиеся для домашних театров, включают субвуфер, который производит те же самые эффекты.)

СОВЕТ

В отличие от остальной части динамической компьютерной системы, субвуфер лучше располагать на полу, чтобы уменьшить вибрации стола и всего, что на нем находится.

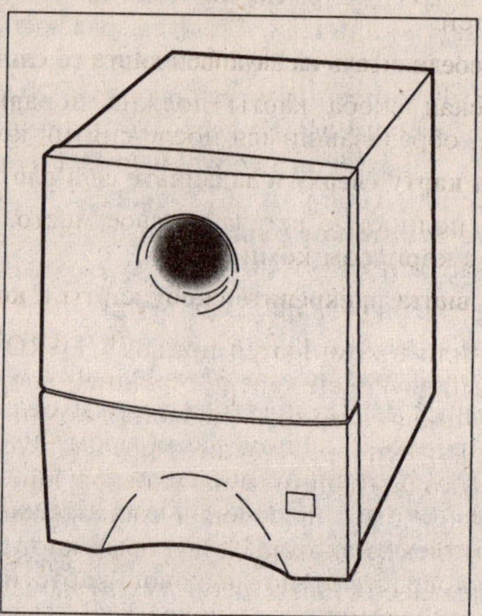

Рис. 9.5. Такой субвуфер придает дополнительный реализм компьютерным играм

Инсталляция вашей звуковой карты

Итак, вы держите в руках вашу звуковую карту и готовы окунуться в мир цифрового звука? Пусть руководство по эксплуатации звуковой карты будет у вас под рукой, поскольку на стадии тестирования вам, вероятно, придется выполнить небольшую "перемычечную операцию". А теперь последовательно выполните эти шаги.

1. **Если шасси вашего компьютера в настоящее время включено, отключите его.**
2. **Снимите крышку корпуса компьютера.**
3. **Вы закончили чистить ваш антиквариат? Вам бы лучше коснуться металлической поверхности, прежде чем вы начнете устанавливать вашу карту. Сделав так, вы освободитесь от статического электричества на вашем теле, прежде чем оно сможет повредить компоненты компьютера.**
4. **Выберите открытый 16-битовый слот карты адаптера для вашей звуковой карты.**

   Почти наверняка ваша звуковая карта будет 16-битовой, однако, даже если вы где-то подобрали старую 8-битовую звуковую карту, она подойдет к 16-битовому слоту. Если вы купили PCI-карту, то для нее потребуется открытый PCI-слот. (Больше информации о PCI-картах и PCI-шинах слотов см. в главе 4.)

5. **Отверните винт и снимите металлическую крышку слота, соседнего с выбранным слотом.**

   Не забудьте положить винт и крышку слота в вашу коробку запасных частей — вы знаете, в этой коробке из-под обуви или кофе находятся все маленькие детали компьютера. Вы не сможете стать настоящим мастером по сборке компьютеров, если у вас нет коробки для запчастей.

6. **Совместите соединитель на звуковой карте со слотом на материнской плате.**

   Металлическая скоба карты должна поравняться с открытым пространством, образовавшимся после снятия крышки слота.

7. **Нажмите на карту сверху и задвиньте ее в слот.**

   Если карта полностью встала на свое место, скоба должна находиться заподлицо с корпусом компьютера.

8. **С помощью винта прикрепите скобу карты к корпусу.**

Если вы установили в компьютер привод CD-ROM, необходимо подсоединить специальный звуковой кабель от задней части накопителя CD-ROM к звуковой карте. Такая установка позволит компьютеру проигрывать звуковые компакт-диски непосредственно через звуковую карту и динамики без использования гнезда наушника на лицевой панели накопителя CD-ROM. Этот кабель должен быть включен в состав комплекта вашего накопителя CD-ROM (в комплект некоторых звуковых карт также входит этот кабель); обратитесь к руководствам по звуковой карте и накопителю CD-ROM и уточните, как подсоединить этот кабель. (В главе 8 приведены все необходимые сведения о накопителях CD-ROM.)

Подсоединение динамиков

Прежде чем вы сможете проверить действие вашей звуковой карты, необходимо подсоединить динамики. Следуйте приведенным ниже инструкциям, обращаясь к рис. 9.6, который иллюстрирует типичную звуковую карту.

1. **Найдите гнездо динамика на звуковой карте.**

   Обычно гнездо динамика помечается словом Speakers, или Spkr, но на некоторых картах оно может обозначаться как Line Out. Если вам нужна помощь в идентификации необходимого гнезда, обратитесь к руководству по эксплуатации звуковой карты.

2. **Вставьте штекер звукового кабеля от динамиков в гнездо для подключения динамика звуковой карты.**

3. **Если используемые вами динамики имеют встроенный усилитель, вставьте нужные батареи.**

   Если ваш динамик предусматривает использование АС-адаптера (собственного блока питания. — *Прим. ред.*), подключите его к близлежащей настенной розетке и вставьте соединитель в силовой разъем DC на одном из динамиков.

4. **Установите регуляторы уровня громкости на всех частях полученной аудиосистемы в требуемое положение.**

   Многие звуковые карты имеют свои собственные встроенные регуляторы уровня (обычно это поворотное колесико рядом с гнездом динамика). Если ваши динамики снабжены усилителями, они, вероятно, также имеют свой собственный отдельный регулятор уровня громкости. Старайтесь не разбудить соседей или, наоборот, постоянно напрягать свой слух; с этой целью все регуляторы уровня установите в положение чуть меньше половины всего диапазона регулирования громкости.

5. **Если ваши динамики имеют свои усилители, включите их.**

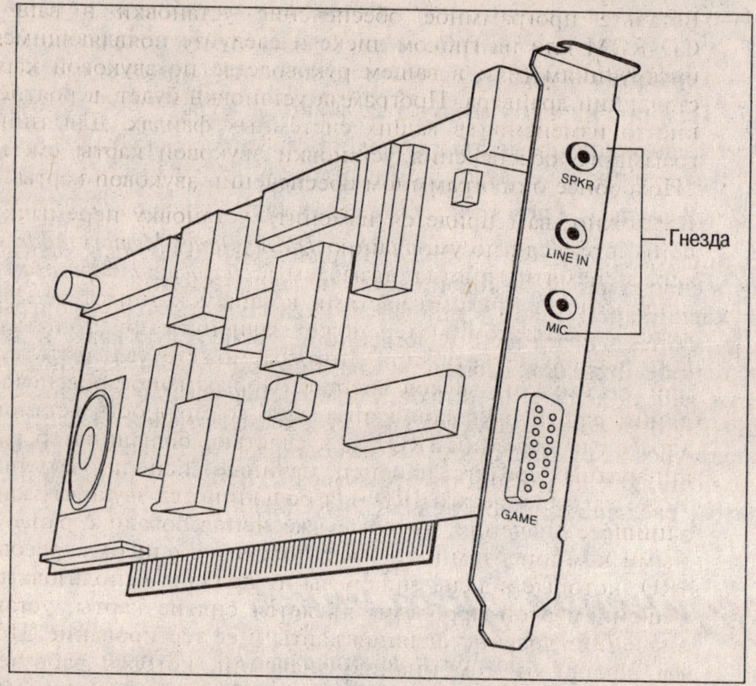

Рис. 9.6. Гнезда типичной 16-битовой звуковой карты

Конфигурирование программного обеспечения и тестирование звуковой карты

Теперь пора установить программное обеспечение, требуемое вашей звуковой картой, сконфигурировать его и протестировать новые звуковые аппаратные средства.

ATAC!

Большинство программ, связанных с современными 16-битовыми звуковыми картами, написаны для систем Windows 95/98 или Windows NT. Если вы планируете использовать одну из этих программ, прежде всего установите операционную систему Windows. Обо всем, что касается различных операционных систем, а также их плюсов и минусов, вы узнаете в Приложении.

Теперь выполните следующие шаги.

1. **Если вы еще не включили компьютер, сделайте это.**
2. **Подсоедините монитор и клавиатуру (если вы до сих пор не выполнили этого) и включите питание монитора.**
3. **Включите питание компьютера на передней или задней панели его корпуса и дайте компьютеру загрузиться.**

   В конечном счете на вашем экране должно появиться приглашение DOS.
4. **Запустите программное обеспечение установки звуковой карты.**

   Вставьте программное обеспечение установки в ваш накопитель CD-ROM или на гибком диске и следуйте появляющимся на экране инструкциям (или в вашем руководстве по звуковой карте) для инсталляции драйвера. Программа установки будет, вероятно, делать какие-то изменения в ваших системных файлах. Для типичного программного обеспечения установки звуковой карты см. ниже врезку "Подробнее о программном обеспечении звуковой карты".

   Возможно, вам придется изменить установку перемычки на звуковой карте, если по умолчанию *DMA* (*Direct Memory Address* — прямые адреса памяти, иногда называемые *базовыми адресами*) и *IRQ* уже используются другими частями в вашем компьютере. Если это случится, то ваш компьютер может зависнуть при попытках использовать звуковую карту, при этом вы можете услышать гудящий шум или же никаких звуков вообще. Программное обеспечение инсталляции вашей звуковой карты дает возможность установки базовых адресов и значений IRQ, и, к счастью, большинство изготовителей аппаратных средств, наконец, начинают использовать по умолчанию те же самые адреса и IRQ для большинства звуковых карт. (Если вы запишете значения, которые уже использовали с ранее установленными компонентами, то у вас получится список адресов и значений IRQ, которые в дальнейшем вы не должны использовать.) Обычным решением этой проблемы является снятие карты, установка новых значений, переинсталляция карты и ее тестирование. После того как вы напали на комбинацию значений, которая работает, запишите эти значения в вашем руководстве по звуковой карте для ссылки на будущее и переходите к шагу 5.

   Если вы имеете звуковую карту типа Plug and Play, вам не нужно делать каких-либо регулировок DMA и IRQ.
5. **После установки программного обеспечения перезагрузите компьютер.**
6. **Запустите программное обеспечение диагностики, которым снабжена ваша звуковая карта.**

   Звуковая карта должна поставляться с программой диагностики, которая позволяет вам проверить ее работу; если же у вас нет такой программы диагностики, попробуйте инсталлировать какую-либо игру, поддерживаемую вашей звуковой картой, и посмотрите, правильно ли работает карта. Обычно эти программы диагностики проигрывают цифровые звуковые эффекты и MIDI-музыку с обоих динамиков по отдельности и вместе. Например, вас могут спросить, слышите ли вы некий звуковой эффект с левого динамика, с правого, а затем с "центрального" канала.

Если вы планируете использовать ваш компьютер с системами DOS, Windows 3.1 или OS/2 и ваша звуковая карта не имеет никакого связанного с ней программного обеспечения, не отчаивайтесь! Для каждой такой платформы доступны цифровые звуковые проигрыватели, звуковые редакторы и программы конвертирования речи в текст (text-to-speech). Попробуйте связаться с местной системой информационного табло, соединиться с Web-узлом изготовителя или поищите в Internet — и вы найдете нужные программы, которые работают.

Подробнее о программном обеспечении звуковой карты

Большинство звуковых карт инсталлируются программным обеспечением одним и тем же способом, и общие советы, которые я здесь приведу, являются общими примерами того, с чем вы можете столкнуться. Однако удостоверьтесь, что вы следуете инструкциям в руководстве вашей звуковой карты и любым инструкциям, поступающим в процессе инсталляции. Ваше программное обеспечение установки будет, вероятно, делать такие шаги.

1. Программа установки просит вас выбрать значения DMA и IRQ для вашей карты (которые вместе идентифицируют звуковую карту для вашего компьютера и программ, которые будут ее использовать). Без правильной конфигурации DMA и IRQ ваш компьютер не сможет распознать установленную вами звуковую карту. Если вы не уверены, что другой компонент уже использует эти значения, выберите установки по умолчанию. Многие мультимедийные программы, использующие вашу звуковую карту (наподобие игрового и обучающего программного обеспечения), предполагают, что вы используете установки по умолчанию.
2. После того как вы выберете установочные параметры, программное обеспечение позволит вам проверить вашу карту и удостовериться, что она работает и не конфликтует с другими компонентами внутри компьютера. Карта проигрывает музыку и цифровые звуковые эффекты, приглашая вас нажатием клавиши ответить, должным ли образом воспроизводится тот или иной звук. Если имеет место конфликт с вашими установками и вы ничего не слышите, программное обеспечение установки обычно сообщает вам, что сделано неправильно, и вам, вероятно, придется снять карту и изменить положение перемычек. Удостоверьтесь, что вы включили динамики или воткнули штекер наушников прежде, чем начнете тестирование, в противном случае вы ничего не услышите, даже если карта работает должным образом!
3. Когда карта работает должным образом, программа установки делает изменения в файлах системы DOS или Windows и копирует дополнительное программное обеспечение, наподобие звукового миксера, звукового проигрывателя CD и MIDI-музыки, на накопитель на жестком диске.
4. Обычно, чтобы закончить установку, следует перезагрузить компьютер, и программа установки, как правило, делает это за вас. (Если это не так, одновременно нажмите клавиши <Control+Alt+Delete>, когда компьютер это предложит вам.)

Добавление микрофона

Следующие шаги выполняйте только после того, как проверите качество инсталляции и убедитесь, что ваша звуковая карта работает должным образом. Если необходимо снять звуковую карту и изменить некоторые установки перемычек, достаточно только отсоединить динамики.

1. **Найдите гнездо микрофона на звуковой карте.**

   На большинстве карт гнездо микрофона помечено словом Microphone или Mic, но некоторые карты также используют стереотермин "Line In". Если вам требуется помощь в идентификации необходимого гнезда, обратитесь к руководству по эксплуатации звуковой карты.

2. **Вставьте штекер звукового кабеля от вашего микрофона в гнездо микрофона на звуковой карте.**

3. **Если ваш микрофон имеет переключатель вкл/выкл, установите его в положение вкл.**

4. **Установите (или прикрепите) микрофон в нужное положение.**

   Если вы используете микрофон типа clip-on/stick-on, снимите бумажный предохранитель и прикрепите держатель к корпусу компьютера. Удостоверьтесь, что микрофон и его кабель не затеняют и не блокируют какие-либо выключатели, лампочки или отверстия на лицевой панели компьютера. Если вы используете традиционный микрофон, разместите его наверху корпуса или сбоку от монитора.

Лучше всего, если микрофон будет находиться на расстоянии не более одного или двух футов от вашего стула. Конечно, прикрепляющийся микрофон работает лучше всего, если он находится вплотную рядом с вами, а головной микрофон будет работать правильно, только когда он, как легко догадаться, надет на голову.

Инсталляция субвуфера

Следуйте описанной ниже процедуре только после того, как проверите инсталляцию звуковой карты и убедитесь, что она работает должным образом.

Если ваш субвуфер не является частью набора динамиков, необходимо отсоединить динамики. Субвуфер подсоединяется непосредственно к звуковой карте, а динамики затем подключаются к субвуферу.

1. **Найдите гнездо динамика на звуковой карте.**

   Обычно гнездо динамика помечается словом Speakers, или Spkr, но на некоторых картах используется также стереотермин "Line Out" Если вам нужна помощь в идентификации нужного гнезда, обратитесь к руководству по эксплуатации звуковой карты.

2. **Вставьте штекер звукового кабеля от субвуфера в гнездо для динамика на звуковой карте и подсоедините динамики к субвуферу.**

3. **Включите шнур питания субвуфера в настенную розетку.**

4. **Установите регулятор уровня громкости субвуфера в положение чуть меньше половины диапазона регулирования громкости.**

5. **Поверните выключатель на субвуфере в положение "Вкл".**

Глава 10

Модемы и связь по Internet

В этой главе...

- Выбор модема
- Что такое скорость модема
- Стандарты модемов
- Что выбрать — внутренний или внешний модем?
- Использование технологии факса
- Что такое голосовая технология
- Использование набора команд АТ
- Инсталляция модема
- Тестирование вашей работы

В большей мере, чем название любой другой части компьютера, слово модем стало поистине бытовым словом — это гвоздь программы Internet-шоу, и без него вы не получите доступа к работе в режиме онлайн. Для большинства из нас модем — это билет для путешествий по Web-сети, и, если вы решились вступить в онлайновый мир, лучшим вложением ваших денег станет приобретение и установка быстрого модема. Только три или четыре года назад (прежде чем Internet стала сенсацией в мире средств информации) модемы были второразрядными компьютерными компонентами. Но очень скоро "выход в режим онлайн" для многих людей вообще стал основной причиной приобретения компьютера, и тогда для модемов настал звездный час.

Не желаете ли и вы присоединиться к онлайновому сообществу? В этой главе я расскажу вам, как выбрать модем с теми характеристиками, в которых вы действительно нуждаетесь, и как затем установить его (внутри или вне корпуса вашего компьютера). Вы можете даже отметить приобретение нового модема, отправив несколько факсов вашим друзьям и коллегам, — без единого прикосновения к факсовому аппарату!

СОВЕТ

Для ознакомления с более сложными и специальными вопросами, связанными с использованием модемов, рекомендую книгу Тины Ратбон *Модемы для "чайников"*, 3-е издание, издательство "Диалектика".

Учебник по модемам для рядовых граждан

Так что же такое модем? Я мог бы дать вам длинное технократическое объяснение, но могу также дать объяснение, одобряемое теми, кто предпочитает сделать что-то полезное в течение следующих 30 минут их жизни. Поэтому сокращенная версия объяснения будет звучать так: модем — это устройство, которое переводит, или модулирует, цифровой язык компьютеров (нули и единицы) в аналоговый сигнал (переменные волны, подобные звуковым волнам человеческого голоса), который может передаваться по телефонным линиям. Этот аналоговый сигнал не производит звуков, вроде человеческого голоса, но может содержать некие данные, т.е. информацию. Принимающий этот сигнал модем затем переводит, или демодулирует, поступающий сигнал из аналоговой формы обратно в цифровую, с которой получающий его компьютер уже может работать. Рис. 10.1 дает представление о том, как модемы передают и принимают информацию.

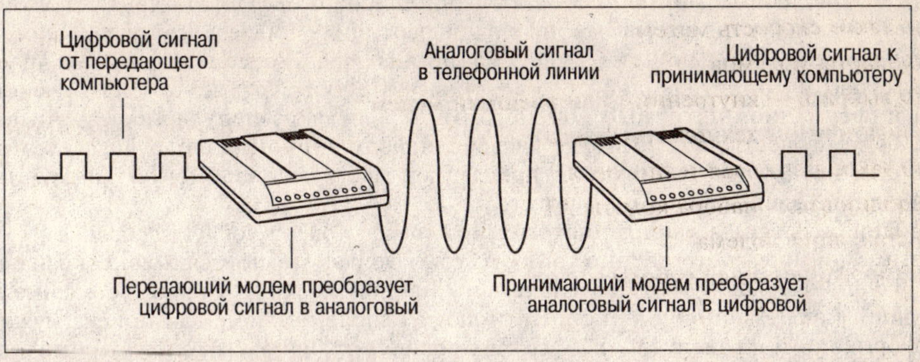

Рис. 10.1. Два модема демонстрируют принцип их работы при передаче и приеме данных по телефонной линии

Фактически, слово модем — один большой аббревиатурный монстр, произошедший при вивисекции и затем объединении двух слов *mo*dulate-*dem*odulate (*мо*дуляция-*дем*одуляция), обычно используемых для обозначения цифро-аналогового (digital-to-analog) и аналого-цифрового (analog-to-digital) конверсионных процессов. За последние годы эти два слова произносились столь часто, что естественным образом сократились до рассматриваемой аббревиатуры, ставшей теперь общепринятым словом (с которым согласился бы даже сам Ной Вебстер (Noah Webster)).

Модемы — последовательные устройства, а это означает, что по одному и тому же проводу (в данном случае, по вашей телефонной линии) они посылают одновременно лишь по одному биту данных. Возможно, вы уже догадались, что последовательное устройство должно соединяться с последовательным портом. Если вы выберете внутреннюю карту адаптера модема, то она будет укомплектована собственным последовательным портом. Если весь этот разговор о внутренних картах и последовательных портах вам не вполне понятен, не волнуйтесь, подробнее различные типы модемов мы рассмотрим позже в этой главе. (Вы заинтересовались последовательными портами? Тогда вернитесь к главе 5, в которой мы уже обсуждали вопрос инсталляции последовательного порта.)

Немного из интересной истории модема

Вполне возможно, вы и раньше слышали о модемах, поскольку они существуют в течение вот уже более 20 лет. Уже в то время так или иначе существовал "мир онлайна".

Вначале киберпространство (причудливый термин, который относится к онлайновому сообществу в целом) было населено множеством отдельных компьютерных технарей, которые соединялись друг с другом по телефонным линиям для дружеских бесед и обмена программами, во многом подобно тому, как это делают радиооператоры. Мэйнфреймовские компьютерные центры также использовали модемы для соединения разъезжих сотрудников и внешних офисов-филиалов с центральным компьютером.

Развитие в начале 80-х компьютерной автоматизированной системы информационного табло (bulletin board system, или BBS — одна из старейших аббревиатур в этой книге) обеспечило становление первой поистине *онлайновой службы*, когда любой желающий в одном и том же городе мог оставлять сообщения, играть в игры, совместно использовать файлы, просто беседовать друг с другом и даже участвовать во всемирных конференциях через сетевую систему *Fidonet message*. Большинство информационных табло бесплатны и, как правило, готовы к принятию запросов все 24 часа в сутки. Хотя из-за Internet системы информационного табло во многом потеряли свою популярность, они всегда будут существовать. Многие тысячи информационных табло во всем мире все еще прекрасно действуют и предлагают местную онлайновую коммуникацию, какой вы не найдете в Internet.

Сегодня большая часть онлайнового мира сосредоточена вокруг глобальной сети, называемой Internet (особенно той ее части, которая называется Web, сокращение от *World Wide Web*). Первоначально сеть Internet служила в качестве военной и научной информационной системы, и люди использовали ее для поиска нужной информации и файлов. Internet все еще остается грандиозным инструментом для исследования почти любой темы, но в последние пару лет она все более и более коммерциализуется и многими теперь рассматривается лишь как развлекательная среда. Для более детального ознакомления со всеми тонкостями Internet я предлагаю прекрасную книгу *Internet для "чайников"*, 6-е издание, авторы Джон Левин (John Levine), Кэрол Бароди (Carol Baroudi) и Маргарет Левин Янг (Margaret Levine Young), издательство "Диалектика".

Объяснение на полной скорости

В прежние времена для покупки модема вам нужно было иметь степень по современной количественной этимологии — нужно было рассмотреть стандарты модема, учесть необходимость в технологии факса, фактическую производительность и т.п. Однако теперь в связи ростом количества людей, использующих технику онлайн, покупка модема стала делом намного более легким. Сегодня вам нужно знать только о скоростях модема и стандартах его поддержки.

Скорость модема выражается в единицах бит/с (bps) — битов информации в секунду. (Бит — самая маленькая "субчастица" компьютерных данных; бит является или нулем, или единицей. Различные комбинации нулей и единиц представляют буквы, цифры и другие символы, которые составляют слова, числа и даже целые компьютерные программы.) Когда с помощью модема вы передаете данные по телефонной линии, то фактически посылаете длинный поток битов от одного компьютера к другому.

Если скорости модемов различны?

У вас может возникнуть вопрос, что случится, если вы имеете модем со скоростью 33.6 Кбит/с, а у вашего друга модем на 14.4 Кбит/с. Другими словами, каким образом связываются два модема с различными скоростями? Отвечаю: скорость более быстрого модема при связи всегда автоматически снижается до скорости более медленного модема. Этот процесс называется подтверждением связи, и каждая осуществляемая вами связь по модему начинается с него: модемы сравнивают свои скорости и стандарты и автоматически выбирают самую быструю возможную скорость и стандарт, поддерживаемый обоими модемами.

Первые модемы, доступные широкой публике, посылали данные со скоростью 300 бит/с. Эта скорость была прекрасна для передачи простого текста, например с информационного табло (при этом знаки на вашем мониторе появляются со скоростью печатания хорошей машинистки). Поскольку программы становились все больше, а люди хотели делать все больше соединений в реальном масштабе времени (и с малым временем ожидания), модемы прошли через множество скоростей: от 300 до 1200 бит/с, затем до 2400, 9600 бит/с, потом до 14400, 28800 бит/с, 33600 бит/с и больше.

Обычно скорости модемов выражаются в тысячах бит/с — т.е. в килобитах в секунду: Кбит/с. Например, значение 28800 бит/с обычно выражается как 28.8 Кбит/с.

Какая скорость модема приемлема для Internet и для Web? Имейте в виду, что Web и передача файлов FTP являются частями Internet, которые действительно требуют быстрой модемной связи. Если вы только посылаете и получаете электронную почту, то вполне обойдетесь и более медленным модемом. Простейший ответ состоит в том, что покупать следует самый быстрый модем, какой вы можете себе позволить. Если бы я должен был растянуть свое повествование, то сказал бы, что вы должны найти модем с минимальной скоростью 14.4 Кбит/с (но это лишь в том случае, если вы не можете позволить себе более быстрый модем), тогда вы сможете прочитать половину вашей ежедневной газеты в ожидании загрузки одной единственной страницы текста! Помните: модем на 28.8 Кбит/с с хорошей связью может загрузить ту же самую Web-страницу или условно-бесплатную программу вдвое быстрее, чем модем на 14.4 Кбит/с. Самый быстрый доступный сегодня модем может, теоретически, достигать скорости передачи данных 56 Кбит/с, что еще вдвое сокращает время ожидания загрузки одной страницы! Теперь вы можете представить себе, почему столь важно покупать по возможности самый быстрый модем.

Прежде чем вы купите или где-либо подберете б/у модем, не забудьте уточнить у вашего провайдера службы Internet (Internet Service Provider, ISP) или в местной системе BBS наивысшую скорость их модемов (и какие стандарты модема они поддерживают).

Закулисный материал: стандарты модема

Все модемы, продаваемые в последние три-четыре года, включают систему контроля ошибок, которая позволяет вам быть уверенным, что ни один бит данных не потерян или изменен из-за шумов на вашей телефонной линии. Модемы также используют некоторую систему сжатия данных, которая позволяет модему посылать большее количество данных за более короткое время. Эти характеристики определены международными стандартами — каждый модем во всем мире, который поддерживает тот же самый стандарт, что и ваш модем, может автоматически перемещать данные с самой большой возможной скоростью.

В действительности, вам не обязательно помнить, какие стандарты поддерживает ваш модем, чтобы его использовать, но вы должны рассмотреть стандарты модема при его покупке. Следующие стандарты определяют максимальную скорость, с которой ваш модем может соединяться, например, с системой вашей тети Кати во Владивостоке. Другие факторы, влияющие на скорость модема, включают четкость телефонной связи, высшую скорость двух модемов, между которыми устанавливается связь, полную производительность двух компьютеров и даже тип данных, которые вы передаете.

Ниже приведен список стандартов, с которыми вы столкнетесь при покупке модема.

- ✓ **v.90.** Одобренный в 1998 г. международный стандарт, который может обеспечивать перемещение данных со скоростью до 56 Кбит/с.
- ✓ **56K x2.** Это один из двух псевдостандартов со скоростью 56 Кбит/с, которые появились перед тем, как был снят стандарт v.90. Эти модемы соединяются со скоростью до 56 Кбит/с, но только с теми модемами, которые поддерживают тот же самый стандарт x2. Если второй модем не поддерживает патентованный стандарт x2, скорость модемов падает до 33.6 Кбит/с. Стандарт x2 был разработан фирмой U.S. Robotics.
- ✓ **56K Kflex.** Это другой псевдостандарт со скоростью 56 Кбит/с, который появился, когда разрабатывался стандарт v.90. Эти модемы соединяются со скоростью до 56 Кбит/с, но только с другими модемами, поддерживающими тот же самый. Если второй модем не поддерживает патентованный стандарт Kflex, скорость модемов снижается до 33.6 Кбит/с. Kflex-стандарт разработан фирмами Lucent Technologies и Rockwell.
- ✓ **v.34 расширенный.** Этот стандарт модема — улучшенная версия стандарта v.34. Рассчитан на передачу данных со скоростью до 33.6 Кбит/с.
- ✓ **v.34.** Наиболее общий стандарт модема в последние пару лет; обеспечивает перемещение данных со скоростью до 28.8 Кбит/с.
- ✓ **v.32bis.** Эти модемы обеспечивают максимальную скорость передачи данных 14.4 Кбит/с.
- ✓ **v.42/v.42bis.** Этот стандарт — оригинальная комбинация "контроль ошибок /сжатие данных" (и, вероятно, самый старый стандарт модема, с которым вы когда-либо столкнетесь). Эти модемы обычно перемещают данные с максимальной скоростью 9600 бит/с.

Спецификации модема со скоростью 56 Кбит/с требуют немного разъяснения.

- ✓ У вас есть старый патентованный 56 Кбит/с-модем? Если он не модернизирован, вы не сможете соединяться с самой высокой скоростью с модемом стандарта v.90. Если вы собираетесь купить один из этих патентованных 56 Кбит/с-модемов, свяжитесь с изготовителем и уточните, можно ли его модернизировать.
- ✓ Вы скорее встретите в вашей гостиной комнате африканского дикаря в набедренной повязке, чем соединитесь на полной скорости в 56 Кбит/с с каким угодно телефонным модемом, независимо от его спецификации. Для этого ваша телефонная линия должна быть кристально чистой и другие условия должны быть исключительно благоприятными.

В действительности, 56 Кбит/с — самая большая доступная скорость для модема, но максимум из того, что вы сможете выжать из стандартной телефонной линии, — это 49.3 Кбит/с. Такое ограничение обусловлено, частично, необходимостью реализации цифро-аналогового конверсионного процесса, происходящего между модемами, и частично, как правило, из-за плохого состояния обеспечивающих связь аналоговых телефонных линий.

СОВЕТ

Это ограничение по скорости не относится к связи в формате ISDN, которая является истинно цифровой связью. ISDN является настолько же мощным "двигателем" по отношению к вашему аналоговому модему, как лошадь, везущая детскую коляску. Если вы — "скоростной гонщик", не боитесь потратить немного больше денег и хотите получить все факты о действительно быстрой связи, переходите к главе 13.

СОВЕТ

Если вы покупаете модем (независимо от его скорости), знайте, что модель, которая допускает модернизацию, ст*о*ит дополнительные деньги. Такие модемы могут быть "повторно запрограммированы" в соответствии с самыми последними стандартами. Ищите модели, рекламирумые как flash-ROM, или допускающее модернизацию фирменное оборудование (хорошие термины для обозначения возможности модернизации вашего модема). Пользователей Windows 98, Windows 95 и Windows NT изготовитель должен снабдить файлом информации о модеме (с расширением .INF), чтобы Windows могла управлять определенной маркой вашего модема. Пользователи OS/2 должны получить файл управления модемом (во многом подобный .INF файлу) от изготовителя модема. Поддержка вашего модема должна быть установлена автоматически, когда вы запускаете программное обеспечение инсталляции модема для вашей специфической операционной системы; если это не так, следуйте указаниям, которые приведены в руководстве модема для вашей конкретной операционной системы.

Поговорите со своим модемом: команды AT

Ваш компьютер сообщает вашему модему, как себя вести, но он не посылает ему распоряжения наподобие "подсоединись к телефону и набери этот номер" или "подготовься к получению факсов". Вместо этого модемы управляются рядом стандартных команд, называемых набором команд AT (названных так потому, что все команды начинаются с команды ВНИМАНИЕ (Attention), сокращенной до AT).

В прежние времена вы должны были запомнить эти команды, чтобы заставить ваш модем работать, но современные операционные системы, подобные Windows 98, Windows NT и OS/2, не требуют, чтобы вы отслеживали все команды, посылаемые вашему модему. Пока ваш модем поддерживается вашей операционной системой, кошмар необходимости "ручной" конфигурации модема исчезает. Поэтому вы должны убедиться, что купленный (или где-то подобранный) вами модем поддерживается операционной системой, которую вы планируете использовать. К счастью, в наши дни было бы "самоубийством изделия" для модема не уметь работать на этих популярных платформах.

Модемы типа Plug and Play также становятся очень популярными, и по понятной причине: они оперируют с большинством необходимых конфигураций автоматически. Windows 98 и Windows NT могут изменять назначения (установки) ваших компонентов и устройств типа Plug and Play так, чтобы они все работали согласованно и не конфликтовали. Подробную информацию о Plug and Play см. в главе 3.

Если вы выбрали известную марку модема, которая существует на рынке в течение года или около того, то, скорее всего, Windows уже владеет нужной информацией о таком модеме. Если это действительно так, то Windows автоматически распознает ваш модем в процессе инсталляции вами на компьютере операционной системы Windows 98 или Windows NT. В руководстве вашего модема должно быть указано, следует ли вам установить новый файл управления.

Нужен ли мне быстродействующий последовательный порт?

Сегодняшние сверхбыстрые модемы перемещают данные с невероятной скоростью — фактически, первые проектировщики IBM PC упали бы со смеху со своих скрипучих офисных стульев, если бы им сказали, что модем когда-либо сможет достигнуть скоростей вроде 56 Кбит/с. Теперь, когда модемы живут жизнью бегунов по быстрой дорожке, для их поддержки ваш компьютер нуждается в быстродействующем последовательном порте с чипами соответствующего типа.

К сожалению, старые последовательные карты адаптера порта совершенно не были предназначены для оперирования с такими высокими скоростями; из-за этого ограничения они, в основном, ничего не стоят в сочетании с современным модемом.

Как можно убедиться в том, что для работы у вас имеется правильный последовательный порт? Самый легкий путь — приобретение внутренней карты адаптера модема. Поскольку эти карты размещаются внутри вашего компьютера и не связаны с ним через кабели, внутренние модемы имеют свои собственные встроенные последовательные порты. Этот путь гарантирует, что вы будете иметь аппаратные средства, в которых действительно нуждаетесь. (Любой изготовитель, производящий быстродействующие внутренние модемы без встроенного быстродействующего последовательного порта, должен быть схвачен и заключен вместе с сердитым скунсом.)

Если вы где-то взяли б/у внешний модем, работающий быстрее, чем со скоростью 14.4 Кбит/с, необходимо удостовериться, что ваша последовательная карта адаптера имеет быстродействующие UART-чипы класса 16550. Если на вашем компьютере установлена система MS-DOS 6.22, то можете запустить утилиту Microsoft Diagnostic (MSD.EXE), которая показывает информацию о вашем компьютере; это — легкий способ выяснить, правильная ли последовательная карта адаптера установлена на компьютере.

Чтобы запустить утилиту Microsoft Diagnostic, выполните следующие шаги.

1. **На приглашение DOS напечатайте MSD и затем нажмите клавишу <Enter>. Появится главный экран MSD, как показано на рис. 10.2.**
2. **Нажмите клавишу <C>, чтобы выбрать функцию `COM Ports` (COM-порты).**

   Программа выведет экран, показанный на рис. 10.3. Если у вас установлен быстродействующий последовательный адаптер, по крайней мере две из колонок под заголовком `UART Chip Used` (используемый чип UART) будут начинаться с номеров 16550.
3. **Для выхода из экрана COM Ports, нажмите <Enter>; затем <F3> — для выхода из утилиты MSD.**

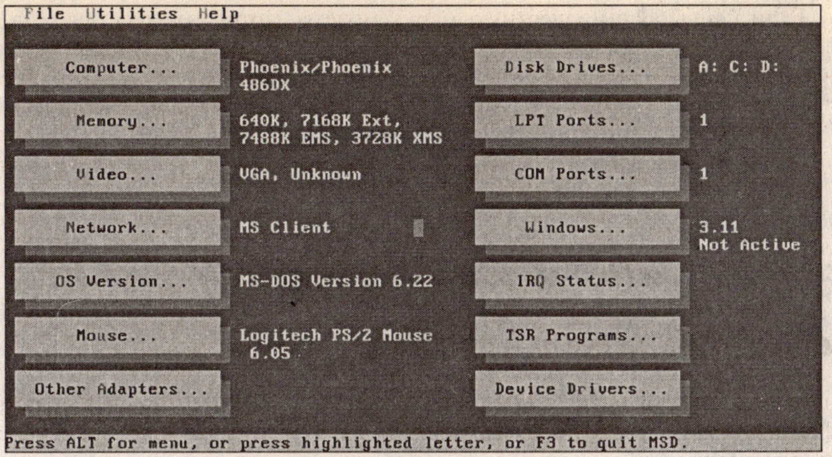

Рис. 10.2. Главное меню программы MSD

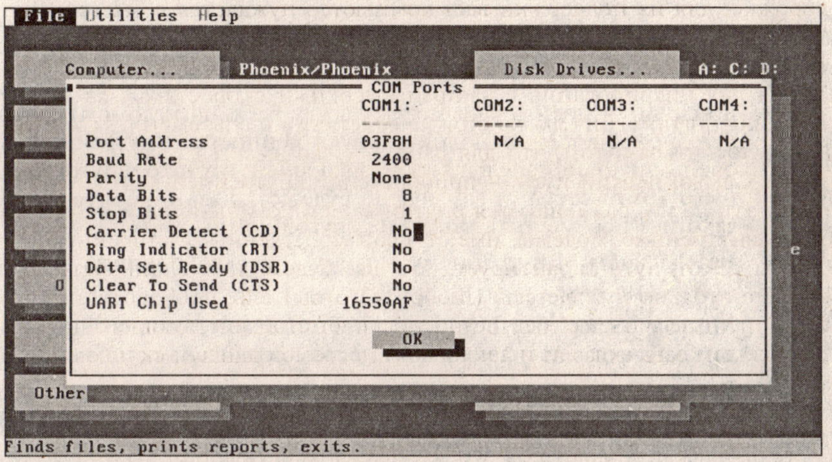

Рис. 10.3. Определите скорости ваших серийных портов

Если ваш компьютер использует различные UART-чипы, которые не начинаются с номера 16550, то, если вы планируете использовать внешний модем, более быстрый, чем на 14.4 Кбит/с, самое время покупать новую последовательную карту адаптера

Это будет карта или целое устройство?

Можно привести множество аргументов за и против внутренних и внешних модемов при определении того, какой тип является для вас наиболее подходящим.

- ✓ **Стоимость.** Внутренние модемы не нуждаются в собственном корпусе и отдельном электропитании, так что они, как правило, на 20–30% дешевле, чем их внешние братья.
- ✓ **Индикаторы состояния.** Как можно видеть, например, на рис. 10.4, внешние модемы имеют лампочки, которые позволяют вам контролировать прохождение вашего запроса. Если вы знаете, что означает

мигание каждой лампочки, то они могут служить ценным инструментом в определении того, сотрудничают ли ваш модем и компьютер (или ваш модем самостоятельно пустился во все тяжкие). Внутренние модемы не имеют никаких индикаторных лампочек, поскольку они "живут" внутри корпуса вашего компьютера, трудно определить точно, чем они там занимаются.

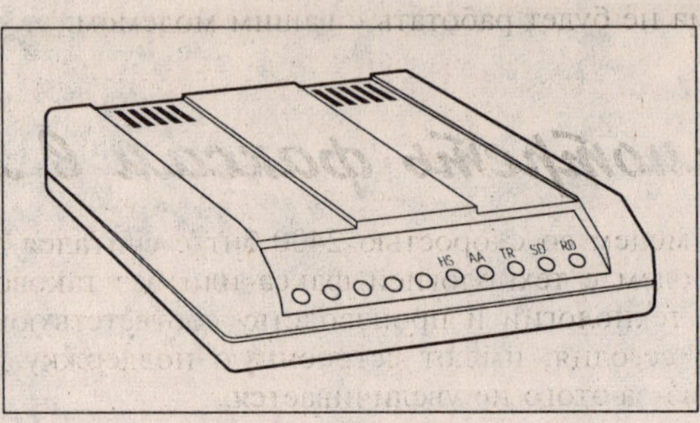

Рис. 10.4. Типичный внешний модем, укомплектованный индикаторными лампочками

- ✓ **Мобильность.** Если вы имеете более одного компьютера (или если вам приходится носить ваш модем между работой и домом), внешний модем приобретает дополнительную ценность. Внутренний модем не очень транспортабелен — он захоронен глубоко внутри корпуса вашего компьютера, и вам нужно будет открывать корпус, если вы вдруг захотите переместить модем на другой компьютер.
- ✓ **Безопасность.** Внутреннему модему труднее "пришить ноги" в офисной обстановке.
- ✓ **Меньше беспорядка.** Если на вашем столе место ограничено, внешний модем означает еще одну коробку, загромождающую компьютерный стол.
- ✓ **Встроенный последовательный порт.** Внутренний модем поступает с собственным встроенным последовательным портом, так что вам не нужно волноваться о том, являются ли ваши последовательные порты достаточно быстрыми для вашего модема. Кроме того, если оба последовательных порта на заднем торце вашего компьютера уже использованы, приобретение внутреннего модема — хорошее решение. (Все, что вам необходимо знать о портах, содержится в главе 5.)
- ✓ **Переполнение.** Если вы уже заполнили все слоты в вашем компьютере различными наворотами, наподобие SCSI-адаптера и звуковой карты, у вас не будет достаточно места для размещения внутреннего модема. Это — другая причина, по которой многие компьютерщики имеют внешние модемы.
- ✓ **Легкость установки.** Инсталляция внешнего модема, вообще говоря, — более простая операция, поскольку он не будет конфликтовать с другими частями (например, с последовательной мышью) из-за COM-порта. Больше информации по этому вопросу приведено ниже в этой главе.

Если вы выбрали внешний модем, при его покупке удостоверьтесь, что вы также приобретете надлежащий модемный последовательный кабель. Большинство кабелей модема используют 9-штырьковый соединитель на стороне компьютера и 25-штырьковый соединитель на модемном конце. Но много последовательных карт адап тера с двумя портами имеют один 9-штырьковый и один 25-штырьковый последовательный соединители. Если ваша мышь связана с 9-штырьковым последовательным портом, то модем нужно будет соединить со вторым последовательным портом.

При покупке модемного кабеля не перепутайте его с кабелем нуль-модема (null modem cable). Эти специальные кабели предназначены для соединения вместе прямой последовательной связью двух компьютеров. Кабель нуль-модема не будет работать с вашим модемом.

Время посмотреть факсам в лицо

Во времена, когда модем со скоростью 2400 бит/с считался демоном скорости, вы могли бы выбирать модем с технологией факса или без таковой. Однако, благодаря усовершенствованиям технологии и производству соответствующих чипов, все новые модемы, продаваемые сегодня, имеют встроенную поддержку факса (факс-модемы), причем их стоимость из-за этого не увеличивается.

Хорошее и плохое о факс-модемах

Что же конкретно можно делать с факс-модемом? Фактически, примерно то же, что вы можете делать с реальным факсовым аппаратом, только со значительно большей эффективностью! Естественно, вы можете использовать факс-модем, чтобы посылать и получать факсы от других факсовых аппаратов или других компьютеров. Можно также составить телефонный справочник и автоматически посылать факсы ночью, позволять другим факсовым аппаратам запрашивать ваш компьютер для передачи новых документов, посылать факсы многочисленным получателям и разрабатывать ваши собственные титульные листы, точно так же, как это позволяет лишь дорогой факсовый аппарат. С помощью модемного факса вы можете даже пересылать программы и файлы данных на другие компьютеры, оборудованные факс-модемами.

Тем не менее прежде чем вы решите потратить сбережения всей вашей жизни на дорогой факс-модем, я должен сообщить вам о двух недостатках пересылки факсов с помощью компьютера.

- ✓ Вы можете пgосылать только те свои документы, которые включают, например, любой документ, созданный с помощью текстового редактора, крупноформатную таблицу, изображение или что бы то ни было, что вы могли бы обычным образом распечатать на принтере. Однако вы не сможете отправить ни фотографию из сегодняшней газеты, ни рецепт из кулинарной книги тети Маши. Все, что существует на бумаге и называется твердой копией, полученной типографским или компьютерным способом, можно отправить с факс-модема единственным путем: сначала ввести этот документ в ваш компьютер. Если вас интересуют сканеры и то, как захватывать (вводить в компьютер) цифровые изображения твердых копий, перейдите к главе 14 вашей твердой копии этой книги.
- ✓ Если вы серьезно относитесь к использованию вашего компьютера как факс-машины, он должен быть включен 24 часа в сутки. Оставленный включенным компьютер позволит вашему модему отвечать на запросы факса во время вашего отсутствия и посылать факсы в определенное вами время. Если вы оставляете вашу программу факса выполняться под управлением мультизадачной системы типа Windows

или OS/2, то сможете спокойно заниматься своей работой, в то время как ваш факс-модем тихо притаился на заднем плане, готовый атаковать, подобно коварному тигру, любой поступающий запрос.

- ✓ Компьютер, оставленный включенным, — на самом деле не так плохо, как это может показаться: в режиме ожидания ваш компьютер фактически потребляет значительно меньшую мощность, чем вы, может быть, думаете. Ваш монитор — вот настоящий монстр, пожирающий электроэнергию, в вашей системе компьютера, и большинство людей, которые эксплуатируют свои компьютеры постоянно, просто выключают монитор, если машина какое-то время не используется.

СОВЕТ

Если вы решили использовать ваш новый компьютер как часть домашнего офиса, я настоятельно рекомендую подумать о второй телефонной линии, предназначенной исключительно для вашего компьютера, — иначе любой, кто пытается послать вам факс в то время, как вы по телефону заказываете пиццу, получит в ответ раздражающий сигнал "занято". Отдельную телефонную линию можно использовать также для голосовой почты — об этом рассказывается в разделе "Позвольте вашему модему говорить!"

СОВЕТ

Вы можете добавить вторую телефонную линию? Тогда рассмотрите возможность добавления услуги различения звонков на вашу существующую линию. Такая услуга, предоставляемая телефонной компанией, позволяет иметь больше одного телефонного номера, каждый из которых использует одну и ту же физическую телефонную линию в вашем доме. При вызове каждого номера телефон звонит по-разному, так что вы всегда сможете определить, кому адресован конкретный запрос — вам или вашему компьютеру. В действительности, наиболее современные факс-модемы и программное обеспечение факса могут различать запросы и могут быть сконфигурированы так, чтобы отвечать только на некоторый образец звонка. Если вы хотите использовать эту особенность, удостоверьтесь, что ваш модем поддерживает и различение звонков, и адаптивный ответ (который позволяет модему при необходимости автоматически переключаться в режим факс-машины).

Некоторые факты о факсах

"О'кей, Марк, это все хорошо и прекрасно, но что я действительно могу делать с факсовым документом, который я получил?" Если хотите, можете просто сохранить этот факс-документ в виде файла на вашем компьютере и затем просматривать его на экране всякий раз, когда вам это нужно (включая возможность вращения и изменения масштаба изображения документа). Вместе с тем, у вас имеется и много других возможностей.

- ✓ Можно распечатать факсимильное сообщение на вашем системном принтере (чтобы получить твердую копию из этого термически нестойкого материала, который со временем желтеет, — мы говорим здесь о реальной бумаге).
- ✓ Если ваши друзья или сотрудники имеют то же самое программное обеспечение факса, то к направляемому им сообщению электронной почты Internet вы можете приложить некий документ, и они смогут загружать его так же, как если бы получили его по телефону. Это — легкий способ послать факс куда-нибудь по Internet.

- ✓ Если ваше программное обеспечение факса включает OCR (короткая аббревиатура для длинного названия программы optical character recognition — оптическое распознавание символов), ваш компьютер может фактически “читать” слова факс-сообщения и вставлять их как текст в ваш любимый текстовой процессор. Такое распознавание точно не на все 100 процентов, но достаточно эффективно экономит много времени, которое вы потратили бы на перепечатывание документа.
- ✓ Вы можете аннотировать факс и возвратить его — большинство программ факса позволяют добавить ваш собственный текст или даже переделать первоначальный факс и затем передать его повторно. Эта функция очень полезна для исправления ошибок или внесения предложений в процессе создания некоторого коллективного документа.

Когда вы покупаете факс-модем, обычно трудно сказать, какие особенности поддерживаются сопутствующим программным обеспечением, включенным в ваш модем. Если программное обеспечение факса, который вы приобрели, не поддерживает требуемые особенности, не пожалейте денег на полнофункциональную факсовую или коммуникационную программу наподобие WinFax PRO или Procomm Plus.

Позвольте вашему модему говорить!

Вы когда-нибудь пробовали звонить по делу и войти в контакт с кем-либо, находившимся вне офиса? Тогда вы, вероятно, сталкивались с голосовой почтой, которая позволяет оставить устное сообщение для определенного человека. Если вы думаете, что этот вид технологии слишком дорог для вашего домашнего офиса, то подумайте снова: с сегодняшними голосовыми модемами ваши деловые партнеры, которые звонят вам, будут иметь дело с профессиональным телефоном с автоответчиком, что обойдется вам, как правило, лишь на \$50–\$100 больше, чем обычный факс-модем.

Речевые (голосовые) модемы обеспечивают множество персональных голосовых почтовых ящиков (число почтовых ящиков и особенности, доступные для каждого почтового ящика, изменяются в зависимости от модели модема и сопровождающего его программного обеспечения). Звонящий вам человек может сохранить речевое сообщение для вас по телефону, который посылает числовые команды вашему компьютеру, и большинство речевых модемов позволяют вам “вынимать” вашу голосовую почту с удаленного телефона, так что вам даже не нужно быть рядом с вашим компьютером, чтобы проверить эти сообщения.

Большинство речевых модемов обеспечивают также другие удобства, например.

- ✓ Одной из моих любимых особенностей речевого модема является наличие в нем микрофона с громкоговорителем (speakerphone), которая позволяет набрать номер телефона и разговаривать с кем-либо посредством микрофона и динамика вашего ПК — никакой телефонной телефонной трубки при этом не нужно! (Подробнее о микрофонах и динамиках см. в главе 9.)
- ✓ Если вы имеете больше одного почтового ящика сообщений, ваш речевой модем должен позволять хранить индивидуальное речевое приветствие для каждого почтового ящика.

- ✓ Если вас будет интересовать происхождение запроса, удостоверьтесь, что вы получаете речевой модем с поддержкой Caller ID, включающей показ номера вызывающего телефона в порядке поступления его сигнала. (Вам нужно будет также подписаться на услугу Caller ID через вашу телефонную компанию.)
- ✓ Лучшие речевые модемы позволяют передавать и речь, и данные в одном и том же сеансе соединения одновременно. Например, вы можете переговариваться с другими игроками в процессе игры в онлайновую мультиигру или разговаривать с кем-то, посылая этому человеку файл с крупноформатной таблицей.
- ✓ Некоторые речевые модемы могут даже набирать ваш пэйджер, чтобы сообщить вам о поступлении речевой почты (лично я иногда не хочу быть слишком сильно привязанным к моему компьютеру).

СОВЕТ

Вы можете выбирать комбинацию голоса, факса и модема данных либо, если голосовая особенность вас не привлекает, только модем данных и факс. Ваш выбор зависит от того, *как* вы планируете использовать ваш компьютер, и от суммы, которую вы можете заплатить за модем. Хотя голосовая технология — очень привлекательная особенность, она, конечно, не обязательна при соединении с Internet или отправке и получении факсов.

Инсталляция внутреннего модема

Инсталляцию внутреннего модема мы сравнивали с борьбой с разъяренным тигром голыми руками — но часто это сравнение больше подходит к попыткам с помощью рожка для обуви установить внутренний модем в существующий компьютер, в котором последовательные порты уже заняты несколькими устройствами.

Вам может понадобиться изменить назначения перемычки на вашем внутреннем модеме, если по умолчанию эти назначения предполагают, что COM-порт (другой термин для последовательного порта) уже используется другим компонентом в вашем компьютере. Например, если ваша мышь использует последовательный порт, она, вероятно, связана с COM1, так что вам нужно будет сконфигурировать ваш модем как COM2. Программное обеспечение инсталляции для вашего модема обеспечивает вас возможными назначениями для COM-порта.

Чтобы установить внутренний модем, следуйте шаг за шагом приведенным ниже инструкциям — тогда вы благополучно дойдете до конца этой процедуры и останетесь невредимым.

1. **Вы только что расчесывали вашу собаку? Тогда коснитесь металлической поверхности, прежде чем начнете устанавливать вашу карту!**

   Дотрагиваясь до металлической поверхности, прежде чем коснуться любых компонентов в компьютере, вы освобождаете статическое электричество, которое на вас, возможно, накопилось.

2. **Если шасси вашего компьютера в настоящее время включено, отключите его, затем снимите крышку корпуса.**

3. **Выберите открытый 16-битовый слот карты адаптера для вашего модема.**

   Карты адаптера модема почти универсально 16-битовы, но если вы подобрали где-то старый 8-битовый модем, он должен, тем не менее, тоже подходить к 16-битовому слоту.

4. **Удалите винт и металлическую крышку слота, закрывающую выбранный слот.**

   Не забудьте положить обе эти детали в вашу коробку с запчастями.

5. **Совместите соединитель на карте со слотом на материнской плате.**

   Металлическая скоба карты должна поравняться с открытой площадью, образованной после удаления вами крышки слота.

6. **Надавите на верхний торец карты и задвиньте ее вниз в слот.**

   Если карта полностью вошла в слот, скоба должна встать точно вплотную к корпусу.

7. **С помощью винта прикрепите скобу к корпусу.**

8. **Подключите провод телефонной линии от настенной телефонной розетки в надлежащее гнездо с обратной стороны вашего компьютера.**

   Сбоку вашего модема имеется два гнезда? Значит, ваш модем можно связать и с телефонной линией, и со стандартным внешним телефоном, так что вы можете звонить куда-либо, используя телефон, когда модем не использует линию. Обратитесь к руководству по эксплуатации модема и уточните, к какому гнезду следует подсоединять телефонную линию от настенной розетки (обычно оно отмечено словом Line (линия) или изображением настенной телефонной розетки). Если вы хотите использовать отдельный телефон, подсоедините шнур от телефона к другому гнезду (обычно отмеченному словом Phone).

Подсоединение внешнего модема

Вы остановили свой выбор на внешнем модеме? Если на вашем компьютере есть открытый последовательный порт и вы имеете кабель модема с правильными соединителями, значит вы готовы подсоединить его. Для этого выполните следующие шаги.

1. **Отыщите 9-штырьковый последовательный порт на задней стороне корпуса компьютера.**

   Последовательный порт — это маленький соединитель, показанный на рис. 10.5.

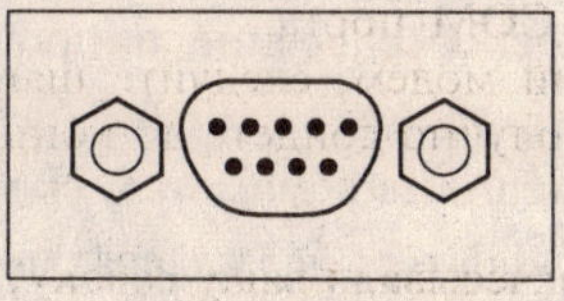

Рис. 10.5. 9-штырьковый последовательный соединитель

СОВЕТ

Если ваш 9-штырьковый последовательный порт уже используется вашей мышью, не впадайте в панику. Просто соедините модем со вторым последовательным портом, который обычно устанавливается как COM2. Вам потребуется, однако, кабель, который соответствует соединителю для вашего второго последовательного порта, а они обычно — 25-штырьковые порты. Большинство компьютерных магазинов продают небольшие переходники, которые превращают 9-штырьковый соединитель на конце кабеля модема в 25-штырьковый соединитель.

1. **Совместите соединитель на конце кабеля вашего модема с последовательным портом.**

   Форма торцов соединителей разработана таким образом, чтобы сделать соединение лишь единственно правильным путем.

2. **После того как соединитель правильно выровнен, втолкните его в гнездо порта до упора.**

3. **Если хотите, закрепите соединители, поворачивая кнопки на соединителе по часовой стрелке.**

   Если на соединителе модема используются винты вместо кнопок, вам понадобится маленькая отвертка. Если соединение уже и без этого достаточно прочно, можете так его и оставить.

4. **Теперь подсоедините шнур питания от вашего модема к настенной электророзетке.**

5. **Подключите телефонную линию от настенной телефонной розетки в надлежащее гнездо с обратной стороны вашего компьютера.**

   Большинство внешних модемов имеют два гнезда, а это означает, что вы можете также подключаться к стандартному телефону и использовать его, когда модем не использует линию. В руководстве по эксплуатации модема должно быть указано, к какому гнезду следует подключить телефонную линию от настенной розетки; обычно это гнездо отмечено словом Line (линия) или имеет изображение настенной телефонной розетки. Если вы хотите использовать отдельный телефон, подсоедините шнур от телефона к другому гнезду, обычно отмеченному словом Phone.

6. **Включите питание вашего модема.**

Инсталляция программного обеспечения и тестирование модема

Чтобы сконфигурировать и испытать ваш внутренний или внешний модем, необходимо установить программное обеспечение и программу коммуникаций, которая поступает вместе с модемом.

1. **Если вы отключили ваш компьютер, включите его.**

2. **Подсоедините монитор и клавиатуру к компьютеру и поверните (нажмите) выключатель питания монитора в положение "Вкл".**

3. **Выключатель на корпусе компьютера установите в положение "Вкл" и дайте компьютеру загрузиться.**

4. **Запустите программное обеспечение инсталляции модема.**

   Вставьте носитель с программным обеспечением инсталляции в накопитель CD-ROM или в накопитель на гибком диске и следуйте инструкциям, появляющимся на экране или приведенным в вашем руководстве по модему, чтобы установить программное обеспечение диагностики, а также любое программное обеспечение коммуникаций, которое может быть связано вашим модемом.

Если вы где-то нашли б/у модем и у вас нет какого-либо программного обеспечения коммуникаций, я рекомендую использовать одну их коммерческих программ, подходящую к вашей операционной системе (типа Procomm Plus).

ПК имеют четыре отдельных стандартных значения COM-порта (от COM1 до COM4). Если ваш модем, кажется, не распознает команды на COM1, попробуйте другие три значения. Большинство внутренних модемов сконфигурированы изготовителем как COM2, в то время как внешним модемам действительно безразлично, какой COM-порт они используют.

Внутренний модем не будет работать, если он попытается использовать COM-порт, уже задействованный другим компонентом. Если вы используете внутреннюю карту модема с перемычками, то эта проблема решается путем снятия карты, установки новых значений, требуемых программным обеспечением, переинсталляции карты и затем ее испытания. Если вы используете внутренний модем типа Plug and Play или нерегулируемый (jamperless) модем, вы можете выбрать другой COM-порт, управляя значениями конфигурации, с которой поступил ваш модем. После того как вы найдете работающую комбинацию величин, запишите их в вашем руководстве по эксплуатации модема для будущих ссылок.

Если ваш модем — модель типа Plug and Play, у вас есть возможность сделать все связанные с COM-портом регулировки, запустив программу конфигурации модема.

5. **Запустите программу диагностики.**

Инсталляция программного обеспечения модема

Следующие общие советы дадут вам некоторое представление о том, что можно ожидать при инсталляции модема. Тем не менее всегда в первую очередь следуйте инструкциям в вашем руководстве по модему и любыми появляющимся на экране указаниям!

1. Программа инсталляции показывает COM-порты, которые используются в настоящее время на вашем компьютере, и попросит вас выбрать неиспользованный COM-порт. (Для большинства внутренних модемов это по умолчанию порт COM2.)
2. После того как вы выберете ваши назначения, программа инсталляции проверит ваш модем с помощью программы диагностики, чтобы определить, отвечает ли модем должным образом на запросы. Обычно такое испытание состоит в посылке модему ряда AT-команд, на которые модем отвечает, если он был правильно установлен. Если имеет место конфликт с COM-портом, который вы выбрали, следует выбрать другой COM-порт. Если вы используете внешний модем, прежде чем начнете его тестирование, удостоверьтесь, что вы включили питание модема.
3. Когда модем работает должным образом, программа инсталляции делает изменения в системных файлах DOS или Windows. Она может также копировать дополнительное связанное с коммуникациями программное обеспечение.
4. Обычно для завершения инсталляции компьютер необходимо перезагрузить.

Из-за ограничений в проекте первоначальных компьютеров IBM вы не сможете использовать одновременно ни COM1 и COM3, ни COM2 и COM4. К сожалению, этот стандарт просто все еще не установлен; ограничения COM-порта — наследие темного прошлого (похоже, единственные последовательные устройства, которые сегодня все еще находятся в общем использовании, — это модемы и мыши). Вам остается просто сделать хорошую мину при плохой игре, либо сделайте, как это сделал я: повесьте картину первобытного IBM PC на стену и бросайте в нее стрелы. Я никогда не упускаю случая сделать это.

Сегодняшние программы коммуникаций написаны для Windows 98, Windows NT или OS/2. Если вы планируете использовать одну из этих программ, подождите с установкой программного обеспечения коммуникаций до тех пор, пока не установите новую операционную систему. В Приложении вы найдете всю необходимую информацию, касающуюся различных операционных систем.

Часть IV

Добавление усовершенствованных компонентов

Этот монитор предназначался для моего нового ПК, но пока я ожидал получения других компонентов, дети связались с компанией по производству пылесосов.

В этой части...

Здесь я описываю периферийные устройства крутого пользователя, которые часто можно найти на быстродействующих компьютерах. Вы больше узнаете об ускорении работы вашего ПК с помощью технологии SCSI, о формировании простой сети, о добавлении технологии ISDN на ваш компьютер и об использовании цифрового сканера или цифровой камеры. Продвинутые (усовершенствованные и иногда довольно дорогие) технологии, описание которых вы найдете в этой части, не являются необходимыми для среднего домашнего или маленького офисного ПК, но эти главы послужат вам введением в вычислительный мир крутого пользователя.

Глава 11

Нападение монстра SCSI

В этой главе...

- Что такое SCSI-технология
- Назначение ID-номеров устройствам SCSI
- Завершение SCSI-цепочки
- Установка вашей SCSI-платы
- Добавление SCSI-устройства
- Инсталляция программного обеспечения и тестирование работы
- Диагностика SCSI-компонентов

У меня нет никакой возможности избежать обсуждения SCSIэта аббревиатура, между прочим, произносится как "сквзи" и расшифровывается как *Small Computer Systems Interface* — интерфейс малых компьютерных систем). Возможно, впервые вы услышите о нем в случайном сеансе связи с вашей компьютерной группой пользователей. Возможно, ваш друг, считающийся компьютерным гуру, порекомендует вам его. Или ваш знакомый продавец в компьютерном магазине подойдет к вам и скажет что-то вроде: "Знаете, вы могли бы *действительно* ускорить ваш ПК с помощью SCSI-карты".

И вас действительно не обманывают, потому что продавец говорит вам правду. SCSI-компонент, наподобие жесткого диска, может передавать данные с феноменальной скоростью, сравнимой со стандартом IDE-накопителей. Если вы жаждете настоящего быстродействия, SCSI реализует ваши мечты. SCSI может также поддерживать семь устройств на единственной карте адаптера, включая такие приятные игрушки, как сканеры, записывающие устройства CD, ленточные накопители резервной копии и сменные кассетные накопители.

Но поскольку вы не сможете получить что-то из ничего, то когда дело доходит до добавления на ваш компьютер SCSI-поддержки, процесс этот оказывается определенно более трудным, чем добавление жесткого диска EIDE (см. главу 7). Я не думаю, что вам понадобится упаковка любимого лекарства от головной боли в процессе установки, но уверен, что вам необходимо прочитать и эту главу, и все руководства, которые сопровождают ваши аппаратные средства SCSI.

В этой главе я расскажу вам, как правильно устанавливать и конфигурировать вашу SCSI-карту адаптера и SCSI-устройства.

Так ли мне необходим SCSI?

Прежде чем вы решитесь вообще добавлять SCSI, внимательно присмотритесь к своему компьютеру его и применениям. SCSI ни в коем случае не является требованием для среднего компьютера типа Pentium, и нет никакой причины добавлять его к вашей системе без настоятельной необходимости. Помня об этом, рассмотрим такие причины, по которым вам действительно необходимо было бы установить SCSI.

- ✓ **Быстродействие.** Большинство обычных SCSI-устройств, SCSI-накопители на жестких дисках являются в настоящее время чемпионами по скорости передачи данных. Например, правильно сконфигурированный жесткий диск SCSI может обычно передавать данные со скоростью, по крайней мере, вдвое большей, чем стандартный жесткий диск EIDE. SCSI-карта адаптера обеспечивает самые быстрые возможные скорости передачи данных, но, чтобы воспользоваться преимуществами такого быстродействия, вам также придется покупать SCSI-компоненты. Фактически, некоторые периферийные устройства, которые обычно не рассматриваются как быстрые (например, цифровые сканеры), работают быстрее и более эффективно на SCSI-системе. Большинство обычных SCSI-карт адаптера могут передавать данные со скоростью в пределах 5 Мбайт/с, в то время как более продвинутые варианты SCSI (подобно UltraSCSI) могут достигать феноменальной скорости передачи в 40 Мбайт/с. Цифры, подобные этой, заставляют большинство компьютерщиков сесть и задуматься. Молниеносные скорости передачи данных заставляют также администраторов сетей и Web-узлов задуматься о том, почему аппаратные средства SCSI обычно используются на серверных компьютерах.

  Для многих крутых пользователей это увеличение быстродействия — причина достаточная, чтобы перейти на рельсы SCSI. Но, если вы хотите сохранить деньги или вас действительно не волнует возможность выжать дополнительное быстродействие из вашего ПК, то вам вполне будет достаточно стандартной EIDE-системы.

- ✓ **Расширение.** Если вы планируете подвесить к вашему компьютеру множество периферийных устройств, за исключением кухонной раковины, естественным является приобретение SCSI-карты адаптера. Когда все сконфигурировано правильно, единственная SCSI-карта адаптера может обслуживать семь различных устройств (разновидность карты UltraWide SCSI может справиться даже с 15 устройствами!). EIDE-карта контроллера может поддерживать только четыре устройства (два на первичном и два — на вторичном EIDE-соединителе). Ваша SCSI-карта автоматически направляет данные к этим устройствам и от них, так что вы сможете даже использовать их одновременно.

- ✓ **Совместимость.** Некоторые части, требующие быстрых скоростей передачи данных, используют исключительно интерфейс SCSI. Например, большинство записывающих устройств CD и резервных накопителей DAT используют SCSI-стандарт и требуют SCSI-адаптера, потому что эти периферийные устройства нуждаются в самой быстрой возможной передаче данных.

  SCSI также распознается самыми различными операционными системами, включая DOS, UNIX, Linux, все версии Windows и OS/2.

SCSI также доступен в виде встроенной характеристики на многих материнских платах ряда Pentium. Если вы уверены, что ваш ПК будет включать периферийные устройства SCSI, то следовало бы заплатить дополнительные деньги за одну из этих продвинутых системных плат. Таким образом вы сохраните слот карты, который иначе был бы занят SCSI-адаптером.

SCSI-карты адаптера и устройства обычно значительно дороже, чем их IDE-кузены. Если вы, все же, решаетесь двинуться по пути на SCSI, ожидайте более высоких затрат. В среднем, SCSI-карты контроллера и периферийные устройства стоят приблизительно в 1.5 – 3 раза больше, чем аналогичная часть аппаратных средств типа IDE.

Конфигурирование SCSI-устройств

Теоретически, объяснение внутренней работы SCSI-карты и различных подсоединенных к ней частей звучит не сложнее, чем журчание ручейка. Большинство SCSI-карт адаптера дают возможность подключать до семи устройств, так что вы можете прикрепить все виды изящных игрушек типа сканеров, сверхбыстрых жестких дисков, Jaz и Zip накопителей и записывающих устройств CD. Внутренние периферийные устройства приспосабливают на одном хорошем кабеле, в то время как внешние периферийные устройства соединяются непосредственно с внешним SCSI-портом на карте адаптера. Нет ничего проще: ваша SCSI-карта адаптера идентифицирует каждое устройство, снабженное для этого уникальным идентификационным номером, называемым ID SCSI.

Неправильно — прежде чем каждое устройство будет работать, вы должны позаботиться о нескольких других требованиях.

- ✓ Ваш SCSI-адаптер должен быть правильно сконфигурирован, так, чтобы он не конфликтовал с другими SCSI-частями в вашем компьютере. Вы должны назначить уникальный ID-номер (идентификационный номер) каждому из SCSI-устройств. Например, если вы назначаете один и тот же ID SCSI вашему SCSI-жесткому диску и SCSI-диску CD-ROM, эти компоненты будут конфликтовать и бороться каждый за свой номер ID, и ни один накопитель не будет работать.
- ✓ Каждое SCSI-устройство, связанное с вашей SCSI-картой, формирует связь в так называемую цепочку (образованную кабелями, отличными от металлических), и два конца этой цепочки должны быть правильно завершены, чтобы указать, что там больше нет устройств, которые могли бы обратиться к SCSI-адаптеру. Комбинацию SCSI-карты адаптера и, по крайней мере, одного SCSI-компонента часто и называют цепочкой. Если ваши SCSI-компоненты (включая сам SCSI-адаптер) завершаются неправильно, ваш компьютер не сможет их распознать.

СОВЕТ

Всякий раз, когда это возможно, убеждайтесь, что все ваши периферийные устройства SCSI соответствуют одному и тому же SCSI-стандарту. (Наиболее популярен стандарт SCSI-2, хотя он не самый быстрый.) Прежде чем купить SCSI-устройство, для большей уверенности уточните у изготовителя вашей SCSI-карты, нет ли какой-то известной, уникальной для этой модели проблемы с совместимостью. (Посетите Web-узел изготовителя или позвоните в его отдел технической поддержки.)

Если вы будете помнить об этих важных требованиях в процессе установки SCSI-карты и устройств, ваша SCSI-цепочка будет проще с точки зрения конфигурирования.

Множество SCSI-карт для технарей

Я знаю, что многие из вас уже тянут руки с вопросом, и держу пари, что этот вопрос звучит так: "Могу ли я установить больше одной SCSI-карты в компьютер?" Да, вы можете установить больше одной SCSI-карты адаптера в вашей системе, но если вы используете SCSI-карты адаптера типа Plug and Play, вы столкнетесь с серьезными проблемами конфигурации прежде, чем все заработает. Если только вы не знаете некоего технаря с чрезвычайно мощным компьютером, вы найдете, что ПК со множеством SCSI-карт столь же редок, как белый тигр.

Фактически, все инсталляции SCSI включают единственную SCSI-карту отдельно или, возможно, добавление единственной SCSI-карты на существующий компьютер, в котором уже используются EIDE-жесткие диски и устройства. Устройства EIDE и SCSI в одной и той же машине сосуществуют обычно довольно мирно.

Подробнее об идентификационных номерах ID SCSI

Каждое SCSI-устройство в вашей SCSI-цепочке (карта адаптера вместе с периферийными устройствами SCSI) должно иметь уникальный номер ID SCSI, который идентифицирует его (устройство) для вашего компьютера. Платы SCSI-2 используют диапазон ID-номеров от 0 до 7, причем ID-номер 7 обычно зарезервирован непосредственно для платы адаптера (что оставляет семь номеров ID для ваших SCSI-компонентов). Если вы не уверены в том, какой по умолчанию задан номер ID используемой вами SCSI-карты контроллера, обратитесь к руководству по эксплуатации этой карты.

Предположим, например, что вы решили добавить SCSI-жесткий диск и внутреннее SCSI-записывающее устройство CD на ваш компьютер так, чтобы можно было записывать ваши собственные звуковые CD и компьютерные CD-ROM. Общее количество устройств требует трех номеров ID. Если ваша SCSI-карта резервирует для себя ID-номер 7, можно было бы SCSI-жесткому диску назначить ID-номер 1, а записывающему устройству CD — ID-номер 3. Рис. 11.1 иллюстрирует эту простую SCSI-цепочку.

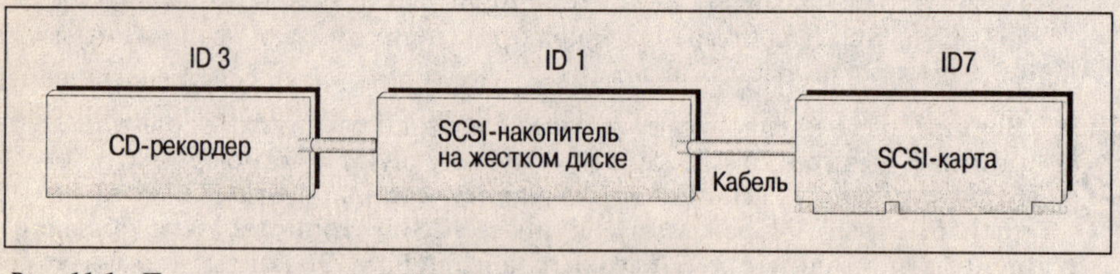

Рис. 11.1. Простая цепочка SCSI-устройств, демонстрирующая уникальный ID-номер для каждого компонента

Весь этот сценарий превосходен, если случается так, что значения уникальных номеров ID уже определены по умолчанию для каждой части — фактически, это иногда имеет место, если вы добавляете только карту адаптера SCSI и одно или два устройства. Еще раз проверьте руководства по вашим SCSI-компонентам и уточните, какие значения номеров ID различные устройства используют по умолчанию.

Если вы действительно удачливы, карта контроллера и периферийные устройства будут иметь ID-номера, которые являются уже уникальными. Если это так, спокойно переходите к следующему разделу "Подробнее о терминаторах SCSI". В противном случае, проворчите себе под нос что-то относительно закона зловредности (один из Законов Мэрфи) и измените соответствующие номера ID SCSI устройств так, чтобы каждый из них был уникальным.

Для установки номеров ID SCSI на картах адаптера и устройствах SCSI можно использовать один из следующих методов.

- ✓ **Вращение колесика.** Ваше устройство в нижней части может иметь поворотное колесико (thumbwheel), которое можно использовать для изменения номера ID. Чтобы изменить номер ID (он появляется в небольшом окне, как показано на рис. 11.2), поверните это колесико до появления уникального номера (который еще не назначен другим периферийным устройствам SCSI или SCSI-карты адаптера) данного устройства.
- ✓ **Установка перемычки.** Ваша SCSI-карта адаптера или устройство может иметь ряд перемычек, которые можно перемещать для установки требуемого номера ID. На рис. 11.3 показана типичная металлопластиковая перемычка, с помощью которой можно замыкать различные пары штырьков. Чтобы изменить номер ID на устройстве, использующем перемычки, снимите перемычку со штырьков, на которых она была установлена первоначально, и переместите ее в требуемое положение на другую пару штырьков. Например, вам может понадобиться переместить перемычку, которая соединяет штырьки 5 и 6 (как на рис. 11.3), на штырьки 3 и 4. Обратитесь к руководству по эксплуатации того или иного SCSI-компонента относительно конфигурирования перемычки. Хорошими инструментами для перемещения перемычек являются длинные круглогубцы или пинцет.

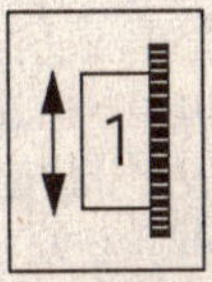

Рис. 11.2. Поворотное колесико установки номера ID SCSI-устройства

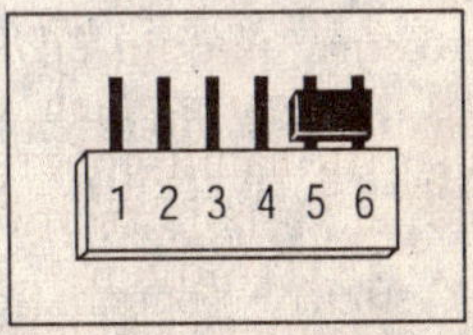

Рис. 11.3. Блок перемычки установки номера ID SCSI

- ✓ **Позвольте устройству самому установить свой собственный номер ID.** Действительно, некоторые компоненты устанавливают свой собственный номер ID SCSI-устройства автоматически. Такие устройства требуют SCSI-карты адаптера, которая поддерживает SCAM (аббревиатура он SCSI Configured Automatically — автоматически сконфигурированный SCSI). Все устройства в такой SCSI-цепочке также должны быть SCAM-совместимы.

Подробнее о терминаторах SCSI

Другое требование для успешной установки SCSI — соответствующая конфигурация концевых признаков (терминаторов, в оригинале — terminator. — П*рим. ред.*). Если вы сейчас подумали об Арнольде Шварценеггере в роли большого шагающего робота с плохим характером и базукой наперевес, забудьте об этом: в мире SCSI терминатор — это знак завершения для вашей SCSI-карты адаптера. Все аппаратные средства SCSI, включая SCSI-карту адаптера, могут быть завершены (заглушены).

Терминатор сообщает вашей SCSI-карте адаптера, что SCSI-цепочка закончилась и что в ней больше нет никаких других устройств SCSI. Без терминатора ваша SCSI-карта продолжала бы искать устройства дальше по SCSI-кабелю. С другой стороны, если вы завершаете цепочку слишком рано, а дальше по кабелю имеется другое периферийное устройство SCSI, то оно никогда не будет распознано вашей SCSI-картой адаптера. В обоих случаях такое положение недопустимо.

Предположим, например, что вы хотите добавить к вашему ПК SCSI-карту адаптера и цифровой сканер SCSI. Для этого вам потребуется лишь два номера SCSI ID, но вы должны также указать вашей SCSI-карте адаптера, что в цепочке имеется одно (и только одно) периферийное устройство SCSI. Такая SCSI-конфигурация представляет собой простейший тип соединения устройств — оба этих компонента отмечаются как концы SCSI-цепочки, так что оба они обязаны быть заглушены. На рис. 11.4 показана эта простейшая SCSI-цепочка.

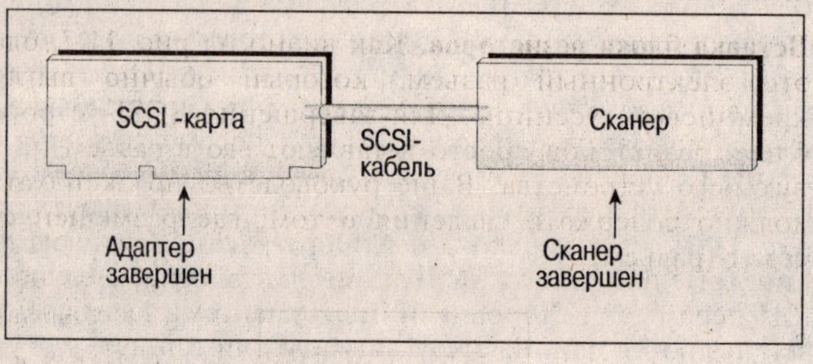

Рис. 11.4. Простейшая цепочка SCSI-устройств, демонстрирующая надлежащее завершение

Однако, когда вы подсоединяете еще одно периферийное устройство SCSI, дело становится более мудреным. Например, предположим, что вы имеете SCSI-карту адаптера с жестким диском SCSI и внутренним записывающим устройством CD. На рис. 11.5 вы видите правильно завершенную цепочку, а на рис. 11.6 показано, что случается, когда SCSI-цепочка завершена неправильно: карта адаптера не распознает ваше записывающее устройство CD, и вы не сможете его использовать.

Рис. 11.5. Правильно завершенная SCSI-цепочка с двумя устройствами

Поскольку эффекты неподходящего завершения очень наглядны, обычно довольно просто установить эту проблему: если ваш компьютер не показывает устройство после его установки (подобно SCSI-жесткому диску или записывающему устройству CD) или вы не можете эксплуатировать это периферийное устройство, вероятно, завершения в цепочке — первое, что вы должны проверить. Ваша SCSI-карта адаптера должна содержать программу диагностики SCSI, выполнение которой поможет вам определить, какое устройство завершено неправильно.

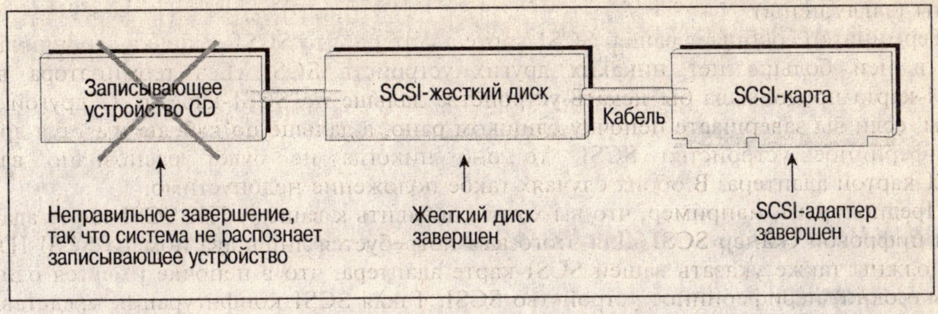

Рис. 11.6. Здесь мы имеем проблему с завершением цепочки

Для установки завершения на платах адаптера и периферийных устройствах SCSI используйте один из трех методов.

✓ **Вставка блока резисторов.** Как видно на рис. 11.7, блок резисторов — это электронный разъем, который обычно выглядит наподобие кремниевой гусеницы. Для завершения SCSI-устройства с помощью блока резисторов просто вставляют его в разъем на плате соответствующего устройства. Ваше руководство по эксплуатации устройства должно содержать сведения о том, где размещен соответствующий сокет (разъем).

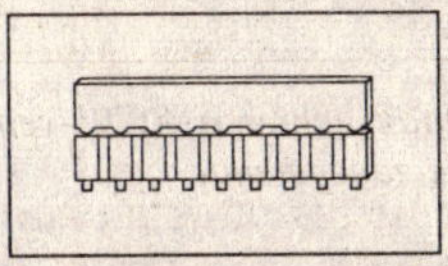

Рис. 11.7. Блок резисторов для установки SCSI-терминатора

✓ **Установка перемычки.** Ваше SCSI-устройство может иметь перемычку, которую можно передвигать для назначения или отмены завершения (согласно инструкциям в вашем руководстве по данному устройству). Чтобы изменить завершение, переместите перемычку на нужный штырек. Обратитесь к вашему руководству по эксплуатации данного устройства для уточнения информации о конфигурировании перемычки.

✓ **Установка переключателей DIP.** В таких переключателях используются ползунковые или коромысловые рычажки, которые устанавливаются в положение, определенное в руководстве по соответствующему устройству. Переключатели могут устанавливаться в положение ON (включено) или OFF (выключено) (вообще, направление ON непосредственно отмечено на переключателе DIP стрелкой, как показано на рис. 11.8). Установка определенных рычажков в положение ON будет соответствовать завершению, в то время как при другом их положении завершение отключается (как указано в вашем руководстве).

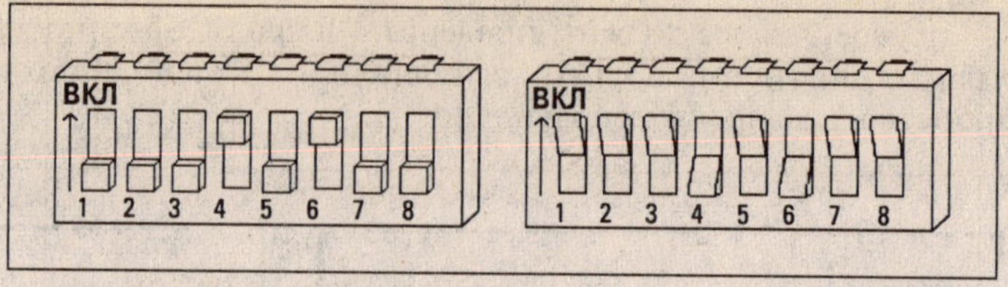

Рис. 11.8. Установка SCSI-терминатора с помощью переключателей DIP

Внешние SCSI-устройства (или выведение их наружу)

Если вы используете внешнее устройство SCSI на карте адаптера SCSI (подобно накопителю Jaz или Zip), то этот компонент также нуждается в уникальном ID и соответствующем завершении. Ваш SCSI-адаптер должен иметь порт — внешний соединитель, который обычно расположен в конце карты. Поскольку этот соединитель имеет 50 штырьков, ваш SCSI-порт легко обнаружить. На рис. 11.9 представлен типичный внешний порт SCSI.

Рис. 11.9. Обычный вид внешнего порта SCSI-2

К сожалению, кабельные соединители для внешних устройств SCSI со временем претерпевают некоторые изменения, так что лучше всего покупать кабель уже после того, как вы установите карту и купите устройство. Вы можете присоединять многочисленные внешние устройства SCSI к вашему ПК, типа цифрового сканера и внешнего ленточного резервного накопителя SCSI, — это процесс, который старые, прожженые хакеры, подобные мне, называют daisy-chaining (формирование гирляндной цепочки). Когда два внешних устройства SCSI сформированы в гирлянду, вы подсоединяете два периферийных устройства с коротким кабелем SCSI — в результате продолжение цепочки осуществляется через устройства.

Если вы подключаете внешнее периферийное устройство SCSI к SCSI-карте, которая уже соединена с внутренними SCSI-устройствами, не забывайте, что ваша SCSI-карта адаптера больше не должна быть завершена, поскольку в этом случае SCSI-карта находится в середине SCSI-цепочки с устройствами по обе стороны.

Если вы устанавливаете много внешних SCSI-стройств, необходимо завершать только последнее внешнее периферийное устройство в гирляндной цепочке. Например, рис. 11.10 демонстрирует формирование типичной внешней цепочки — добавление внешнего накопителя CD-ROM к вашему ПК.

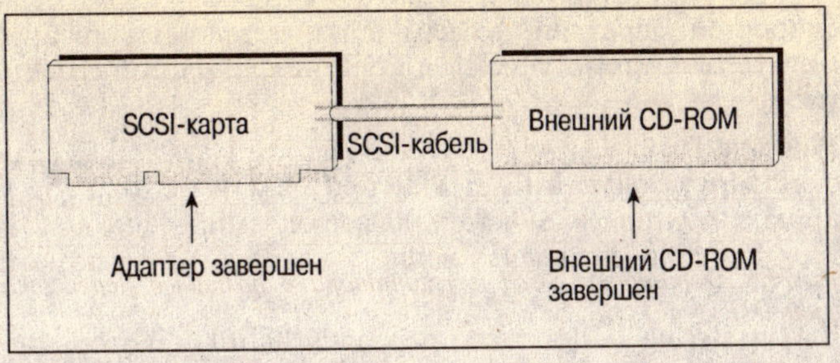

Рис. 11.10. Правильно завершенная SCSI-цепочка с внешним устройством

Как видно из рис. 11.11, неправильное завершение вашей SCSI-карты адаптера (в действительности, она *не* должна быть завершена) не позволит системе распознать другие устройства.

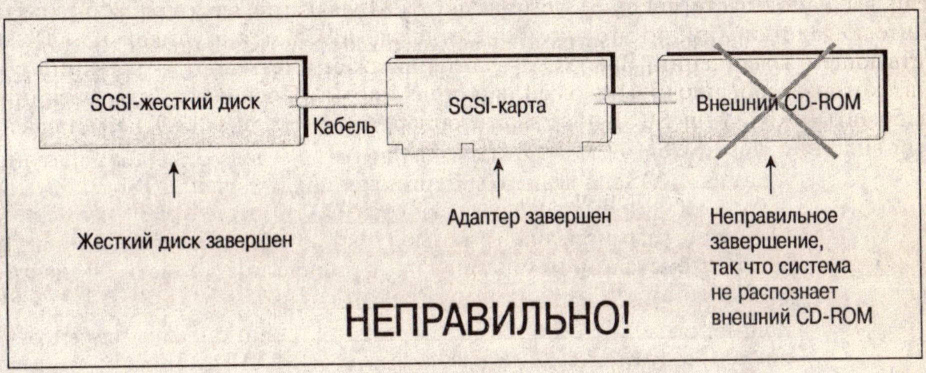

Рис. 11.11. Лучше отключить этот терминатор карты адаптера!

Список покупок для вашего SCSI

Если вы решили добавить поддержку SCSI на свой компьютер, приготовьтесь потратить от $35 до $200 на вашу SCSI-карту адаптера. При таком широком ценовом диапазоне имеет смысл взвесить преимущества каждой карты. Сравнивая SCSI-карты адаптера перед покупкой, помните о приведенных ниже продвинутых характеристиках таких карт.

✓ **PCI.** Если ваша цель — достижение высших скоростей передачи данных для вашего SCSI-жесткого диска, CD-ROM или накопителей Jaz, покупайте карту адаптера типа PCI SCSI (или материнскую плату со встроенной поддержкой SCSI). Конечно, вы можете использовать более дешевую 16-битовую карту адаптера типа ISA SCSI, но они дешевле лишь по той причине, что 16-битовая ISA SCSI-карта не может сравниться по быстродействию с 32-битовой PCI SCSI-картой.

Не каждый компьютерный пользователь нуждается в огромном быстродействии. Если вы устанавливаете SCSI для того, чтобы добавить цифровой сканер, или если вы где-то подобрали б/у 16-битовую SCSI-карту и не жаждете самых больших возможных скоростей передачи, то вам вполне подойдет 16-битовая SCSI-карта адаптера. (Лично у меня в коробке запчастей имеется одна или две такие карты.)

- ✓ **Plug and Play.** Как и с другими платами адаптера, если ваша материнская карта поддерживает Plug and Play, вы сохраните много времени и нервов, купив SCSI-карту адаптера типа Plug and Play. Технология Plug and Play позволяет вашему компьютеру автоматически конфигурировать SCSI-карту адаптера.
- ✓ **Bus mastering** — протокол передачи данных, который значительно увеличивает эффективность многозадачных операционных систем, подобных Windows, OS/2 и Linux. Если упростить описание этой технологии до терминов, которые поймут простые смертные, то оно сведется к следующему: протокол Bus mastering дает возможность вашей SCSI-карте плавно перемещать различные файлы в различные места в одно и то же время (одновременно). Нетрудно догадаться, что стоимость карты SCSI Bus mastering находится наверху ценовой шкалы.
- ✓ **Расширяемые программно-аппаратные средства.** Ваша SCSI-карта адаптера фактически имеет собственный BIOS, так что не требуется помощь BIOS на материнской плате, чтобы распознать периферийные устройства и жесткие диски SCSI. (Если аббревиатура BIOS вызывает у вас легкую головную боль, вернитесь к главе 3.) Однако, точно так же, как BIOS на вашей материнской плате, ваш SCSI BIOS должен быть расширяем; карта с этим типом BIOS может быть "перепрограммирована" с возможностью обнаружения ошибок, с новыми свойствами и поддержкой для новых устройств. В некоторых SCSI-картах это свойство может называться Flash ROM.
- ✓ **Кэш-память.** SCSI-карты адаптера со встроенной кэш-памятью обычно используются всякий раз, когда ваш SCSI-накопитель на жестком диске (или накопители) должен передавать данные в самом возможном быстром режиме или когда ваш компьютер будет обращаться к большому количеству файлов одновременно (например, сетевой или Web-сервер). Эти SCSI-карты имеют свою собственную встроенную RAM, которая содержит данные, часто требуемы CPU, так что ваш SCSI-накопитель не должен фактически повторно читать одни и те же данные многократно. Некоторые карты могут даже "предвидеть" данные, в которых будет нуждаться ваш компьютер. Например, SCSI-карты с кэш-памятью могут загружать все содержимое файла длиной в несколько мегабайтов в RAM, куда позже накопитель может быстро обратиться за этими данными. Чем больший кэш RAM, тем лучше (и тем обычно дороже SCSI-карта адаптера).

Инсталляция SCSI-карты

Типичная установка SCSI должна будет использовать ваш компьютер совместно с существующим жестким диском EIDE, так что время от времени в этом разделе мы будем упоминать ваши IDE-компоненты. Однако вы можете устанавливать SCSI отдельно и полностью игнорировать мир IDE: если вы остановились на только-SCSI-системе, просто игнорируйте любое упоминание об IDE, которое будет вам встречаться. (Да! И не забудьте похвастать вашим SCSI-наполнением при следующей встрече технарей!)

1. **Вы были похищены и только что возвращены инопланетянами, а теперь хотите устанавливать SCSI-карту адаптера?**

   Если в этом приключении вы “подцепили” какое-нибудь статическое электричество, коснитесь металлической поверхности, прежде чем приступите к установке вашей карты.

2. **Если шасси вашего компьютера в настоящее время включено, отключите его.**
3. **Снимите крышку с корпуса компьютера.**
4. **Выберите открытый PCI-слот карты адаптера для вашей SCSI-карты.**

   Если вы используете старую 16-битовую карту ISA SCSI, то вместо этого вам нужен будет 16-битовый слот карты.

5. **Удалите винт и металлическую крышку слота, закрывающую выбранный слот.**

   Не забудьте положить обе эти детали в вашу коробку с запчастями.

6. **Проверьте ваш SCSI-адаптер на предмет его соответствующего завершения.**

   Если ваша SCSI-карта должна быть завершена (поскольку является одним из концов SCSI-цепочки), вы обязательно обнаружите, что установка перемычки или добавление пакета резисторов проводится намного проще до, чем после того, как вы установили карту. Ваш SCSI-адаптер должен быть завершен, если вы предполагаете добавлять только внутренние SCSI-компоненты без внешних периферийных устройств (или наоборот, только внешние без внутренних). Поскольку вы устанавливаете вашу SCSI-карту адаптера в первую очередь, значение ее номера ID SCSI по умолчанию является на этот момент уникальным.

7. **Совместите соединитель на карте адаптера со слотом на материнс кой плате.**

   Металлическая скоба карты должна совместиться с открытой площадью, образованной после удаления крышки слота.

8. **Надавите на верхний торец карты и вставьте ее в слот.**

   Если карта полностью вошла в слот, ее скоба должна плотно прижаться к корпусу.

9. **Закрепите скобу карты с помощью винта.**
10. **Прикрепите ленточный кабель SCSI к соответствующему соединителю на карте.**

    Ваше руководство по эксплуатации карты адаптера поможет вам определить, как разместить кабельный соединитель SCSI.

Для любого ленточного кабеля штырек 1 на вилке соединителя должен всегда соответствовать отверстию для штырька 1 в гнезде соединителя. Почти в каждом случае штырек 1 на вилке соединителя — это штырек в верхнем левом углу соединителя на устройстве. Каждый ленточный кабель имеет один провод, который окрашен красным или отмечен как-то иначе, этот провод — провод 1, и он должен всегда соединяться со штырьком 1.

Добавление внутреннего SCSI-устройства

После того как вы установите SCSI-адаптер, можете добавлять внутренние SCSI-компоненты типа накопителя CD-ROM, записывающего устройства CD, жесткого диска или накопителя Jaz. Если вы добавляете новое внутреннее периферийное устройство SCSI к существующей SCSI-цепочке, не забудьте, что эта установка обычно означает изменение вашей текущей конфигурации терминаторов. Вам, вероятно, придется изменить завершение на каком-либо конце SCSI-цепочки. Если вы забудете установить соответствующее завершение, ваша SCSI-карта адаптера не сможет распознать ваше новое периферийное устройство. Более того, существующая часть SCSI, до этого работавшая безупречно в течение месяцев, внезапно также перестанет работать.

Чтобы установить внутреннее устройство, выполните следующие шаги.

1. **Если шасси вашего компьютера в настоящее время подключено, отключите его и снимите крышку.**
2. **Вы потерли именинный воздушный шар о свою голову, а теперь хотите устанавливать SCSI-компонент?**

   Не забудьте коснуться металлической поверхности, чтобы снять накопившееся на вас статическое электричество.
3. **Проверьте установки завершения и номера ID SCSI на вашем новом устройстве и конфигурируйте эти параметры настройки правильно.**

   Если ваша новая часть будет привязана ближе к концу SCSI-кабеля, чем другие существующие SCSI-компоненты в цепочке, новое устройство должно быть завершено (заглушено). Больше информации о завершении ваших аппаратных средств SCSI содержится в разделе "Подробнее о терминаторах SCSI" выше в этой главе; установка номера ID SCSI детально описана в разделе "Подробнее об идентификационных номерах ID SCSI " ранее в этой главе.

   СОВЕТ

   Если вы забыли уникальные номера ID SCSI для других SCSI-компонентов, установленных вами ранее, то, чтобы определить эти ID-номера, не разбирая компьютер, используйте программу SCSI-диагностики или утилиту, которая сопровождает ваш SCSI-адаптер.
4. **Выберите открытый карман накопителя для вашего нового компонента.**
5. **С передней стороны корпуса задвиньте устройство в карман и прикрепите его к корпусу.**

   Двигайте компонент назад и вперед, пока отверстия для винта со стороны кармана не совпадут с отверстиями со стороны устройства, и закрепите компонент винтами, которыми он был укомплектован.
6. **Подключите один из силовых кабелей от блока питания к соединителю питания на устройстве.**

   Обратите внимание, что этот соединитель можно приспособить только единственно правильным путем.
7. **Подключите ленточный кабель, выходящий из SCSI-карты адаптера (или из материнской платы, если она имеет встроенный SCSI-адаптер), к обратной стороне устройства.**

Если вы устанавливаете первое внутреннее периферийное устройство SCSI в вашей SCSI-цепочке, используйте первый открытый соединитель устройства для подключения кабеля. Если вы устанавливаете внутреннее периферийное устройство SCSI на существующей SCSI-цепочке устройств, используйте следующий открытый соединитель на кабеле. На ленточном кабеле провод с маркировками находится на стороне штырька 1 — если вы не уверены, какой штырек на соединителе устройства является штырьком 1, обратитесь к руководству по эксплуатации устройства. Соединитель кабеля должен в точности подходить к соединителю устройства, так что совместите их правильно и сожмите до упора.

Подсоединение внешнего SCSI-устройства

Если вы добавляете новое устройство к существующей SCSI-цепочке, вам, вероятно, придется изменить вашу текущую конфигурацию завершения, причем изменить завершение можно на любом конце SCSI-цепочки. Если вы забудете установить соответствующее завершение, SCSI-карта адаптера не сможет распознать ваш новый компонент.

Чтобы установить внешнее устройство, выполните следующее.

1. **Установите правильное завершение и номер ID SCSI для вашего внешнего периферийного устройства.**

   Больше информации о завершении см. в разделе "Подробнее о терминалах SCSI"; детали установки номера ID SCSI для вашего нового внешнего периферийного устройства см. в разделе "Подробнее об идентификационных номерах ID SCSI ".

2. **Отыщите внешний SCSI-порт в конце корпуса вашего ПК.**

   SCSI-порт — это плоский толстый соединитель с 50 штырьками (см. рис. 11.9).

   Если вы устанавливаете новое внешнее SCSI периферийное устройство на существующий внешней гирляндной цепочке, подключите кабель от нового устройства к вторичному SCSI-порту на внешнем устройстве, которое в настоящий момент оказывается последним в цепочке.

3. **Совместите соединитель на конце вашего SCSI-кабеля с SCSI-портом и плотно введите соединитель в порт до упора.**

   Форма соединителя и порта разработаны так, чтобы соединить их можно было лишь единственно правильным способом.

4. **Укрепите соединитель, защелкнув проволочные клипсы к центру кабеля, как показано на рис. 11.12.**

5. **Подключите шнур питания от вашего внешнего устройства к настенной электророзетке.**

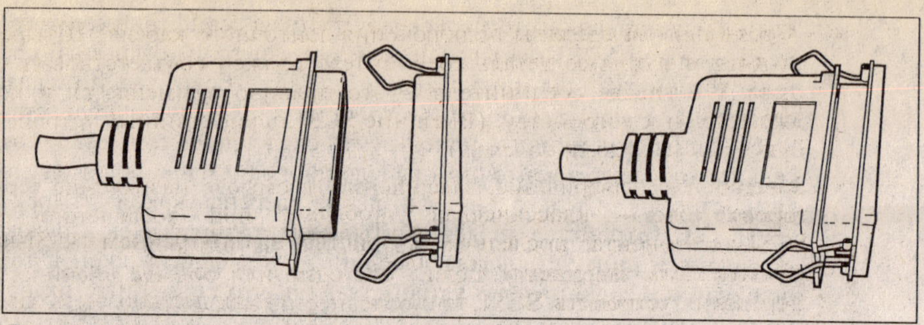

Рис. 11.12. Внешние SCSI-соединители обычно используют проволочные клипсы для закрепления кабеля в гнезде

Установка программного обеспечения и тестирование вашего SCSI-адаптера

Чтобы установить программное обеспечение, требуемое вашей SCSI-картой, и проверить вашу новую SCSI-цепочку, последовательно выполните следующее.

1. **Если вы отключали ваш компьютер, подключите его.**
2. **Подключите клавиатуру и монитор (если вы еще не сделали этого) и включите питание монитора.**
3. **Установите переключатель питания на корпусе вашего компьютера в положение "Вкл" и позвольте ему загрузиться.**
4. **Запустите программное обеспечение инсталляции SCSI-карты.**

   Вставьте программное обеспечение установки в ваш накопитель CD-ROM или в дисковод гибких дисков и следуйте инструкциям, появляющимся на экране монитора, или инструкциям, приведенным в руководстве SCSI-карты, чтобы сконфигурировать программное обеспечение управления SCSI.
5. **После того как программное обеспечение будет установлено, программа инсталляции может запросить вас о необходимости перезагрузки вашего компьютера.**
6. **Запустите программное обеспечение диагностики, которое сопровождает вашу SCSI-карту.**

   Ваша SCSI-карта должна поступать с программой диагностики, которая позволяет вам протестировать ее работоспособность. Обычно эти программы диагностики также дают возможность проверить соответствующее распознавание устройств в SCSI-цепочке.

Диагностика ваших SCSI-устройств

Итак, вы установили SCSI-устройство и — тишина... Ваш компьютер не распознает новое периферийное устройство. (Братья и сестры, я был там и я чувствую вашу боль!) Прежде чем применить цепную электропилу к своему компьютеру, воспользуйтесь коротким контрольным списком, чтобы быстро определить возможные причины возникновения этой проблемы.

- ✓ Правильно ли сделаны подключения ленточного кабеля? Штырек 1 на входящем в другую деталь соединителе должен соответствовать отверстию 1 в гнезде соединителя — это правило применяется и к плате адаптера, и к устройству. (Внешние SCSI периферийные устройства не будут иметь этой проблемы.)
- ✓ Завершение, завершение, завершение (в смысле назначение терминаторов)! Это — классическая проблема при добавлении нового SCSI-компонента: последнее устройство на внутреннем SCSI-кабеле должно быть завершено. Если у вас одно или больше внешних периферийных устройств SCSI, то последнее из них должно быть завершено. Если у вас нет никаких внешних компонентов, то завершен должен быть SCSI-адаптер.
- ✓ Имеет ли ваше устройство уникальный ID SCSI? Без уникального ID два периферийных устройства SCSI будут драться до беспамятства (подобно упитанным котам), и ни один из них не будет работать.
- ✓ Получает ли ваше SCSI-устройство электропитание? Не забудьте включать его во внешнем периферийном устройстве SCSI. Внутренние SCSI-компоненты должны быть подсоединены к одному из силовых шнуров, выходящих из блока питания вашего компьютера.
- ✓ Не следует ли установить драйвер устройства? Хотя SCSI-карта может распознавать ваш новый SCSI-компонент, не забудьте установить соответствующий специфический программный драйвер, который может требоваться для данного периферийного устройства.
- ✓ Не находится ли новое устройство в противоречии с существующими SCSI-компонентами в вашем ПК? Выполните программу диагностики SCSI, которая сопровождает вашу карту адаптера, чтобы определить, распознается ли ваше новое периферийное устройство компьютером; если это так, то проблема, вероятно, не в конфликте устройств SCSI. Если новая часть не распознается (а его завершение и номер ID SCSI — в порядке), значит — самое время позвонить по оперативной линии технической поддержки изготовителя.

Глава 12

Так что, вы хотите добавить LAN?

В этой главе...

- Определение ваших потребностей для работы с сетями
- Что такое сетевая архитектура
- Инсталляция сетевой карты интерфейса
- Соединение сетевых компьютеров
- Инсталляция программного обеспечения LANtastic

Среди многих так называемых революционных концепций, которые в течение более чем двух десятилетий серьезно меняли дизайн ПК, наиболее важной оказалась идея настольной *компьютерной сети* (computer network). В *локальной сети* (Local Area Network, или, для краткости, LAN) ваш настольный ПК может использовать программы и данные совместно с другими компьютерами вашего офиса либо выполнять программы, которые находятся на центральном серверном компьютере (на *сервере*). С помощью сетевого программного обеспечения, называемого *групповым программным обеспечением*, вы можете наряду с другими партнерами участвовать в межофисных проектах, когда каждый работает отдельно, но связаны вместе. Сети могут быть маленькими или такого размера, как вы находите нужным, они могут связывать настольные компьютеры во всем здании или в офисе с десятью компьютерами, либо вы можете просто соединить два или три ПК для совместного использования ими одного и того же принтера и обмена электронной почтой.

Игроки, не чувствуйте себя обойденными, потому что и деловые люди стремятся к разнообразным расслабляющим электронным забавам. Сети также позволяют нескольким игрокам соперничать в одной и той же игре, с каждым игроком, использующим различные ПК. Такие графические коллективные игры начинались с Doom — классическая игра типа “Пиф-паф! Ой,ой,ой!”. Но теперь почти каждая игра, которая поступает на полки магазинов, имеет характеристики сетевой игры. Вы можете водить гоночные автомобили, создавать империи, пилотировать межзвездные истребители или с помощью приемов кибeркаратэ делать отбивную из вашего босса. (Если вы — настоящий гладиатор, установите сеть дома исключительно для гейминга (gaming), т.е. для игр***ы*** в ***и***гры.)

Совет

Конечно, добавление поддержки сети — не для каждого. Если вы имеете доступ лишь к одному компьютеру, либо у вас нет никакой настоятельной причины подсоединять ваш компьютер к существующей сети, переходите к следующей главе.

Испытываете желание попробовать подсоединиться? Тогда продолжайте читать!

Дополнительные преимущества сети

Если в своем малом бизнесе вы используете несколько ПК или в вашем доме более одного компьютера, вы можете соединить их в сеть и использовать данные между вашими компьютерами — все, от делового предложения до художественных каракулей вашего ребенка. Кроме того, при наличии сети вы можете также ожидать выгод, подобных следующим четырем **С**.

- ✓ **Convenience (удобство).** Вообразите, что вы способны загружать документ в прикладную программу подготовки текстов непосредственно с некоего жесткого диска — никакой беготни взад и вперед с дискетой. (Большинство технарей называют такой метод беготни с дискетой флоппи-нет.) Если ваш ПК связан с сетью, вы можете передавать файлы, выполнять программы и иметь доступ к данным, расположенным на других работающих в сети компьютерах, — точно так же, как если бы эти программы и файлы находились на вашем локальном жестком диске (т.е. на накопителе, который физически находится в вашем собственном ПК).

  Однако удобство сети не ограничивается только данными — вы можете также совместно использовать все периферийные устройства, подключенные к сети. Например, в сети вы можете совместно использовать принтер, дисководы CD-ROM с автоматической сменой дисков (напомним, что это длинное название в оригинале книги определяется одним словом jukebox. — *Прим. ред.*), факс-модем или накопитель Jaz, что является хорошим способом сократить расходы малого бизнеса, который, как правило, имеет лишь горстку служащих. Вместо того чтобы покупать принтер на каждый ПК, все служащие смогут совместно использовать один.

  С программным обеспечением, подобным Procomm Plus (от фирмы Symantec по адресу `www.Symantec.com`), вы можете даже обращаться к вашей сети из удаленного места, используя модемное подключение. Например, можно использовать модем на вашем домашнем компьютере для соединения с серверным модемом в вашей офисной сети. После успешного входа в систему (путем ввода вашего имени пользователя и правильного пароля) вы можете отыскивать файлы или отвечать на электронную почту.

- ✓ **Communication (коммуникация).** Одним из первичных использований небольшой офисной сети является межофисный обмен электронной почтой. Программное обеспечение электронной почты встроено в Windows 98, Windows NT и OS/2, но можно также найти клиентов электронной почты (прикладные программы, которые позволяют читать электронную почту) для DOS и Linux. Электронная почта может содержать больше, чем простые текстовые сообщения; в отправления вы можете включать вложения в виде файлов данных, голосовых и видеоклипов или даже целых программ.

  Продвинутые сети NetWare с большими скоростями передачи данных могут поддерживать проведение видеоконференций между компьютерами в сети. Поскольку каждый участник такой конференции должен иметь мультимедийный ПК Pentium и видеокамеру, проведение видеоконференций в настоящее время распространено не очень широко, но это могло бы, в конечном счете, заменить телефон в ваших средних размеров филиалах центрального офиса.

- ✓ **Cooperation (сотрудничество).** Для бизнеса любого уровня средством для сотрудничества является система группового программного обеспечения. Типичная система группового программного обеспечения, подобная Lotus Notes (`www.lotus.com`), включает электронную почту и базу электронных публичных сообщений (где вы можете оставлять сообщения общего интереса, подобные объявлениям), наряду с общим текстовым процессором, электронной таблицей и программой базы данных, которые каждый может использовать. Каждая из этих общих прикладных программ совместно использует одни и те же документы, так что любой может использовать и модифицировать их. Групповое программное обеспечение позволяет пользователям обсуждать, изменять и пересматривать данные в проектах одновременно. Например, в маленьком офисе Саша может добавлять примечание к предложению о новом изделии, в то время как Света делает изменения в разделе об использовании изделия.

  Использование группового программного обеспечения также дает возможность координировать многочисленные планы, когда вы хотите организовать встречу или офисное мероприятие. Используя общедоступный календарь, например, служащие могут определять, когда они не заняты в течение любой данной недели, что позволяет любому, кто планирует встречу, использовать эти данные для определения самого подходящего времени для собрания.

- ✓ **Contact (контакт).** В данном случае имеется в виду контакт с Internet. Если ваш компьютер имеет доступ к существующей офисной сети, эта сеть может уже иметь быстрое специализированное подключение к Internet. С помощью сетевого подключения на вашем офисном ПК передача файлов и серфинг по Web будут осуществляться во много раз быстрее, чем это делалось бы через модемную связь.

Вам нужно соединиться с сетью, чтобы обращаться к Internet? Определенно нет! Большинство владельцев домашних компьютеров соединяются с Internet через обычное соединение (см. главу 10) или ISDN-подключение (как будет описано далее в главе 13). Хотя Internet — это огромная сеть, состоящая из меньших сетей, вам нет необходимости иметь свою собственную сеть, чтобы использовать Internet.

Интрасети: работа с сетями в стиле Web

В деловом мире возрастает популярность внутренних сетевых узлов, называемых интрасетями (intranet). Интрасети функционируют на базисной LAN, но они походят на миниатюрную внутреннюю Internet, доступную только служащим внутри компании. Системы интрасети могут включать внутренний Web-узел компании для распространения информации, групп новостей и электронной почты.

В интрасети многие (если не все) документы издаются на языке HTML — общем языке World Wide Web. Вы можете использовать Web-броузер, подобный Netscape Navigator или Internet Explorer, для поиска и просмотра документов в вашей интрасети. Большое количество полезной информации по рассматриваемому вопросу содержится в книге Building An Intranet For Dummies (Создание интрасетей для чайников), написанную Джоном Фронковиаком (John Fronckowiak) и изданную компанией IDG Books Worldwide, Inc.

Какая сетевая архитектура вам подходит?

В этом разделе я расскажу об основных условиях, необходимых для работы в сети. Вы узнаете основные принципы сетевой архитектуры (т.е. структуры, в которую вы стягиваете ваши компьютеры). Прочитав этот раздел, вы выясните, *как* сконструировать базисную сеть с самыми низкими затратами времени и денег.

СОВЕТ

Конечно, вы могли бы развернуться и подумать о том, чтобы связать вместе все ПК в вашем районе, но описание этого выходит за рамки данной книги. Вам, как домашнему пользователю или владельцу малого бизнеса, этот раздел дает лишь основы построения небольшой сети из двух—пяти компьютеров, в сетевых терминах называмой узлом. Для получения более детальной информации о формировании сети я предлагаю обратиться к книге Doug Lowe, Networking For Dummies издательства IDG Books Worldwide, Inc.

Сравнение сетей типа клиент-сервер и равный-с-равным

Настольные сети попадают в одну из двух таинственных категорий; вы постоянно слышите упоминания о них, если вращаетесь в кругах сетевых компьютерщиков. Вместо того чтобы крутиться вокруг этих умников, позвольте мне объяснить эти термины напрямую.

- ✓ **Клиент-сервер.** Этот термин — одно из наиболее популярных заумных слов, используемых компьютерной элитой в наши дни. К счастью, понятие клиент-сервер до смешного просто. В сети клиент — это просто компьютер, который использует ресурсы сети. Обычно клиентский компьютер — это компьютер на вашем столе.

  Другая половина названия, сервер, относится к компьютеру, который выделяется для обеспечения некоторого рода (вида) ресурса для клиентских компьютеров в сети. Например, файловый сервер обеспечивает другие компьютеры в сети самым возможно быстрым доступом к набору файлов (которые содержатся на сервере, а не на индивидуальных клиентских компьютерах). Другие серверы типа специализированных серверов CD-ROM, принтерных и модемных серверов позволяют каждому клиенту в сети использовать одни и те же аппаратные средства и обращаются к одним и тем же данным.

  В основном, сеть типа клиент-сервер — это просто сеть, которая включает один или больше серверных компьютеров, независимо от функции сервера. Файловые и принтерные серверы являются наиболее популярными общедоступными ресурсами, и наличие любого сервера трансформирует вашу сеть в сеть типа клиент-сервер.

- ✓ **Равный-с-равным.** На этот раз название говорит само за себя. Сеть типа равный-с-равным не имеет никаких серверов — все компьютеры связаны лишь друг с другом (фактически, все компьютеры одинаково равноправны, как и все пэры (peer — равный по положению. — *Прим.*

перев.)). Конечно, при этом вы экономите на стоимости дорогого серверного компьютера, но для компьютеров, совместно использующих одну и ту же информацию, работа становится тяжелее. Сеть равный-с-равным больше всего подходит для домашнего пользователя или офиса, где каждый просто хочет обмениваться электронной почтой и файлами или использовать общий принтер. Обе операционные системы — и Windows 95, и Windows 98 — включают простые встроенные утилиты работы с сетями типа равный-с-равным, которые более всего подходят для совместного использования принтера и файлов.

Сравнение сетевых конфигураций

Подождите, рано вздыхать с облегчением! Теперь, когда вы понимаете различие между сетями клиент-сервер и равный-с-равным, вы должны узнать кое-что о трех популярных конфигурациях настольных компьютерных сетей.

✓ **Ethernet** — первая широко распространенная сетевая топология, используемая с ПК (здесь топология — на самом деле нестрашное слово, которое просто означает *сетевая структура*). Ethernet во многом все еще является наиболее популярной сетевой топологией и работает одинаково хорошо как с сетями клиент-сервер, так и равный-с-равным. Хотя Ethernet передает данные более медленно и менее эффективно, чем сеть топологии Token-ring (которую я описываю чуть ниже), она использует наименее дорогую карту сетевого интерфейса (вычурная фраза для обозначения сетевой карты адаптера). Ethernet — это наименее дорогая кабельная сеть, так что ее установка обойдется дешевле других.

В сети Ethernet пакеты данных транслируются вдоль всей сети с идентификационным электронным именем. Компьютер, который соответствует этому имени, забирает передаваемый пакет и обрабатывает его, в то время как компьютеры, не соответствующие данному пакету, игнорируют его. Если два компьютера пытаются транслировать пакеты одновременно, вся сеть в основном приостанавливает работу до разрешения конфликта. Эта задержка работы (on-hold) компьютеров и является причиной относительной неэффективности сети Ethernet. На рис. 12.1 изображена сеть топологии Ethernet.

Рис. 12.1. Сеть Ethernet не вполне совершенна, но зато дешева!

- ✓ **Token-ring** (дословно — маркерное кольцо. — *Прим. перев.*) — более совершенная сетевая топология, которая обеспечивает более высокие скорости передачи данных и более эффективное проведение операций. Однако стоимость оборудования такой сети выше, чем Ethernet.

  Сеть Token-ring — это, по существу, гигантская круговая цепь (петля), похожая на гигантский электронный марципан. Все узлы в сети связаны с этой петлей (т.е. с кольцевой частью сети). Электрический сигнал, или маркер (token), непрерывно повторяется так, что постоянно перемещается по кольцу. Когда некоторый узел генерирует пакет данных, это изменяет маркер с целью указать, что цепь находится в использовании. Компьютер, который соответствует идентификатору пакета, принимает этот пакет и обрабатывает его, в то время как компьютеры, которые не соответствуют идентификатору пакета, игнорируют его. После того как пакет обработан, значение маркера снова сбрасывается для указания на то, что сеть может посылать другой пакет. Рис. 12.2 иллюстрирует соединение компьютеров в сети типа Token-ring.

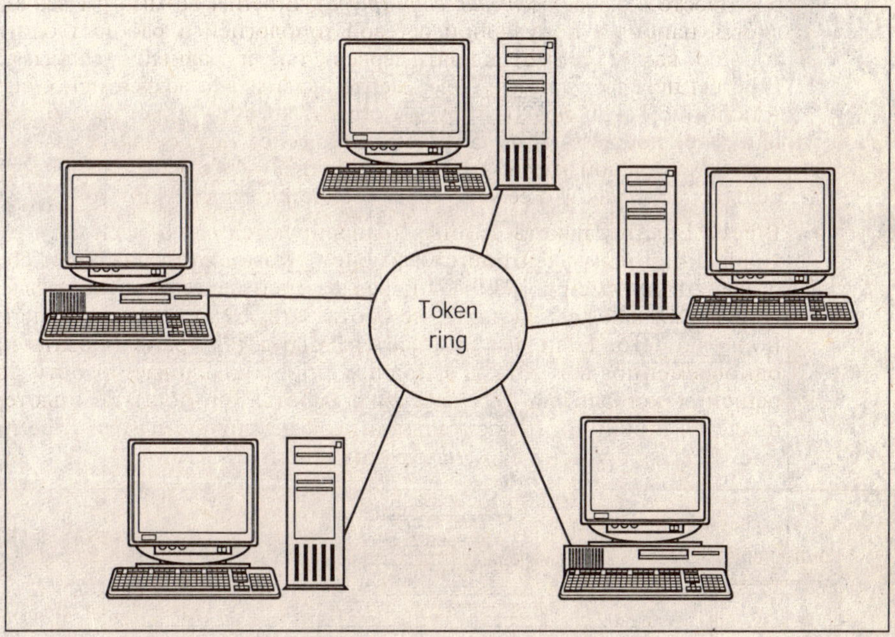

Рис. 12.2. Сеть топологии Token-ring в действии

  В отличие от сети Ethernet, между компьютерами, пытающимися одновременно посылать пакеты в сети Token-ring, не происходит никаких конфликтов, поскольку во всей схеме лишь один компьютер может реально послать пакет в какой-то момент времени.

- ✓ **Star.** Сеть топологии Star (звезда) — чемпион среди других топологий в работе с сетями ПК по всем параметрам: Star обладает самой лучшей эффективностью, самой высокой эффективностью и имеет самую высокую стоимость.

Сеть Star сформирована во многом подобно современной станции переключения на железной дороге: каждый компьютер посылает пакеты данных центральному переключателю, который направляет данные к соответствующему узлу получения. Поскольку каждый узел отдельно подсоединен к переключателю, звездообразная сеть дает возможность каждому компьютеру посылать пакеты данных одновременно, и при этом не возникает никаких конфликтов, которые могли бы снижать эффективность сети. Переключатель просто следит за каждым пакетом и приостанавливает те из них, которые не может послать немедленно (это довольно похоже на контрольно-диспетчерский пункт аэропорта, помещающий тот или иной самолет на площадку отстоя). Когда узел-получатель готов принять данные, переключатель дает пакету "разрешение на взлет", и пакет пропускается через переключатель. На рис. 12.3 вы видите сеть топологии Star.

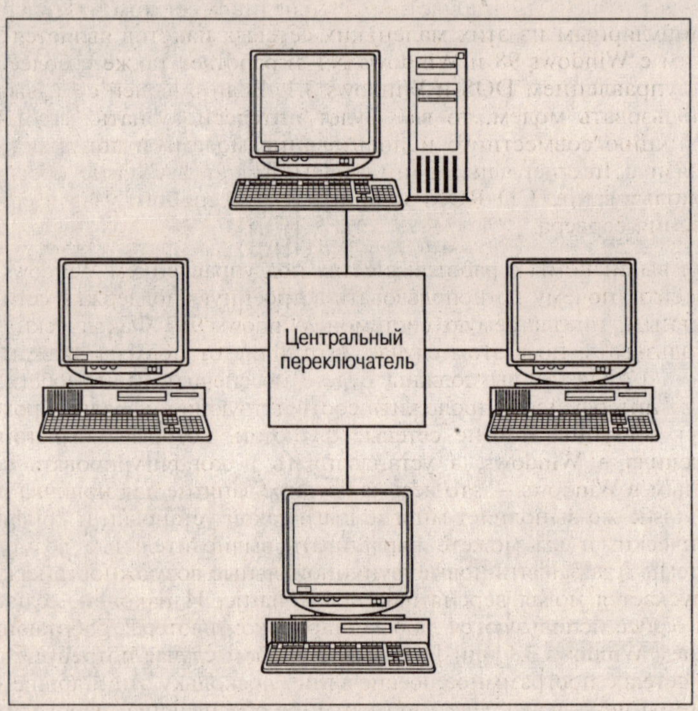

Рис. 12.3. Сеть типа Star использует центральный переключатель

Большинство владельцев домашних ПК и малого бизнеса, которые хотят устанавливать сеть, должны придерживаться топологи Ethernet в среде равный-с-равным. Э-э, да вы теперь — сетевой техногений, ведь вы понимаете все эти словечки! Лучше идите и посмотрите в зеркало, не выросла ли у вас борода или не порвался ли карман, полный старых шариковых ручек.

Во всяком случае, сеть равный-с-равным типа Ethernet лучше всего удовлетворяет требованиям *быстрый, простой, дешевый.* Фактически, в настоящее время доступны многие пакеты для работы с "кустарными" сетями Ethernet, например:

- ✓ LANtastic от компании Artisoft, Inc. — мой персональный фаворит.
- ✓ Starter Kit от фирмы 3Com (который можно применять также с ядром для операций клиент-сервер).
- ✓ PC MACLAN от компании Miramar System, Inc., которая даже позволяет вашему ПК совместно использовать принтеры и накопители с Macintosh.

Эти пакеты включают большинство требуемых аппаратных средств и программного обеспечения и могут быть установлены простыми смертными (или новоиспеченными мастерами наподобие вас). Обратите внимание, что большинство этих пакетов все еще требуют, чтобы вы покупали свой собственный кабель и соединители.

Выбор сетевой операционной системы

Наиболее популярным из этих маленьких сетевых пакетов является LANtastic, который совместим с Windows 98 и Windows NT и работает также с более старыми компьютерами под управлением DOS и Windows 3.1. Если в вашей сети вы предполагаете совместно использовать модем, то вам будет интересно узнать, что LANtastic имеет встроенную функцию совместного использования модема и допускает многочисленные сеансы связи с Internet через один модем. Пакет LANtastic обеспечивает также совместное использование CD-ROM и принтера для любого узла в сети без необходимости выделения сервера.

Если вы знакомы с работой в сетях под управлением Windows 98, то можете спросить, почему не использовать встроенную поддержку сети типа равный-с-равным, предлагаемую системой Windows 98? Фактически, вы можете ее использовать, но в этом случае, в отличие от подхода "каждый подключен" пакета LANtastic, вы должны будете обеспечить ваши собственные сетевые карты интерфейса и проложить соответствующие кабели. Кроме того, вам не будут доступны многие сетевые функции, которые компания Microsoft не включила в Windows, а устанавливать и конфигурировать сеть равный-с-равным в Windows — это весьма трудное занятие для новичка работы в сетях. LANtastic же выполняет многие шаги такой установки и конфигурации автоматически, и вы можете наращивать вычислительные возможности вашей системы и добавлять новые функциональные возможности каждый раз, когда выпускается новая версия пакета LANtastic. И наконец, если в вашем доме или офисе используются любые старые компьютеры, работающие под управлением Windows 3.1 или DOS, вам в любом случае потребуется дополнительное сетевое программное обеспечение, поскольку эти старшие операционные системы не включают все программное обеспечение, необходимое для запуска сети равный-с-равным.

Хотя пакет LANtastic предлагает все, что вам необходимо для работы в типичной сети равный-с-равным, в больших сетях, использующих сервер, более популярной стала операционная система Windows NT. Windows NT доступна и в исчерпывающем пакете сервера (который включает лучшую защиту и быстродействие, более эффективное проведение операций), и в версии рабочей станции (которая хорошо работает в среде равный-с-равным). Однако даже самая упрощенная рабочая станция Windows NT дороже, чем пакет LANtastic. Для работы в сетях равный-с-равным LANtastic является также лучшим средством, чем операционные системы UNIX и Linux. UNIX и ее более поздние версии лучше всего работают в качестве серверов, и, кроме того, работе в UNIX труднее обучиться, чем работе с пакетом LANtastic.

Что нужно для работы в сети с помощью LANtastic

Типичный пакет LANtastic поступает с рядом сетевых карт интерфейса, длинным кабелем, соединителями и собственно программным обеспечением LANtastic, которое необходимо запускать в сети. Есть смысл вложить дополнительные деньги для приобретения такого полного комплекта. Если вы устанавливаете свою собственную сеть равный-с-равным под Windows 98, вам придется покупать элементы вашей сети в различных местах, а если вы подобрали где-то б/у карту адаптера или две, вы должны удостовериться, что у вас есть в наличии соответствующие аппаратные средства. Ниже приведен список всего необходимого для создания собственной сети.

- ✓ **Карты сетевого интерфейса.** Вам потребуется сетевая карта интерфейса для каждого компьютера, который вы планируете соединять с вашей сетью. Эти карты мы обсудим в следующем разделе.
- ✓ **Соединение кабелем.** Выбор типа соединительного кабеля зависит от того, использует ли ваша сеть часть дополнительного оборудования, называемую ядром (которое действует как центральная точка подключения).
  - Коаксиальный кабель. Если вы выбираете традиционную установку Ethernet без расходов на дополнительное ядро, то для подключения всех компьютеров в вашей сети вам понадобится стандартный сетевой коаксиальный кабель. (Коаксиальный — тот же тип кабеля, который используется в вашем кабельном телевизоре, так что вы, вероятно, видели его прежде.) Каждый конец вашего коаксиального кабеля должен иметь признак конца (терминатор), которым оканчивается сетевая схема. На рис. 12.4 изображены коаксиальный кабель и его соединитель, а на рис. 12.5 — типичная коаксиальная конфигурация сети Ethernet.

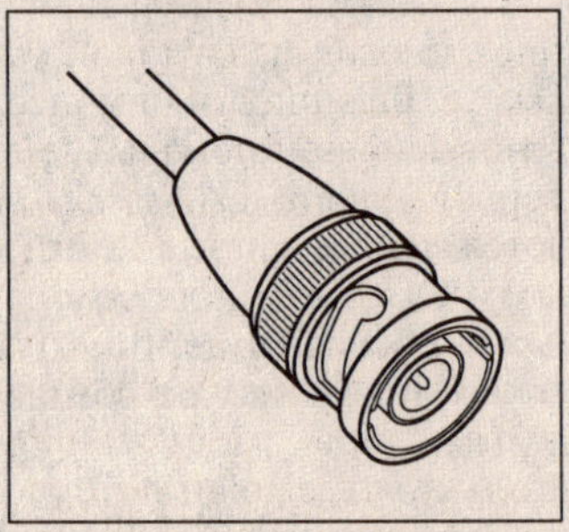

Рис. 12.4. Коаксиальный кабель и его соединитель

  - Кабель витой пары. Если ваша сеть содержит концентратор, можете использовать кабель витой пары, который похож на телефонный провод. Кабель витой пары имеет соединитель, называемый RJ-45 (рис. 12.6). При соединении кабелем витой пары каждый компьютер связывается с концентратором. Рис. 12.7 иллюстрирует типичную конфигурацию сети Ethernet витой пары.

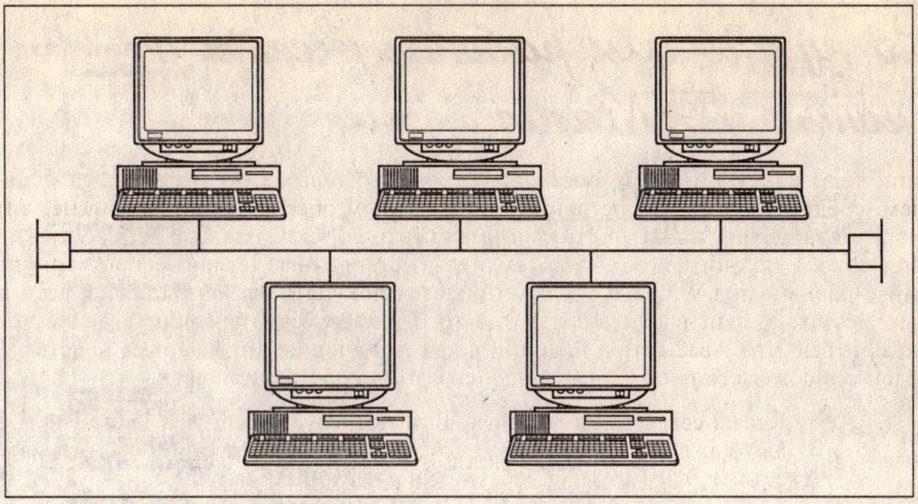

Рис. 12.5. Типичная коаксиальная сеть Ethernet

Ваши сетевые карты интерфейса должны поддерживать используемый вами тип кабеля. Если вы используете коаксиальный кабель, удостоверьтесь, что карты имеют BNC-соединители. Если же вы используете кабель витой пары, ваши карты вместо этого должны иметь соединители RJ-45. Многие карты Ethernet поддерживают, на всякий случай, оба типа соединителей.

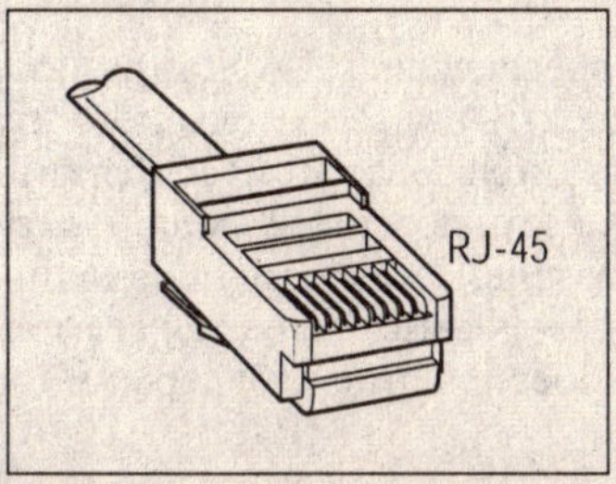

Рис. 12.6. Кабель витой пары и его соединитель

Вы можете подключить два компьютера с помощью кабелей витой пары без использования концентратора, но три или больше компьютеров сети витой пары требует наличия концентратора. Если вы подключаете только два компьютера для мультиигр или совместного использования принтера, спросите в компьютерном магазине переходной кабель витой пары.

- ✓ **Соединители.** Если вы выбираете коаксиальную сеть, нужно также подобрать набор коаксиальных соединителей. Эти металлические штекеры дают возможность прикрепить (и отсоединить) кабели и к другим кабелям, и к картам сетевого адаптера. На рис. 12.8 показана пара типичных коаксиальных соединителей. Такие соединители легко теряются, поэтому удостоверьтесь, что они надежно убраны в специальный мешочек или в вашу коробку с запчастями.

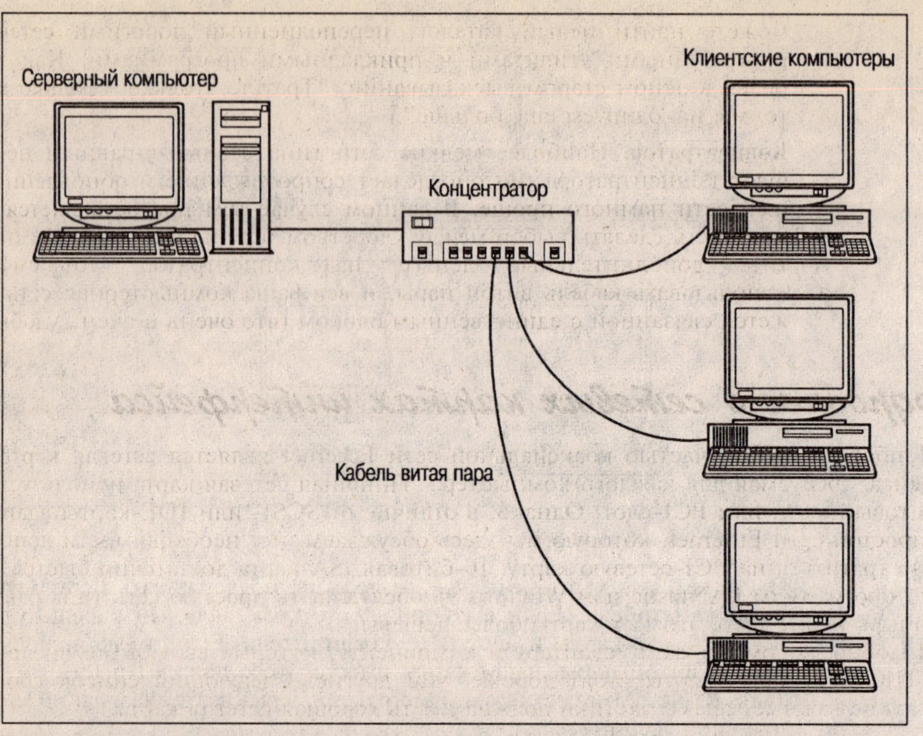

Рис. 12.7. Типичная сеть Ethernet витой пары

Программное обеспечение. LANtastic поступает в виде однопользовательского и десяти-пользовательского пакетов (каждый ПК в вашей сети считается "пользователем"). Всякий раз, когда вы добавляете дополнительные компьютеры к вашей сети, можете сразу добавить так много пользователей, как это необходимо (по одному или в группах по 10). Хотя LANtastic является самодостаточным и включает все программное обеспечение поддержки, которое вам необходимо, вы

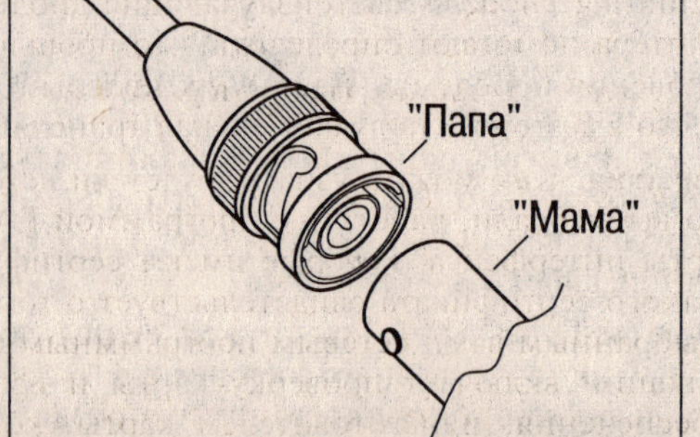

Рис. 12.8. Коаксиальные соединители "папа" и "мама"

можете найти целый каталог, переполненный дорогими сетевыми программными утилитами и прикладными программами. Как говорится в одном старом высказывании: "Тратьте столько, сколько хотите, мы накодируем еще больше".

- ✓ **Концентратор.** Наиболее мелкие сети типа равный-с-равным не требуют концентратора, но оно делает сопровождение и обновление вашей сети намного проще. В данном случае вам предоставляется возможность сделать выбор между удобством и деньгами. Если вы потратите дополнительные деньги на концентратор, то сможете использовать кабель витой пары, и вся ваша компьютерная сеть окажется связанной с единственным блоком (что очень и очень удобно).

Подробнее о сетевых картах интерфейса

Наиболее дорогой частью коаксиальной сети Ethernet является сетевая карта интерфейса, требуемая для каждого компьютера. Типичная сетевая карта использует или 16-битовый слот, или PCI-слот. Однако, в отличие от SCSI- или IDE-карты адаптера, для простой сети Ethernet, которую мы здесь обсуждаем, нет необходимости дополнительно тратиться на PCI-сетевую карту. 16-битовая ISA-карта достаточно быстра, чтобы по программам LANtastic или Windows 98 обслуживать простую сеть типа равный-с-равным; кроме того, эти ISA-карты более дешевы.

Подобно любому другому адаптеру и компоненту, которые вы можете внедрить в ваш ПК, некоторые карты стоят дороже, чем другие. Следующий список сообщит вам, какие важные характеристики должна иметь хорошая сетевая карта.

- ✓ **Двойные соединители.** Лучшие сетевые карты имеют многократные соединители для различных типов кабелей, чтобы вам не пришлось заменять все карты адаптера, если вы вдруг захотите нарастить вычислительные возможности сети, использующей коаксиальный кабель, заменив ее сетью, использующей соединение витой пары.
- ✓ **Plug and Play.** Если системная плата вашего компьютера поддерживает Plug and Play, я рекомендую приобрести соответствующую карту сетевого адаптера типа Plug and Play. Карта Plug and Play автоматически конфигурируется (без необходимости изменения любых установок перемычки), когда вы загружаете ваш компьютер.
- ✓ **LED-индикаторы состояния.** Индикаторные LED-лампочки состояния (Light-Emitting Diode — светоизлучающие диоды, СИД) на карте сетевого адаптера помогают определить, что прошло неправильно в случае возникновения проблемы. Например, красный индикатор обычно указывает, что адаптер не получает сигнал трансляции от кабеля.
- ✓ **Сертификация.** Как можно узнать, будет ли сетевая карта интерфейса, которую вы выбрали, работать с программой LANtastic? Выбирать следует карты интерфейса, которые имеют сертификат изготовителя. Наличие такого сертификата свидетельствует о том, что карта будет работать с выбранным вами сетевым программным обеспечением. Процесс сертификации включает проверку карты и изготовителем программного обеспечения, и изготовителем карты, которая гарантирует, что она будет функционировать без проблем. Большинство сертификатов сетевых карт рекламируют их совместимость, но если вам необходимо подтверждение этого, вы всегда вместе с изготовителем карты можете проверить ее совместимость.

- ✓ **Автоматическое или программное конфигурирование.** Никто, будучи в здравом уме, добровольно не захочет потрудиться над установкой перемычек для конфигурирования сетевой карты. Самые лучшие сетевые карты автоматически конфигурируют себя после подключения их к вашей сети.
- ✓ **Полная поддержка драйвера.** Посетите Web-узел изготовителя или его отдел технической поддержки и удостоверьтесь, что карта сопровождается необходимыми драйверами для вашего сетевого программного обеспечения. Эти драйверы должны быть доступны также для различных операционных систем, потому что вы никогда не знаете, придется ли вам подсоединять к сети компьютер, работающий под управлением DOS или Windows 3.1.

Подробнее о кабелях и подключениях

Проводка кабелей и подсоединение всех элементов сети — наиболее длительная по времени работа во всем процессе установки сети Ethernet. Запомните эти приведенные ниже руководящие принципы и пользуйтесь ими при покупке кабелей и соединителей (а также когда ползаете под столами).

- ✓ **Создание кабельной связи — это не пикник.** Я не могу иначе подчеркнуть важность этого момента — если вы не создали ваши собственные сетевые кабели прежде, купите уже готовые. Изготовление ваших собственных кабелей на пустом месте — это почти то же, что сборка рояля из досок и гвоздей. В этой главе я не собираюсь обсуждать, как изготавливать кабели: коаксиальный кабель представляет собой довольно сложную конструкцию, в то время как в продаже имеются его различные виды (для каждого из которых используется различная методика крепления соединителей). Намного проще заглянуть в компьютерный магазин или обратиться в вашу любимую службу заказа по почте и спросить о сетевом кабеле. Готовые кабели поступают нескольких различных стандартных длин и уже имеют соединители на обоих концах. Вам не нужно будет тратить впустую время или деньги, пробуя узнать, как разделать кабель и как убедиться, что он будет работать.
- ✓ **Всегда покупайте дополнительные кабель, соединители и терминаторы.** Независимо от того, как хорошо вы спланировали сеть и измерили расстояние между вашими компьютерами, всегда появляется что-то, что потребует более длинного кабеля и/или больше соединителей. (Если вы используете коаксиальную схему, лишние терминаторы также не повредят.) Покупайте кабели по крайней мере на полметра длиннее, чем, как вы думаете, вам необходимо.
- ✓ **Заручитесь помощью.** Возьмите себе помощника, который будет подготавливать кабели, соединители и слушать ваши эпитеты.
- ✓ **Неспрятанный кабель.** Если кабели проложены позади столов или по плинтусам — это нормально, но не оставляйте их лежащими посреди дороги на полу (вы будете поражены, насколько неуклюжи бывают люди, даже если вы пропустили кабель под ковром).

  СОВЕТ

  Если кабель должен пересечь прихожую или коридор, а помещение оборудовано подвесным потолком, попробуйте направить кабель выше секций потолка. В случае твердого потолка можно применить специальный короб (molding), используемый электриками для скрытия наружной проводки кабелей.

Инсталляция сетевой карты интерфейса

Вы уже готовы установить первый сетевой адаптер интерфейса? Если вы остановили свой выбор на PCI-картах, удостоверьтесь, что каждый компьютер в вашей сети имеет по крайней мере по одному открытому PCI-слоту. А теперь выполните следующие шаги.

1. **Вы только что закончили полировать серебряные изделия? Тогда коснитесь металлической поверхности, чтобы снять любое статическое электричество на вашем теле, и только после этого устанавливайте карту.**
2. **Если ваш компьютерный блок в настоящее время включен, отключите его.**
3. **Снимите крышку с корпуса компьютера.**
4. **Найдите свободный слот для сетевой карты; затем удалите винт и металлическую крышку, закрывающую выбранный слот.**
5. **Аккуратно совместите соединитель на карте со слотом на материнской плате.**

   Металлическая скоба карты должна совместиться с открытой площадью, образованной после удаления крышки слота.
6. **Надавите сверху на верхний торец карты и задвиньте ее соединитель в слот.**

   При этом скоба должна плотно прижаться к корпусу.
7. **Прикрепите скобу к корпусу с помощью винта и подсоедините сетевой кабель к соответствующему порту на карте.**

   В руководстве по эксплуатации карты адаптера указано, как подсоединить соединитель сетевого кабеля к вашей карте.
8. **Инсталлируйте программное обеспечение драйвера карты сетевого адаптера.**

   В руководстве по эксплуатации карты содержится полная информации о том, как загрузить программное обеспечение драйвера в среде вашей конкретной операционной системы.

Подсоединение коаксиального кабеля

Коаксиальные сетевые соединители обычно бывают двух разновидностей — для одиночного (кабель-кабель или кабель-сетевая карта) либо Т-образного подключений (кабель-кабель-кабель). Подключение таких соединителей осуществляется в два этапа.

1. **Совместите гнездо соединителя "мама" со штекером соединителя "папа".**

   Штырек блокировки на гнезде соединителя "мама" должен совместиться с углублением (канавкой), вырезанным в штекере соединителя "папа", как показано на рис. 12.9 (см. также рис. 12.8). Сожмите оба соединителя так, чтобы выступ на соединителе "мамы" вошел в начало канавки "папы" (такие соединители рассчитаны друг для друга, поэтому иначе, т.е. неправильно, соединить их невозможно).

2. **Удерживая оба соединителя в положении, описанном в п. 1, поверните их относительно друг друга по часовой стрелке до совмещения штырька на соединителе "мама" с фиксирующим вырезом на соединителе "папа".**

Рис. 12.10 иллюстрирует процесс такого вращения. Выступ "мамы" должен быть заблокирован в круговом вырезе в конце канавки на "папе"; при этом соединители должны слегка разойтись под действием взаимного давления.

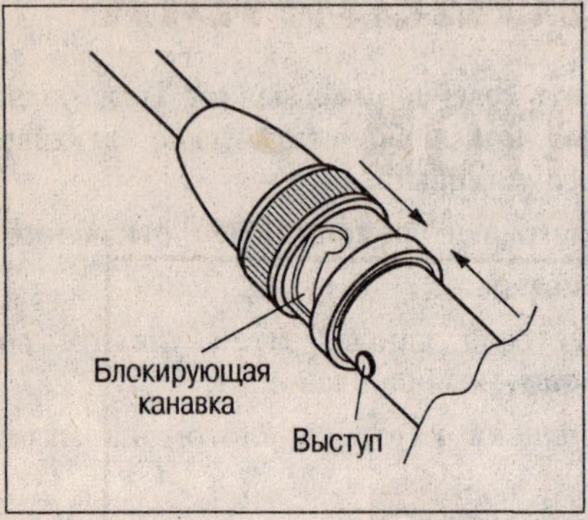

Рис. 12.9. Начало цикла совмещения соединителей

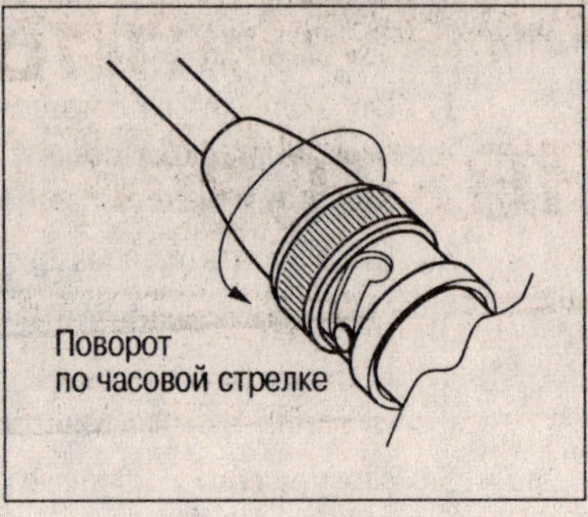

Рис. 12.10. После взаимного поворота замок защелкнется

Подсоединение кабеля витой пары

Если вы когда-либо подключали телефонный шнур к настенной розетке или модему, значит, уже выполняли это действие.

1. **Поместите вилку соединителя "папа" в гнездо соединителя "мама" до щелчка.**

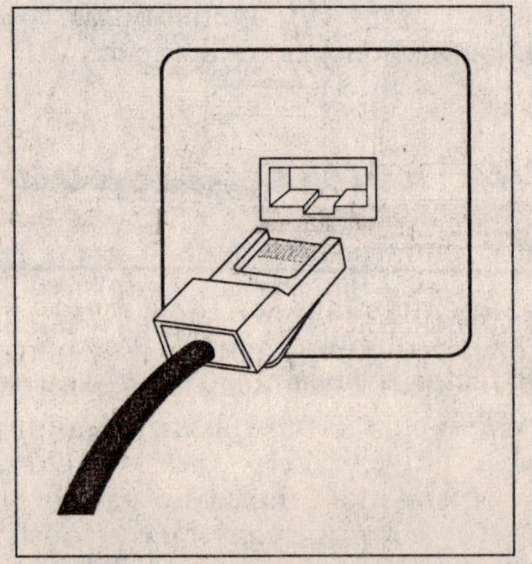

Рис. 12.11. Нет ничего проще, чем подсоединение кабеля витой пары

Такие соединители могут быть соединены лишь одним — правильным — образом. На рис. 12.11 показано рассматриваемое подключение. Такое подключение одинаково для соединений типа кабель-ядро и кабель-сетевая карта.

Инсталляция пакета LANtastic

После того как вы установили карты сетевого адаптера во все ваши компьютеры, установили программное обеспечение драйвера карты адаптера и подключили кабели, единственное что осталось для запуска всего этого — инсталлировать на каждом компьютере программное обеспечение LANtastic.

Точные шаги и порядок, которому они следуют в процессе установки программы LANtastic, изменяются в зависимости от версии программного обеспечения, операционной системы на компьютере и параметров, которые вы выбираете. Следовательно, приведенные ниже шаги не могут в точности соответствовать тому, что в процессе реальной инсталляции вы увидите на экране. К счастью, каждый экранный кадр в процессе инсталляции отображает полные инструкции о том, что вам необходимо делать, так что вы всегда должны следовать появляющимся на экране директивам. Но в общем для инсталляции рассматриваемого программного обеспечения нужно выполнить следующие шаги.

1. **Если вы отключали компьютер от электросети, подключите его снова.**
2. **Подключите к компьютеру клавиатуру и монитор (если вы этого еще не сделали) и включите питание монитора.**
3. **Включите компьютер, нажав кнопку включения питания, и дайте ему возможность загрузиться.**
4. **Запустите на выполнение программное обеспечение установки пакета LANtastic.**

   Вставьте программное обеспечение установки в CD-ROM или дисковод для гибких дискет и следуйте за появляющимися на экране командами.
5. **Введите идентификационное имя для данного компьютера в вашей сети.**
6. **На приглашение системы выберите пункт Typical Install (типичная установка).**
7. **Выберите марку и модель карты адаптера, которую вы установили.**

   Наиболее популярные карты программа инсталляции распознает автоматически, но если ваша марка и модель адаптера не включены в эту программу, попробуйте сгенерировать установку NDIS Supported Adapter. Вам, вероятно, придется обеспечить диск с драйвером, который должен сопровождать вашу карту.
8. **Выберите сетевые накопителя или принтеры, которые вы хотите распределить среди других компьютеров.**

   После того как вы выберете заданные по умолчанию параметры для вашей системы, программа инсталляции скопирует требуемые файлы на жесткий диск.
9. **Позвольте программе установки перезагрузить компьютер.**

Наблюдайте за сообщениями о запуске сети и записывайте любые сообщения об ошибках, которые появляются на экране. Эти сообщения об ошибках и возможные решения по их ликвидации перечислены в вашем руководстве по пользованию пакетом LANtastic.

Глава 13

Жизнь на беговой дорожке с ISDN

В этой главе...

- Как работает ISDN
- Определение ваших потребностей
- Сравнение ISDN с аналоговыми модемами на 56 Кбит/с
- Поиск провайдера службы Internet
- Что такое аппаратные средства ISDN
- Инсталляция ISDN-карты адаптера
- Инсталляция подключения к Internet в Windows 98

ISDN — другая большая аббревиатура. Этот набор отдельных символов, однако, представляет собой сбывшуюся мечту для людей, осуществляющих удаленный доступ, и фанатов Internet. Вообразите себе пересылку данных по существующим телефонным линиям с производительностью до 256 Кбит/с. Подумайте насчет гладкого, в реальном масштабе времени, проведения видеоконференций, которые уже не напоминают плохой немой кинофильм 20-х. Представьте себе Internet-подключение, которое позволяет вам получать Web-страницу и одновременно разговаривать с кем-то по телефону. Вот это да! Наверное, вы всю жизнь только и мечтали иметь ISDN, не так ли?

Да, с ISDN все это вы сможете делать, и в этой главе мы рассмотрим все преимущества ISDN-подключения. Но ISDN определенно не для каждого, хотя многие технари и "глашатаи" ISDN в Internet хотели бы, чтобы вы верили тому, что без ISDN нет настоящей жизни. (В конце концов, если бы ISDN был так необходим, то каждый уже имел бы его, подобно зубной щетке или паре дешевых солнечных очков.)

В этой главе описаны также все недостатки ISDN, в частности дороговизна его аппаратных средств. Фактически, ISDN все еще недоступен вообще в большинстве районов мира и даже в некоторых областях Соединенных Штатов, а тарифы вашей телефонной компании по оплате за ISDN-доступ могут быть просто возмутительными. В отличие от подключения к Internet, речевые и факсимильные подключения не будут использовать быстродействующую связь ISDN. В конечном счете, будет гораздо дешевле, если вы будете использовать стандартный комбинированный факсимильно-телефонный модуль на отдельной аналоговой линии.

В этой главе я честно и искренне представлю вам картину того, чем ISDN является сегодня — вы сможете решить для себя, дошли ли вы до того, чтобы иметь ISDN. Если вы желаете более подробно разобраться во всех деталях ISDN, я рекомендую книгу Дэвида Энджелла (David Angell) ISDN For Dummies, 2-е издание, выпущенную издательством IDG Books Worldwide, Inc.

Нуждаетесь ли вы в ISDN?

Прежде чем продолжить чтение этой главы, вам нужно решить, нуждаетесь ли вы в услугах ISDN. Например, нет никакого смысла даже рассматривать расходы, включаемые в ISDN, если все, что вам нужно, — это подключиться к Internet в течение нескольких минут в день, чтобы проверить вашу электронную почту. Конечно, никто не запретит вам добавить его к вашей системе, но действительно, поверьте мне, нерентабельно использовать ISDN в течение лишь нескольких минут в день.

Если вы удовлетворяете одному из следующих описаний, то ISDN — для вас.

- ✓ **Фанат Internet.** Здесь я говорю о сверхнапряженном серфинге по Web — по крайней мере три или четыре часа Internet-доступа в день. Если ваши первичные действия в Internet — передача файлов через FTP или Web-серфинг, ISDN может быть полезным для вас. Если вы используете Internet только примерно один час в день (или если ваши первичные Internet-приложения — электронная почта, группы новостей, telnet, Gopher или Archie (объяснение последних трех терминов приведено в Приложении Б в конце книги. — *Прим. ред.*)), я рекомендую ограничиться аналоговым модемом на 56 Кбит/с (см. главу 10 для получения большей информации о модемах).
- ✓ **Осуществление удаленного доступа.** Если вы нуждаетесь в быстродействующем доступе к вашей офисной сети из вашего дома, ISDN — очень хороший выбор. Вы можете вызывать линию ISDN, связанную с сетью в вашем офисе, и просто входить в систему, как если бы вы сидели за компьютером на работе.
- ✓ **Мастер конференц-связи.** ISDN — превосходный инструмент для высококачественного проведения видеоконференций (через подключение к локальной сети или через Internet). Если вы пробовали осуществлять конференц-связь через аналоговый модем, вы будете поражены тем, что ISDN обеспечивает быстрые скорости передачи данных для звука и изображения на большом экране.

Как выполняет работу ISDN

Аббревиатура ISDN образована от Integrated Services Digital Network (цифровая сеть с комплексными услугами; это название, как видно, переполнено нормальными заумными словами) — но действительно важным элементом этого названия является "цифровая" часть. (Для тех из нас, кто запускал системы BBS и использовал Internet намного раньше, чем это стало модным, смысл рассматриваемой аббревиатуры несколько изменился. Если вы ждали наступления цифровых сетей в течение ближайших нескольких лет, подобно мне, то для вас ISDN должно означать, что It Still Does Nothing (она все еще не делает ничего.))

Хотя ISDN-подключение использует ту же самую физическую телефонную линию, что и традиционное аналоговое подключение, ISDN может нести цифровые данные, что открывает целый ряд новых захватывающих возможностей — цифровое видео, звук качества CD и даже добрый старомодный текст, — и все это со скоростями, значительно превышающими скорости любого традиционного аналогового модема. (Все о компьютерных модемах см. в главе 10.) Фактически, модем больше не нужен, поскольку цифровые данные не нужно преобразовывать в аналоговый сигнал, а затем обратно в цифровые данные. Рис. 13.1 иллюстрирует аналоговый сигнал традиционного телефонного подключения.

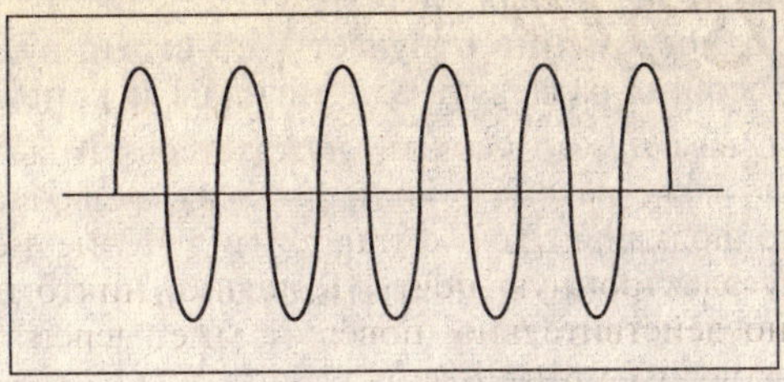

Рис. 13.1. Медленный и скучный аналоговый сигнал

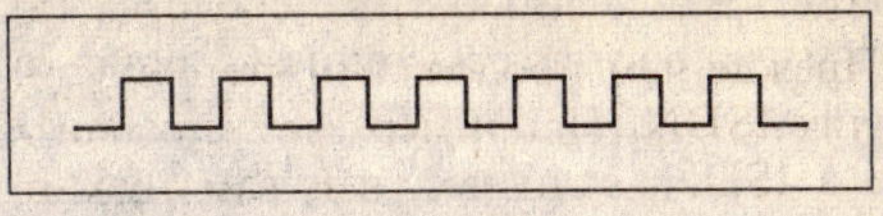

Рис. 13.2. Смелый цифровой сигнал для 2000 года, полный энергии и прыти

На рис. 13.2 показан цифровой сигнал. В основном, цифровой сигнал — это просто длинная вереница нулей и единиц, или состояний ВКЛ и ОТКЛ (тот же самый цифровой язык, на котором разговаривают ваш компьютер и звуковой CD-плейер).

Эта цифровая страна чудес также свободна от различных помех. В отличие от шумов, которые вы, вероятно, слышали на аналоговой линии, линия ISDN (для всех намерений и целей) — совершенное подключение. В обычной аналоговой связи модема шумы вызывают хаос, в результате которого возникает длинная задержка во время входа модемов в режим синхронизации, или даже прекращение подключения в целом. С линией же ISDN подключение оказывается безупречным.

Единственное ограничение этого совершенства и быстродействия состоит в том, что вы должны вызвать другую линию ISDN. Можно сделать обычный речевой вызов по аналоговому телефону, но тогда вы не заметите никакого улучшения по сравнению с обычным старым аналоговым телефоном: звучание будет точно таким же.

Вы можете задать вопрос, стоит ли тратить деньги на проводку новой линии для поддержки ISDN. К счастью, ISDN работает и через вашу существующую телефонную линию. Во многом подобно SCSI-цепочке, линия ISDN позволяет добавлять на ваш компьютер семь периферийных устройств, т.е. можно подключать целых восемь устройств передачи данных по одной линии (это устройства типа компьютеров, факсимильных аппаратов и телефонов). И каждое такое устройство может иметь отдельный номер телефона. Очень приятная возможность!

Не всякая линия ISDN может вызывать всякую другую линию ISDN; некоторые проблемы совместимости все еще существуют (обычно это аппаратные проблемы). В последние несколько лет телефонные компании и изготовители аппаратных средств сделали много для стандартизации аппаратных средств и протоколов подключения ISDN, но такое подключение все еще не универсально. Поэтому перед покупкой любых аппаратных средств ISDN хорошо было бы связаться с вашей телефонной компанией для получения любых рекомендаций относительно стандартов и совместимости.

Я думал, что BRI — это своего рода сыр!

В мире ISDN аббревиатура BRI (Basic Rate Interface — интерфейс базисного класса) — это технический термин для обозначения определенной конфигурации линии ISDN. BRI-обслуживание — обычно наименее дорогое ISDN-подключение с домом или офисом, так что это типичный выбор почти для всего ISDN-обслуживания. Линия BRI имеет три канала (или отдельные магистрали данных) внутри одного и того же физического провода. Два из них, называемые B-каналами, могут нести данные со скоростью примерно 64 Кбит/с. Рис. 13.3 демонстрирует один из благоприятных побочных эффектов наличия двух B-каналов: один канал используется для FTP-передачи файлов с сервера Internet, а другой одновременно получает Web-страницу от Internet. Ваши аппаратные средства ISDN способны разделять эти сигналы и направлять их на соответствующие устройства.

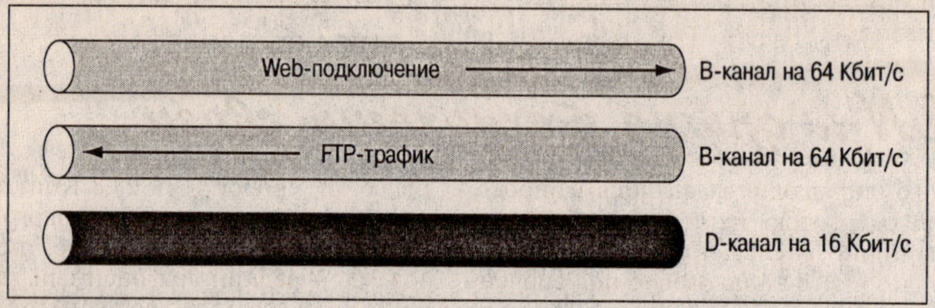

Рис. 13.3. BRI-линия ISDN-подключения несет одновременно два типа данных

Два B-канала на BRI-линии ISDN могут также быть объединены для получения более широкой полосы пропускания данных — приблизительно до 128 Кбит/с (или, по-русски, быстродействие трансфера (передачи/приема) данных увеличивается примерно вдвое по сравнению с одиночным BRI-каналом), как показано на рис. 13.4. Этот прием называется bonding (соединение). Подобная bonding-технология сейчас появляется также и для аналоговых модемов, увеличивая скорости пропускания до 112 Кбит/с через две соединенных аналоговых телефонных линии (обе из которых переносят данные в единственном подключении). Однако, подобно 56 Кбит/с-технологии, которую мы обсуждали в главе 10, вы вряд ли реально получите максимальное быстродействие из-за неудовлетворительного качества соединения по традиционным аналоговым телефонным линиям.

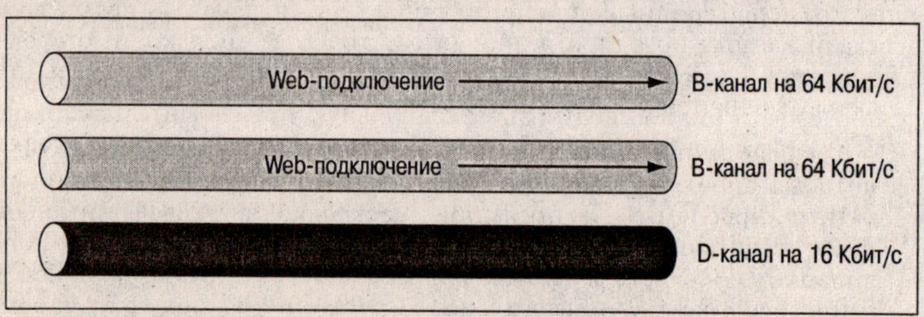

Рис. 13.4. Объединение каналов данных на линии BRI действительно ускоряет трансфер данных

Третий канал, называемый D-каналом, перемещает данные намного медленнее — со скоростью 16 Кбит/с. D-канал несет требуемые вашими аппаратными средствами ISDN сигналы управления и отсортированное наполнение, освобождая два других канала для трансфера только данных.

PRI — сокращение от pricey (дорогой)

Хотя линии BRI составляют огромное большинство ISDN-подключений, всегда можно шагнуть еще дальше. Если у вас есть деньги, вы можете добавить PRI (аббревиатура от Primary Rate Interface — интерфейс высшего класса) ISDN линию. Линия PRI действительно подходит только для большого бизнеса и крупных учебных заведений, поскольку обеспечивает 23 канала данных, каждый из которых перемещает данные со скоростью 64 Кбит/с. Это — слишком широкая дорога для простых смертных, подобных вам и мне, которые имеют лишь домашние или маленькие офисные ПК. Так что во время исследования стоимости линии ISDN и переговоров с вашей местной телефонной компанией обязательно спросите о ценах за ISDN PRI-обслуживание.

ISDN и другие технологии связи

Много лет люди задавались вопросом, была ли скорость в 28.8 Кбит/с самой большой скоростью трансфера, которую можно было выжать из аналогового модема через типичное телефонное соединение. (Заметьте, я сказал типичное, поскольку кристально чистое аналоговое подключение модема — редкий драгоценный камень, и ст*о*ит помнить, что аналоговые линии, вероятно, лишь на 85% свободны от шумов.) Изготовители модемов затем поднажали еще немного, и — слушайте и смотрите! — внезапно верхняя возможная скорость передачи достигла скорости 33.6 Кбит/с. Каждый покачал головой с удивлением и подумал: "Ну, это уже, конечно, должно быть самое высокое возможное быстродействие!"

Но нет ... Изготовители модемов снова доказали технотипам, что это не так. Сегодня международный стандарт v.90 обеспечивает верхнюю скорость передачи данных в 56 Кбит/с (со сжатием), и внезапно понятие линии ISDN оказалось менее внушительным. Неужели эта новая технология подпишет приговор ISDN?

Ответ: " Вероятно, нет". Вы никогда не сможете осуществлять множественные подключения по одиночной аналоговой телефонной линии, что вполне возможно сделать по линии ISDN. Почти совершенное качество цифровой линии ISDN означает отсутствие какой-либо интерференции сигналов. ISDN-связь все еще будет иметь более высокую производительность (помните, что линия ISDN обеспечивает скорости 64 Кбит/с или 128 Кбит/с без сжатия, а со сжатием вырисовывается достижение скорости передачи до 256 Кбит/с).

Аналоговая технология просто не может поддерживаться на высоком уровне. Чтобы на аналоговом модеме получить максимальную производительность где-нибудь около 56 Кбит/с, вам необходимо будет почти совершенное аналоговое подключение, а чего только очень часто не случается в реальном мире (вы, скорее всего, достигните производительности где-то между 36 и 43.2 Кбит/с). Производительность такого вашего соединения будет меняться от вызова к вызову. (Для получения большего количества информации о быстродействующих модемах и особенностях их синхронизации вернитесь на время к главе 10. Я подожду вас здесь.)

Однако аналоговое 56 Кбит/с-подключение модема будет, конечно, эффектно повышать популярность ISDN. Высокая стоимость ISDN-подключения выше цен подписки на ISP, и дополнительные хлопоты по установке ISDN приводят к тому, что до сих пор миллионы людей вполне удовлетворены своими быстродействующими аналоговыми модемами.

Какие альтернативы быстродействующего подключения к Internet имеет ваш дом или небольшой офис? Такой список доступных прямо сейчас альтернатив включает.

- ✓ **Кабельные модемы.** С кабельным модемом и расширенной сетью кабелей (который должен быть способен к двухсторонней связи) ваша кабельная компания может обеспечить вам подключение со скоростью 500 Кбит/с или еще выше. В настоящее время кабельное обслуживание модема доступно только небольшой доле кабельных подписчиков, но в будущем возможности для быстродействующего подключения появятся для каждого желающего.

- ✓ **ADSL.** Это аббревиатура от Asymmetric Digital Subscriber Line (асимметричная цифровая линия подписчика). Подобно кабельным модемам, ADSL — другая технология с верхними скоростями около 8 Мбит/с для получения данных и до 1 Мбит/с — для передачи данных: это действительно большие скорости, но получение линии ADSL в настоящее время столь же нереально, как солнечный свет в Карлсбадских пещерах.
- ✓ **Соединенные аналоговые модемы.** Объединенное аналоговое подключение, использующее две телефонные линии и специальный модем, может доставлять данные со скоростью до 112 Кбит/с. Компании Diamond Multimedia Systems и 3Com предлагают "удваивающиеся" модемы. Как я упоминал ранее в этой главе, объединенное аналоговое соединение использует стандартные телефонные линии (которые везде в мире далеки от совершенства), так что не ожидайте скорости 112 Кбит/с с каждым подключением. Операционная система Windows 98 обеспечивает поддержку подключений этих типов, которые в этой системе называтся подключениями мультисвязи.
- ✓ **Спутниковые подключения к Internet.** Вопросы подключения к Internet через спутники подробно обсуждаются в главе 15.

Определение требуемых аппаратных средств

Даже при том, что вы не будете требовать проводки новой телефонной линии для добавления ISDN, не думайте, что вы таким образом ушли от всех проблем! Поскольку ваш старый аналоговый модем не подходит для цифровой сети, вам определенно понадобятся новые аппаратные средства, чтобы воспользоваться преимуществами полного быстродействия ISDN-подключения. Некоторые компьютеры Pentium-класса достаточно быстры, чтобы использовать ISDN. Что касается операционных систем, то Windows 95, Windows 98 и Windows NT предлагают самую лучшую поддержку для ISDN-подключений.

Ниже приведен список других аппаратных средств, которые вам потребуются для ISDN-подключения.

- ✓ **ISDN-"модем".** Помню, помню, я говорил, что с линией ISDN модемы не нужны. Но ISDN-модем — это то, что многие люди (и даже многие изготовители аппаратных средств) находят приятным называть автономным "черным ящиком" ISDN (другие называют это просто конвертером). В конце концов, ISDN-конвертер соединяется с последовательным портом вашего ПК (или приспосабливается внутри его корпуса подобно внутреннему модему) и подключается к настенной ISDN-розетке подобно аналоговому модему. Однако ISDN-конвертер полностью цифровой и потому не выполняет никакого аналогового преобразования. Популярные внешние ISDN-модемы, которые используют ваш последовательный порт, включают BitSURFR Pro EZ от компании Motorola, Inc. (цена приблизительно $250) и 3ComImpact IQ ISDN-модем от компании 3Com, Inc. (приблизительно $200).

✓ **Быстродействующая последовательная карта.** Если вы покупаете внешний ISDN-модем, который соединяется с вашим последовательным портом, удостоверьтесь, что ваш компьютер использует последовательную карту с 16550-series UART. (Что такое 16550-series UART? Хороший вопрос — вернитесь к главе 10, где мы подробно обсуждали быстродействующие последовательные карты.) На рис. 13.5 показана обратная (тыльная) сторона типичного внешнего ISDN-модема.

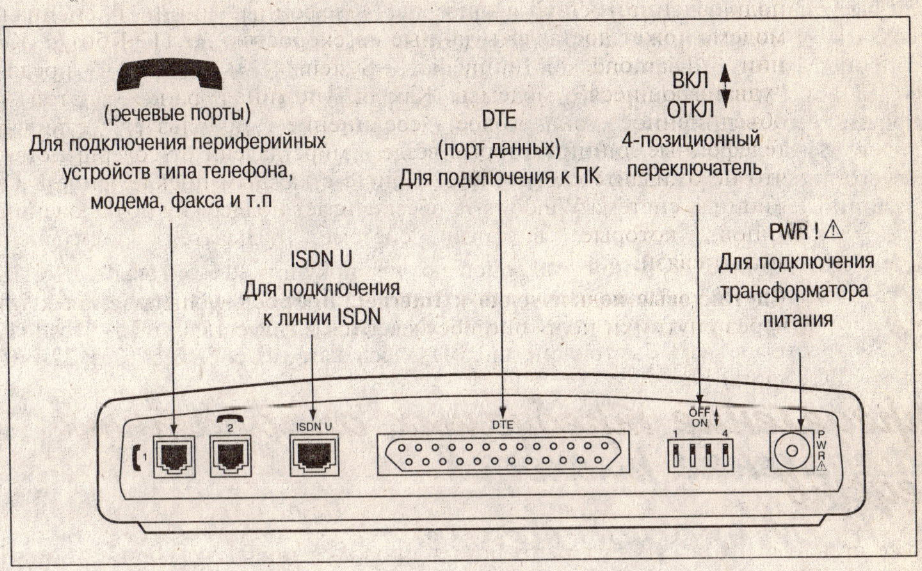

Рис. 13.5. Порты и соединители на задней стороне типичного внешнего последовательного ISDN-модема

✓ **Устройство NT1.** Каждая линия ISDN нуждается в устройстве NT1 (Network Termination 1 — сетевая заглушка № 1), которое функционально несколько подобно терминаторам, необходимым для SCSI-цепочки или сети Ethernet. Устройство NT1 эффективно завершает ISDN-линию и обеспечивает питание линии. ISDN-адаптеры обычно имеют встроенное устройство NT1, так что ISDN-адаптер — единственная часть аппаратных средств, которая вам действительно необходима для соединения с Internet. Уточните у изготовителя вашего ISDN-адаптера, включает ли он устройство NT1.

Что нужно для проведения видеоконференц-связи?

Типичная система видеоконференц-связи, основанная на ISDN, включает специальную карту, которая подключается к вашему NT1-адаптеру ISDN, видеокамеру, динамики, микрофон и необходимое программное обеспечение. Карта видеоконференц-связи обрабатывает и изображение, и звук, но она обычно подключается к вашей существующей звуковой карте. Вы можете соединяться непосредственно набором кода с другим компьютером на вашей линии ISDN или можете использовать линию ISDN для подключения к Internet, а затем использовать основанную на Internet систему видеоконференц-связи, наподобие CU-SeeMe. Я рекомендую основанную на PCI видеокарту на 4 Мбайт встроеной RAM для достижения наилучших результатов при использовании системы видеоконференц-связи.

Вы хотите WAN?

Если вы установили сеть Ethernet, можете подсоединить вашу сеть к линии ISDN и создать WAN (смешная аббревиатура от *Wide Area Network* — широкая сеть). Эта процедура — один из методов связать вместе больше чем одну сеть: через линию ISDN вы можете соединить две сети. Создание WAN — не такой уж простой вопрос и требует принятия мер безопасности (например, защиты от хакера, пробующего обратиться к вашей сети по одной и той же ISDN-линии), так что лучше всего поискать профессиональную помощь в связи с подключением вашей сети к линии ISDN.

Повторяйте за мной: "Я обещаю не покупать 16-битовый ISA ISDN-адаптер. Я обещаю покупать только PCI ISDN-адаптер". Если уж вы тратите деньги на внутренний ISDN-адаптер, удостоверьтесь, что получите требуемое вам быстродействие. И здесь вам не обойтись без 32-битовой PCI-карты.

Определение расходов на ISDN-подключение

Требуемые вам для ISDN-подключения аппаратные средства будут стоить намного больше, чем стандартный аналоговый модем, но самые большие расходы по добавлению ISDN к вашему ПК связаны не с аппаратными средствами, которые вы добавляете на ваш компьютер, — это расходы на инсталляцию и ежемесячные взносы за осуществление доступа, накладываемые на вас вашей местной телефонной компанией.

Инсталляционные расходы на ISDN по всему миру широко варьируют, и каждая локальная телефонная компания имеет различный план оценки. Некоторые телефонные компании работают так, чтобы установку линии ISDN сделать таким же простым делом, как и установку стандартной аналоговой линии. Они предлагают телефонные заказы на ISDN-обслуживание, Web-узлы с полезными инструкциями, а некоторые даже устанавливают фиксированную месячную ставку. Другие телефонные компании не предлагают для ISDN пользователей никакой предпродажной помощи вообще (не считая Web-узла) и устанавливают поминутный тариф, который заставляет вас биться головой о стену, когда приходит счет. Все это зависит от того, где вы живете.

Прежде чем вы начнете ISDN-поиски, важно осознавать, что вам потребуется полная поддержка вашей телефонной компании. Инсталляция линии ISDN — не то дело, которое вы сможете сделать самолично.

Возможность получать ISDN-обслуживание зависит также от того, на каком расстоянии вы находитесь от телефонного переключателя. В большинстве областей ваш дом или офис не может находиться дальше, чем за 5.5 км от переключателя или локальной кабельной сети, которая поддерживает ISDN (так что совершенно невозможно получить ISDN-обслуживание в вашей горной хижине).

Что такое "средний" тариф для ISDN-обслуживания? Издержки инсталляции составляют в среднем от $75 до $100. Ежемесячные взносы за пользование линией обычно составляют от $40 до $100, обычно с некоторыми изменениями в зависимости от общего времени использования линии. Некоторые компании предлагают деловой пакет с рядом бесплатных часов ежемесячно (сопровождаемых измерением в минутах), в то время как другие компании определяют стоимость подключением на поминутной основе. Хорошим примером интерактивного узла, предлагающего информацию по ISDN, является страничка Digital Long Distance компании AT&T по адресу `www.att.com/home64/`.

Как найти провайдера службы Internet

Даже если у вас уже есть работающая ISDN-линия, вы все еще не сможете связаться с Internet. Вы должны пройти еще по одному мосту — найти провайдера службы Internet (Internet Service Provider, или ISP), который предлагает ISDN-обслуживание (с этой точки зрения, ISDN-абоненты ничем не отличаются от абонентов, использующих аналоговые модемы, — вам все еще нужно иметь своего провайдера ISP, чтобы он связывал вас с Internet). Рис. 13.6 иллюстрирует элементы успешного ISDN-подключения к Internet.

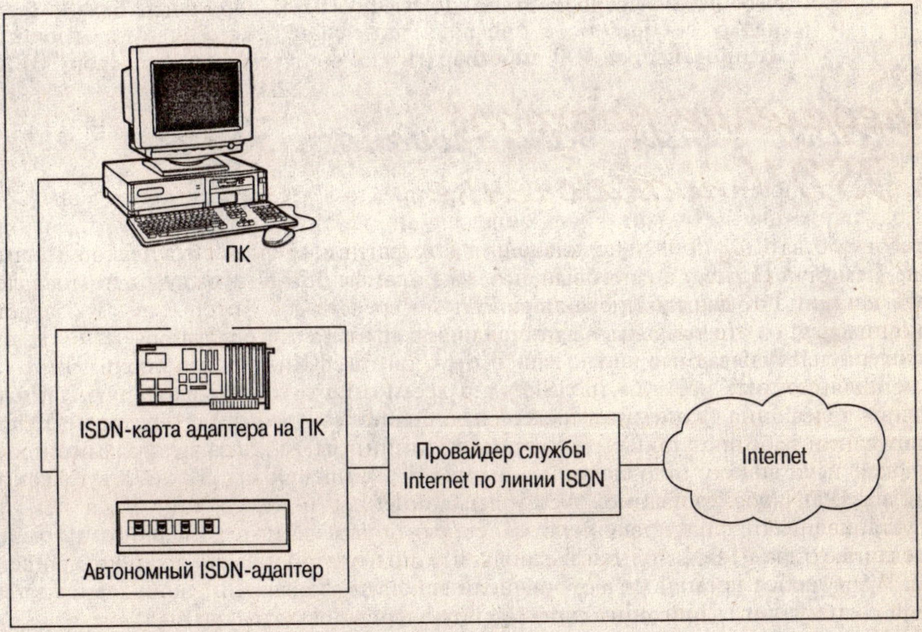

Рис. 13.6. Схема типичного ISDN-подключения к Internet

Если вы ищете подключение к Internet для вашей ISDN-установки новой марки, вы быстро столкнетесь с очень раздражающим фактом: провайдеры ISP делают свою прибыль на подписчиках, использующих аналоговые модемы, но не на ISDN-подписчиках. Многие провайдеры просто не подготовлены к обслуживанию подписчиков ISDN, потому что не имеют своей собственной линии ISDN, и вам придется выполнить поистине детективную работу, чтобы найти такого провайдера. И, конечно, всегда лучше найти местного провайдера ISP с поддержкой ISDN, чем охотиться на дальнего провайдера.

Необходимо также удостовериться, что потенциал вашего провайдера ISP позволяет предлагать сжатие на линии ISDN. Если это так, то вы сможете по крайней мере вдвое увеличить скорость трансфера через простое BRI-подключение на 64 Кбит/с.

Вам нужна помощь в поиске в вашей области провайдера службы Internet? Ниже приведен список возможных источников локальной ISP-информации.

- ✓ **Ваша телефонная книга.** Подобно любому другому бизнесу, в справочнике Желтые Страницы, вероятно, имеется список провайдеров ISP в вашем регионе.
- ✓ **Друзья, родственники и соседи.** Поспрашивайте людей в вашем окружении об их провайдерах ISP. Можете также выяснять, удовлетворены ли они качеством обслуживания своих провайдеров.
- ✓ **Местные компьютерные магазины.** Компьютерный магазин — это всегда хороший источник обширной информации, связанной с компьютерами.
- ✓ **Компьютерный клуб или группы пользователей.** Вы, вероятно, получите целый хор голосов членов клуба или группы об искомых вами провайдерах.
- ✓ **Локальные системы BBS.** Если вы уже вызываете местную систему электронной доски объявлений (или BBS), оставьте адресованное каждому сообщение с просьбой дать свои рекомендации относительно их провайдеров ISP либо обратитесь к системному оператору BBS.

Насколько занят ваш провайдер ISP?

Если вы нашли провайдера ISP, который предлагает ISDN-доступ в вашей области, следующим шагом должно быть определение, какого рода подключение к Internet обеспечивает данный провайдер и скольких подписчиков он обслуживает в настоящее время. Почему? Потому что назначение вам тарифа ISDN-передачи данных зависит непосредственно от вашего провайдера ISP.

Например, подключение между вашими аппаратными средствами ISDN и вашим провайдером ISP будет, вероятно, на все 64 или 128 Кбит/с, но соединения между вашим ISP и Internet могут быть самыми разными. Если ваш провайдер пытается разделить относительно медленное соединение с Internet одновременно среди 5000 подписчиков через 32 аналоговых телефонных линии, вы никогда не получите полного быстродействия вашего подключения. Вместо этого провайдер ISP действует как узкое место, а не как трубопровод между вами и Internet.

Чтобы избежать такого узкого места, спросите вашего потенциального провайдера, может ли он гарантировать, что вы получите полную производительность вашей линии ISDN в любое время дня и ночи. Если такой провайдер ISP не будет в состоянии поддерживать ваши требования, я рекомендую вам поискать другого ISP.

Нужно ли вам специализированное подключение к Internet?

Ваш провайдер ISP может спросить, нуждаетесь ли вы в специализированном (выделенном) подключении к Internet, т.е. в таком подключении, которое будет активным все 24 часа в сутки. Имеется несколько преимуществ такого специализированного подключения.

- ✓ Вы можете устанавливать собственный Web-сервер на вашем собственном компьютере с такой большой памятью жесткого диска, какая вам требуется (большинство Web-серверов в Internet позволяет вам иметь от 5 до 50 Мбайт дискового пространства).
- ✓ Вы можете выполнять интерактивное обслуживание с использованием программного обеспечения общего пользования или коммерческую систему BBS. Ваши абоненты могут использовать telnet для подсоединения к вашей службе отовсюду через Internet.
- ✓ Со специализированной (выделенной) линией вам будет проще получить ваше собственное доменное имя (это часть вашего адреса электронной почты Internet после "@"), наподобие `hford@modelt.com` или `michelangelo@ceilings.com`. Провайдер ISP обычно может помочь вам получить ваше собственное доменное имя.

Специализированная линия значительно дороже? О, да, это всегда так, но если вы нуждаетесь в постоянном 24-часовом подключении к Internet, вы можете оговорить установление умеренного фиксированного ежемесячного взноса с вашим провайдером ISP, который, все же, предпочитает заключить сделку с большей для себя финансовой выгодой. Если же вы пока воздерживаетесь от выделенного подключения, ваш компьютер должен вызывать и устанавливать подключение каждый раз, когда вы хотите обратиться к Internet. (Если вы установили подключение к Internet, этот процесс осуществляется автоматический изнутри Windows 95 и Windows NT; если подключения еще нет, читайте раздел "Создание подключения к Internet в Windows 98" в конце этой главы.)

СОВЕТ

Использование сети для поиска провайдера ISP

Вы уже имеете доступ к Internet (возможно, на работе)? Если так, посетите узел The List по адресу `the-list.internet.com` или ISPs.com (вы, наверное, уже предположили это) по адресу `www.isps.com`. Эти Web-узлы содержат информацию и координаты тысяч провайдеров ISP в Соединенных Штатах, Канаде и по всему миру (даже если вы — читатель из Джибути или Лихтенштейна, вы легко найдете своего ISP). Используйте эти ресурсы для отыскания такого провайдера ISP в вашей области, который предлагает ISDN, поддерживает стандарт модема 56 Кбит/с (см. главу 10) и берет умеренную плату за установку ISDN и ежемесячный доступ к Internet.

Инсталляция внутренней ISDN-карты адаптера

В этом разделе вы узнаете, как установить внутреннюю ISDN-карту адаптера со встроенной функцией NT1. Но прежде проконсультируйтесь с вашим руководством по эксплуатации карты адаптера и выясните, какая вам потребуется информация от вашей телефонной компании и провайдера ISP. Обычно вам потребуются, по крайней мере, сервисный номер идентификатора конфигурации, тип переключателя и номер директории, который ваша телефонная компания может дать вам, а также номер ISDN-линии от вашего провайдера ISP. А теперь выполните следующие шаги.

1. **Вы сейчас примеряли тот старый полиэстеровый выходной костюм времен вашей молодости? Тогда коснитесь металлической поверхности прежде, чем вы начнете устанавливать карту и статическим электричеством навредите компонентам вашего компьютера!**
2. **Если шасси вашего компьютера в настоящее время подключено к сети, отключите его.**
3. **Снимите крышку корпуса компьютера.**
4. **Выберите открытый слот карты для вашей ISDN-карты адаптера.**
5. **Удалите винт и металлическую крышку, закрывающую выбранный слот.**
6. **Обратитесь к руководству по эксплуатации ISDN-карты адаптера, чтобы определить необходимую конфигурацию.**

   В этом руководстве должно быть указано, должны ли вы изменить некоторые параметры настройки, прежде чем устанавливать карту. Если перемычку нужно переустановить, используйте длинные плоскогубцы или пинцет, чтобы переместить перемычку на соответствующие штырьки. Если нужно откорректировать переключатель DIP, используйте шариковую ручку или отвертку, чтобы установить кнопки в определенном порядке.
7. **Совместите соединитель на карте со слотом на материнской плате.**

   Металлическая скоба карты должна поравняться с открытой площадью, образованной после удаления крышки слота.
8. **Надавите на верхний торец карты и задвиньте ее вниз в слот.**

   Если карта вошла в слот полностью, скоба должна плотно прижиматься к корпусу.
9. **С помощью винта закрепите скобу на корпусе.**
10. **Подключите телефонный кабель от настенной ISDN-розетки к соответствующему порту на карте.**

    В руководстве карты адаптера указано, как разместить кабельный соединитель на вашей карте. Вставьте соединитель в порт до упора.

Создание подключения к Internet в Windows 98

Вам необходимо установить новое подключение к Internet изнутри Windows 98 для вашего ISDN-модема (или даже для медленного, старомодного аналогового модема)? Тогда вызывайте мистические силы Мастера Internet-подключений! Следуйте приведенным ниже инструкциям и вы сотворите чудо своими собственными руками.

1. **Запустите программу Internet Connection Wizard (мастер подключения к Internet).**

   Щелкните на кнопке Пуск, затем выберите Программы⇨Вспомогательные программы⇨Связь⇨Мастер подключения к Internet. На открывшемся экране Мастера Подключения к Internet выберите Я хочу установить мое подключение к Internet вручную и щелкните на кнопке Далее для продолжения.

2. **Выберите метод подключения.**

   Поскольку вы не подключаетесь к Internet через локальную сеть, щелкните на пункте Я подключаюсь через телефонную линию и модем и затем щелкните на кнопке Далее.

3. **Введите номер телефона, предоставленный вашим провайдером ISP.**

   Компьютер набирает этот номер, чтобы обратиться к вашему ISP. Не забудьте код города (области), если ваш ISP находится на большом расстоянии. Если ваш провайдер ISP не дал вам специфических инструкций, выберите только кнопку Advanced. Щелкните на кнопке Далее для продолжения.

4. **Введите ваше имя пользователя и пароль.**

   Провайдер ISP должен обеспечить вас именем пользователя и паролем. Щелкните на Далее.

5. **Введите имя вашего провайдера ISP.**

   Это имя используется для идентификации конфигурации подключения. После того как вы ввели имя, щелкните на кнопке Далее.

6. **Определите, нужно ли вам установить почту Internet.**

   Если вам нужно установить почту Internet, щелкните на Да, в противном случае щелкните на Нет, а затем снова щелкните на Далее для продолжения. (Если вам не требуется устанавливать почту Internet, переходите сразу к шагу 12.)

7. **Выберите предпочтительную программу почты Internet.**

   Если вы хотите использовать программу Windows Messaging, Exchange или Outlook для вашей электронной почты Internet — которые я рекомендую, — выберите Создать новый счет почты Internet и щелкните на кнопке Далее.

8. **Введите имя вашего дисплея.**

9. **Введите адрес вашей электронной почты.**

   Опять-таки, эти данные вам обязан предоставить ваш провайдер ISP. Щелчок на Далее и — продолжаем.

10. **Определите вашу POP3- и SMTP-информацию сервера.**

    Вы должны ввести большое количество информации, которую вам предоставил ваш ISP (все эти данные уникальны для каждого провайдера ISP). Щелкните на кнопке Далее для продолжения.

11. **Определите ваше имя входа в систему почты Internet и пароль.**

    Обратите внимание, что этот вход в систему и пароль могут отличаться от имени входа в систему и пароля, которые вы ввели ранее, — еще раз повторю, этой информацией вас должен снабдить ваш провайдер ISP. Если вы устанавливаете счет на домашнее использование, где с защитой обычно возникает меньше проблем, облегчите себе жизнь, разрешив опцию Напоминание пароля. Щелкните на Далее.

12. **Все сделано! Щелкните на кнопкеи** Далее, **а затем на кнопке** Конец **для завершения процесса.**

    Если вы хотите немедленно соединиться с Internet, поставьте переключатель Internet Немедленно в положение Соединиться прежде, чем вы щелкнете на кнопке Конец.

Windows 98 создаст новую пиктограмму для подключения в вашей папке Dial-Up Networking, которую вы можете отображать, дважды щелкая на пиктограмме Мой компьютер и дважды щелкая на пиктограмме Dial-Up Networking. Начиная с этого момента, каждый раз, когда вы дважды щелкнете на пиктограмме подключения, ваш компьютер автоматически набирает номер вашего провайдера ISP и устанавливает подключение к Internet.

Глава 14

Ввод/вывод: сканеры, видеокамеры, принтеры

В этой главе...

- Выбор сканера
- Технология цифровой камеры
- Захват изображений и видеоклипов
- Выбор нужного принтера
- Установка аппаратных средств сканирования и печати

Если у вас есть немного художественного таланта, ваш компьютер может стать чудесным инструментом для творчества — спросите любого, кто занимается компьютерной настольной издательской работой, графическим дизайном или является мастером трехмерного рендеринга. С помощью сегодняшнего мощного программного обеспечения вы можете использовать компьютер для создания убедительных картин, написанных масляными красками, формирования полноценных мультфильмов без необходимости рисования отдельных кадров анимации, или даже для создания парка трехмерных космических кораблей, настолько реальных, что все поверят в их действительное существование.

Но что делать, если вы — такая же бездарь, как я? Я давно знал, что я — никудышный художник первой степени, по одной причине: я не могу нарисовать даже простейшего рисунка. Тем не менее, благодаря сегодняшним сканерам и устройствам захвата видео, любой может взять детский рисунок, фотографию футбольной команды или логотип эмблемы своего малого бизнеса и преобразовать их в цифровое изображение. Вы можете даже использовать цифровую камеру, чтобы заснять ваши собственные оригинальные цифровые изображения.

В этой главе я расскажу также, как вы можете отпечатать вашу собственную работу на бумаге с помощью струйного или лазерного принтера. Какой принтер самый дорогой? Какие принтеры печатают в цвете? Здесь вы найдете ответы на эти и многие другие вопросы.

Широкий, замечательный мир сканеров

Вам нужны изображения, которые вы хотели бы добавить к вашим проектам настольного издательства или включить в персональную Web-страницу? Если вы ищете графику, но до сих пор были не очень удачливы в этих своих изысканиях, не расстраивайтесь: теперь вы обнаружите, вероятно, что ваш компьютер может "нести золотые яйца". С помощью сканера, который преобразовывает напечатанную страницу в цифровое изображение, вы можете оцифровывать (переводить в цифровой формат. — *Прим. ред.*) графику из книг и журналов, с коробки овсяных хлопьев и из фотоальбомов, вплоть до ваших детских зарисовок и ежедневных газет. Все, что можно легально копировать (и что вы сможете уложить на поверхность), вполне можно просканировать. Более подробно об авторских правах я рассуждаю во врезке "Руководство по авторским правам для ленивых" ниже в этой главе.

Несколько лет назад цветной сканер высшего качества с высоким разрешением обошелся бы вам по крайней мере в $1000, но сегодня, благодаря удивительным успехам современного производства, высокому уровню жизни населения и пулярности во всем мире цифрового видео, тот же самый цветной сканер будет стоить вам меньше $300. В этом разделе мы обсудим различные типы сканеров, имеющихся сегодня на рынке, и выясним, что вы должны искать в компьютерном магазине.

Что вообще представляет собой сканер?

В наши дни выпускаются сканеры четырех разновидностей.

- ✓ **Планшетные сканеры.** "Да, сэр, это Кадиллак среди сканеров. Вам завернуть?" Фактически, планшетный сканер выглядит скорее как копировальный аппарат, чем как роскошный автомобиль. Но теперь, когда стоимость планшетных моделей существенно снизилась, они стали очень популярными среди большинства покупателей. Большая площадь сканирования позволяет развернуть весь журнал или книгу. Планшетные сканеры обычно имеют более высокую разрешающую способность и лучшую цветовую глубину, чем листопротяжные сканеры (речь о которых пойдет чуть ниже), и вам не нужно будет вырывать страницу из вашей любимой книги или журнала, чтобы ее просканировать. Другими словами, изображения, просканированные на планшетном сканере, получаются более подробными и передают совершенно естественный цвет оригинала. Сканеры серий Hewlett-Packard ScanJet и Microtek ScanMaker — это две весьма уважаемые модели планшетных сканеров.

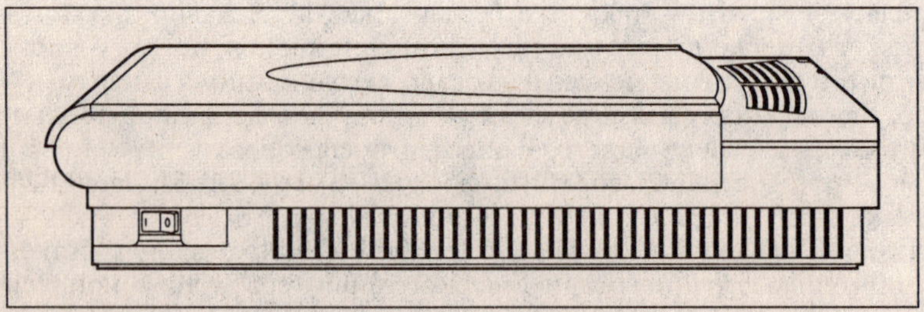

Рис. 14.1. Наш нижайший поклон королю сканеров

Планшетные сканеры старшего поколения обычно используют интерфейс SCSI, который обеспечивает самое быстрое возможное быстродействие сканирования. Большинство планшетных сканеров прежних моделей теперь используют либо подключение к параллельному порту (когда сканер подключается к вашему параллельному порту и ваш принтер подсоединяется к сканеру), либо USB-подключение. Конфигурация параллельного порта работает несколько медленнее, чем SCSI, но в этом случае для использования параллельного порта сканера вам не нужно устанавливать SCSI-карту адаптера. Если ваш ПК имеет USB-соединители, то приобретение USB-сканера — определенно самый простой путь заполучить сканер к вашему компьютеру. Как гласит общее правило, если вы можете позволить себе планшетный сканер, получите его! На рис. 14.1 показан типичный планшетный сканер.

- ✓ **Листопротяжные (sheetfed) сканеры** — это новые дешевые аппаратные средства сканирования. Такие модели обычно стоят приблизительно в два раза меньше, чем типичный планшетный сканер. Кроме того, листопротяжный сканер более удобен и более эффективен, чем ручной сканер (о котором мы поговорим чуть позже). Типичный листопротяжный сканер выглядит как факсимильный аппарат, но занимает значительно меньше места на вашем столе (как показано на рис. 14.2).

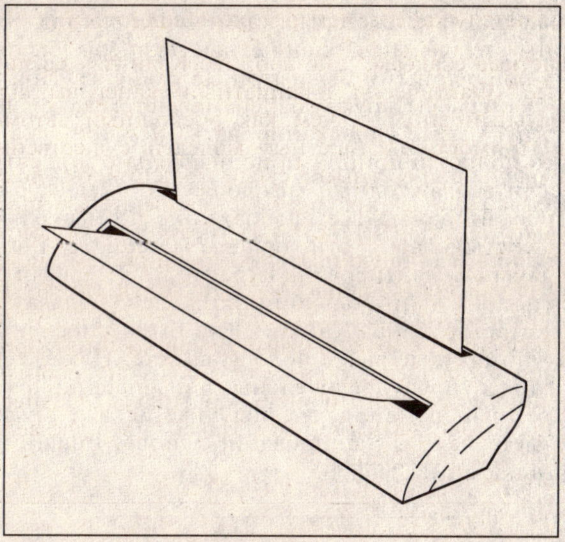

Рис. 14.2. Листопротяжный сканер очень похож на факсимильный аппарат

Sheetfed-сканер автоматически обрабатывает листы любого возможного размера по длине. К сожалению, однако, сканировать можно лишь отдельные листы бумаги. В отличие от планшетного сканера, нужно вырвать страницу из книги или журнала (либо сначала сделать ксеро- или фотокопию такой страницы), чтобы затем ее просканировать. Кроме того, если ваше исходное изображение меньше, чем страница, вам может понадобиться приклеить это изображение к стандартному листу бумаги, чтобы можно было физически ввести это изображение в сканер. (Можно также использовать чистый пластиковый лист, чтобы ввести в сканер маленькие элементы.)

- ✓ **Фотосканеры** — относительно новое средство сканирования изображений. Это — внутренние IDE-устройства, которые размещаются внутри вашего компьютера. С их помощью можно сканировать отдельные изображения (или даже маленькие напечатанные элементы, наподобие визитных карточек или ярлыков драйверов). Большинство людей используют фотосканеры для оцифровки отпечатков, которые они сделали с помощью обычной пленочной фотокамеры. Поскольку фотосканер не рассчитан на обработку оригиналов, более широких, чем фотография, размер сканируемых этими устройствами изображений ограничен.

С другой стороны, фотосканеры работают в автоматическом режиме и очень просты в использовании — только введите картинку внутрь, и сканер степенно вернет ее обратно, как только прочитает изображение. Фотосканеры, вообще говоря, обеспечивают такое же качество сканирования, как и sheetfed-сканеры, и их можно подсоединять к любому ПК, который может принимать любое другое IDE-устройство. Если вы не уверены, что ваши нужды в сканировании изображений (или текстов) будут ограничены лишь фотопленками, серьезно рассмотрите возможность приобретения планшетного сканера (который является гораздо более универсальным).

✓ **Ручные сканеры.** В старые времена, когда для большинства компьютерных владельцев планшетные сканеры были слишком дороги, очень популярными были ручные сканеры. При использовании такого сканера вы вручную перемещаете сканер поперек материала, который хотите просканировать. Ручной сканер может читать только полосу шириной приблизительно в десять сантиметров, так что если ваш исходный графический элемент больше, то вам нужно просканировать все изображение по нескольким полосам, а затем "состыковать" эти полосы вместе с помощью какой-либо программы редактирования графики. Это звучит почти забавно, но в реальной жизни большинство людей, обладателей ручных сканеров, которых я знаю, никогда не были способны успешно объединить упомянутые выше полосы вместе. Плюс, если вы не очень осторожны и предупредительны в отношении перемещения сканера поперек изображения, вы получите искаженную картинку и должны будете начать сканирование заново. Внешний вид ручного сканера показан на рис. 14.3.

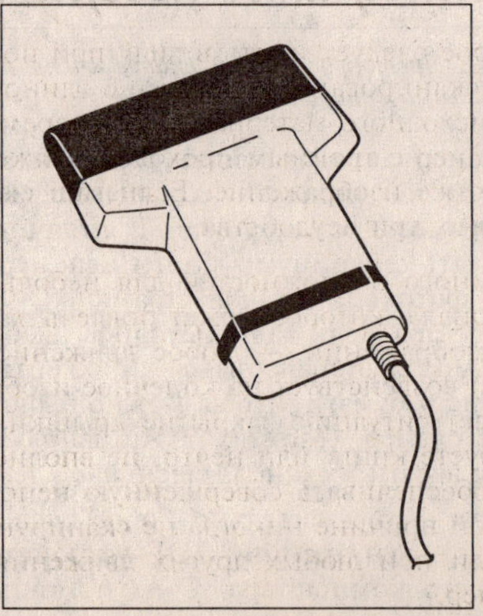

Рис. 14.3. Типичный ручной сканер

Из-за низкой разрешающей способности и неудобств обращения с ними (и факт, что планшетные сканеры являются намного более доступными сегодня) ручные сканеры сегодня практически исчезли с рынка. Если только вы не подобрали где-то б/у ручной сканер, я рекомендую вам вообще забыть об их существовании.

Прыжок в цветовую глубину

Большинство сканеров обеспечивают 24-, 30- или 36-битовый цвет; количество бит цвета указывает на то, сколько цветов сканер может записать в электронной версии изображения. Цветовая глубина изображения важна, поскольку ведь вы хотите, чтобы электронное изображение включало полный диапазон цветов, имеющихся в оригинале. Например, если вы создаете Web-узел, показывающий знаменитые картины, вы, вероятно, скорее предложили бы изображения с 16.7 миллионами цветов (это количество — максимум из того, что может различить зрение человека), чем с 16 цветами (с помощью которых можно создавать шедевры, более похожие на изображения типа paint-by-number (нарисованные числами. — *Прим. перев.*)).

Любой сканер, который вы рассматриваете, должен быть способен отображать как минимум 24-битовые цвета. Если некий сканер рекламируется как сканер истинного цвета, то это, вероятно, 24-битовая модель. 30-битовый сканер может записывать изображения в 11 миллиардах цветов, в то время как 36-битовый сканер может обеспечить больше 68.7 миллиардов цветов.

Тот же самый 24-битовый цветной рисунок снова появляется на сцене, когда компьютерный народ обсуждает свои видеоадаптеры. В мире видеоадаптеров 24-битовый цвет эквивалентен 16.7 миллионам цветов, которые могут отображаться на мониторе типа SVGA с помощью карты видеоадаптера с объемом видеоRAM по крайней мере 2 Мбайт. (Подробнее о картах видеоадаптера см. в главе 6.)

Пожалуйста, передайте изображение

Другое свойство, которое следует иметь в виду при покупке цветного сканера, называется однопроходным сканированием. Сканер с одиночным проходом делает только одну "поездку" вдоль исходного материала и одновременно фиксирует все изображение. Более дешевый сканер с тройным проходом должен сделать три поездки, чтобы просмотреть одно и то же изображение. Если ваш сканер делает три прохода, то вы получите, соответственно, три неудобства.

- ✓ Имеется много возможностей для небольшого смещения оригинального материала, которое может повлечь за собой искажение в окончательном изображении, — любое движение сканера (даже мельчайшее колебание) воздействует на конечное изображение. Конечно, несколько облегчает ситуацию закрытие крышки на вашем сканере, но если вы сканируете книгу или нечто, не вполне плоское, нужно будет както иначе обеспечивать совершенную неподвижность вашего оригинала. (По этой причине никогда не сканируйте материал при катании на качелях или при любых других движениях поверхности, на которой стоит сканер.)
- ✓ Трехпроходное сканирование изображения обычно требует в три раза больше времени.

- ✓ Трехпроходный сканер должен сохранять три отдельных изображения и затем объединять их с использованием программного обеспечения, а это обычно означает, что ваш компьютер будет нуждаться в большем количестве памяти и большем свободном пространстве на жестком диске, чтобы сохранить окончательное изображение. Вам потребуется, как минимум, 16 Мбайт памяти RAM, чтобы просмотреть полную страницу в 24-битовом цвете на сканере с тройным проходом, и еще где-нибудь от 20 до 40 Мбайт пространства на жестком диске для сохранения завершенного изображения (в зависимости от числа цветов и подробностей в изображении).

ПОМНИ!

По указанным выше причинам очень советую выбрать сканер с одиночным проходом, если это возможно. Они обычно стоят немного дороже, но это — хорошо потраченные деньги. Вообще, однопроходные сканеры обладают более высокой разрешающей способностью, они служат дольше, и вы будете тратить меньше времени на ожидание результатов сканирования.

Определение требуемой разрешающей способности

Многие люди имеют тенденцию основывать свое решение о приобретении того или иного сканера исключительно на рекламе их разрешающей способности, измеряемой обычно в единицах dpi (dot per inch — количество точек на дюйм), полагая, что чем выше разрешающая способность, тем лучше качество просканированного изображения. И это правильно. Большинство сканеров имеют следующую стандартную "чистую" (или оптическую) разрешающую способность.

- ✓ **300x300.** Предназначен для детей и их школьных проектов.
- ✓ **300x600.** Больше всего подходит для сканирования штриховой графики.
- ✓ **600x600.** Хороша для просмотра кадров и фотографий из книг или журналов
- ✓ **600x1200:** Стандартная разрешающая способность для сканера хорошего качества.
- ✓ **1200x2400.** Вполне подходит для графических художников, которые за подробности с высоким разрешением готовы платить более высокую цену.
- ✓ Действительно, чем выше "чистая" разрешающая способность, тем лучше сканер; однако некоторые изготовители рекламируют также интерполированную ("грязную") разрешающую способность отдельных моделей. В чем же различие между "грязной" и "чистой" разрешающей способностью?

Ответ кроется в программном обеспечении: "чистое" значение разрешающей способности — это фактическая оптическая разрешающая способность, с которой сканер считывает изображение. "Грязная" разрешающая способность (значение которой всегда выше) вычисляется программным обеспечением сканера. Фактически, программа добавляет дополнительные точки к просканированному изображению без считывания их с оригинального материала, увеличивая тем самым разрешение итоговой картинки.

Технарь рассказал бы вам, что на каждом шаге интерполяции для улучшения качества итогового изображения программа использует некий интерполяционный алгоритм (или математическую формулу). В обывательских терминах это эквивалентно вставке графическим программным обеспечением новых точек в изображение с использованием некоторых интеллектуальных предположений в отношении их цвета.

При покупке сканера оценивайте их по оптической разрешающей способности (но не забывайте насчет ее “грязного” значения). Если в рекламе вы не находите “чистой” или “оптической” разрешающей способности, свяжитесь с изготовителем и потребуйте эту решающую информацию прежде, чем сделаете покупку.

Сканеры и ... Марк Твен (Mark Twain)?

Покупка TWAIN-совместимого сканера — очень хорошая идея. (На этот раз за этой компьютерной аббревиатурой абсолютно ничего не стоит... TWAIN — это всего лишь название, созданное людьми, которые разработали рассматриваемый стандарт, и фактически означает Technology Without An Interesting Name (технология без интересного названия. В конце концов, группа этих технарей может позволить себе иметь чувство юмора!) TWAIN — это стандарт, который гарантирует, что ваш сканер будет работать с программным обеспечением захвата изображения и другими графическими прикладными программами в вашей системе. Если и аппаратные средства, и программное обеспечение TWAIN совместимы, не имеет значения, кто из них ответственен за расстановку точек на окончательном изображении. (Звучит довольно свежо, правда?)

Рис. 14.4 иллюстрирует мое любимое TWAIN-совместимое программное обеспечение редактирования изображений — программу Paint Shop Pro — в действии после захвата изображения со сканера. Я вам искренне советую приобрести эту программу.

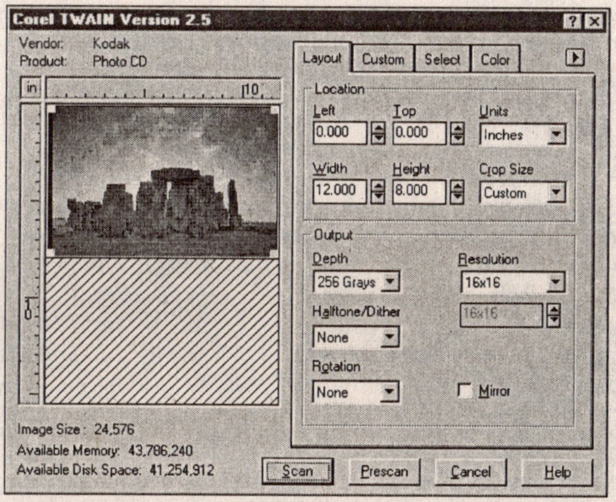

Рис. 14.4. Сохранение сканированного изображения с помощью программы Paint Shop Pro

Поскольку TWAIN-совместимость имеет такой здравый смысл, почти каждый произведенный сегодня сканер поддерживает технологию TWAIN — но никогда не вредно убедиться в этом прежде, чем покупать конкретный сканер.

Большинство сканеров поступают с различными сопутствующими программами, которые должны включать также программное обеспечение захвата изображений, необходимое для сканирования. Вы можете получить также другое программное обеспечение, типа программы редактирования изображений, прикладной программы настольного издательства или программы OCR (Optical Character Recognition — оптическое распознавание символов). Программное обеспечение OCR может "читать" содержимое напечатанной страницы, которую вы просканировали, и ввести текст с этой страницы прямо в ваш текстовый редактор — точно так же, как если бы вы набрали этот текст самостоятельно. Хотя OCR-технология не совершенна, и вам, скорее всего, придется исправлять некоторые ошибки, вам не нужно будет вручную повторно набирать все содержимое страницы для того, чтобы ввести его в ваш текстовый процессор.

Подробнее о цифровых фотокамерах

До появления цифровых фотокамер помещение оригинальных фотографий в компьютер в виде изображений было утомительным и скучным занятием. Вы должны были отнести экспонированную пленку в фотолабораторию, чтобы получить отпечатанные снимки, а затем сидеть перед вашим дорогим планшетным сканером и медленно оцифровывать каждый из отпечатков и вводить их в компьютер.

Если вы выполняете большое количество оригинальных цифровых изображений и хотите избежать тяжелой работы по их сканированию, не раздумывайте долго и приобретите цифровую камеру. Подобно технологии сканера, цифровая камера существует уже сравнительно давно, но до недавнего времени типичная цифровая камера была настолько дорога, что вам нужен был телохранитель, чтобы ее переносить. Цены на цифровые фотокамеры некоторых моделей теперь снизились менее чем до $200, но цены на наиболее дорогостоящие модели с большим количеством свойств все еще вращаются вокруг $800 и больше. Популярные марки включают цифровые фотокамеры фирм Casio, Canon, Kodak и Olympus.

Вы можете задать вопрос: где цифровая фотокамера сохраняет изображения и как с ними работать? Изображения, которые вы принимаете, фактически сохраняются в памяти, называемой Flash RAM. Память Flash RAM во многом подобна памяти RAM вашего компьютера, но она имеет приятную способность сохранять информацию после того, как вы выключаете камеру. Более дорогие цифровые фотокамеры имеют большее количество встроенной Flash RAM, так что они могут сохранять большее количество изображений. (Не каждая цифровая камера использует Flash RAM. В некоторых из них используются съемные картриджи, другие имеют крошечные жесткие диски, а одна модель цифровой камеры даже использует стандартные дискеты на 1.44 Мбайт.)

Загрузка изображений из цифровой камеры в ваш ПК не может быть еще проще: вы просто подключаете кабель между камерой и последовательным портом вашего ПК (некоторые фотокамеры использует USB-порт, SCSI-порт или параллельный порт), запускаете программное обеспечение камеры, и изображения выгружаются из камеры прямо в ваш компьютер.

На рис. 14.5 показано изображение, принятое с типичной цифровой камеры (и отображенное в программе Paint Shop Pro). Изображение получено с помощью цифровой фотокамеры Casio QV-11, которая сохраняет максимум 96 24-битовых изображений (и стоит обычно около $180). Странного парня с пылесосом на этом рисунке просто игнорируйте — я не мог вырезать его из изображения.

Рис. 14.5. Очень странная личность, сфотографированная с помощью цифровой фотокамеры

Большинство цифровых камер очень похожи на своих пленочных кузенов (включая аксессуары наподобие вспышки и этого бесполезного ремешка, надеваемого на запястье). Цифровые фотокамеры обычно столь же легки в использовании, как и простая пленочная 35 мм камера типа point-and-shoot (наведи-и-щелкни), доступные в любом месте. Приведенные ниже характеристики помогут вам определить лучшую цифровую камеру во время покупки.

- ✓ **Видоискатель LCD.** Теперь это свойство, которое мне действительно нравится! Видоискатель LCD позволяет вам видеть то, как будет выглядеть ваше изображение, прежде чем вы введете его в камеру. Большинство цифровых камер, которые предлагают это свойство, позволяют вам также просматривать ваше изображение немедленно после того, как вы его зафиксировали (а это означает, что вы можете судить о результатах немедленно и в случае необходимости щелкнуть объект еще раз).
- ✓ **Управление фотографированием.** Это свойство позволяет вам просматривать и удалять ваши изображения из камеры непосредственно. Например, если вы находитесь вне офиса и делаете снимки зданий для вашей компании недвижимости и внезапно исчерпаете память RAM, необходимую для фиксации новых изображений, вы легко можете просмотреть ваши кадры и удалить те из них, которые вам не нравятся. Удаление нежелательных изображений освобождает дополнительную RAM, и вы — снова в деле. Несколько более старые цифровые камеры для удаления снимков требуют, чтобы вы прицепили ее к вашему компьютеру либо удалили сразу все ваши изображения.
- ✓ **Сменная память Flash RAM.** Хотя более дорогие камеры имеют и больше оперативной памяти RAM, в основном используется система сменной карты Flash RAM. Если у вас одна из таких камер, просто купите другую карту Flash RAM и меняйте карты всякий раз, когда вам нужно получить больше памяти. Удаляемая карта будет сохранять снимки, которые вы уже сделали, до тех пор, пока вы не сможете за-

грузить их в ваш компьютер. Съемный кассетный накопитель Clik! фирмы Iomega специально разработан для камер с Flash RAM и дает вам возможность выгрузить до 40 Мбайт изображений с карты Flash RAM (без подключения к компьютеру), так что вы можете освободить память для дополнительных изображений.

- ✓ **Повышенная разрешающая способность.** Точно так же, как и сканер, цифровая камера имеет некоторый класс разрешающей способности. Фактически, многие цифровые камеры могут принимать изображения с больше чем одной разрешающей способностью. Камеры, которые могут фиксировать с 24-битовой глубиной цвета и высокой разрешающей способностью (это истинный цвет и более чем 640x480 точек), обычно значительно дороже. Важно не забывать, что чем выше разрешающая способность изображения, тем большее пространство изображения занимает в RAM. Следовательно, фотокамеры с несколькими разрешающими способностями позволяют делать выбор между количеством и качеством ваших снимков (вы можете сделать или меньше изображений с более высоким разрешением, или больше изображений с более низкой разрешающей способностью).

Совет

- ✓ **Один важный момент.** Сколько бы вы ни колдовали над вашей картинкой, полученной с помощью цифровой камеры, вы никогда не достигните даже примерно такого прекрасного качества, какое получается с использованием пленочной 35-мм камеры. Если вы желаете сохранить деньги, но хотите получать изображения с высоким разрешением, вы можете придерживаться хорошо проверенного метода сканирования снимков, отпечатанных с фотопленки. Вообще, планшетный сканер с более высоким разрешением все еще намного дешевле цифровой камеры с высоким решением. (Если вы планируете сканировать большое количество фотографий, см. раздел “Что вообще представляет собой сканер” выше в этой главе.)
- ✓ **Сжатие.** Некоторые цифровые камеры могут сжимать ваши изображения так, чтобы они занимали меньше места в памяти. Эти изображения подобны сильно сжатым изображениям JPEG-формата, общепринятого в Web-сети. Хотя при использовании сжатия вы теряете некоторые детали, эти потери обычно незначительны. Такие камеры могут упаковывать в свою память намного больше изображений, так что ваш “рулон” цифровой пленки может нести вдвое (или даже втрое) больше изображений, чем обычная фотопленка. Камера с варьируемым сжатием позволяет вам отключать режим сжатия.
- ✓ **Трансфокатор.** Более дорогие цифровые камеры имеют такой же трансфокатор, какой мы находим в стандартных пленочных камерах. Приближение и удаление объекта съемки дает возможность регулировать подробность его фиксируемых камерой деталей.
- ✓ **Специальные эффекты.** Некоторые камеры теперь предлагают встроенные специальные эффекты точно такие же, как знакомые специальные эффекты на обычной видеокамере. Типичные эффекты включают автоматические цветные палитры, которые придают вашим изображениям определенный вид, подобно тону сепии или пастели, и возможность негативного отображения, в котором изображение напоминает фотонегатив.

Захват цифрового видео: время пришло

Сегодняшние ПК имеют способность захватывать (и фиксировать) цифровое видео — на вашем компьютере вы можете отображать синхронизированные видео и звук (или сохранять их на вашем жестком диске для воспроизведения позже). Вы можете записывать и сохранять видео из любого источника, включая видеокамеру или ваш VCR. Вы можете использовать цифровое видео на вашем компьютере многочисленными практическими способами, включая проведение видеоконференций, создание видеоклипов для Web, деловые презентации и даже программирование мультимедийных игр.

До недавнего времени захват и проигрывание видеоданных на персональном компьютере было действительно безнадежным делом — 386-е и 486-е компьютеры просто не имели мощи, чтобы надлежащим образом отобразить полноэкранное цифровое видео. Однако с поступлением в продажу продвинутых видеокарт и неудержимой мощи CPU класса Pentium дела определенно изменились в лучшую сторону. Когда писалась эта книга, чипы Pentium II и Pentium III с расширенными мультимедийными свойствами MMX лучше других подходили для цифрового видео — полноэкранное цифровое видео теперь смотрится столь же хорошо, как телевизионная трансляция.

Вы можете использовать два общих метода захвата видеоклипов (здесь слово клип означает просто отдельный видеокадр. — *Прим. ред.*) и неподвижных картинок на вашем персональном компьютере.

- ✓ **Компьютерная видеокамера.** Хотя эти камеры и близко не имеют глубины резкости изображаемого пространства и других возможностей обычной видеокамеры, использующей магнитную ленту, они совершенны для проведения видеоконференций, захвата простых видеоклипов или приема статических изображений вашей семьи. Эти камеры обычно напоминают небольшую круглую или квадратную линзу камеры, устанавливаются на верхней части монитора и соединяются с параллельным портом. Самые новые компьютерные видеокамеры используют USB, что позволяет передавать данные со скоростью 12 Мбайт/с (вполне достаточно для цифрового видео).
- ✓ **Устройство захвата видео.** Устройства захвата видеоданных присоединяются к вашему компьютеру различными способами; чаще всего — это внутренние карты адаптера, появляются и USB-модели, а некоторые используют внешний интерфейс параллельного порта. После того как вы установите устройство захвата данных, можете подключать к нему в качестве источника VCR-плейер лазерного диска или видеокамеру. Как и с помощью компьютерной видеокамеры, это устройство позволяет захватывать непрерывные файлы видеоклипов или просто снимать неподвижные образы.

СОВЕТ

С помощью устройства захвата видео вы можете также взять все те домашние кинофильмы, которые вы записали на пленку на больших видеокассетах, и передать их на устройство записи CD (см. в главе 8 о записывающих устройствах CD).

Наиболее популярными форматами цифрового видео в наши дни являются AVI (стандарт Microsoft, поддерживаемый Windows 95, Windows 98 и Windows NT) и MOV (формат Apple QuickTime, который инициировался на Macintosh, но теперь доступен также для PC). Третий популярный формат, с которым вы часто будете сталкиваться на Web, стандарт MPEG-1, допускающий сильное сжатие данных и более подходящий для разгрузки файлов, чем AVI или MOV.

Я должен также упомянуть MPEG-2 — следующее поколение формата MPEG. Формат MPEG-2 используется на DVD-дисках для обеспечения спутникового качества цифрового видео, и Windows 98 включает средства поддержки для проигрывания DVD-дисков. (Для получения большей информации относительно DVD-видео см. главу 8.)

Имейте в виду, что даже сжатые файлы цифрового видео могут занимать огромные участки пространства жесткого диска, — не удивляйтесь, если вдруг обнаружите, что 10-секундный высококачественный видеоролик с высоким разрешением занимает около 10 Мбайт памяти на вашем жестком диске. Однако у вас имеется возможность корректировать ряд параметров настройки, чтобы уменьшить размер файла видеозаписи после того, как вы сделали его запись.

- ✓ **Цветовая глубина.** Конечно, видео смотрится лучше всего в 24-битовом истинном цвете, но вы можете уменьшить количество цветов до 256 и таким образом уменьшить размер соответствующего файла.
- ✓ **Шаг по кадрам.** Кадр — отдельное изображение, подобное одиночным изображениям, которые составляют рулон пленки с кинофильмом. Хотя большее число кадров делает просмотр видео более гладким, вы можете уменьшить шаг по кадрам, чтобы сократить общий размер видеофайла.
- ✓ **Размер видео.** Традиционно уменьшение экранного размера видеозаписи было решением, которое при работе с цифровым видео принимает большинство людей (что объясняет, почему на протяжении многих лет и до сих пор видеоклипы обычно смотрят на экране около 20 $см^2$). Чем меньше экранный размер видео, тем меньше размер соответствующего видеофайла.

Сегодня, благодаря недавним усовершенствованиям аппаратных средств, увеличению их быстродействия и общего качества видео, на рынке появилось много коммерческих и совместно пользуемых программ редактирования видеоизображений. Например, пакет общего пользования редактирования видео Personal AVI Editor (персональный AVI-редактор) фирмы FlickerFree Multimedia Products позволяет добавлять цифровые эффекты и цифровой звук WAV-формата к вашим видеоклипам AVI. Аппаратные средства захвата видеоданных обычно сопровождаются программным обеспечением, которое может включать программу редактирования видео (подобно Personal AVI Editor) и мультимедийную студию (типа Macromedia Director).

Принтеры, принтеры, принтеры!

Если вы спросите компьютерных владельцев, какое одно из периферийных устройств имеет для них наибольшее значение (с точки зрения окупаемости вложенных в него средств), они, вероятнее всего, назовут модем или принтер. В сегодняшнем мире напечатанная страница все еще очень полезна (по крайней мере, пока), и современные струйные и лазерные принтеры могут производить все — от футболок до транспарантов, от поздравительных открыток до знамен и бумажных самолетиков. Календари, визитные карточки, красочные книги — нетрудно видеть, насколько полезным может быть принтер, особенно если у вас есть дети.

В этом разделе мы обсудим, какие в наши дни имеются принтеры стоимостью до $450 и как выбрать модель для удовлетворения ваших потребностей.

Руководство по авторским правам для ленивых

Только тот факт, что у вас есть возможность захватывать видеоклипы из VCR или просматривать изображения из журналов, не означает, что вы можете использовать этот видеоматериал по своему усмотрению. Стоит быть очень внимательным, когда вы выбираете материал для ваших документов или вашего Web-узла. Хотя я не адвокат, могу, все же, дать вам несколько полезных указаний, которые помогут вам избежать неприятностей, связанных с использованием вами защищенного авторским правом материала (т.е. кем-то созданных оригинальных работ). Запомните эти основные руководящие принципы.

✓ **Остерегайтесь "скрытого" авторского права.** В соответствии с действующим законодательством, авторское право возникает немедленно после создания оригинальной работы, и копируемый вами текст или изображение в действительности могут быть уже защищены авторским правом, независимо от того, сопровождается ли такой материал уведомлением о защищенном авторском праве.

✓ **Предоставление разрешения.** Вы должны получить разрешение на копирование любой оригинальной защищенной авторским правом работы, даже если автор ранее давал вам разрешение на копирование другой его работы. Например, только потому, что вы получили разрешение использовать в вашей Web-странице одно из ряда изображений, не означает, что вы можете использовать весь ряд таких изображений — вам следует получить разрешение на использование каждого индивидуального изображения.

✓ **Источник копируемого материала неважен.** Большинство людей думают, что изображения, которые они получают от групп новостей Internet или с какого-то Web-узла, могут быть "безнаказанно" скопированы, но, с точки зрения правомерности этого, не имеет значения, откуда вы получаете этот материал. Если он защищен авторским правом, размещение текста или изображения в группе новостей не делает его *общей собственностью* (т.е. интеллектуальным достоянием, не защищеным авторским правом потому, что "принадлежит всему обществу"). Вам и в этом случае необходимо получить разрешение автора на использование защищенного авторским правом материала.

✓ **Внесение изменений.** Другим общим заблуждением является мысль о том, что "Если я подрисую усы на этом изображении Г. Спока, оно станет моей оригинальной работой". Произвольное изменение оригинального материала не лишает его автора авторского права, и вам по-прежнему требуется разрешение на его использование.

✓ **Изменение носителя материала ничего не меняет.** Если вы просканируете защищенное авторским правом изображение с оригинального носителя на бумаге, электронное изображение или документ не станут вдруг вашей оригинальной работой (если бы это было так, я бы давным-давно потребовал оплатить мне работы Шекспира, Эдгара Аллана По и Марка Твена). Как вы вполне можете себе представить, и в этом случае авторское право все еще остается имеющим силу и вам необходимо разрешение автора на использование такого материала.

✓ **Проконсультируйтесь с вашим адвокатом.** Если вы не уверенны, можете ли вы по закону копировать и затем использовать что-либо, прежде всего спросите об этом вашего адвоката!

Он будет лазерным или струйным?

Имеется три типа компьютерных принтеров.

- ✓ **Лазерные.** Для присоединения тонкого порошка, называемого тонером (порошковый проявитель. — *Прим. ред.*), к бумаге и формирования таким образом символов и изображений в лазерном принтере используется теплота. Лазерные принтеры, вообще говоря, очень дороги, но в последнее время усовершенствование их технологии позволило снизить цену на них. Многие низкоуровневые модели доступны теперь по цене меньше $400.
- ✓ **Струйные.** Струйный принтер выстреливает чернила на бумагу. Струйные принтеры (известные также как bubblejet (капельные) принтеры) являются на сегодняшний день наиболее популярными персональными принтерами. Струйная технология позволяет производить изображения в пределах от стандартного черного текста до качественных фотографий. Фактически, струйная технология используется в фотопринтерах высокого разрешения и в многофункциональных принтерах (в которых в одном модуле скомбинированы факс, копировальное устройство и принтер).
- ✓ **Матричные.** Матричный принтер формирует символы с помощью крошечных штырьков, которые бьют по бумаге через чернильную ленту (очень похожую на красящую ленту старомодной пишущей машинки). Дни, когда матричные принтеры были популярными, давно прошли. Эти принтеры шумны и склонны к заеданию, они не в состоянии как следует печатать графику. Кроме того, они печатают только черно-белые изображения. Однако вы все еще можете встретить матричную технологию в ограниченном использовании всякий раз, когда работа требует многочисленных копий документов, получаемых через копировальную бумагу, потому что струйные и лазерные принтеры не могут печатать копии через копирку.

При покупке струйного или лазерного принтера следует учитывать ряд их необходимых свойств: ваш новый принтер должен печатать документы как на листах обычного формата, так и на конвертах, ярлыках и открытках. Конечно, чем больше бумажная пропускная способность, тем лучше. Принтер, который вы выбираете для вашей системы, должен вмещать в лоток по крайней мере 100 листов бумаги. Любой принтер, который вы рассматриваете, должен также сопровождаться дополнительным программным обеспечением, наподобие комплекта инструментов для печати (с соответствующими программами и чистой бумагой) для детей или для бизнеса, а также программным обеспечением драйвера, необходимого для вашей специфической операционной системы. (В Приложении содержится больше информации об операционных системах.)

Во время покупки принтера не забудьте приобрести также двунаправленный параллельный кабель принтера. Кабели принтера обычно не включаются в комплект поставки принтера.

Другие свойства являются специфичными для конкретного типа принтера, так что теперь самое время исследовать преимущества струйных и лазерных принтеров.

Преимущества струйных принтеров

Струйные принтеры имеют следующие преимущества.

- ✓ **Меньшая стоимость.** Струйные принтеры стоят от $150, в то время как наименее дорогие лазерные принтеры от $400.
- ✓ **Более дешевые чернила.** Чернильный картридж для струйного принтера намного дешевле, чем картридж порошкового проявителя для лазерного принтера. Для еще большей экономии вы можете повторно заполнять черный картридж чернилами (черный лазерный картридж также можно наполнять тонером).
- ✓ **Рентабельная цветная печать.** Хотя лазерные принтеры также предлагают цветную печать, для приобретения цветного лазерного принтера приготовьтесь выложить по крайней мере от $1500 до $2000 и более (в зависимости от качества вывода). Большинство струйных принтеров используют двухкартриджную систему (оба картриджа устанавливаются в корпусе принтера бок о бок). Один чернильный картридж содержит черные чернила, а другой отдельный цветной картридж содержит чернила по крайней мере трех цветов. Некоторые струйные принтеры имеют также дополнительный картридж, применение которого дает действительно удивительные результаты и который вы можете купить для отпечатки 24-битовых истинно цветных изображений (очень близких по качеству к фотопечати). Однако печать с помощью такого специального картриджа требует и специальной бумаги.

  Избегайте покупать однокартриджный струйный принтер, если только вам не требуется сэкономить около $50. Эти однокартриджные принтеры требуют, чтобы в процессе печати вы вручную меняли черный картридж на цветной, либо, смешивая цвета в одиночном цветном картридже, печатают ужасным "псевдочерным" цветом (который, помоему, всегда выглядит фиолетовым).

  Если вы готовы поменять "цвет на бюджет", подумайте о приобретении более дорогого струйного принтера, который имеет более высокую разрешающую способность (720x720 или даже 1440x720), при этом вы потратите меньше чем $300.
- ✓ **Более высокая разрешающая способность.** Разрешающая способность принтера измеряется в точках на квадратный дюйм (dpi). Большинство струйных принтеров имеют разрешающую способность 600x600 dpi, что соответствует разрешающей способности лазерного принтера, но многие струйные модели стоимостью около $400 могут печатать даже с большим разрешением, чем 720x720 dpi. Эти принтеры лучше других подходят для производства графики высокого разрешения.

Вообще, струйные принтеры лучше других моделей подходят для дома или офиса, если требуется быстрая цветная печать.

Преимущества лазерных принтеров

Размышляете о покупке лазерного принтера? Тогда ознакомьтесь с их преимуществами.

- ✓ **Быстрая печать.** Из лазерного принтера можно выжимать скорость от 8 до 16 страниц в минуту, что значительно быстрее, чем производит средний струйник, — от 6 до 7 страниц в минуту.

- ✓ **Никакого размазывания чернил.** Поскольку лазерные принтеры присоединяют к бумаге порошковый проявитель (тонер), вода для ваших документов, в известной мере, безопасна. Чернила, используемые для отпечатки страницы на струйном принтере, размазываются, если страница становится влажной.
- ✓ **"Радикально" черный цвет.** Даже двухкартриджный струйный принтер не в состоянии воспроизводить истинно черный цвет, как это делает лазерный принтер, особенно в графике с большими зачерненными областями.
- ✓ **Большее количество страниц на один картридж.** Хотя картридж порошкового проявителя значительно дороже струйного картриджа, он служит намного дольше (как правило, от одного лазерного тонерного картриджа вы получите в два раза больше страниц, чем от чернильного). Порошковый картридж можно наполнить снова, что сэкономит вам немного денег по сравнению с покупкой нового картриджа.

Лазерные принтеры — лучший выбор для офисов любого размера и в любой ситуации, когда требуется самая качественная и быстрая черная печать.

СОВЕТ

Если вы ищете книгу, которая охватывает все детали по струйным и лазерным принтерам, включая оценку, покупку, инсталляцию и использование компьютерных принтеров, я порекомендую вам мою книгу Hewlett-Packard Official Printer Handbook, опубликованную в IDG Books Worldwide, Inc.

Установка сканера, устройства захвата данных или принтера с интерфейсом параллельного порта

Процесс инсталляции сканера, внешнего блока захвата видеоданных или принтера с интерфейсом параллельного порта одинаков для всех этих устройств. Выполните следующие шаги.

1. **Найдите параллельный порт с 25 штырьками с тыльной стороны корпуса вашего компьютера.**

   На рис. 14.6 показан стандартный параллельный порт.

2. **Совместите соединитель на конце параллельного кабеля с параллельным портом и введите его в порт до упора.**

   Форма соединителя и порта разработана таким образом, что подсоединить их можно только правильно.

3. **Если вы находите нужным, укрепите соединитель в порте, завернув кнопки (или винты) на соединителе по часовой стрелке.**

   Если вы чувствуете, что соединитель прочно держится в порте, не укрепляйте его винтами.

4. **Если вы устанавливаете принтер, подключите другой конец кабеля к принтеру.**

5. **Теперь подключите шнур питания с принтера к настенной электророзетке, включите установленное периферийное устройство и перезагрузите ваш ПК.**

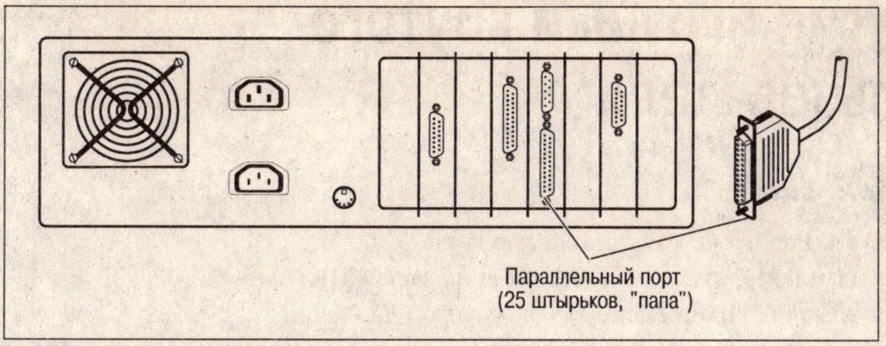

Рис. 14.6. Соединитель параллельного порта

Если вы используете Windows 95 или Windows 98, ваш ПК в процессе начальной загрузки будет автоматически распознавать новое устройство. В зависимости от возраста и типа периферийного устройства, Windows может запросить вас вставить диск драйвера, который сопровождает ваше устройство, или, если такой драйвер был включен в CD-ROM с операционной системой Windows, загрузить ваш CD-ROM с Windows, чтобы компьютер мог разместить этот драйвер.

Глава 15

Другие игрушки крутого пользователя

В этой главе...

- Доступ к Internet через спутниковую связь
- Считывание гибких дисков Macintosh на вашем ПК
- Отслеживание личных данных с помощью REX
- Защита вашей секретности в Internet
- Просмотр телевизора на вашем компьютере
- Сохранение данных на бумаге с помощью PaperDisk
- Поддержка ваших данных в Internet
- Ощущение обратной связи в ваших играх

Я впервые признаюсь, что очарован различными приспособлениями и игрушками на компьютере — большинство крутых пользователей жаждут самых передовых и самых быстрых образчиков компьютерной технологии, подобно часам с калькулятором, которые каждый технарь носит все годы учебы в средней школе. Такие технологические чудеса — редкое требование для вашего ПК, но крутые пользователи просто жаждут этих игрушек.

Но если вы повнимательнее посмотрите на сегодняшние высококачественные компьютерные приспособления, то обнаружите, что большинство этих технологических чудес — больше, чем просто игрушки. Они действительно упрощают вашу жизнь, помогая следить за данными, ускоряя работу в сети и подключения к Internet, которые вы выполняете каждый день, или реально уменьшая размеры вашего компьютера до размеров чековой книжки (или даже визитной карточки).

В этой главе я представлю вам некоторые высококачественные аппаратные элементы, программы и услуги, которые вы можете добавить к вашему ПК. Игрушки крутого пользователя, которые мы обсудим в этой главе, не являются необходимыми, но они могут сильно изменить стиль работы и даже основные направления использования компьютера.

Прошу обратить внимание, что эта глава — лишь краткий информационный обзор, в котором я не рассказываю, как фактически установить обсуждаемые здесь аппаратные средства и программное обеспечение.

Используйте искусственные спутники!

Вы можете спросить, имеется ли какой-то способ подключения к Internet, который обеспечивает высокую производительность без установления новых телефонных линий? Фактически, имеется — ряд коммуникационных компаний по передаче данных предлагают спутниковую связь с Internet, использующую тот же самый тип аппаратных средств, что и для обслуживания спутникового телевидения.

Подсоединяя ваш ПК к Internet через спутниковое подключение, вы можете загружать файлы, Web-страницы, графические изображения, звуковые и видеофайлы — делать все, что ваша душа пожелает — с молниеносной скоростью до 400 Кбит/с (это — рекламируемое быстродействие загрузки, предоставляемое службой Turbo Internet Service (Турбообслуживание Internet) компании Satellite Communication Services (Служба спутниковой связи), сведения о которой вы найдете по адресу `scs-ems.corn/home.htm`.

Сравните такое быстродействие с мизерной скоростью в 56 Кбит/с для одиночного соединения аналогового модема, 112 Кбит/с — для объединенного аналогового подключения с использованием двух телефонных линий (с целью увеличения быстродействия одиночного подключения) или 256 Кбит/с — для стандартной линии BRI ISDN (со сжатием данных — до 512 Кбит/с). Теперь легко понять, почему спутниковая система больше не только приятная роскошь.

В главе 10 мы обсуждали сегодняшнюю модемную технологию для подключений к Internet, и я говорил, что даже сегодняшние модемы на 56 Кбит/с редко достигают своего максимального быстродействия из-за низкого качества аналоговых телефонных линий. Объединенное аналоговое подключение по двум телефонным линиям дает более высокую производительность, но вам все еще потребуются специальные аппаратные средства и две аналоговые телефонные линии.

В главе 13, предметом которой является ISDN технология, мы рассмотрели другой метод доступа к Internet на высокой скорости — но здесь ограничивающими факторами оказывается высокая стоимость установки ISDN, подключения и используемых для этого аппаратных средств.

Как связать ваш ПК с Internet через спутник? Такое подключение осуществляется двумя основными способами.

- ✓ **Модемное подключение.** Даже при использовании спутниковой системы вам все еще потребуется обычный модем и обычный провайдер ISP (Internet Service Provider): данные, которые вы посылаете в Internet, для выхода наружу нуждаются в стандартном аналоговом подключении путем набора кода. Эти данные могут включать команды на отображение Web-страницы, запросы на проведение поиска с использованием таких инструментов поиска, как Infoseek или Yahoo!, на отправку исходящей электронной почты или файлов, которые вы посылаете с вашего компьютера. Поскольку прохождение этих команд обычно занимает лишь одну или две секунды общего времени передачи, ускорение этой части связи может сэкономить вам очень немного. Посылаемые вами по модему данные направляются на сервер Internet, который действует на основе ваших команд и посылает возникающие в результате данные (будь то Web-страница или файл, которые вам требуется загрузить, или ваша входящая электронная почта) на спутник.
- ✓ **Спутниковое подключение.** Данные, которые вы получаете от Internet, передаются со скоростью до 400 Кбит/с со спутника к вашей приемной антенне на Земле. Эти данные затем путешествуют по аксиальному подключению между наземной антенной и специальной картой, установленной в вашем компьютере.

Рис. 15.1 иллюстрирует элементы в связи ПК — Internet.

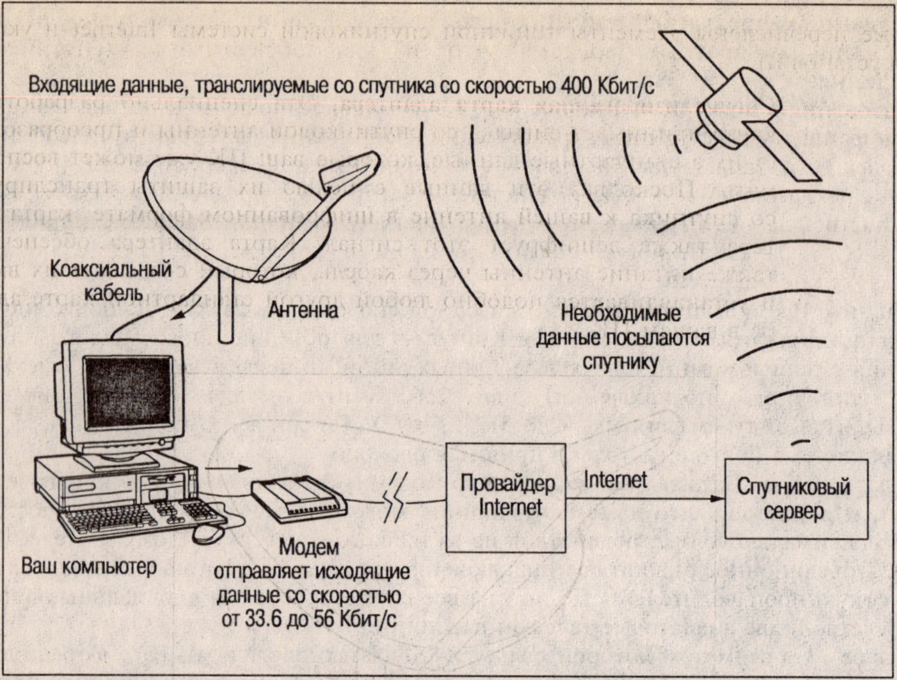

Рис. 15.1. А вы думали, что спутниковые антенны предназначены только для обслуживания телевидения?

ПОМНИ!

Поскольку спутник не может получать данные непосредственно из вашего ПК (он только транслирует предназначенные для вас данные по радио), отправка на другой узел (или получение с него) большого файла в Internet через FTP или электронную почту занимает точно такое же время, как и при стандартном модемном подключении к Internet. Вся ваша исходящая информация (электронная почта, файлы, которые вы посылаете своим друзьям, так же, как ваши команды на загрузку Web-страниц) проходит через ваш модем по обычной телефонной линии.

Если вы посмотрите, как большинство людей используют Internet, то обнаружите, что спутниковая система (которая предоставляет молниеносное быстродействие приема) оказывается наиболее высокоэффективным способом просмотра Web. Например, почти все мое интерактивное (онлайновое) время расходуется лишь на ожидание моим ПК загрузки Web-страниц, электронной почты, FTP-файлов или текстов сообщений групп новостей. (Тем не менее всемирная сеть World Wide Web никогда не заработает себе прозвища World Wide Wait — всемирное ожидание!)

Что входит в спутниковую систему Internet

Прежде чем вы станете слишком восторгаться подключением к Internet через спутник, позвольте мне рассказать вам, что еще требуется для запуска спутниковой системы и какие элементы для этого требуется установить. (Слишком мало иметь лишь антенну за окном, чтобы наслаждаться сверхбыстрым подключением!)

Ниже перечислены элементы типичной спутниковой системы Internet и указано, как их установить.

- ✓ **Специализированная карта адаптера.** Эта специально разработанная карта принимает сигнала со спутниковой антенны и преобразовывает их в стандартные данные, которые ваш ПК уже может воспринимать. Поскольку эти данные с целью их защиты транслируются со спутника к вашей антенне в шифрованном формате, карта адаптера также дешифрует этот сигнал. Карта адаптера обеспечивает также питание антенны через кабель, который связывает их вместе, и устанавливается подобно любой другой стандартной карте адаптера в вашем ПК.

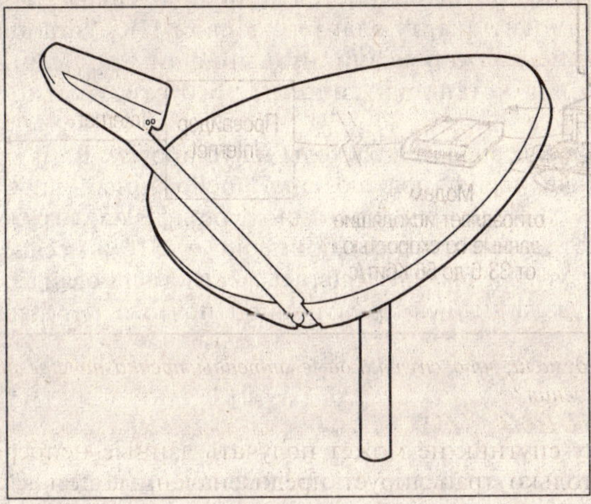

Рис. 15.2. Типичная спутниковая антенна для связи с Internet

- ✓ **Спутниковая антенна.** Рис. 15.2 иллюстрирует стандартное 24-дюймовое блюдо (или тарелку), которое очень напоминает параболическую антенну, используемую для приема спутниковых трансляций телевизионных передач. Такую антенну можно установить на крыше вашего дома, на его стене или на отдельно стоящей мачте. Спутниковая антенна должна быть настроена на прием радиопередач от конкретного спутника; такая настройка занимает обычно около 30 минут с применением метода проб и ошибок (простого перемещения антенной тарелки в разные стороны) для получения самого лучшего сигнала. (Если вы прибегнете к профессиональной установке системы, за вас эту настройку выполнят специалисты.)
- ✓ **LNB.** Это — черный ящик, который устанавливается на вашей антенне; воспринимает от антенны спутниковый сигнал и посылает его по кабелю к карте адаптера в вашем ПК.
- ✓ **Коаксиальный кабель.** Стандартный коаксиальный кабель соединяет блок LNB с картой адаптера в вашем ПК. Хотя этот элемент спутниковой системы связи считается устойчивым к помехам, его следует защищать от контактов с другими элементами системы, насколько это возможно. Если вы можете закопать ваш кабель, я рекомендую направлять его к антенне по поливинилхлоридному каналу.

- ✓ **Программное обеспечение.** Ваш ПК потребует, чтобы специальное программное обеспечение распознавало карту адаптера. Это программное обеспечение является частью всего комплекса рассматриваемой спутниковой системы.

Во сколько обойдется спутниковое подключение к Internet?

Цены на базовое спутниковое оборудование лежат в пределах от $300 до $700 в зависимости от источника вашего обслуживания. Базовый комплект не включает установку (которая обычно выполняется приблизительно за $450). Однако, если вы можете сами установить карту адаптера в свой ПК, установить антенну и провести кабель, у вас не должно возникнуть никаких проблем с установкой всего остального; обычно для установки системы требуется только один рабочий день двух людей.

Однако на этом не завершаются расходы на установку. Вам, кроме того, нужно будет оплатить базисный тариф подключения (основанный либо на фиксированном ежемесячном взносе, либо на фиксированном тарифе на загруженный мегабайт информации), сумма которого составляет примерно от $16 в месяц. Вам также придется оплачивать обычные услуги связи с Internet местного провайдера ISP, чтобы можно было посылать файлы данных по электронной почте и передавать команды вашего Web-броузера.

Все это хорошо, но ...

Имеет ли смысл спутниковое подключение к Internet? По сравнению с ISDN,установка антенны не такое канительное дело. Поэтому, если вы хотите пользоваться преимуществами быстродействия загрузки информации, а ISDN все еще не доступно в вашей области, используйте спутниковую технологию.

Однако определяющим фактором является то, насколько реально вы нуждаетесь в "номинальном" быстродействии, обеспечиваемом этой системой. Большинство пользователей, эпизодически занимающихся в Internet серфингом по Web, будут удовлетворены и скоростью подключения в 56 Кбит/с или, в крайнем случае,12 Кбит/с. Спутниковой технологией должны быть действительно заинтересованы только люди, имеющие потребность и деньги для самого быстрого подключения; к ним относятся интернетоманы, которые проводят более четырех–пяти часов в день в Web, люди, осуществляющие дистанционное соединение, а также все те, кто регулярно получает или отправляет большие файлы через FTP.

Чтение скучных дискет Macintosh

Программы для чтения гибких дисков Macintosh на ПК существовали в течение многих лет, но утилита под названием MacDrive 98 (от фирмы Media4 Productions, сведения о которой можно найти по адресу www.media4.com) — первая, которая читает Mac-диски без затруднений. Как только вы инсталлировали MacDrive 98, вам больше не нужно предварительно запускать специальную программу перед чтением Mac-диска — только вставьте Mac-диск в ваш ПК, работающий под управлением Windows 95 или Windows 98, и читайте любые Mac-файлы, как вам будет угодно.

Большинство людей могли бы рассматривать программу, подобную MacDrive 98, как полезный инструмент, но такие программы квалифицируются как забава для крутых пользователей, поскольку действительно являются, в определенном смысле, роскошью.

Кроме простого чтения дисков Macintosh, вы можете их также форматировать на своем компьютере, сохранять и удалять файлы с таких Мас-дисков. (Старые программы типа Mac-to-PC позволяют вам лишь читать Мас-диски.) Таким образом, еще раз, процесс вам ясен — как только вы используете любую функцию или приложение Windows 95 или Windows 98 для записи файлов на Мас-диск, результат использования технологии Macintosh сразу приобретает реальный смысл.

Когда говорят о REX, подразумевают маленький ПК

Стремление к уменьшению размеров компьютеров привело к созданию переносной портативной ПЭВМ типа лэптоп и даже такой ее разновидности, которая называется palmtop и может свободно разместиться на ладони вашей руки. Но борьба за самый маленький PDA (аббревиатура от Personal Digital Assistant — персональный цифровой ассистент) продолжается, и на сегодняшний день самым маленьким является компьютер REX-1 PC Companion фирмы Rolodex Electronics. В отличие от хищного динозавра, у этого REX'а очень маленький след (слово rex переводится также как динозавр. — *Прим. перев.*).

Официальная полная расшифровка аббревиатуры названия REX -1 — Rolodex Electronics Business Card (визитная карточка фирмы Rolodex Electronics), и действительно, этот компьютер имеет, приблизительно, размер визитной карточки и весит около 40 граммов. Но REX-1 может выполнять бо́льшую часть работ по планированию дня, организуя и сохраняя ваши списки дел и контактов. Рис. 15.3 дает вам представление о том, как выглядит компьютер REX-1, но если вы когда-либо использовали карту Type II PC в вашем портативном компьютере или лэптопе, то уже знаете, как она может выглядеть: карточка-компьютер REX-1 физически подсоединяется к вашему компьютеру, когда вы вставляете ее в один из стандартных слотов для карт в лэптопе.

Рис. 15.3. Визитная карточка фирмы Rolodex Electronics

Продвинутые свойства MacDrive 98

Если вам необходимо считывать информацию с других типов носителей, помимо стандартных гибких дисков Macintosh, то знайте, что программа MacDrive 98 может выполнять примерно одни и те же функции в отношении любых носителей, включая внешние жесткие диски SCSI, Zip- и Jaz-диски, CD-ROM и оптические диски, и даже старые сменные кассетные накопители Syquest и Bernoulli.

Если вы знакомы с Macintosh, то должны знать, что Mac-файлы могут сопровождаться данными об источнике. Ваш ПК может оказаться в сильном замешательстве, когда сталкивается с данными об источнике на Mac-диске. Программа MacDtive 98 разумно связывает данные об источнике с соответствующими файлами и обрабатывает "чужеродные" сжатые файлы MacBinary и BinHex, как положено.

MacDrive 98 также отслеживает и изменяет расширения имен файлов и длинные имена файлов так, чтобы они имели смысл и на компьютере Macintosh, и на вашем ПК. Если вы когда-либо получали электронную таблицу Excel по электронной почте, которая была создана на Macintosh, вполне возможно, что имя файла не заканчивалось правильным расширением. С использованием программы MacDrive 98 в этом отношении у вас не будет никаких проблем, поскольку она автоматически преобразовывает информацию о типе файла в соответствующее расширение.

Семейство компьютеров REX включает три модели, которые отличаются только количеством информации, которую вы можете сохранять. Ряд кнопок, расположенных на лицевой стороне карты, дают возможность отображать вводимую вами информацию с помощью компьютерной программы персонального информационного менеджера (Personal Information Manager, или PIM). (Обычно программы PIM включают Microsoft Schedule+, Sidekick 98 от компании Starfish Software, Inc. и Lotus Organizer.)

На компьютере REX-1 вы можете загружать, сохранять и отображать следующую PIM-информацию.

- ✓ Телефонный справочник.
- ✓ Электронный ежедневный календарь с событиями и напоминающей о них сигнализацией.
- ✓ Списки ежедневных проектов и задач.
- ✓ Записная книжка.
- ✓ Местные и всемирные часы с будильником.

Самое время синхронизировать компьютеры

Когда вы подключаете карточку REX-1 в ваш лэптоп (или в специальный стыковочный узел, который соединяется с последовательным портом вашего настольного ПК), происходит настоящее чудо. REX-1 синхронизирует текущие данные на вашем ПК с текущими данными, используемыми программным обеспечением PIM, и автоматически загружает все ваши назначения и персональные данные о контактах, сверяя данные на вашем REX-1 с данными вашего ПК. REX-1 работает с наиболее популярными программами PIM, и в случае, если вам это необходимо, может быть укомплектован собственной PIM-программой.

Весь процесс загрузки обычно занимает меньше 60 секунд, и это полностью устраняет потребность вручную копировать ваши PIM-данные в бумажный блокнот (или распечатывать ежедневное деловое расписание).

Наиболее дорогой компьютер REX может поддерживать до 3000 позиций входных данных, но самая маленькая и наименее дорогая модель, REX-1, поддерживает до 750 позиций. Информация отображается на черно-белом экране размером 160x98 пикселей (9 строк по 30 символов в строке). Вы можете прокручивать отображаемые на экране данные так, чтобы найти только нужную вам информацию. Что касается питания этого устройства, то оно использует литиевые батареи, которые могут служить в течение более шести месяцев. В качестве "мозга" в REX-1 используется крошечный 8-битовый процессор CPU.

А где же клавиатура?

К сожалению, REX-1 выводит только данные, сформированные программой PDA, — другими словами, вы можете только отображать сохраненные данные, но не можете вводить новую информацию непосредственно в REX. Большинство других программ PDA позволяют вводить информацию непосредственно в модуль (например, PalmV PDA от корпорации 3Com Corporation, которая располагает также некоторыми свойствами синхронизации с популярными программами PIM). Хотя компьютер REX-1 значительно дешевле (в пределах $180), чем модель Palm V, он все же подходит только для просмотра информации, которую вы загружаете с вашего ПК. Однако если вам нужно отыскать данные о своем маршруте или вы ищете самый по возможности маленький PDA для отображения ваших контактов и календаря, REX-1 оказывается наиболее подходящим устройством.

Больше информации о портативных вычислительных устройствах вы найдете в книге Клиффа Рота (Cliff Roth) Mobile Computing For Dummies издательства IDG Books Worldwide, Inc.

Даже людям, подобным вам и мне, необходима защита в Internet

Истории, которыми изобилуют Internet, телевидение и художественные кинофильмы, полны фактов относительно недостатков защиты в Internet. Да, вполне возможно, что кому-то придется прервать переписку по электронной почте, обнаружив некую персональную информацию о себе. Вы можете обеспечить себе некоторую защиту, например при заказе товаров в режиме онлайн, только в случае, если ваш Web-броузер и Web-узел могут создавать безопасное подключение, либо с использованием утилит шифрования для кодирования текста ваших сообщений электронной почты. Такие процедуры создают определенный уровень защиты для большинства людей, регулярно путешествующих по Web-сети, и случайных пользователей Internet.

Однако большие корпорации используют мощное программное обеспечение сетевой защиты типа firewall ("огнеупорная стена", брандмауэр. — *Прим. ред.*), чтобы повысить их защиту в Internet еще на один уровень. Firewall — это программа-брандмауэр, которая постоянно контролирует Internet-подключение компании для предотвращения несанкционированного доступа к Web-серверу компании (или, что еще важнее, непосредственно к сети компании). Брандмауэры — обычно очень сложные штуки, которые стоят сотни (или даже тысячи) долларов. Компания без брандмауэра — это потенциальная жертва нападения компьютерных хакеров. Было бы очень хорошо, если бы любой мог установить "огнеупорную стену", чтобы обезопасить себя.

Если вы находитесь в Internet в течение нескольких часов, одновременно посещая Web-узлы и загружая файлы, то вы, вероятно, представляете собой комбинацию интернетомана и крутого пользователя (в этом случае я с удовольствием пожал бы вашу руку, если бы мог, так как я — член этого же клуба). Программа Guard Dog от фирмы McAfee — это недорогой брандмауэр, который необходим вам для защиты вашей машины в то время, когда вы выходите в режим онлайн. Ниже приведен список возможных нарушений защиты, которые Guard Dog может контролировать и предотвращать.

- ✓ Программа Guard Dog сигнализирует вам об использовании так называемых cookies некоторым Web-узлом и дает вам возможность блокировать их, если вы этого хотите. Cookie — это файл, содержащий персональные данные о вас; эти данные обычно берутся из формы, которую вы заполняли, выходя в режим онлайн. Cookies часто сохраняются автоматически на вашем жестком диске без вашего ведома.
- ✓ Возможно, какая-то злонамеренная программа вознамерится использовать приложение электронной почты на вашем ПК для передачи данных без вашего ведома. Guard Dog позволяет вам пометить различные типы файлов как безопасные, так что лишь они могут быть отосланы с помощью вашей программы электронной почты. Вы можете также указать, какие прикладные программы имеют право открывать ваши файлы электронной почты (а также вырезать из них или вставлять в них данные).
- ✓ Guard Dog отслеживает и контролирует то, каким программам на вашем компьютере разрешен доступ к Internet, так что несанкционированная программа, написанная хакером, не сможет автоматически осуществить подключение и передавать вашу личную информацию по Internet без вашего ведома.
- ✓ Программа Guard Dog заботится также о проблеме, с которой уже столкнулись многие пользователи Internet, — так называемый "троянский конь" Java-аплетов и управляющих кодов ActiveX, которые автоматически выполняются вашим Web-броузером. Хотя враждебные программы типа "троянский конь" очень редки, они могут уничтожить данные или нанести ущерб вашим системным файлам Windows. Однако если вы блокируете весь полезный трафик Java и ActiveX, вы не сможете наслаждаться многими из высокотехнических Web-узлов с оживленной графикой и интерактивными средствами управления. Guard Dog решает и эту проблему, поскольку любое потенциально враждебное приложение, которое вы получаете, будет нейтрализована еще до того, как начнет выполняться.

Программа Guard Dog выполняется и в Windows 95, и в Windows 98. Чтобы получить более подробную информацию по этой программе, посетите Web-узел фирмы McAfee по адресу `www.mcafee.com`.

Э, да на моем ПК я могу иметь телевидение и FM-радио!

Вы любите ваш ПК? Я имею в виду — действительно, по-настоящему любите ваш ПК? В таком случае вам нужен удобный откидывающийся стул, если вы заснете перед клавиатурой. Или вы могли бы иметь одну из тех небольших емкостей для хранения поблизости вашего источника кофеина и сахара. Но если вы любите хорошо перекусить после полуночи, я рекомендую вам держать портативную микроволновую печь как можно дальше и от себя, и от компьютера.

Однако последнее достижение в технологии ПК — это карта адаптера стереоFM и TV-тюнера (блока настройки). Установите одну из этих тюнерных карт — и вы сможете смотреть телепередачи или слушать вашу любимую стереоFM-станцию на своем ПК. Эти карты оснащены полнофункциональными блоками настройки телевизора и радиосхемами — но вместо отдельной лучевой трубки и динамиков реального телевизора используются монитор и динамики вашей компьютерной системы. Звук направляется по кабелю от TV-карты к вашей звуковой карте, так что вы слышите звук через систему динамиков вашего ПК. Примерами карт адаптера TV-тюнера могут служить карты Fun TV-Lite компании AVerMedia Technologies, Inc. (www.aver.com) и TV PCI Tuner компании STB Systems, Inc. (www.stb.com).

Большинство карт тюнера обеспечивают вас экранным дистанционным управлением, которое дает вам возможность управлять громкостью, менять каналы или станцию и выбирать размер TV-дисплея. Если на вашем ПК выполняется другая программа, вы можете отображать программу TV в окошке типа картинка-в-картинке либо переключать ее в полноэкранный режим, когда нужно просмотреть действительно важную информацию.

СОВЕТ

Обеспечение вашего ПК видеоматериалами

Карту TV-тюнера можно использовать не только для просмотра телепередач или прослушивания радио на вашем ПК. Большинство карт тюнера позволяют также захватывать и записывать на ваш жесткий диск поступающую видео- или аудиоинформацию, делая ее дешевым источником мультимедийного материала. Для просмотра или захвата видеоинформации можно также подключить ваш телевизор VCR к карте тюнера на компьютере.

Захватывание защищенного авторским правом видео- или аудиоматериала и его самостоятельное распространение является незаконным. Больше информации о защите авторского права см. во врезке “Руководство ленивого человека по авторским правам” в главе 14.

В зависимости от типа карты тюнера вы можете также получить сопутствующее программное обеспечение, которое позволяет выделять отдельные неподвижные изображения из поступающих видеоматериалов. Это — идеальный способ получения хороших изображений, например дяди Васи из ваших семейных видеороликов.

Храните цифровые данные старомодным способом... на бумаге

Действительно, основная идея использования маленького офисного компьютера состоит в том, чтобы уменьшить количество необходимой для работы бумаги настолько, насколько это возможно. Но как вы посмотрите на мое сообщение о том, что можно хранить заархивированный файл объемом 1 Мбайт на стандартном куске бумаги размером 210 х 297 мм? Неожиданно репутация бумаги как хранителя информации значительно повышается, не так ли?

Бумажный диск — PaperDisk фирмы Cobblestone Software — разработан специально для указанной цели. PaperDisk преобразует содержимое цифрового файла в специальные узоры, называемые datatiles (мозаичное расположение данных, секции данных), которые во многом напоминают два пересекающихся под прямым углом штриховых кода. Бумажные диски выглядят почти так же, как те перфорационные карты, которые компьютерные программисты вводили в большие универсальные ЭВМ во времена средневековья компьютерной истории.

Вы можете распечатывать эти datatiles всякий раз, когда это необходимо, использовать их как архив на твердом носителе, передавать их через стандартный факсимильный аппарат или даже избрать низкотехнологический подход и посылать datatiles по обычной почте со скоростью улитки. Вы можете также читать datatiles, просматривая их на обычном цифровом сканере. Программное обеспечение PaperDisk на ПК читает узор, преобразовывает его обратно в электронный файл и сохраняет на локальном жестком диске. Рис. 15.4 показывает готовый мозаичный узор datatile, созданный с помощью программного обеспечения PaperDisk.

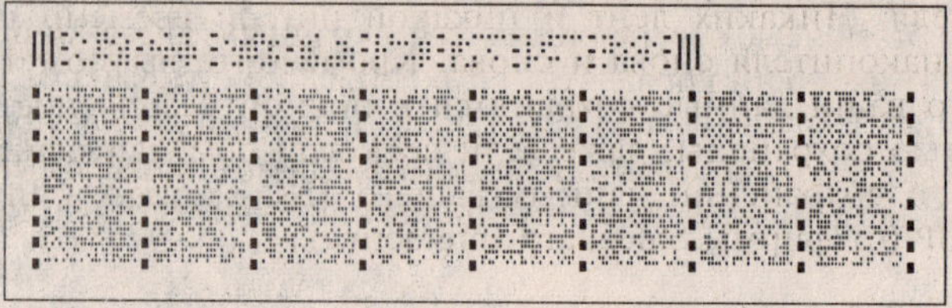

Рис. 15.4. Узоры datatiles готовы к отправке по факсу или к распечатке на принтере

Большинство программ электронной почты в Internet поддерживают приложения к сообщениям, и вы можете, несомненно, принести на отправку электронную копию файла на гибком диске. Так зачем морочить себе голову созданием бумажной версии электронного файла? Имеется короткий список причин, по которым для крутого пользователя PaperDisk оказывается более привлекательным.

- ✓ **Шифрование.** PaperDisk включает свойство шифрования. Вы можете устанавливать пароль, который шифрует ваш файл, делая даже обычные факсимильные передачи твердой копии документа безопасными, насколько это возможно.
- ✓ **Internet необязательна.** Если вам нужно послать электронный файл в удаленное место, в котором нет подключения к Internet (или даже модема), можно отправить карточку PaperDisk по факсу или по обычной почте.
- ✓ **Уменьшение издержек.** Если вам приходится постоянно посылать электронные файлы на гибких дисках в другие города бандеролью по обычной почте, то вместо этого вы можете отправлять эти файлы по факсу с карточек PaperDisk. Можно также создавать многочисленные копии электронного файла, просто печатая много копий с бумажных карточек. Это значительно снижает расходы на пересылку.
- ✓ **Управление версиями.** Программные разработчики знают, как трудно уследить за последовательными версиями программы при разработке. С использованием PaperDisk каждая версия программы может быть сохранена на бумаге неопределенно долго; кроме того, карточки с программами можно хранить без принятия специальных мер по защите данных от их утери из-за магнитных полей.

PaperDisk является условно-бесплатной программой, которую вы можете испытывать в течение 30 дней. Чтобы загрузить такую условно-бесплатную версию, посетите Web-узел компании Cobblestone Software по адресу `www.paperdisk.com`. Зарегистрированная программа стоит $29.

Резервирование данных в Web

Уверен, что резервирование данных на вашем ПК является очень важным моментом. Фактически, резервирование данных — единственный способ принять меры против аппаратных сбоев или случайных "Ух-ах!" (или еще хуже), означающих, что вы сейчас нечаяно уничтожили всю папку на вашем жестком диске. Большинство компьютерных владельцев осуществляют резервирование с использованием ленточных накопителей, в то время как другие используют сменные средства, наподобие накопителей Jaz или Zip. (В главе 7 мы уже обсуждали каждый из этих методов резервирования.) Немногие неудачники, вероятно, все еще резервируют свои данные на дискетах, но мой им совет: осознайте, что на дворе конец двадцатого столетия, и как можно скорее.

Но подождите, сейчас вы узнаете о методе создания резервных копий — мечте крутого пользователя. Никаких лент и никакой потери времени на прослушивание звуков перемотки накопителя снова и снова. Кроме того, вы можете быть абсолютно уверены в том, что ваши данные сохранятся в полной безопасности где угодно, что они будут полностью сохранены, даже если весь ваш дом или офис похитят инопланетяне. Я говорю о сохранении данных вашего ПК на узле в Internet с помощью программы BACKUP (от фирмы Safeguard Interactive).

АТАС!

Фирма Safeguard настоятельно советует не использовать программу BACKUP под управлением неанглийских версий систем Windows 95, Windows 98 или Windows NT.

Как работает BACKUP? Все, в чем вы нуждаетесь, — это Windows 95, Windows 98 или Windows NT, копия программы BACKUP и подключение к Internet со скоростью, по крайней мере, 28.8 Кбит/с (конечно, чем быстрее, тем лучше). BACKUP дает вам возможность установить план автоматического резервирования, либо вы можете выполнять ручное резервное копирование в любое время.

В планируемое время данные, которые вы отметили для резервирования, читаются с вашего жесткого диска, шифруются по стандарту военного уровня и посылаются через Internet на сервер Safeguard. Safeguard сохраняет ваши данные с вашим паролем в шифрованной форме до тех пор, пока вам это нужно.

Расходы на интерактивное хранение данных составляют $100, в случае годовой подписки, с тарифом возобновления $10 ежемесячно после того, как начальный год окончился. После того как вы подпишетесь на эту услугу, вы сможете сохранять так много файлов, как находите нужным, делать резервные копии и восстанавливать эти файлы так часто, как это вам необходимо.

СОВЕТ

Ваши данные могут быть извлечены и восстановлены на вашем ПК; при этом зарезервированная копия приобретает первоначальный вид, что представляет собой дополнительный уровень защиты данных.

Вы двигаете джойстик, или он движет вами?

Устройство SideWinder Force Feedback Pro от компании Microsoft напоминает немного необычный джойстик, но это также — игрушка настоящего крутого пользователя. Такие аппаратные средства, вместе с соответствующим программным обеспечением, способны обеспечить вам фактическую осязательную обратную связь. Другими словами, когда кое-что случается в игре, через такой джойстик вы сможете физически ощутить подлинный смысл произошедшего, его силу, почувствовать его непосредственное воздействие. Например.

- ✓ Если вы летите на самолете с помощью полетного тренажера, вы будете чувствовать, что штурвал сопротивляется вашим движениям, как только вы начинаете поворот, а затем, когда самолет выходит на установившуюся траекторию, сопротивление штурвала постепенно ослабевает.
- ✓ Если вы ведете танк, вы будете чувствовать воздействие каждого удара по броне корпуса вашего танка, а также отдачу при каждом выстреле, когда вы открываете огонь из пушки.
- ✓ Если вы запускаете первобытного человека в пещеру (где вы погружены в 3-мерный мир), вы фактически будете чувствовать прикосновение ко всем углам в темноте и даже осязательно распознавать различные текстуры стен пещеры.
- ✓ Если вы играете в боулинг (кегли), вы можете сообщать, попадет ли ваш шар точно в цель или уйдет в сторону.

Как абсолютный фанатик компьютерных игр, я могу сообщить вам, что этот вид обратной связи, наряду с 19-дюймовым монитором, звуковой картой wavetable и сабвуфером, действительно позволяет в еще большей степени ощутить реализм различных игр. Во многом подобно тому, как звуковая карта с 3D-поддержкой расширяет звуковое восприятие игры, обратная связь с помощью устройства Force Feedback Pro расширяет физическое ощущение игры. В конце концов, игра становится намного более реалистичной, когда ваш самолет-истребитель времен Второй мировой войны становится тяжелее в управлении, когда вы уворачиваетесь от пуль неприятеля, висящего у вас на хвосте. Джойстик Force Feedback Pro отражает каждое движение вашего самолета, дает вам почувствовать силу, требуемую, например, для вывода самолета из глубокого пике.

Подобно большинству более дорогих джойстиков на рынке, вы можете программировать каждую кнопку на выполнение команд клавиатуры. И сам штурвал специально разработан для многих часов опасного полета через заполненные врагом небеса планеты SpeedBump без того, чтобы вашу руку свели судороги.

Прежде чем вы напряжете ваши мышцы, чтобы спрыгнуть со стула и бежать в компьютерный магазин за джойстиком Force Feedback Pro, не пропустите два следующих негативных момента.

- ✓ В сравнении со стандартным джойстиком, который стоит $15 или $20, приобретение устройства SideWinder Force Feedback Pro обойдется вам приблизительно в $140.
- ✓ Игра, в которую вы играете, должна явно поддерживать Force Feedback Pro, чтобы обеспечивать возможность осязательной обратной связи. Для старых игр устройство Force Feedback Pro становится просто другим джойстиком.

Часть V

Великолепные десятки

Нам никогда не удавалось создать приличную систему распознавания рукописного текста, но Рой сделал доброе дело – изготовил Notebook с плоским экраном, который читает по губам.

В этой части...

Здесь вы найдете заслуживающие внимания советы и замечания (и даже, в необходимых случаях, предупреждения) по пяти различным темам, начиная с процесса сборки и заканчивая увеличением быстродействия вашего ПК. Каждая глава включает по десять советов (предупреждений). Рассматривайте эту часть как источник быстрого получения некоторой порции жизненного опыта без набивания себе шишек.

Глава 16

Десять причин не покупать ПК в розничной сети

В этой главе...

- Платим меньше за один и тот же компьютер
- Извлечение выгоды из бывших в употреблении аппаратных средств
- Развенчание мифа о покупном чудо-компьютере
- Выбор того, что вам *нужно*, а не того, что вам *предлагают*
- Получение опыта установки и модернизации аппаратных средств
- Избежание головной боли, связанной с ремонтом ПК
- Уход от проклятия нежелательного связанного программного обеспечения
- Управление, свободное от компьютерных продавцов
- Добавление фирменных компонентов, которые *вы* предпочитаете
- Получение полных гарантий изготовителей

Покупка ПК в розничном компьютерном магазине или у большой компании заказа по почте проста: вы что-то совершаете с вашей кредитной карточкой, коробки привозят в ваш дом, а установка столь же проста, как подключение клавиатуры, мыши и монитора. Даже наиболее опытный сборщик аппаратных средств ПК будет вынужден признать, что новичок может сохранить время и избежать головной боли, покупая ПК в розничной сети.

Следовательно, вы можете спросить себя: "Почему бы мне не пойти в розничный магазин и купить ПК, как это делает большинство людей? Почему я ищу на свою голову проблемы, связанные со сборкой моего собственного компьютера?" В этой главе я укажу вам несколько веских причин, по которым вы должны собирать вашу собственную машину.

Совершенно очевидно, что ваш собственный ПК будет стоить меньше

Первой (а для некоторых людей — наиболее важной) причиной сборки компьютера является стремление сэкономить столько денег, насколько это возможно, по сравнению со стоимостью розничной продажи ПК. Если вы строите ваш собственный компьютер, вы не оплачиваете все дополнительные накрутки к первоначальной цене компьютера (включая оформление витрины магазина, рекламу и зарплату продавца). Если вы уже покупали ПК, то знаете, что многие комплекты ПК в розничной сети не включают монитор, так что часто цена, которую вы видите, не является фактически ценой полной системы.

Даже если вам нужно купить по отдельности каждый компонент, начиная с компьютерного корпуса и заканчивая мышью, вы все еще, вероятно, сэкономите сотни долларов, собирая собственный компьютер.

Повторное использование бывших в употреблении аппаратных средств

Если в вашем доме имеется старый компьютер, имеет ли смысл выбрасывать его или продавать за мизерную долю тех денег, которые вы заплатили за него несколько лет назад? Почему бы не дать вторую жизнь деталям, которые вы можете извлечь из этой машины (например, корпус, клавиатура, дисковод гибких дисков или монитор) и использовать для сборки вашего нового ПК? Когда вы строите ваш собственный ПК, вы можете получить большую выгоду от использования бывших в употреблении аппаратных средств, и каждая деталь, которую вы не покупаете в магазине, экономит вам еще больше денег, которые в этом случае остаются в вашем кармане.

Избегайте "чудовищного заблуждения"

Если вы покупаете компьютер в магазине розничной продажи, то вас, скорее всего, будут убеждать, что вы должны "купить больший компьютер, чем вам необходим, прямо сейчас". Я называю это чудовищным заблуждением: покупайте машину-чудовище прямо сейчас, и вы никогда об этом не пожалеете. (Известно, что сбыт более дорогого и более мощного компьютера обеспечивает продавцу более высокие комиссионные — есть за что бороться!)

Если вы собираетесь использовать ваш компьютер часто и заранее знаете, что в будущем вам потребуются большая производительность и более продвинутые характеристики, то рассматриваемая линия рассуждения — довольно хороший совет; в конечном счете, вы избежите необходимости несколько раз наращивать вычислительные возможности вашего компьютера. Однако большой процент новых компьютерных владельцев имеют совсем мало опыта работы с ПК и действительно не уверены в том, что они собираются делать или как часто они будут использовать свой ПК. Зачем же тратить все эти деньги на машину-монстра, если вы не уверены, что вы и ваша семья будете использовать все возможности такого компьютера?

Вы можете спросить себя: "Действительно ли мне нужно все это наполнение только для того, чтобы читать мою электронную почту Internet и хранить записную книжку? " Ответ: "Определенно, нет". Я знаю многих компьютерных владельцев, которые все еще очень удовлетворены своими старыми, первоначальными ПК класса Pentium. Их машины выполняют Windows 95, программы броузера и электронной почты, и это — все, в чем они нуждаются.

Очень плохо, что большинство компьютерных магазинов не предлагают ПК с минимальным наполнением (скелетные ПК), которые вы могли бы выбрать, — но если вы собираете ваш собственный компьютер, можете начинать с ПК экономического класса Pentium II или Pentium III и добавлять функциональные возможности позже по мере приобретения опыта. Фактически, вы можете в точности приспособить компьютер к вашим текущим требованиям и не покупать ненужные аппаратные средства. (Некоторые каталоги заказа по почте и Web-магазины начинают понимать то, о чем я только что сказал, и предлагают довольно дешевые машины..., но вы обычно не добьетесь требуемой настройки этих недорогих ПК, и прежде, чем вы подумаете о покупке такой машины, не забудьте проверить, используются ли в них фирменные компоненты!)

Поощряйте свободу своего выбора!

Если вы строите собственный компьютер, намного проще выбрать специальные компоненты, которые не удовлетворяют шаблонную хлеборезку розничной продажи ПК. Например, не ожидайте найти специализированные координатно-указательные устройства, наподобие трекболов, в комплектах большинства ПК в вашем розничном компьютерном магазине. Если бы вы захотели использовать трекбол вместо мыши, вам пришлось бы покупать его отдельно для своего купленного в рознице ПК (а затем ваша мышь будет валяться у вас без дела). Может быть, это не так уж и страшно, но давайте рассмотрим другие специализированные компоненты, наподобие 3D-карты пространственного звука wavetable, игровой 3D-видеокарты с 16 Мбайт видеоRAM или SCSI-карты адаптера. При покупке одной из этих карт адаптера вам придется разбирать корпус компьютера и старую карту заменять картой адаптера, которую вы действительно хотели иметь, а это уже — целое дело.

Когда вы разрабатываете и собираете ваш собственный компьютер, вы покупаете в точности то, в чем нуждаетесь, включая любые специализированные аппаратные средства или периферийные устройства. "Совершенный компьютер", который вы рассматривали в компьютерном магазине, не имеет внутреннего накопителя Zip и записывающего SCSI-устройства CD, но вы можете, конечно, построить компьютер, который имеет такие дополнения! Если вы рассматриваете покупку ПК от прямого продавца, наподобие Dell или Gateway, и вам нужны специальные аппаратные средства, они обычно могут обеспечить вам такие средства — но вы уплатите больше (для компенсации продавцу детали), чем уплатили бы за эту же деталь через посылочный каталог. Хорошо иметь заказной ПК, но если вы формируете его заказ сами, то вам всегда придется платить больше.

Чему вы учитесь, когда покупаете ПК в магазине?

Ответ: немногому. Уверен, вы получите интенсивный курс по удалению предохранительных наклеек и подключению кабелей, но большинство владельцев розничных ПК все еще боятся снять корпус со своего компьютера. Если вы купите ПК в магазине, вы будете находиться в полнейшем неведении, когда придет время нарастить вычислительные возможности вашей системы, продлить срок ее эксплуатации или удалить вышедший из строя компонент.

Если же вы строите собственный компьютер, вы знаете, что нужно делать в такой решающий момент, — вы внезапно превратитесь в настоящего технического волшебника. С вашими опытом сборки и знаниями аппаратных средств ПК вы будете лучше подготовлены для устранения проблем и наращивания вычислительных возможностей аппаратных средств и периферийных устройств всякий раз, когда это необходимо. Техники в мастерской по ремонту ПК зададутся вопросом, что с вами случилось; возможно, вам время от времени придется посещать их только для того, чтобы поменять спецификации жесткого диска.

Отправить компьютер по пересеченной местности? Забудьте об этом!

Когда вы покупаете готовый ПК в магазине (или даже по почте через одну из известных компаний), вас обеспечивают номером для технической поддержки и заверениями, что ваш компьютер будет срочно восстановлен в случае неполадок. Вы обнаружите, что слово "срочно" имеет много значений: ожидание в течение нескольких минут (или даже часов), чтобы поговорить с представителем технической поддержки, а затем изучить то, что вы будете делать в течение нескольких недель без вашего ПК и данных, которые вам будут нужны, переговоры о встрече с сервисным представителем, чтобы он, в конце концов, снизошел к вашему дому и принес сменную деталь.

Когда вы строите собственный ПК, вы можете покупать части, не выходя за пределы своего района, а отключив неработающий элемент, вам не нужно будет усаживаться к телефону и ожидать. Вам никогда не придется повторно упаковывать ваш компьютер и посылать его через всю страну для ремонта; вместо этого вы можете принести дефектный компонент обратно в магазин для немедленной замены.

Связанное программное обеспечение оплачивается дополнительно

Розничные продавцы ПК любят распространяться относительно программного обеспечения, которое сопровождает их компьютеры. Обычно вам предлагают некий "джентльменский набор" (который включает текстовый процессор, некоторый вид прикладной программы базы данных и программу электронных таблиц), несколько прикладных программ Internet и бесплатные часы онлайновых услуг. Если вы удачливы, вы можете также получить в придачу одну или две игры на CD-ROM. Вообще, эти программы — упрощенные версии больших пакетов (например, вы могли бы получить программы Microsoft Works, но большинство ПК, продаваемых в магазине, не включают пакет Microsoft Office, если вы не платите за него дополнительно).

К сожалению, это связанное программное обеспечение вообще не бесплатно: вы оплачиваете его наряду с вашими аппаратными средствами, редко эти программы точно те, которые вам нужны, документация на них обычно не предоставляется, и вы, как правило, не можете вычесть стоимость программ из общей цены вашего компьютера. Часто вы даже не получите оригинальных дискет или CD-ROM, так что не сможете повторно установить это программное обеспечение. Фактически, многие владельцы новых компьютеров в итоге деинсталлируют связанное программное обеспечение, чтобы освободить место для программ, которые они действительно хотят выполнять. Если вы строите собственный ПК, вы сможете выбрать полные версии ваших любимых прикладных программ позже и при этом сэкономить дополнительные деньги.

Избегайте компьютерного коммерческого опыта

Хотя продавцы подержанных автомобилей, кажется, занимают самую низкую ступеньку на социальной лестнице, компьютерные продавцы оказываются ненамного лучше. Многие продавцы, с которыми я сталкивался в розничных компьютерных магазинах, либо принимают заказчика практически за идиота, либо имеют очень слабое представление о том, что они продают. Другие пытаются спихнуть вам компьютер, который был возвращен как и близко не имеющий качества новой марочной машины (присмотритесь поближе к продавцам в следующий раз, когда придете покупать компьютер, и вы увидите эту методику в действии).

Строя ваш собственный ПК, вы можете обходить стороной розничный компьютерный магазин и не поддаваться на уговоры продавцов купить конкретный компьютер, — и тогда вы получите лучший компьютер, который совершенно удовлетворит ваши потребности.

Выбирайте марки, которые вы предпочитаете

Вы ищете специфические фирменные компоненты в вашем компьютере, подобно накопителю на жестком диске Maxtor или подлинную звуковую карту Sound Blaster Live? А может, звуковую карту wavetable от фирмы Creative Labs? Если вы покупаете ПК в розничном магазине, то в нем вы можете встретить любое аппаратное обеспечение, какое изготовитель считает нужным (и вы были бы удивлены узнав, сколько изготовителей с громкими именами используют для розничных ПК детали малоизвестных, а то и безымянных производителей). Безусловно, проще купить точно такой монитор, сканер или принтер, какой вы хотите, — эти компоненты можно приобрести отдельно, но что касается частей внутри корпуса, то часто единственный путь, которым вы можете определить, что вы покупаете, это открыть корпус компьютера прямо в магазине.

Даже если вы покупаете компьютер у поставщика, который предлагает заказные ПК, очень маловероятно, что он сможет найти конкретные, определенные вами марки большинства используемых компонентов, чтобы собрать ваш компьютер. Обычно эти продавцы используют фирменные части, но только те их марки и модели, которые этот продавец предпочитает. Если же вам нужна отличная модель, вы ничего не выиграете материально по сравнению с покупкой компьютера в магазине.

Когда вы строите ваш собственный компьютер, вы имеете возможность выбирать необходимые для сборки компьютера части, включая любые специфические предпочтения фирменного знака.

Получение полной гарантии на каждый компонент

Даже если вы нашли розничный ПК со множеством фирменных частей, которые вы ищете, вы не обязательно получите полную гарантию изготовителя на каждый из этих компонентов. Вместо этого, фирменные компоненты на многих компьютерах в розничной сети обеспечиваются гарантией компьютерной компании (обычно на один год). Если марочный накопитель на жестком диске забарахлит после двух лет работы в вашем розничном ПК, вы не сможете возвратить его изготовителю для ремонта или замены (даже при том, что отдельно купленный накопитель имеет трехлетнюю гарантию).

Если же вы сами покупаете компоненты и строите свой собственный ПК, вы будете уверены, что каждый компонент имеет полную гарантию изготовителя.

Глава 17

Десять инструментальных средств для ПК крутого пользователя

В этой главе...

- Замена этой архаичной мыши
- Добавление бесперебойного питания
- Резервное копирование вашей системы на ленту
- Диагностирование проблем ПК с помощью программного обеспечения
- Корректировка уровня положения клавиатуры вашего ПК
- Уничтожение компьютерных вирусов
- Организация ваших мультимедийных средств
- Диктовка вашему компьютеру
- Редактирование изображений с помощью графического редактора
- Регулярная чистка вашего ПК

Как по мне, то крутой пользователь — это человек, который знает свою компьютерную клавиатуру, как свои пять пальцев. Например, крутой пользователь знает те быстрые клавиши (или сочетания клавиш), использование которых ускорит работу с любимой программой Windows; опытные крутые пользователи также знают приемы и хитрости (типа дефрагментации жесткого диска), которые смогут заставить их компьютеры работать быстрее, и они знают, как диагностировать проблемы, возникающие в работе их компьютеров. Крутые пользователи более опытны и более эффективны в работе с компьютерами, и эта способность делает их более производительными и на работе, и дома.

Вы можете стать крутым пользователем, даже если ваш компьютер — не самый быстрый или наиболее мощный ПК в вашем квартале. Большинство людей, конечно, могли бы сказать, что становлению компьютерного опыта очень помогает начинать работать с самым по возможности лучшим компьютером, и это, вообще говоря, действительно так: быстродействие и пропускная способность ПК никогда никому еще не повредили. Однако я стоял перед многими сверхмощными розничными компьютерными системами и отметил много элементов, которые могли бы быть добавлены или улучшены.

В этой главе я назову десять компьютерных аппаратных и программных дополнений, которые делают вашу жизнь за клавиатурой значительно проще, — они не обязательно дороги, но каждый из них добавляет удобство, комфорт и эффективность работы на компьютере. По моему глубокому убеждению, если вы работаете удобно, уверенно и производительно на вашем компьютере, независимо от того, насколько он скор, значит вы — крутой пользователь!

Забудьте вашу мышь

Мышь в настоящее время — наиболее популярное компьютерное координатно-указательное устройство, но многие пользователи одобряют другие указательные устройства. Крутые пользователи ненавидят мыши, потому что они занимают слишком много места на рабочем столе, за ними все время тянется длинный “хвост”, а после нескольких месяцев постоянного использования они вообще становятся гадкими. Мыши также ужасно неэффективные существа, потому что требуют движений вашего предплечья и кисти (которым часто приходится подбирать мышь и перемещать ее в другую область мышиного коврика только для того, чтобы переместить курсор на противоположную сторону экрана).

Я искренне рекомендую вам вместо мыши выбрать другое координатно-указательное устройство: сенсорную панель, трекбол, чертежный планшет или мышь-кнопочку. Мой любимый указатель — трекбол, который предлагает точное управление курсором движениями лишь одного вашего большого или другого пальца вместо передвижений всего вашего предплечья, кисти и почти всех пальцев. Корпус трекбола не двигается по поверхности коврика, так что его требуется чистить гораздо реже, и необходима лишь небольшая доля того пространства на столе, которое занимает стандартная “хвостатая” мышь. (О координатно-указательных устройствах см. в главе 5.)

Защитите свой источник питания!

От этого никто не застрахован. Как только вы закончили последнюю главу вашего большого американского романа (вы знаете, того, над которым вы работали в течение последних двух лет), кто-то на вашем этаже решает заправить новый электрический автомобиль, и все трансформаторы в радиусе трех километров окутываются дымом. Вы получаете резкий сбой питания, и венчающая глава вашего романа из дома несостоявшегося классика внезапно возносится в небо.

Что же вы можете с этим сделать? К сожалению, ответ неутешительный — ничего. Если вы сохраняли вашу работу часто, вы можете вернуться, по крайней мере, к последнему изменению, но потеря питания, возможно, закончилась потерей кластеров на жестком диске вашего компьютера. В сценарии с самым плохим исходом, в момент сбоя вы, возможно, делали запись CD-ROM на вашем компьютере; если процесс записи прерван в результате сбоя питания, то это означает, что вы только что создали блестящую подставку под бокалы для ваших охлажденных спиртных напитков (а заодно потратили впустую чистый диск CD-ROM).

Однако вы можете предотвратить такую катастрофу, добавив к вашей компьютерной системе UPS (аббревиатура от Uninterruptible Power Supply — устройство бесперебойного питания). UPS — это, по существу, большая электрическая батарея, которая автоматически обеспечивает требуемую мощность электрического тока для компьютера в течение некоторого времени в случае сбоя питания или частичной потери напряжения. Типичный UPS будет обеспечивать ваш компьютер бесценными 15 минутами питания, прежде чем оно полностью истощится, которых вам вполне должно хватить, чтобы сохранить вашу работу и закрыть систему, как положено (или закончить делать запись на CD-ROM).

Устройство UPS постоянно перезаряжается от настенной розетки, так что оно всегда готово принять сбой на себя. Большинство этих источников питания также фильтруют переменный ток, выравнивают “шумы” (небольшие изменения напряжения в линии, вызванные некоторыми приборами наподобие пылесосов и телевизоров) и обеспечивают определенную защиту от ударов молнии.

Резервируйте, резервируйте и еще раз резервируйте

Даже если ваш компьютер связан с устройством бесперебойного питания, вы все еще не застрахованы от потери данных, например сбой жестких дисков и обычная ошибка пользователя могут закончиться удалением файлов. Имеется только один способ на сто процентов гарантировать сохранность ваших данных.

Делайте резервное копирование ваших данных на ленту или на сменные средства и делайте это регулярно.

Как консультант, я знаю отдельных людей, мелких бизнесменов и даже одну или две большие компании, которые были просто шокированы потерей близких сердцу или незаменимых данных из-за аппаратного сбоя, — а ведь эти данные могли бы быть заранее скопированы на ленточный картридж всего за несколько минут. Если вы имеете важные данные, которые потребуют времени и/или денег, чтобы их восстановить после их утери, примените секретное оружие крутого пользователя: резервируйте ваши данные!

Как часто вы должны делать резервное копирование? Все это зависит от того, как часто вы радикально изменяете ваши данные. Как минимум, я резервирую мою текущую работу каждую неделю, но многие компании выполняют автоматизированное резервное копирование всей своей сети каждую ночь. Если времени не хватает, резервируйте только ваши пользовательские данные (документы, графики и файлы электронных таблиц). Если я действительно спешу, я даже создам вторую копию важного документа на гибком диске — на всякий непредвиденный случай. Однако, если у вас есть время, я рекомендую делать резервную копию всей вашей системы (включая все ваши файлы операционной системы и прикладных программ), таким образом вы избежите мороки с переконфигурированием Windows или OS/2 и перезагрузкой ваших программ на новый жесткий диск, чтобы все привести в норму.

В главе 7 содержится вся необходимая информация о ленточном резервном накопителе и рассказано, как можно установить его в ваш компьютер.

Если вы используете операционную систему Windows 95 или Windows 98, вам может пригодиться программное обеспечение резервного копирования LifeSaver. LifeSaver может резервировать семь файлов конфигурации, включая Системный реестр (файл Registry).

Программное обеспечение диагностики

Большинство крутых пользователей имеют по крайней мере одну программу диагностики; и это не удивительно, ведь они понимают, что проблемы с аппаратными средствами и системой могут привести к замедлению работы компьютера, к тупиковым ситуациям и даже к потере данных. К сожалению, эти проблемы обычно не очевидны, так что вам необходима программа, способная локализовать потенциальные сбои и устранить их (или, по крайней мере, идентифицировать их и выработать одно или два возможных решения по их устранению). Некоторые операционные системы поставляются с простой утилитой просмотра диска (например, SCANDISK.EXE под управлением MS-DOS 6.22 или ScanDisk — под Windows 95 и Windows 98), но эти программы не анализируют аппаратные проблемы и не предлагают тех возможностей, которыми располагает коммерческое программное обеспечение диагностики.

Вероятно, самый старый и наиболее известный пакет диагностики для ПК — утилиты Norton Utilities от фирмы Symantec. Этот набор программ существует, начиная с дней, когда DOS была королевой операционных систем, и Utilities сохраняли мою голову на плечах не один раз! Пакет Utilities включает один из самых лучших существующих дефрагментаторов диска, программу выдачи системной информации и эталонные тесты, а также всесторонний Disk Doctor, который может выявить почти каждую мыслимую ошибку файла. Я неукоснительно запускал Disk Doctor по крайней мере один раз в день, так что знаю, что файлы на моих жестких дисках находятся в хорошей форме. Вы можете загрузить оценочную (условно-бесплатную) версию Norton Utilities для Windows 95 и Windows 98 с Web-узла фирмы Symantec по адресу `www.symantec.com`.

Другая известная программа диагностики для ПК — First Aid 98 от фирмы McAfee (`www.mcafee.com`) — даже предлагает автоматические модификации. Вы всегда можете загрузить новую информацию о последних прикладных программах, доступных для вашего ПК, так что ваше диагностическое программное обеспечение никогда не устареет.

Положите вашу клавиатуру в выдвижной ящик!

Если вы хотите чувствовать себя удобно при работе с компьютером, рассмотрите вопросы эргономики: для удобства печати ваша клавиатура должна располагаться на соответствующей высоте, ваши запястья не должны находиться на весу во избежание кистевого туннельного синдрома, а монитор должен быть установлен в соответствии с вашим естественным уровнем позиции наблюдателя, чтобы избежать судороги вашей шеи.

Одним из первых добавлений к моему настольному компьютеру был т.н. трассант клавиатуры; это — металлический корпус с оборудованной скользящими полозьями выдвижной полкой, на которую кладут клавиатуру (может использоваться и как место для хранения карандашей и бумаги для заметок). Ваш компьютер стоит наверху этого металлического корпуса, и вы просто выдвигаете полку наружу и печатаете. Трассант удерживает клавиатуру на соответствующей высоте и экономит на столе то место, на котором иначе лежала бы клавиатура. Закончив работу с ПК, вы просто задвигаете клавиатуру обратно в корпус трассанта.

Если корпус типа башни вашего компьютера стоит на полу (а на столе находятся только монитор и координатно-указательное устройство), я рекомендовал бы такой трассант клавиатуры, который присоединяется к нижней поверхности крышки вашего стола. Если вы покупаете специальный стол для компьютера, ст*о*ит потратить немного больше для приобретения также такой полки для клавиатуры.

Остановите распространение вирусов

Если вы верите тому, что слышите в средствах массовой информации, то компьютерные вирусы 24 часа в день ожидают в сторонке момента вашего подключения к Internet, чтобы напасть на ваш компьютер подобно бешеной собаке Баскервилей. Но даже с последней волной распространения электронной почты и макровирусов большинство компьютерных владельцев никогда не сталкивались с вирусами, и вирусы в действительности не столь распространены, как об этом думают люди. Однако никогда не вредно подготовиться к неприятностям, особенно если вы получаете большое количество электронной почты или испытываете много демонстрационного и условно-бесплатного программного обеспечения на вашем ПК. Каждый компьютерный крутой пользователь, достойный своего названия, выполняет программу просмотра вирусов по крайней мере один раз в неделю.

Наиболее известное программное обеспечение просмотра (или сканирования) вирусов для ПК — программа VirusScan фирмы McAfee. Если вы купите VirusScan, вы сможете загружать регулярные вирусные модификации из Web-узла McAfee по адресу `www.mcafee.com`. Эти файлы данных дают возможность программе распознавать все новые вирусы, которые были идентифицированы, начиная с последней модификации. Фирма Symantec предлагает подобную программу сканирования под названием Norton AntiVirus, и вы можете загрузить испытательные версии для Windows 95, Windows 98, Windows NT и MS-DOS с узла `www.symantec.com`.

Большинство программ просмотра вирусов идентифицируют вирусы, появившиеся в вашей компьютерной RAM, на загрузочном секторе жесткого диска и внутри файлов, сохраненных на вашем накопителе. Некоторые такие просмотрщики могут фактически пытаться удалить вирус из программы или файла данных, но другие программы просто советуют вам удалить инфицированный файл, чтобы гарантировать уничтожение вируса.

Организуйте ваше программное обеспечение

Гибкие диски, резервный ленточный картридж, CD-ROM, диски Zip..., где вы помещаете все это наполнение? Проще всего сбросить все это в обувный ящик, но сможете ли вы найти конкретную дискету или CD-ROM, когда вам это потребуется?

Крутой пользователь содержит программное обеспечение в порядке, поэтому при необходимости легко может до него добраться. Для CD-ROM я предлагаю стойку аудиоCD, которую ставят на пол или монтируют на стене. Гибкие диски и диски Zip следует хранить в специальном корпусе для таких дисков (желательно с перегородками, которые помогут держать ваши игры отдельно от тех рабочих электронных таблиц, которые вы принесли домой из офиса). Если вы нуждаетесь в некоторой дополнительной защите, оборудуйте ящик для дискет с замком. Резервные ленточные картриджи вы можете также хранить в специальном корпусе для лент (корпус для лент найти немного сложнее, но вы, вероятно, сумеете купить его в магазине канцелярских принадлежностей).

Используйте мощь вашего голоса

Не правда ли, идея насчет управления вашим компьютером с помощью голоса походит на научную фантастику? Как бы вам понравилось диктовать ваш следующий отчет или записку вашему компьютеру вместо того, чтобы печатать (как правило, одним или двумя пальцами) каждый символ текста? Благодаря программам, подобным NaturallySpeaking от фирмы Dragon Systems и ViaVoice от IBM, вы можете диктовать текст без добавления искусственных пауз между словами. Эти программы понимают вашу нормальную разговорную речь и могут обрабатывать более чем 100 слов в минуту (что полностью исключает необходимость любого прикосновения к клавиатуре). Хотя эта технология прошла длинный путь, вы все еще должны сначала "обучить" компьютер распознавать ваши речевые образцы, подобно старым программам распознавания речи, и речевая диктовка на компьютере все еще не на все 100% точна. К сожалению, использование программного обеспечения распознавания речи не выдаст вам полностью откорректированный текст.

Что случается, когда вы используете слово, которое ваш компьютер не распознает, подобно техническому термину или фразе из иностранного языка? Требуется лишь одна секунда, чтобы добавить это слово к словарю компьютера, и после сохранения модифицированного словаря на жестком диске ваш компьютер в следующих сеансах распознает и напечатает новое слово.

Чтобы использовать программу распознавания речи, вам как минимум потребуются 16-битовая звуковая карта и микрофон — однако наиболее продвинутые речевые программы выполняются намного лучше со звуковой картой, которая использует PCI-шину, и чем больше вы имеете системной RAM, тем лучше.

Каждый нуждается в хорошем редакторе изображения

"Изображение стоит тысячи слов" (американский вариант сентенции "Лучше один раз увидеть, чем сто раз услышать". — *Прим. ред.*). Эта старая пословица — основа сегодняшней World Wide Web, а также графических операционных систем типа Windows и OS/2. Крутые пользователи добавляют графику к своим документам, используют изображения как фон в своей операционной системе или на Web-страницах, строят анимационные GIF-картинки для Web и используют цифровые камеры с высоким разрешением для получения изображений всего, начиная с домашней собаки и заканчивая столбами Стоунхенджа.

Поскольку изображения столь важны для сегодняшнего компьютерного крутого пользователя, не случайно, что графические редакторы, подобные Paint Shop Pro от фирмы JASC, Photoshop от Adobe и PhotoImpact от Ulead Systems, — такие популярные прикладные программы. С помощью редакторов изображений вы можете изменять размер и форму изображения, выделять его специфические элементы и вращать, как вам угодно. Можно также очень просто добавить текст или вставить другое изображение поверх оригинала. Вы можете даже редактировать отдельные точки (или пиксели) внутри изображения либо рисовать картины с помощью виртуальной кисти или распылителя.

Держите все в чистоте!

Какой же крутой пользователь захочет сидеть перед грязной клавиатурой? После того как вы потратили время и деньги на сборку вашего собственного компьютера, имеет смысл время от времени чистить корпус, экран монитора, клавиатуру, дисковод гибких дисков и координатно-указательное устройство. Пыль и грязь могут оседать на соответствующие рабочие части, например на вашу мышь или трекбол, и если вы не очищаете поверхности дисковода гибких дисков и ленточного резервного накопителя, они начнут терять данные!

Имеется несколько советов, которые помогут вам содержать ваши аппаратные средства в идеальной чистоте.

- ✓ Я лично рекомендую использовать влажную губку с умеренным количеством мыла для очистки наружных поверхностей корпуса компьютера. Другие сообщили мне, что используют один из антистатических поверхностных очистителей, которые продаются в магазине канцелярских принадлежностей.

- ✓ Для монитора используйте очищающий раствор для линз и полирующую ткань для протирки линз (и то, и другое вы найдете в магазине оптики).
- ✓ Для вашей клавиатуры нет ничто лучше, чем сжатый воздух из баллончика; обычно он применяется при очистке любых труднодоступных щелей. Для очистки всех выступов на моей клавиатуре я использовал также хлопковую ткань.
- ✓ Для ухода за вашим дисководом гибких дисков и ленточным накопителем посетите компьютерный магазин и подберите соответствующий очиститель для головок. Эти системы очистки обычно используют некоторый род тканевой подушечки, которую следует пропитать спиртом и затем установить в накопитель.
- ✓ Чтобы почистить мышь или трекбол, снимите предохранительное кольцо вокруг шарика — обычно нужно повернуть его в направлении, обозначенном на нижней части мыши, — и очистите ответственные места и ролики внутри мыши хлопковой тряпочкой, пропитанной спиртом.

Глава 18

Десять важных советов по компоновке

В этой главе...

- Читайте инструкции!
- Оборудуйте соответствующее рабочее место
- Следите за мелкими компьютерными деталями
- Убедитесь, что у вас под рукой есть все необходимое
- Не стесняйтесь попросить о помощи, если вы в ней нуждаетесь
- Используйте намагниченную отвертку
- Обзаведитесь собственной коробкой для запчастей
- Не спешите во время компоновки
- Оставляйте ваш ПК открытым, пока не выполнено тестирование
- Проверяйте подсоединения кабелей

Сборка вашего собственного компьютера — действительно простая работа, если вы дружите с отверткой, — но, как говорится, нет предела совершенству, и вы приобретаете новый опыт каждый раз, когда снова делаете что-то. В этой главе я представил список советов и приемов, которым научился за эти годы и которые помогут вам ускорить весь процесс компоновки, позволят предотвратить несчастные случаи и ошибки и вообще сделают процесс сборки более приятным.

Сначала читайте инструкции! (Правило номер один.)

Я знаю, я знаю: нет ничего более скучного, чем чтение инструкций по инсталляции жесткого диска или CD-ROM; даже технари ненавидят читать документацию по аппаратному и программному обеспечению. Однако каждая секунда, которую вы потратите на чтение и ознакомление с процессом установки компьютерного компонента, сохранит вам часы расстройства, когда вы влезете по локти в ваш компьютер и попытаетесь заставить эту новую часть работать. Не имеет значения, читаете ли вы инструкцию за 15 минут перед началом установки или на три дня раньше этого срока, но первый раз читайте их *полностью*.

Создайте совершенное рабочее пространство

Ваш кухонный стол может оказаться наиболее удобным местом для сборки компьютера, но разве это самое лучшее рабочее пространство? Ваше рабочее место должно быть достаточно большим и крепким, чтобы выдержать вес шасси вашего компьютера, компонентов и инструментов. Хорошо оборудованное рабочее пространство должно также иметь следующие свойства.

- ✓ **Доступ по крайней мере к двум или трем розеткам источника питания.** В процессе тестирования вы должны обеспечить питание, по меньшей мере, вашего компьютера и монитора, но никогда не вредно иметь резервную розетку на случай, если вам понадобится добавить и проверить внешнее устройство, подобное CD-ROM или модулю ленточного накопителя.
- ✓ **Регулируемый источник освещения.** Если вы чего-то не видите, вы не сможете с ним ничего сделать! Я использую регулируемую в широких пределах по расположению и яркости света лампу и устанавливаю ее так, как мне удобно в тот или иной момент работы с компьютером.
- ✓ **Ровная гладкая поверхность**, которая не будет царапать или пачкать корпус вашего компьютера. Красочная эмаль на компьютерном корпусе может быть легко поцарапана, поэтому ст*о*ит накрыть рабочее пространство старой скатертью.

Следите за НКО (неопознанными крошечными объектами)

Почему некоторые части компьютерных аппаратных средств должны быть столь раздражающе маленькими? Я говорю насчет винтиков, перемычек, терминаторах (признаках конца, если вы помните. — *Прим. ред.*) и других различных крошечных объектах, за которыми вы должны следить во время сборки компьютера.

СОВЕТ

Вот как можно сделать совершенное хранилище для этих крошечных возмутителей спокойствия: приклейте маленький магнит в центр старой пепельницы или керамической чашки с широким дном и держите эту “корзину деталей” в удобном месте под рукой во время сборки компьютера. (Или, если вам так удобнее, внесите пункт с этой работой в список неотложных дел.) Магнит задержит маленькие винты, крышки слотов и т.п. — и вы не будете постоянно рыться в карманах в поисках мелких деталей.

Удостоверьтесь, что у вас под рукой есть все, что потребуется

Прежде чем начать установку нового компонента, убедитесь, что вы имеете все кабели, винты и соединители, требуемые для окончания этой конкретной работы. Открывая коробку с новой частью, проверьте, содержит ли этот компонент все, что положено. Если вы используете бывшую в употреблении деталь из старого ПК, вы должны также подобрать любые винты, кабели или провода, которые потребуются для ее установки.

Точно так же, всегда стоит идентифицировать требования к новой части прежде, чем вы ее добавляете. Например, если вы собираетесь установить новый внутренний накопитель CD-ROM, убедитесь, что у вас имеются неиспользованный силовой кабель и соединитель нужного размера. Если это не так, вам потребуется Y-образный переходник для силового кабеля, который трансформирует одиночный силовой кабель в два кабеля и соединители. Если вы покупаете внешний модем, уточните, есть ли в комплекте кабель RS-232 модема с нужными соединителями; в противном случае — купите его отдельно. Если вы покупаете внутренний компонент, проверьте, имеется ли на вашем компьютерном шасси открытый залив нужной высоты.

Небольшая подготовка уведет вас далеко от легких расстройств (например, при внезапном осознании того, что у вас нет требуемых батареек для ваших новых мультимедийных динамиков) и от серьезных головных болей (например, после обнаружения, что у вас нет запасного слота 16-битовой карты адаптера для нового внутреннего модема).

Вопите о помощи, если это необходимо

Некоторые шаги компоновки, которые вам нужно будет сделать при строительстве собственного ПК, могут привести вас в некоторое возбуждение (например, при инсталляции CPU или DIMM), в то время как другие могут потребовать дополнительного конфигурирования, подобно подстройке вашего компьютера для использования с новым записывающим устройством CD или добавлением сетевых драйверов для новой сетевой карты на ПК, работающем под управлением MS-DOS. Всегда имейте в виду, что у вас есть несколько источников вполне доступной помощи и нет никаких причин для беспокойства относительно своей просьбы о помощи.

Если вы не можете найти ответы в документации, которая сопровождала новую часть, попробуйте задействовать перечисленные ниже ресурсы.

- ✓ Большинство изготовителей аппаратных средств предлагают техническую поддержку по телефону, и многие изготовители также обеспечивают публикацию на своих Web-узлах списков FAQ (Frequently Asked Questions — часто задаваемые вопросы) относительно их изделий (программ).
- ✓ Друг, член семьи, родственник или такой же член компьютерного клуба с опытом по компьютерным аппаратным средствам могут оказаться очень удобными помощниками.
- ✓ В большинстве мастерских по ремонту компьютеров будут счастливы бесплатно ответить на несколько ваших вопросов. Конечно, если вы находите себя совершенно неспособным установить конкретный компонент, вам, вероятно, придется заплатить одному из техников мастерской за установку этого компонента.
- ✓ Если у вас есть время ждать ответ, вы можете найти помощь в соответствующей группе новостей Internet — например, хорошие люди, которые находятся по адресам `alt.comp.hardware.homebuilt` и `alt.comp.hardware.pc-home-built`, всегда счастливы ответить на все ваши вопросы.

Используйте намагниченную отвертку

Плотник не разлучается со своим молотком, квалифицированный лесоруб выделяется наличием у него топора, а любимый инструмент компьютерного техника — испытанная намагниченная отвертка. Подберите себе реверсивную модель, которая бы подходила и к стандартным винтам, и к винтам фирмы Phillips. Если вы держите намагниченную отвертку под рукой, вы не будете паниковать, когда уроните винт глубоко внутрь шасси вашего нового компьютера, только пошарьте ею вокруг в некоторой окрестности и позвольте магнетизму сделать для вас остальное.

Нет никакой причины волноваться относительно влияния исходящего магнитного поля на гибкие диски или резервные ленты; магнитное поле отвертки не имеет достаточной напряженности, чтобы повредить диски или ленты, если, конечно, вы не положите отвертку на них сверху, по крайней мере, на время уик-энда. Следовательно, когда вы не используете отвертку, храните ее в ящике стола или в кармашке на стене. Некоторые истинные технари даже хранят свои отвертки в специальном держателе на поясе — к счастью, отвертка, или универсальный мультифункциональный инструмент, торчащая на вашем поясе, заменила старомодные карманные клапаны как символ статуса технического мастера.

Обзаведитесь своей собственной коробкой запчастей

Последний раз, когда вы установили компьютерный компонент, у вас обнаружился дополнительный лишний винт, крышка слота карты адаптера, кабель или соединитель? Если так, не выбрасывайте эти дополнения. Вместо этого возьмите пустую картонную коробку и сложите туда все ненужные компьютерные части и детали (за исключением печатных плат и больших компонентов, которые должны храниться отдельно в свободных от статического электричества пластиковых мешках). Вот и все! Вы создали ваше собственное хранилище запасных частей. В следующий раз, когда вы внезапно обнаружите, что один винт короче, чем нужно, или вам потребуется блок перемычек, а изготовитель не дал вам его, проверьте вашу коробку с запчастями, прежде чем бежать в радиомагазин — вы сохраните свои нервы, время и деньги, лишь только используя детали из этой коробки. Чем больше вы работаете с компьютерными аппаратными средствами, тем больше эта коробка будет заполняться, в скором времени у вас уже будет полноценный сундук с сокровищами из маленьких компьютерных частей.

Поскольку вы наращиваете вычислительные возможности частей вашего компьютера, вы можете также всегда хранить старый компьютер как резервный источник аппаратных средств на случай их сбоя (я, как правило, пробую продавать старые компоненты или жертвую их местной школе). В отличие от маленьких деталей в вашей коробке, старые компоненты в итоге начинают занимать слишком много места в вашем туалете или гараже.

Не торопитесь во время компоновки!

Вы можете сгорать от нетерпения построить свой собственный компьютер, но если вы будете мчаться стремглав по шагам компоновки, это может привести к возникновению ошибок типа несоответствия кабелей или перевертывания компонентов вверх ногами. Следуйте пошаговым инструкциям из этой книги и документации, сопровождающей ваши аппаратные средства, и не переходите на следующий шаг, пока полностью не закончите каждую задачу, поставленную в текущем шаге.

Если вы работаете на особенно ответственном шаге компоновки (например, добавление CPU или DIMM на вашу материнскую плату) и работа идет не очень хорошо, вернитесь на шаг назад, глубоко вздохните раз или два, а затем проверьте, правильно ли вы все делаете. Мой друг повесил большой плакат над своим верстаком, который гласит: "Это не гонка!" (Это — хороший совет для любого ремесленника.)

Никто не засекает ваше время, так что двигайтесь со своим естественным быстродействием.

Не закрывайте корпус слишком рано

Я никогда ежедневно не использовал бы компьютер без корпуса; компоненты очень быстро стали бы слишком грязными, и всегда была бы опасность пролить жидкость на обнаженные компоненты или коснуться какой-либо печатной платы в то время, когда компьютер включен.

Однако положение изменяется, когда вы устанавливаете новую внутреннюю часть в ваш компьютер: держите корпус открытым, пока не будете уверены, что новый компонент работает правильно. Ничто не действует более раздражающе, чем закрепление крышки корпуса компьютера и затем обнаружение того, что вы забыли подключить силовой кабель к вашему новому CD-ROM или жесткому диску. Прежде чем я изучил это важное правило, я иногда три или четыре раза закрывал и открывал корпус на моем ПК, пока все в итоге не начинало работать как следует. Пока вы держите жидкости подальше от вашего компьютера и не касаетесь любого из внутренних компонентов в то время, когда он включен, вам не грозит никакой опасности. Так берегите время и нервы, оставляя корпус открытым до того времени, пока не убедитесь, что ваш компьютер с новым компонентом работает нормально.

Кабельное правило: проверка и еще раз проверка

Я разговаривал со многими компьютерными техниками и аппаратными техническими мастерами, и каждый из них соглашается: первая ошибка, которая вылезает наружу при инсталляции новой части в вашем компьютере, — это несоответствие или разъединение кабелей. Проблемы могут неожиданно возникать даже с кабелями, которые, как предполагается, являются "ошибкоустойчивыми". Хотя внутренние силовые кабели разработаны так, чтобы их подсоединить только единственно правильным путем, вы должны, во-первых, не забыть подключить их вообще. (Эта оплошность — обычная причина классического восклицания: " Эй, оно не действует, будто не получает питания вообще!")

СОВЕТ

Большинство внутренних кабелей IDE и SCSI могут быть связаны "наоборот", так что запомните правило Штырька: Штырек 1 вилки соединителя (т.е. со стороны "папа") на компоненте должен всегда совмещаться с отмеченным проводом на кабеле (этот провод маркирует сам изготовитель кабеля для идентификации его как Провода 1).

Хотя может потребоваться несколько дополнительных секунд, когда вы устанавливаете новую часть, я рекомендую вам проверять каждое кабельное соединение — включая подачу кабелей к другим компонентам системы — прежде чем вы станете проверять работу нового компонента. Очень просто случайно рассоединить существующее соединение во время прокладки проводов и перемещения деталей внутри шасси вашего компьютера. Если вы установили новую часть, а другая часть внезапно отказывается работать правильно, вполне возможно, что вы что-то случайно рассоединили.

Глава 19

Десять способов ускорить ваш ПК

В этой главе...

- Дефрагментация жесткого диска
- Использование аппаратных средств SCSI
- Добавление большего количества памяти RAM
- Использование быстрозагружаемого программного обеспечения
- Использование 256 цветных простых фонов
- Вложение капитала в более быстрый CD-ROM
- Удаление резидентных программ
- Использование карты акселератора Windows
- Запуск вашего ПК под управлением "родной" файловой системы
- Использование режима Turbo

Если среди всех компьютерных владельцев и существует одно универсальное желание, то это — большее быстродействие их машин. В этой главе я в общих чертах представлю несколько приемов, которые вы можете использовать для увеличения общей эффективности вашего компьютера. Некоторые из этих советов ст*о*ят денег (подобно добавлению RAM или выбору более быстрых аппаратных средств), в то время как другие не будут стоить вам ни копейки. Вперед, скоростной гонщик, вперед!

Дефрагментируйте ваш жесткий диск

Через недели или месяцы использования быстродействие компьютеров, работающих под управлением Windows 95, Windows 98 или Windows NT (другими словами, под любой операционной системой, которая все еще использует вариант первоначальной файловой системы DOS), уменьшается из-за фрагментации жесткого диска.

Сначала быстрое объяснение: когда вы удаляете некий файл с жесткого диска, освободившаяся область диска может теперь принимать данные другого файла, но если этот файл, который должен быть сохранен, оказывается больше, чем свободная область, DOS должна *расчленить* его на фрагменты и записать их на разных свободных участках диска. Когда ваш компьютер загружает такой файл, эти фрагменты автоматически повторно собираются в полный файл. Однако, поскольку на вашем жестком диске находится большое количество фрагментированных файлов, процесс их сборки (а затем повторной фрагментации при копировании обратно на диск) оказывается более длительным, а ваш ПК становится более медлительным.

Как можно дефрагментировать ваш жесткий диск? Если вы работаете в среде MS-DOS 6.22, наберите DEFRAG в приглашении к вводу команды DOS; если же ваш компьютер работает под управлением Windows 95 или Windows 98, щелкните на кнопке Пуск, а затем выберите Программы⇨Вспомогательные программы⇨Системные инструментальные средства⇨Дисковый дефрагментатор.

СОВЕТ

Моя любимая программа дефрагментации для Windows 98 — программа SpeedDisk, включенная в пакет Norton Utilities.

Получите SCSI (демоны скорости любят SCSI)

Если вы заинтересованы в самой быстрой возможной производительности вашего жесткого диска, накопителя CD-ROM, сканера и сменных кассетных накопителей, наподобие Zip или Jaz, значит, ваш компьютер нуждается в SCSI-карте адаптера. Поскольку и IDE-, и SCSI-устройства могут быть установлены вперемешку на один и тот же компьютер, вы можете добавлять SCSI-карту адаптера на ваш компьютер даже после того, как вы его построили, но если вы сделали вашу "домашнюю работу", а теперь хотите стать крутым пользователем ПК, ст*о*ит с самого начала строить компьютер на основе SCSI-цепочки устройств. В главе 11 приведено достаточно много информации о SCSI-технологии и о том, что она может дать вам.

Установите больше памяти RAM

Любая 32-битовая операционная система всегда выигрывает от большего количества системной памяти RAM (такие системы включают Windows 95 и 98, Windows NT, OS/2 и UNIX), и с учетом цен на RAM, находящихся последние несколько лет в состоянии свободного падения, большинство владельцев ПК могут позволить себе иметь оперативную память в объеме вплоть до 64 или 128 мегабайтов. Если программа и ее данные не смогут полностью уместиться в RAM, ваша операционная система должна будет многократно сохранять эти данные во временном файле на жестком диске и затем снова читать. Этот процесс называется свапированием (swapping — подкачка), и это может замедлить выполнение каждой такой программы, вплоть до ее остановки в то время, когда ваш ПК манипулирует данными взад и вперед.

С 64 мегабайтами оперативной памяти или больше ваша операционная система будет иметь больше свободного пространства и будет свапировать меньшее количество данных на диск — а это означает, что вы можете открывать большее количество прикладных программ одновременно, и весь ваш компьютер повысит свою общую производительность.

Повышение быстродействия с помощью программного обеспечения ускоренной загрузки

Программы ускоренной загрузки, подобные Hurricane 98 (Ураган 98) от фирмы Helix Software, помогают вашему компьютеру загружать программы быстрее на несколько секунд, особенно если вы запускаете и закрываете одну и ту же прикладную программу часто в течение одного дня. Такие ускоряющие программы обычно резервируют пространство RAM для часто используемых подпрограмм и данных, а затем загружают необходимые данные прямо из RAM, а не с вашего жесткого диска (что происходит намного быстрее).

Чем быстрее ваш процессор или ваш жесткий диск, тем менее очевидны выгоды от программы ускоренной загрузки. Например, если ваш ПК использует CPU Pentium II или Pentium III (или быстрый жесткий диск SCSI), время загрузки вашей средней программы уже намного меньше, чем при использовании стандартного компьютера Pentium с медленным IDE-накопителем. Однако и в этом случае ускоряющие программы могут сэкономить секунду или две на каждой загрузке.

Делайте простые фоновые картинки

Графические операционные системы, подобные Windows 98, Windows NT или OS/2, могут быть украшены фотографиями с 16-ю миллионами цветов в качестве фона рабочего стола (имеется в виду виртуальный рабочий стол вашей операционной системы. — *Прим. ред.*), анимированными (живыми) пиктограммами и другой радующей глаз экзотикой, но если вы хотите, чтобы ваш ПК работал быстрее под управлением одной из этих операционных систем, самое лучшее — выбрать простой одноцветный фон и запускать ваш компьютер в 256-цветном режиме. Почему? Ваш ПК должен использовать дополнительную RAM, чтобы отобразить истинно цветные изображения или живые пиктограммы. Некоторые полноэкранные фоновые картинки, какие мне приходилось видеть, имели объем чуть ли не больше мегабайта (они предполагают разрешающую способность 1024x768 и выше и представляют собой точечные рисунки с 16-ю миллионами цветов)! Если вы используете полноэкранный точечный рисунок с высоким разрешением с 16-ю миллионами цветов в качестве фона вашего рабочего стола, ваш компьютер замедляет полезную работу, когда загружает фоновое изображение (или изменяет его после закрытия окна прикладной программы).

Установите быстрый CD-ROM

Уверяю вас, что при покупке CD-ROM ст*о*ит заплатить больше за его более высокий X-фактор (это метод описания быстродействия накопителя, множитель к производительности первоначального односкоростного накопителя, который имеет скорость 150 Кбайт/с).

Чем выше X-фактор вашего CD-ROM, тем быстрее накопитель может доставлять данные на ваш компьютер. Вы особенно будете обращать внимание на более быстрый CD-ROM всякий раз, когда будете устанавливать новую программу с CD или играть в игру, в процессе которой CD-ROM читает цифровое видео. Подробные инструкции по добавлению накопителя CD-ROM к вашему ПК приведены в главе 8.

Удалите резидентные программы

Если вы работаете под управлением Windows, DOS, или OS/2, ваш компьютер может содержать скрытые программы, которые высасывают мощность и ресурсы из ваших прикладных программ. Нет, я не говорю о вирусах; эти программы называются резидентными программами и существуют, начиная с самих ранних дней системы DOS. Резидентные программы загружаются автоматически, когда вы загружаете ваш компьютер, и продолжают работать "на заднем плане" в то время, когда вы выполняете свои прикладные программы. В отличие от вируса, резидентная программа обычно делает кое-что, что вы хотели бы, например проверяет состояние вашего дисковода, запрашивает вашего провайдера Internet-обслуживания для вашей электронной почты или отображает прямые кавычки.

К сожалению, если вы загружаете ваш компьютер слишком большим количеством резидентных программ, он должен расходовать слишком много процессорного времени и памяти RAM на их поддержку, а работа ваших прикладных программ соответственно замедляется. Чтобы быть уверенным, что такого замедления не случится, не загружайте больше двух или трех резидентных задач и избегайте устанавливать программы, которые автоматически запускаются каждый раз, когда вы загружаете свой ПК, если только вы действительно не нуждаетесь в них.

Работая под управлением Windows 95 и 98, вы можете распознавать большинство резидентных программ по их пиктограммам в строке состояния с правой стороны напротив кнопки Пуск. Чтобы определить, что каждая из этих пиктограмм делает, щелкните левой или правой кнопкой мыши на пиктограмме для отображения меню (большинство резидентных задач будут иметь элемент (пункт) меню, который вы можете выбрать для их закрытия).

При использовании операционных систем OS/2, UNIX и Windows NT вы можете отобразить список ваших прикладных программ, которые в настоящее время выполняются, и найти резидентные программы, которые, возможно, были загружены в процессе начальной загрузки компьютера.

Работая под управлением DOS, используйте редактор DOS, чтобы отобразить содержание файла AUTOEXEC.BAT, куда резидентные программы загружаются в процессе начальной загрузки, и найдите команды, по которым могут загружаться резидентные программы. Вы можете спокойно отключать эти инструкции, вставляя слово REM (ремарка, комментарий. — *Прим. ред.*) (с последующим пробелом) перед инструкцией, например

```
REM C:\MONITOR\CLOCK.EXE
```

и сохранить этот обновленный файл. Если вам нужно допустить эти инструкции снова, только удалите слово REM с пробелом, используя редактор DOS, и сохраните этот файл снова.

Ускорьте работу Windows с помощью видеокарты

Если вы снимаете компоненты со старого компьютера для использования их с новым ПК класса Pentium II или III, который вы строите, было бы хорошо купить новую марочную AGP-видеокарту вместо того, чтобы использовать старую 16-битовую видеокарту ISA. Почему? Потому что большинство карт видеоадаптера, продававшихся несколько лет назад, не обеспечивают аппаратную поддержку ускорения или 3D-поддержку для Windows 95, Windows 98 и Windows NT. Карта акселератора

Windows ускоряет работу всего вашего ПК, поскольку снимает большинство связанных видеозадач с CPU вашего компьютера (который может, таким образом, уделить больше внимания другим, более важным задачам). Увеличение быстродействия наиболее очевидно, когда вы запускаете игры, разработанные для Windows 95, или когда вы открываете и закрываете несколько окон прикладной программы на вашем ПК; чем более тяжелая графическая загрузка вашего ПК, тем больше пользы вы извлечете из ускоренной видеокарты. (Если ваша материнская плата не имеет AGP-слота, используйте вместо этого PCI- видеокарту — она медленнее, чем карта AGP, но все же значительно быстрее 16-битовой видеокарты ISA!)

Используйте местную файловую систему

Традиционно хранилища данных ПК форматировались под управлением файловой системы DOS, которая является, по существу, "картой пути", используемой вашим компьютером для сохранения файлов на вашем жестком диске и их восстановления. Хотя файловая система DOS использовалась в течение уже многих-многих лет, она, в действительности, не самый эффективный вариант и непосредственно не поддерживает многие изящные свойства, наподобие длинных имен файлов.

Если вы решили использовать Windows NT, OS/2 или UNIX, то вскоре обнаружите, что у вас есть по крайней мере один альтернативный формат для сохранения и восстановления файлов: каждая из этих операционных систем имеет местную файловую систему, которая улучшает файловую систему DOS. В любом случае ваша операционная система может сохранять и загружать данные быстрее из местной файловой системы, которая была разработана для использования в 32-битовой мультизадачной среде.

Когда вы устанавливаете NT, OS/2 или UNIX, вам предоставляется возможность переформатировать ваш жесткий диск для поддержки местной файловой системы, и я рекомендую вам использовать именно местную файловую систему. Если же вам все еще нужны разделы DOS на вашем компьютере, например если вы решили запустить несколько операционных систем, они должны форматироваться отдельно, и вы должны использовать утилиту многократной начальной загрузки, подобную System Commander фирмы V Communications.

Не забывайте о кнопке Turbo!

На вашем ПК имеется кнопка Turbo? (Большинство компьютерных корпусов, производимых сегодня, больше не имеют этого переключателя — и даже если на корпусе вашего ПК есть такая кнопка, она может быть не подключена к системе). Если ваш ПК оснащен кнопкой Turbo, то однажды вы можете загрузить ваш компьютер и обнаружить, что все внезапно, кажется, стало выполняться медленнее, как если бы CPU опустили в бетонный раствор. Если это так, вашим первым подозреваемым должна стать эта чертова кнопка Turbo. Если ваш ПК не работает в турборежиме, это фактически заставляет его работать медленнее. Попробуйте нажать кнопку Turbo и посмотрите, ускорилась ли работа вашего ПК существенно; если это так, то хватайте толстый маркер и куском скотча залепите эту кнопку памяткой с предупреждением "Руки прочь!" (Фактически, владельцы некоторых компьютеров, которые я собирал, просили, чтобы я отсоединил провода переключателя Turbo от материнской платы, что обычно означает по умолчанию обеспечение нормального турборежима.)

Глава 20

Десять вещей, которых следует избегать любой ценой

В этой главе...

- Избегайте отреставрированных аппаратных средств
- Скажите "Нет!" чипу Pentium
- Предотвратите бедствия, связанные с потерей данных на дискетах
- Выключайте ненужные пароли
- Убедитесь, что не нарушаете авторских прав
- Держите маленьких детей подальше от клавиатуры (или наоборот)
- Предоставьте пиратскому программному обеспечению широкую полку
- Оставляйте монитор и источники питания закрытыми
- Избегайте долгосрочного арендного договора на пользование компьютером
- Следите за номерами версий при покупке программного обеспечения

В этой главе я назову ряд связанных с компьютером вещей, которые могут привести к потере данных, головным болям в связи с аппаратными средствами, возможным конфликтам и даже к физическому ущербу — другими словами, вещи, которых вы должны избегать любой ценой! Некоторых вещей в этом списке нужно избегать во время сборки вашего ПК, а другие относятся к опасной практике некоторых людей, связанной с их компьютером после того, как он заработает. Я рекомендую, чтобы вы запомнили следующие три высказывания, они, кажется, охватывают большинство ситуаций, описанных в этой главе.

- ✓ Если это кажется слишком хорошо, чтобы быть правдой, то это вероятно.
- ✓ Не поддавайтесь на провокации продавца.
- ✓ Предупреждающие знаки не ставят без причины.

(Последнее из этих высказываний — лично мое, но оно должно быть вам столь же знакомо, как и другие.)

Это отреставрировано не просто так

Слово отреставрированный, кажется, появляется все более часто в журналах по компьютерным аппаратным средствам, в компьютерных магазинах в Web и в каталогах уцененных компьютеров. Отреставрированные аппаратные средства — это компоненты, которые были возвращены компании-производителю по некоторым причинам (обычно потому, что они были дефектными), а компания устанавливает и устраняет дефект, а затем продает эти аппаратные средства другому дистрибьютеру.

По закону, отреставрированные компьютеры и аппаратные компоненты в любой рекламе должны быть идентифицированы именно как отреставрированные. Компания обычно трубит о свойствах, обеспечиваемых компьютером, а вы, безусловно, получите гарантию, и товар, возможно, даже выглядит как новый. Обычно вы существенно экономите на отреставрированных аппаратных средствах, так как цены, которые эти компании рекламируют, действительно вас завораживают.

Однако я советую вам не соблазняться отреставрированными компонентами, а покупать только новые части (или бывшие в употреблении работающие части из существующего компьютера). Лично я никогда не приобретал бы отреставрированный компьютер или отреставрированную часть по следующим веским причинам.

- ✓ Вы понятия не имеете, почему элемент был возвращен (но можете вполне резонно считать, что он работал неправильно).
- ✓ Вы не имеете никакой возможности узнать, как с элементом обращался предыдущий владелец.
- ✓ Срок гарантии изготовителя составляет обычно меньше 90 дней (это намного более короткий отрезок времени, чем срок гарантии на новый элемент).
- ✓ Многие отреставрированные части не полностью повторно проверяют прежде, чем отправить их обратно в магазин.

Если вы, все же, решаете купить отреставрированный элемент, узнайте о нем все, что только можно, прежде чем потратите ваши деньги.

Ищете антиквариат? Купите CPU Pentium!

Многие магазины и компании заказа по почте, которые продают компьютерные аппаратные средства, все еще продают чипы CPU и материнские платы, основанные на проекте Pentium. Оригинальный Pentium был главным чипом, и многие из нас, технарей с несколькими компьютерами в доме, могут показать вам по крайней мере один такой чип — но дни Pentium теперь ушли в прошлое, и если вы собираете новый компьютер, чтобы работать под управлением любой операционной системы, отличной от DOS или Windows 3.1, примите мой совет и покупайте CPU и материнскую плату Pentium II или Pentium III.

Хотя первоначальный ПК Pentium действительно подходит для Windows 95 или Windows 98, старая архитектура просто недостаточно быстра и продвинута, чтобы предложить вам хотя бы частично эффективность компьютера Pentium II или Pentium III. Уверен, эти старые компоненты теперь намного дешевле, и вы сможете сэкономить значительное количество денег, но, вероятно, очень скоро начнете подумывать об обновлении CPU, а оснащенная Pentium-сокетами материнская плата не будет принимать CPU Pentium II или Pentium III (оба из которых используют Слот 1 материнской платы).

Если вы строите компьютер с нуля, покупайте самый быстрый процессор Pentium II или Pentium III, какой можете себе позволить; потом вы будете благодарить себя в течение многих и многих месяцев!

Никогда не зависьте от дискет

Гибкие диски и важные данные — понятия несовместимые. Дискеты очень восприимчивы к магнитным полям (никогда не храните их наверху динамиков или корпуса вашего ПК), они имеют небольшой срок годности (время, в течение которого вы можете хранить гибкий диск и затем надежно восстановить с него данные), обмен дискетами может распространять вирусы, их легко перепутать или потерять (даже если вы маркируете их), а иногда один компьютер бывает неспособен так просто читать гибкие диски, отформатированные на другом компьютере.

Не поймите меня неправильно: дискеты прекрасны для посылки файлов по почте или переноса одной или двух программ в вашем кармане. Время от времени я даже сохраняю на дискете документы как простые резервные копии на день или около того — но я не надеюсь, что сумею прочитать этот документ через два года.

Если вы должны сохранить ваши данные далеко от вашего компьютера, рассмотрите возможность использования накопителя Zip или Jaz либо сбросьте эту информацию на ленту. Самым лучшим решением, однако, является мое любимое: записывающее устройство CD может хранить архивную информацию в течение более чем десяти лет в объеме до 650 Мбайт на каждом диске, а CD-ROM — намного более постоянная система хранения и выборки данных, чем любой магнитный метод. (Записывающие устройства CD мы обсуждали в главе 8, а глава 7 содержит достаточно информации о накопителях Jaz и Zip.)

Помогите уничтожить ненужные пароли!

Защита с использованием пароля более всего подходит для чувствительных файлов, сохраняемых в среде офисной сети, или для подключения к вашему провайдеру Internet-обслуживания. Однако ненужные пароли, которые вы назначили на диски Zip, резервные ленты, экранные замки, архивные файлы в формате .ZIP и даже пароли BIOS, которые не будут позволять вашему ПК загружаться, — это только проблема для типичного владельца домашнего компьютера. Если у вас нет никакой важной причины быть чрезмерно осторожными относительно вашего компьютера и данных, ради Бога, не назначайте пароли, в которых не нуждаетесь!

Почему я так сильно презираю ненужные пароли? Я получил большое количество обращений от друзей, членов семьи и консультантской клиентуры, которые не могут восстановить данные с диска или архивного файла (либо вообще войти в систему своего собственного компьютера), потому что или забыли пароль, или набирали его неправильно. В действительности, вы заблокированы от вызова к вашим собственным данным — и в сценарии с самым плохим исходом все, что вы можете сделать, — это переформатировать ту резервную ленту или тот диск Zip и сказать этим данным гудбай. (И я могу сообщать вам, что боль по потерянным данным продолжается еще долгое-долгое время.)

Уважай авторское право своего друга

Компьютеры и Internet — самые лучшие инструментальные средства, когда-либо изобретенные человечеством для вызова и совместного использования информации поперек всего земного шара, — и такой динамичный дуэт также чрезвычайно упрощает "вырезку и вставку" по своему усмотрению, что ведет к плагиату и нарушениям авторского права. Если изображение или документ — не ваша оригинальная работа, вы должны быть внимательным (это относится также к цитированию даже простейших фраз).

Чтобы я здесь снова не распространялся об основах авторских правах, см. врезку в главе 14 "Руководство по авторским правам для ленивых".

Ваш ПК — не детский сад

Если вы — родитель, то, вероятно, хотите обучить ваших детей компьютерной грамоте к тому времени, когда они закончат элементарную школу, — и это истинно: чем раньше ваши дети познакомятся с компьютером, тем увереннее они будут чувствовать себя с компьютером позже в жизни.

Однако я рекомендую, чтобы вы держали очень маленьких детей вдали от вашего компьютера, пока они не станут постарше. Хороший минимальный возраст для более или менее близкого знакомства с компьютером — приблизительно четыре года. Активный ребенок может нанести удивительно много повреждений типичному ПК; такой малыш может неправильно вставлять дискеты в накопитель, пролить сок или молоко на клавиатуру или корпус, дергать за провода и шнуры, стучать (с разной силой) по экрану монитора (я имел даже "счастье" обнаружить внутри накопителя CD-ROM арахисовое масло). Для такого одно- или двухлетнего ребенка ваш ПК — только другая интересная игрушка с огоньками, и этот ребенок не будет изучать что-нибудь полезнос о компьютере еще в течение некоторого времени. Держите ваш компьютер в безопасности, пока ваши дети не готовы заняться им более серьезно.

Не прыгайте на пиратское судно

Программы, незаконно скопированные или распространенные, квалифицируются как ворованное программное обеспечение, и имеется большая сеть Web-узлов и групп новостей Internet, откуда вы можете загружать коммерческое программное обеспечение, подобное играм, прикладным программам и утилитам.

Не стоит использовать пиратское программное обеспечение, вы не будете получать руководств или технической поддержки, но вы можете очень просто получить больше, чем вы ожидали, если загрузите эти пиратские копии Photoshop или Quake. Почему? Кроме того, что оно незаконно, пиратское программное обеспечение — это источник серьезных бедствий; многие компьютерные программисты-ренегаты воруют авторитетное программное обеспечение, чтобы распространять программы вирусов и "троянских коней" (программа типа "троянский конь" описывается как полезная прикладная программа и может даже выглядеть таковой, когда ее запускают, но она фактически уничтожает данные на вашем компьютере).

Поддерживайте же авторов условно-бесплатных программ и компании, которые производят самое лучшее коммерческое программное обеспечение, — покупайте их программы, а не воруйте их!

Позаботьтесь о мониторе и источниках питания

Большинство компонентов, используемых в вашем компьютере, запечатано, например жесткий диск вашего компьютера, и даже если вы могли бы открыть их, вы никогда не будете способны их отремонтировать. Формирование компьютера — задача компоновки, и вам никогда не придется разбирать что-либо.

Однако два из этих компонентов заслуживают более пристального внимания: это источники питания вашей компьютерной системы и компьютерный монитор. Никогда не пытайтесь открывать корпус*а* на этих частях, поскольку восстановить их может только компьютерный мастер или на заводе-изготовителе, а кроме того, очень опасно раскрывать их, если они подключены.

Не арендуйте ПК на длительный срок

Некоторые компании заказа по почте и большие компьютерные филиалы позволяют вам арендовать компьютер за ежемесячный взнос. Если вы нуждаетесь в компьютере только на пару месяцев, аренда — прекрасный выход; однако аренда в течение больше чем шести месяцев — не очень хорошая идея. ПК обесцениваются так быстро и усовершенствования технологии так быстры, что ваш арендованный компьютер будет существенно менее мощен и будет стоить вам меньше на протяжении только года или двух. И еще один момент — вы не сможете нарастить вычислительные возможности вашей арендованной машины, чтобы улучшить эффективность.

Строя ваш собственный компьютер, вы в итоге получите большую мощность за одни и те же деньги и возможность наращивать вычислительные возможности вашего ПК, чтобы растянуть срок его эксплуатации на много лет.

Следите за номерами версий

Если вы впервые покупаете программное обеспечение для вашего нового ПК, уделите внимание номерам версии программного обеспечения. Часто вы видите дорогие прикладные программы, продаваемые за гораздо меньшую сумму, чем "текущий тариф" в одном каталоге или на одном Web-узле, например интегрированный офисный "набор" прикладных программ мог бы рекламироваться за $500 в одном магазине, но только $250 — в другом. Обычно магазин, продающий программное обеспечение за намного меньшую сумму, фактически продает старую версию (например, более дорогой офисный набор может быть версии 7.0, в то время как более дешевая версия могла бы быть версией 6.0). Номер версии обычно печатается в проспекте, но он может быть также указан в нижней части коробки с программой.

СОВЕТ

Если вы не уверены относительно последнего номера версии специфической программы, позвоните в магазин и спросите об этом, или соединитесь с Web-узлом изготовителя, чтобы определить последнюю версию.

Часть VI

Приложения

Приложение А

Выбор вашей операционной системы

Большинство компьютерных владельцев запускают какую-либо операционную систему, которая поставлялась с их компьютером, либо самую модную в последний месяц, описанную в журнале *CompuSmarts,* — независимо от того, подходит она конкретному пользователю или нет. Работа под управлением неподходящей операционной системы — это так же плохо, как использование ненадлежащих инструментов для постройки предмета мебельного гарнитура. Вы, вероятно, в конечном счете выполните вашу работу, но для этого потребуется намного больше времени, чем могло бы, а законченная работа не будет выглядеть идеально.

Как же определить, какая операционная система является для вас наиболее подходящей? В этом Приложении вы узнаете о положительных и отрицательных сторонах каждой главной операционной системы, используемой сегодня на ПК. Является ли она достаточно быстрой и достаточно устойчивой? Поддерживает ли она выполнение прикладных программ, которые вы собираетесь использовать? И, что наиболее важно, сделает ли она вашу жизнь с компьютером проще?

Станьте вашим собственным консультантом!

Вы можете спросить себя: "Почему я не могу запустить ту же систему, какой пользуются другие люди?" Это действительно так: сегодняшняя общая операционная система ПК — Windows 95/98, и она делает большую работу для примерно 70% всех ПК во всем мире. Но что если ваши потребности как раз и соответствуют тем оставшимся 30% пользователей, которые не используют Windows? Именно поэтому вы должны стать сами себе консультантом, чтобы выбрать нужную операционную систему. В конце концов, если вы хотите делать свои дела настолько хорошо, насколько это возможно, вы можете самостоятельно израсходовать огромное количество денег.

При выборе "своей" операционной системы следует обращать внимание на следующие моменты.

- ✓ Вы ищете самую быструю операционную систему? Если так, отметьте одну из наиболее популярных 32-битовых операционных систем в нашем списке: Windows 95, Windows 98, Windows NT или Linux/UNIX. Эти платформы загружают программы и данные быстрее, поскольку вобрали в себя все лучшее от старших операционных систем и специально разработаны для более быстрых CPU, подобных вашему Pentium II или III. Системы DOS и OS/2 значительно более медлительны.
- ✓ Как вам нравится графический интерфейс пользователя? В более сложных терминах это надо понимать так: вы хотели бы использовать только мышь и пиктограммы, чтобы запускать программы на выполнение или перетащить и опустить файл на ваш принтер? Если так, вы должны склониться к Windows 95, Windows 98, Windows NT или OS/2.

Однако не следует автоматически делать вывод о том, что графический интерфейс пользователя быстрее и проще для всего, что вы делаете на своем компьютере. Те из нас, кто работали с компьютерами много лет, часто находят командную строку DOS более удобной для решения некоторых задач. Например, вы можете открыть режим DOS изнутри Windows 95, чтобы переместить файлы из одного каталога в другой. Кроме того, графические интерфейсы доступны также в системах Linux и UNIX.

- ✓ Для вас важна стабильность? Ваша прикладная программа должна продолжать выполняться день за днем устойчиво, как скала? Если так, рассмотрите возможность установки системы Windows NT или Linux/UNIX, которые являются наиболее устойчивыми платформами, имеют наименьшую вероятность блокировки (или, как любят говорить компьютерные типы, аварийного отказа). По параметру устойчивости система OS/2 занимает третье место, DOS — четвертое, а остальные платформы Windows, к сожалению, занимают последние места в этом ряду.
- ✓ Ваш новый компьютер в качестве первичного применения будет выполнять старую программу DOS? Если так, оставьте DOS в качестве своей операционной системы и не меняйте ее (особенно, если программа будет управлять какими-либо специальными аппаратными средствами типа светового пера, кэш-памяти или цифрового датчика). Хотя все версии Windows и OS/2 дают возможность обращаться к DOS через специальное окно, ни одна из этих более новых платформ не будет полностью совместима с DOS. Это — основная причина того, что многие ПК, обслуживающие малый бизнес, и сегодня все еще работают под управлением DOS: прикладная программа, которую они выполняют, была написана в недавних 80-х или в начале 90-х годов, а поскольку компьютер используется лишь для выполнения этой программы, нет никакой необходимости переходить на другую операционную систему.

Программы, которые были написаны годы назад, свободны от ошибок и надежны, называются прежними (legasy) приложениями; например, магазины по прокату кинофильмов могли бы использовать отлаженные программу и базу данных, написанные для DOS несколько лет назад. Иногда лучше следовать пословице старого программиста: “Если программа работает хорошо, не делайте ее еще лучше!” (Конечно, если ваша программа не распознает правильно 2000-й год, самое время пуститься на поиски другой программы, и как можно быстрее.)

- ✓ Вам бы понравилось, если бы ваша операционная система автоматически конфигурировала новые аппаратные средства всякий раз, когда это возможно? Если это так, то Windows 95 и 98 легко выигрывают наш импровизированный конкурс, а Windows NT имеет большинство необходимых для этого функциональных возможностей. Система OS/2 перемещается на третье место, а DOS и Linux/UNIX вообще “сходят с дистанции” — они не предлагают никакого вида автоматического конфигурирования.
- ✓ Вы ищете операционную систему, которая включает больше приложений и программного обеспечения, чем другие? В этом случае безусловные победители — Windows 95 и Windows 98, которые могут вы-

полнять программы, написанные для Windows 3.1, а также большинства программ для DOS. Система Windows NT может выполнять большинство программ Windows 95, но она имеет больше проблем с совместимостью с прикладными программами, написанными для DOS и Windows 3.1. Операционная система OS/2 может выполнять приложения для OS/2, а также прикладные программы для Windows 3.1 и DOS. В конце этого ряда находятся системы DOS и Linux/UNIX, которые могут выполнять только прикладные программы, написанные специально для них (хотя и в Linux, и в UNIX можно запускать эмуляторы других операционных систем).

- ✓ Ваш новый компьютер будет использоваться в качестве Web-сервера, машины интрасети или Internet-брандмауэра? Платформы, более всего подходящие для данного случая, — это Linux/UNIX и Windows NT. Эти операционные системы включают возможности защиты низкого уровня, необходимые для сервера Internet. Фактически, Internet была сформирована на основе UNIX-компьютеров, и большинство машин, осуществляющих цифровой трафик в Internet, все еще использует Linux или UNIX. (Это объясняет, почему старожилы Internet так хорошо знают все эти загадочные Archie, Gopher и FTP-команды!) Если вы предпочитаете графическую платформу для Internet, то знайте, что Windows NT имеет специальную версию сервера, и Microsoft предлагает ряд специфических NT-приложений Internet для сетевого администратора.
- ✓ Ваш новый компьютер должен работать в офисной сети? Тогда идите на поклон ко всем версиям Windows и OS/2; все эти платформы имеют встроенные возможности работы с сетями с автоматической конфигурацией. Linux/UNIX и DOS также могут работать в сети, но они менее производительны, а DOS, кроме того, нуждается в дополнительном программном обеспечении.

Я коллекционирую операционные системы!

Многие владельцы компьютеров не вписываются ни в одну из этих строгих изящных рамок, чтобы можно было точно определить, какая операционная система подойдет им в большей степени. Поскольку вы можете запускать только одну операционную систему на ПК, не означает ли это, что вам нужно иметь больше одного компьютера? Возможно, больше одного комплекта всей системы? (Эй, это могло бы стоить вам миллион долларов к тому времени, когда вы начнете работать!)

К счастью, это не так. Вы можете фактически запускать одновременно больше одной операционной системы на одном вашем компьютере. И Windows NT, и OS/2 имеют встроенную базисную конфигурацию, допускающую загрузку многих систем; на простом языке это означает, что, когда вы включаете ваш ПК, вы можете выбирать из многих операционных систем. Например, вы можете выбирать, выполнять Windows 98 или Windows NT. Это — лучший способ в тех случаях, когда вам иногда нужно выполнить конкретное приложение OS/2, но в основном вы работаете в среде Windows NT и большую часть времени выполняете приложения Windows.

Хотя имеется даже лучший способ заботиться о компьютере мультиначальной загрузки: классный способ выбирать операционную систему при запуске — воспользоваться коммерческой утилитой начальной мультизагрузки. Такие программы отслеживают все различные файлы, необходимые для поддержки каждой операционной системы; вы можете даже установить ваш жесткий диск с индивидуальными разделами для каждой платформы. Если одну специфическую платформу вы загружаете чаще, чем другие, можете установить загрузку этой операционной системы по умолчанию — она будет загружаться автоматически по истечении некоторого промежутка времени. Вы можете также добавлять или удалять операционные системы в любое время, и, кроме того, лучшие программы начальной мультизагрузки очень просты в использовании.

СОВЕТ

Если вы решили выполнять конфигурацию начальной мультизагрузки, удостоверьтесь, что у вас есть больше чем достаточно свободного пространства на жестком диске для удобного размещения всех действующих систем, которые вы используете (а также прикладных программ и массы другой информации, которой обычно заполняется жесткий диск). Например, если вы хотите запустить компьютер и с Windows 98, и с Linux или UNIX, вам потребуется как минимум 3 или 4 Гбайт для средней конфигурации этих систем.

DOS: старая рабочая лошадка еще жива

Название: DOS (Disk Operation System).

Псевдонимы: PC-DOS, MS-DOS, "Тюрьма", "Динозавр" .

Сложность изучения: средняя.

Архитектура: 16-битовая, символьно-ориентированная, ограниченная графика.

Уверен, парень в компьютерном магазине скажет: "DOS мертва". Но не забывайте, что система DOS появилась задолго до того, как на сцену вышла операционная система Windows, и ошеломляющее количество бесплатных, условно-бесплатных и коммерческих программ были написаны для DOS. Те прикладные программы все еще делают свою работу — они только не смотрятся столь прилизанно и не имеют инкрустированных пиктограммами визуальных средств управления типа "перетащи-и-опусти" программы Windows. Рис. 1 иллюстрирует типичную прикладную программу DOS.

```
Welcome to DND

For those who would'st tread within,
know ye well the best of your kin,
for fearsome battles have they fought,
to win a place among this lot.


Type 'L' for list of options
DND>List options

Options are:
C   Create a character
F   Find experience needed for a level
H   Go to help lesson
K   Kill off a character
L   List options
N   Re-read the notice file
P   Print all characters
Q   Exit
R   Run a character
S   Visit the store
DND>
```

Рис. А1. Может, система DOS и стара, но она до сих пор не умерла

DOS имеет и много других преимуществ: как я упоминал ранее в этой главе, многие компьютерные фанаты, много лет работавшие с компьютером, находят, что быстрее и проще набирать команды на клавиатуре, чем выбирать их из меню. DOS не требует целых гектаров территории жесткого диска, так что вы не будете терять 150 Мбайт пространства на вашем накопителе, только чтобы загрузить операционную систему. Поскольку DOS не является многозадачной системой, она значительно более устойчива, чем Windows или OS/2, однако, одновременно вы сможете выполнять только единственную программу, так что не ожидайте, что сможете обрабатывать ваши финансовые отчеты в то время, когда вы отправляете электронную почту дяде Васе.

В заключение отмечу, что система DOS действительно не сложна в изучении, особенно если у вас под рукой есть нужная книга. (Как насчет книги *DOS для "чайников"* издательства "Диалектика"?)

Резюме по DOS. В настоящее время единственная главная продолжающаяся разработка программного обеспечения DOS относится к индустрии машинных игр, но даже это постепенно исчезает. Однако DOS еще будет существовать много лет, и эта система, вероятно, останется простейшей и наиболее неприхотливой операционной системой для ПК в ближайшем обозримом будущем.

Кто-то дал вам копию DOS, помеченную как PC-DOS? Это — версия DOS компании IBM, но это, вероятно, — старая версия; она не будет иметь многих новых команд и будет не столь эффективной. Если вы хотите, чтобы ваш компьютер выполнял программы под управлением DOS с максимальной производительностью, удостоверьтесь, что вы устанавливаете последнюю версию, а, как известно любому, последняя версия называется MS-DOS 6.22.

OS/2: оригинальное 32-битовое чудо

Название: OS/2.

Псевдонимы: Warp, "Самая лучшая", "Безнадежное Дело".

Сложность изучения: от низкой до средней.

Архитектура: 32-битовый графический интерфейс пользователя.

OS/2 у различных людей вызывает различные чувства: от сверхъестественной любви до страшной ненависти. OS/2 была первой 32-битовой операционной системой следующего поколения, вообще доступной для ПК, которую совместно разработали компании Microsoft и IBM как замену для DOS; затем между этими двумя мегакорпорациями вспыхнула уже ставшая легендарной размолвка, и Microsoft приостановила дальнейшую разработку OS/2 в пользу Windows.

Вы вполне можете представить себе, кто выиграл маркетинговое сражение между OS/2 и Windows, и OS/2 с тех пор играет второстепенные роли. Компания же IBM продолжает улучшать эту операционную систему, и OS/2 приобрела значительное число непреклонных сторонников, которые утверждают, что это — самая лучшая вещь, начиная со времен изобретения носок. Система OS/2 действительно имеет отличные от Windows "вид и чувства", но она использует большинство тех же самых окон, пиктограмм и визуальных средств управления. Критики OS/2 утверждают, что эта операционная система умирает медленной, болезненной смертью.

Если вы когда-нибудь захотите выполнять мультиприложения DOS, то должны знать, что OS/2 считается лучшей многозадачной системой, чем Windows 95 или 98, когда приходится манипулировать программами DOS. OS/2 также успешно поддерживает выполнение программ Windows 3.x, а это означает, что программы

Windows 3.0 и 3.1и не "подозревают", что они выполняются под управлением OS/2. (Однако OS/2 не выполняет программ, специально написанных для Windows 95 или 98.)

Хотя эксперты расходятся во мнении, большинство технарей чувствуют, что OS/2 немного более устойчива, чем Windows 98, но не столь же устойчива, как Windows NT или Linux/UNIX, когда она входит в многозадачный режим. Кроме того, OS/2 — это также простая операционная система для новичков с прекрасной интерактивной справочной системой, которая всегда под рукой. Рис. 2 иллюстрирует кадр из сеанса работы в среде OS/2.

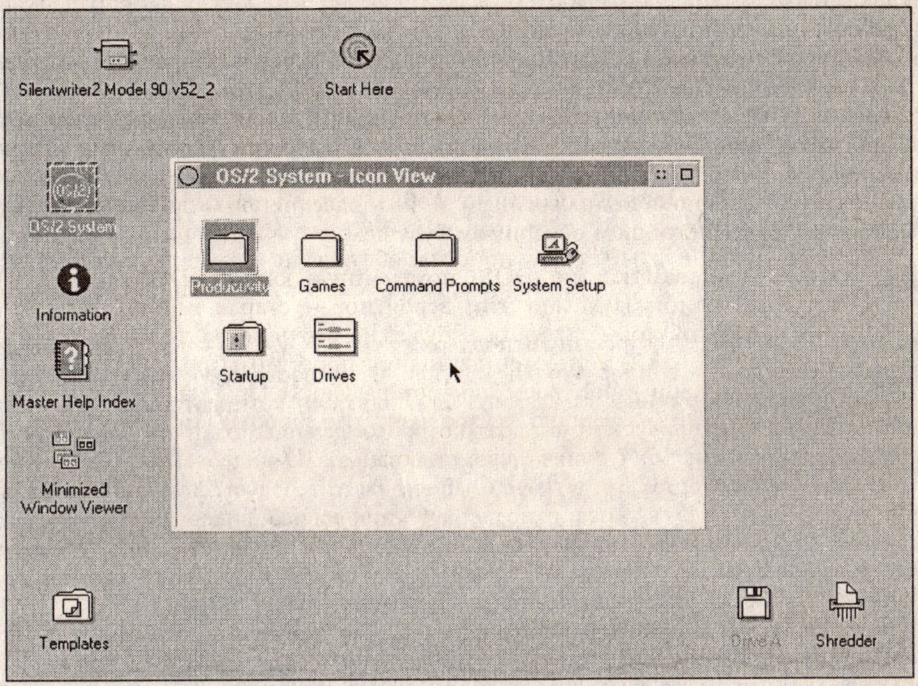

Рис. А2. OS/2 во многом похожа на графическую операционную систему

Резюме по OS/2. Поскольку время идет неумолимо, становится все труднее находить прикладные программы, специально написанные для системы OS/2. Как и в случае с DOS, большинство людей в компьютерном мире думают, что это — тупик. Несмотря на это, еретики OS/2 на всем земном шаре продолжаютт загружать эту "неправильную" операционную систему и будут делать это до тех пор, пока IBM ее поддерживает.

Windows 95: это действительно довольно прилично!

Название: Windows 95.
Псевдонимы: Win95, "WinDoze", "Mac Look-alike".
Сложность изучения: от низкой до средней.
Архитектура: 32-битовый графический интерфейс пользователя.

Хотя Windows 95 передала эстафету своему потомку, Windows 98, нет никакого сомнения в том, что сегодня Windows 95 чаще, чем любая другая операционная система, все еще устанавливается на очень многих компьютерах. Что предопределило такой успех? Windows 95 является всесторонне поддерживаемой, она выполняет 32-битовое программное обеспечение и может все еще выполнять старые 16-битовые приложения, так что у вас есть самая большая база программ для осознанного выбора операционной системы из нашего списка.

Windows 95 также проста в изучении даже для новичка и обладает достаточными функциональными возможностями Windows 3.1, что позволяет более опытным пользователям чувствовать себя комфортно. Как и в OS/2, интерактивная справочная система обильна и проста в использовании.

Система Windows 95 изобилует разного рода удобствами. Например, автоматическое обнаружение аппаратных средств, обеспечиваемое этой системой, делает намного более простым добавление к вашей компьютерной системе нового модема, принтера или сканера. Подключите новое устройство или установите его внутрь корпуса вашего компьютера, перезагрузитесь, и Windows 95 наверняка распознает его автоматически. Windows 95 особенно любит устройства типа Plug and Play и в некоторых случаях может даже сконфигурировать соответствующее значение DMA или IRQ для звуковой карты (этот вопрос мы обсуждали в главе 9) или выбрать соответствующий COM-порт для внутреннего модема (в главе 10 приведены все детали о COM-портах).

Windows 95 включает встроенную поддержку для TCP/IP — протокола связи, используемого для соединения с Web и Internet, и превосходную всестороннюю поддержку для подключений LAN (см. главу 12). Любители компьютерных игр будут наслаждаться DirectX, графический аппарат которого дает возможность в среде Windows 95 использовать все эти причудливые свойства вашей 3D-видеокарты. (Все необходимые сведения о видеокартах см. в главе 6.) Если вы интересуетесь мультимедиа, то сообщаю, что Windows 95 включает поддержку цифрового видео (в AVI-формате) и цифрового звука (в WAV-формате). Модифицированная версия Windows 95 (называемая большинством технарей OSR2 или Windows 95 B) включает также поддержку Universal Serial Bus (универсальная последовательная шина).

Вместе с этой операционной системой вы также получаете ряд утилит и инструментальных средств, которые помогут вам постоянно поддерживать состояние вашего компьютера в лучшей форме: дисковый дефрагментатор, программа сканирования (может проверять жесткий диск вашего компьютера на наличие ошибок), планировщик (автоматически начинает программы всякий раз, когда вы это определите) и резервная программа, которая поможет вам время от времени резервировать данные с вашего компьютера. На рис. 3 представлена программа дефрагментации жесткого диска в действии.

Хотя система Windows 95 может выполнять большинство тех же 32-битовых прикладных программ, что и Windows NT, она не имеет свойств защиты на уровне сервера, как у NT, — имеется ряд хорошо известных лазеек в Windows 95 против ее защиты, поэтому Windows 95, как считается, менее устойчива и несколько проще разрушается, чем Windows NT. Приготовьтесь также потерять по крайней мере 100 Мбайт пространства на жестком диске (на моем компьютере Windows 95 отдельно занимает более 200 Мбайт постоянной памяти).

Резюме по Windows 95. Несмотря на то, что существует Windows 98, я все же рекомендую Windows 95 как самую лучшую на сегодняшний день операционную систему для компьютеров класса Pentium II или III. Многие нынешние владельцы Windows 95 предпочитают работать с зарекомендовавшей себя лишенной ошибок операционной системой, пока полностью не будет отработана начальная версия Windows 98.

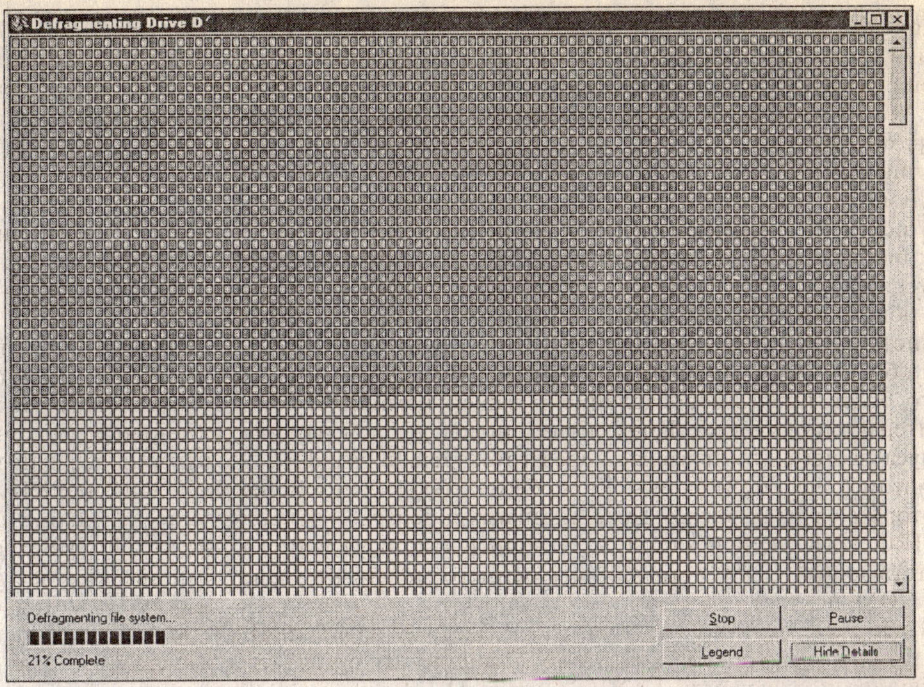

Рис. А3. Проверка жесткого диска на наличие фрагментированных файлов в среде Windows 95

Windows 98: королева операционных систем

Название: Windows 98.

Псевдонимы: Win98, "WinDoze: следующее поколение".

Сложность изучения: от низкой до средней.

Архитектура: 32-битовый графический интерфейс пользователя.

Какие же усовершенствования были добавлены командой Microsoft к Windows 98 по сравнению с Windows 95? Главное изменение состоит в добавлении Internet Explorer версии 4 в качестве и вашего Web-броузера, и вашего пользовательского интерфейса, что делает использование вашего компьютера более приспособленным для серфинга по Web. Например, достаточно лишь однажды щелкнуть на пиктограмме внутри вашего рабочего стола, чтобы запустить просмотр Web, меню содержат кнопки Forward (вперед) и Back (назад), и вы можете добавлять Web-страницы и адреса в Internet к вашему меню Пуск на панели задач. Каталоги Internet и поисковые средства теперь присутствуют в меню Найти на панели задач. Фон вашего рабочего стола может даже включать HTML, ActiveX и аплеты Java, фактически делая его (фоновое изображение) собственной Web-страницей. Рис. 4 демонстрирует типичную игру окон в Windows 98.

Если вы прежде пользовались Windows 95 и очень настойчивы, можете отключить в своей новой операционной системе Windows 98 некоторые части нового интерфейса (или все "лишнее", если вы хотели бы сохранить лишь функциональные возможности вашей доброй Windows 95).

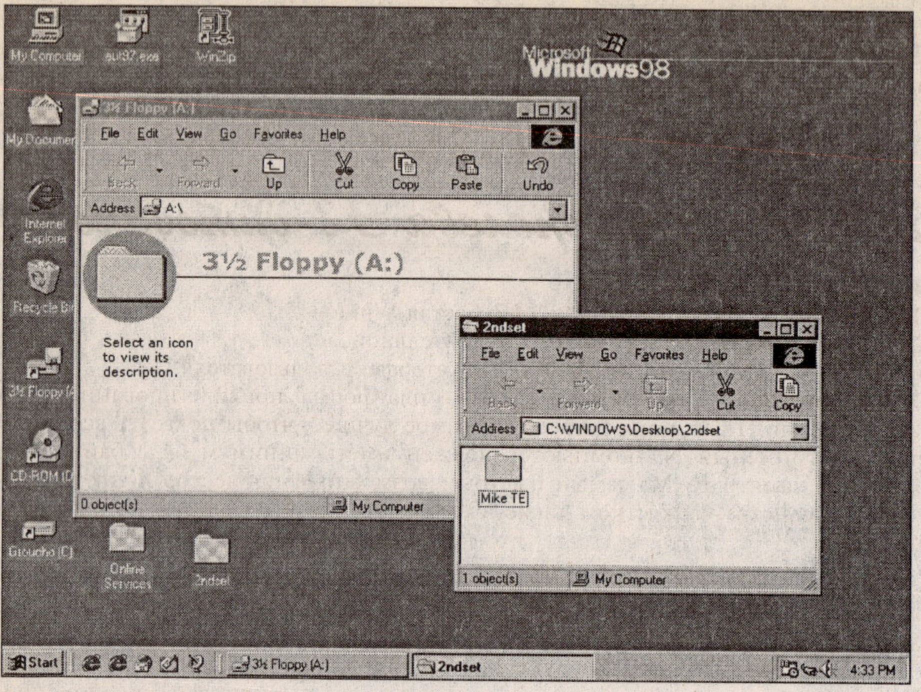

Рис. A4. Это Web-броузер или Windows 98?

Но как однажды сказал кто-то из известных: "Красота человека определяется не только цветом кожи, а и его душой". В связи с этим вы можете спросить: что, кроме внешней оболочки, реально изменилось в Windows 98? Ответ: практически ничего, и это одновременно и хорошая, и плохая новость. С одной (хорошей) стороны, вы не столкнетесь с какими-либо проблемами совместимости при выполнении программ Windows 95 под управлением Windows 98, а с другой (плохой) стороны, Windows 98 ненамного быстрее и устойчивее, чем Windows 95. С точки зрения выполнения программ и базисных знаний, необходимых для этого, Windows 98 почти идентична своей более старой родственнице.

Если вы — крутой пользователь, вас могут заинтересовать небольшие навороты, которые Microsoft приделала к Windows 98 и которые могут поддержать на плаву вашу лодку. Например, Windows 98 включает поддержку USB, и теперь вы можете запускать множество мониторов с различными дисплеями, компьютер в целом будет требовать меньше времени на закрытие системы, у вас появляется встроенная поддержка ISDN-связи и накопителей DVD, и, наконец, вы можете наслаждаться добавлением FAT32 (улучшенная структура жесткого диска, которая допускает бóльшие разделы и более эффективную передачу данных). Однако, в конечном счете, Windows 98 представляла бы собой лишь незначительную текущую модернизацию Windows 95, если бы не включала интерфейс Internet Explorer версии 4.

Точно так же, как ее старшая сестра, система Windows 98 — истребитель дискового пространства на вашем накопителе: ждите, что для полной установки она поглотит по крайней мере 150 Мбайт на жестком диске, и такой аппетит будет повышаться по экспоненциальной кривой по мере добавления новых программ и улучшения свойств системы. Давно ли были времена, когда вы легко могли приспособить всю свою систему на накопителе объемом 40 Мбайт? (О, я лично помню — смотрите выше в этом приложении раздел "DOS: старая рабочая лошадка еще жива".)

Резюме по Windows 98. Система Windows 98 занимает место Windows 95, поскольку связана с новыми компьютерами, но это — слишком большая операционная система для новичков. Поэтому, если в настоящее время Windows 95 вас вполне удовлетворяет и у вас нет никакой потребности в Web-интерфейсе и поддержке USB и DVD, которые обеспечивает Windows 98, я бы не рекомендовал вам обновлять вашу систему.

Windows NT: королева 32-битовиков

Название: Windows NT.

Псевдонимы: WinNT, "Изящная", "Зубастая Windows".

Сложность изучения: от средней до значительной.

Архитектура: 32-битовый графический интерфейс пользователя.

Операционная система Windows NT — платформа привилегированного крутого пользователя для ПК, но она требует все самое лучшее, чтобы показать все свое быстродействие: типичный NT-компьютер должен иметь минимум 64 Мбайт свободной оперативной памяти RAM, самый быстрый возможный процессор и так много гигабайтов пространства на жестком диске, сколько вы можете упаковать в корпус вашего компьютера.

NT поддерживает множественные CPU с помощью SMP (аббревиатура от symmetric multiprocessing — симметричная многопроцессорная обработка, если вы еще не догадались); по-русски это означает, что вы фактически можете размещать больше одного процессора Pentium Pro, Pentium II или Pentium III для работы на одной и той же машине! (Конечно, при этом ваша материнская плата также должна поддерживать SMP.)

Система NT имеет две разновидности, каждая из которых намного дороже, чем любая другая операционная система, рассматриваемая здесь.

- ✓ **Сервер.** Из-за "пуленепробиваемых" свойств защиты NT-сервер очень популярен для использования в офисной или интрасети либо в качестве Web-сервера Internet. В отличие от Windows 95 и 98, вы можете контролировать и управлять множеством индивидуальных входов в систему NT-сервера одновременно — другими словами, операционная система NT комплектуется всем, что необходимо для установки небольшой офисной сети с компьютерами, работающими под управлением Windows 95.
- ✓ **Рабочая станция.** Если вы хотите иметь стабильность и мощность NT без функциональных возможностей сервера, приобретите версию рабочей станции (NT Workstation) и сохраните при этом несколько сотен долларов. Рабочая станция NT продолжает оставаться более устойчивой и более безопасной, чем Windows 95; эта операционная система очень подходит для компьютерного творчества, 3D-моделирования и рендеринга (визуализации), выполнения научных приложений и программирования. На рис. 5 вы видите рабочую станцию Windows NT.

Можно смело заявить, что известность системе NT принесла ее исключительная стабильность, даже когда программисты тестируют багги- или бета-версии своих программ. Например, если вы выполняете ряд программ в мультизадачном режиме, а одни из них блокируются или неожиданно прекращают выполнение, другие управляемые системой NT программы продолжают выполняться без проблем.

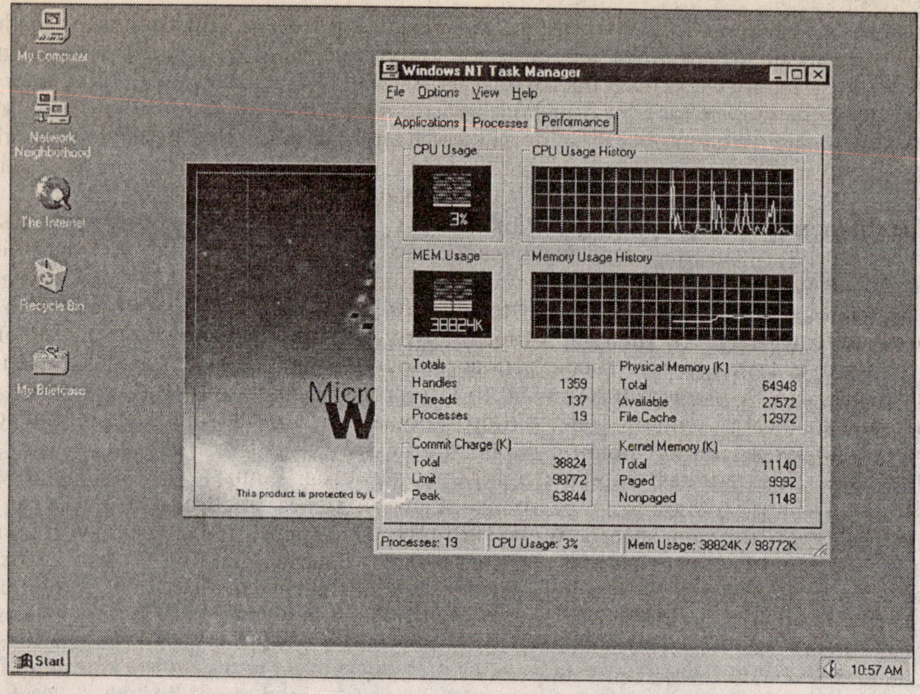

Рис. А5. Приложение, выполняемое под управлением рабочей станции NT

Версия 4 системы NT имеет интерфейс пользователя, очень похожий на интерфейс Windows 95, так что, если вы знакомы с Windows 95, можете устанавливать NT без боязни необходимости все начинать на пустом месте. Однако NT не имеет характерной для Windows 95 поддержки устройств типа Plug and Play и большинства свойств автоматического обнаружения аппаратных средств. Кроме того, система NT не настолько совместима с 16-битовыми прикладными программами DOS, как Windows 95; этот недостаток особенно проявляется в отношении большинства DOS'овских игр, которые просто не будут выполняться под управлением NT. Рассматривайте операционную систему NT исключительно как 32-битовую систему.

Резюме по Windows NT. Если вы имеете достаточную сумму денег, если ваш компьютер достаточно мощен, чтобы не отставать от требований Windows NT, и если вам не приходится выполнять много прикладных программ DOS, то операционная система NT — для вас.

UNIX и Linux: только для технарей?

Названия: UNIX и Linux.

Псевдонимы: "Ящик", "Боль", "Пытка".

Сложность изучения: значительная.

Архитектура: 32- и 64-битовый символьно-ориентированный интерфейс (доступна графическая оболочка).

Система UNIX имеет длинную историю и известна как бессбойная и живучая многозадачная операционная система, появившаяся задолго до того, как начались разработки мыши в качестве координатно-указательного устройства. В чистой форме UNIX представляет собой символьно-ориентированную систему, подобную DOS, и ее командный язык во многом вдохновил многих студентов компьютерного колледжа изменить свою специализацию в первые же минуты после открытия системы. (Однако UNIX может воспользоваться преимуществом графических оболочек, которые способны трансформировать ее в графическую операционную систему.) UNIX имеет практически "герметичные" свойства защиты и является высокоэффективной операционной системой, которая может выполняться даже на старых 486 и более медленных компьютерах Pentium с объемом RAM меньше 16 Мбайт.

Прежде чем появилась система Windows NT, UNIX-машины использовалось как сетевые серверы, модемные серверы, а также для выполнения других приложений, которые требовали защиты, мультизадачного режима и стабильности. И одним из первичных применений системы UNIX в течение последнего десятилетия или около того было ее использование в Internet. Многие функции Internet, знакомые исследователям, ученым и студентам, в своей основе сегодня имеют команды UNIX. Подобно Windows NT, UNIX поддерживает SMP (о котором я говорил выше в разделе об NT), так что вы можете размещать более одного процессора CPU в вашем компьютере для получения дополнительной мощности обработки.

Наиболее популярный вариант UNIX называется Linux — прямой конкурент Windows NT — и в основном представляет собой перезапись системы UNIX, созданную программистами всего мира, которые работали почти исключительно в Internet для совместного использования кодов, спецификаций и идей. Система Linux защищена авторским правом, но она бесплатна для персонального использования, имеет практически все программное обеспечение UNIX, а также эмулятор, который может выполнять все наиболее популярные программы DOS. Linux может обмениваться с большинством популярных сетевых протоколов DOS, Windows и Apple Macintosh.

Операционная система Linux — мечта фанатов Internet. Она обеспечивает встроенную поддержку для TCP/IP (протокол связи, используемый в Internet), работы с сетями Ethernet (см. главу 12 для получения информации о работе с сетями), ISDN-связи (см. главу 13) и многократных модемов, так что нет ничего удивительного в том, что многие провайдеры Internet-обслуживания и мелкие бизнесмены выбирают Linux для усиления своих серверов Internet и интрасетей. Linux с легкостью обрабатывает FTP, электронную почту Internet, Web и telnet (протокол подмножества TCP/IP, а также имя программы подключения к хост-компьютерам. — *Прим. ред.*). Рис. 6 иллюстрирует типичный сеанс Linux.

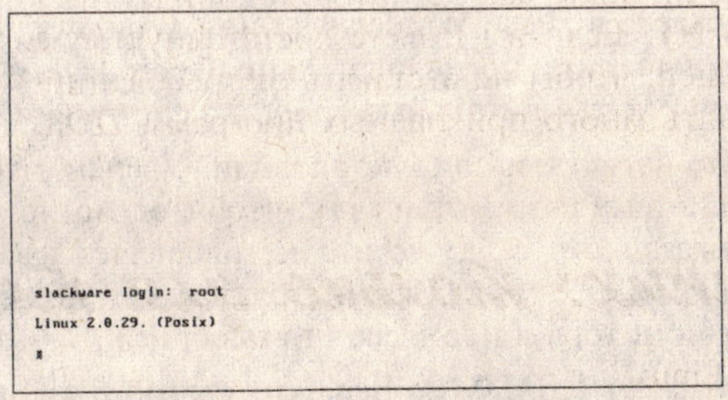

Рис. А6. Система Linux носит изящное название, но это — грандиозная операционная система

Популярность системы Linux постоянно растет также из-за ее широкой поддержки и совершенствования. Постоянно добавляется поддержка новых аппаратных средств, в течение нескольких месяцев внедряются новые технологии. Linux настолько же задокументирована, как UNIX или Windows NT, а программисты постоянно пишут новые прикладные программы и утилиты, которые выполняются под управлением этой операционной системы. Фактически весь пакет исходного текста всей операционной системы Linux доступен для изучения и модернизации! (В Web вы можете загрузить исходный текст системы Linux с узла Linux Kernel Archives по адресу `www.kernel.org`.)

Резюме по UNIX и Linux. Операционная система Linux — отнюдь не для новичка, но если вы имеете опыт работы в сетях или с символьно-ориентированными инструментальными средствами в Internet, либо если вы использовали UNIX прежде, то ее, конечно, вполне можно быстро освоить. Добавьте к этому фактору несущественную стоимость, невысокие требования к вашей компьютерной системе, общую эффективность уровня NT-класса и постоянное обновление — и тогда вы поймете, почему Linux часто предпочитают системе Windows NT.

Прежде чем вы установите вашу операционную систему

Поскольку все эти операционные системы инсталлируются по-разному, я не могу здесь представить вам некую универсальную схему, имеется, однако, список отдельных заготовок, которые должны заставить вашу инсталляцию выполниться более гладко, независимо от того, какую платформу вы выберете.

- ✓ **Зарезервируйте всю информацию, содержащуюся на вашем жестком диске.** Если вы сохраняли какие-либо данные или создавали какие-либо документы, при потере которых вы испытали бы крайне неприятные чувства, перед инсталляцией вашей операционной системы полностью скопируйте на резервный носитель все, что есть на вашем компьютере.
- ✓ **Дефрагментируйте ваш жесткий диск.** Многие операционные системы создают на диске большие временные файлы, и проще создать эти огромные файлы на дефрагментированном жестком диске. Дефрагментация оптимизирует все файлы на жестком диске так, чтобы ваш компьютер мог читать их быстрее; если вы в настоящее время работаете под управлением MS-DOS 6.22, то можете использовать утилиту DEFRAG для дефрагментации файлов на вашем накопителе. Если же вы работаете в среде Windows 95 или Windows 98, щелкните на кнопке Пуск и выберите последовательно Программы⇨Вспомогательные программы⇨Инструментальные средства системы⇨Дефрагментатор диска.
- ✓ **Изучайте инструкции по инсталляции.** Уверен, что ваша новая операционная система разработана так, чтобы ее могло установить полусонное дитя из детского сада, но это не избавляет вас от необходимости, по крайней мере, следить за инструкциями, появляющимися на экране вашего монитора в процессе инсталляции.
- ✓ **Читайте файл README.** Все, что разработчик посчитал необходимым включить в файл README на дистрибутивных дисках (или CD-ROM), может помочь вам в процессе установки.
- ✓ **Держите диски с вашими драйверами под рукой.** Хотя вы установили некоторые ваши компоненты под управлением DOS, вам могут потребоваться специфические драйверы, которые поставляются вместе с аппаратными средствами, приобретенными вами специально для работы с новой операционной системой.

- ✓ **Не забудьте о диске начальной загрузки.** Удостоверьтесь, что, на случай какой-либо страшной аварии, у вас есть самозагружаемый диск DOS — файлы на этом диске должны включать FDISK.EXE и FORMAT.COM и быть способны загрузить ваши драйверы CD-ROM. Прежде чем вы запустите процесс основной инсталляции, проверьте этот диск начальной загрузки и удостоверьтесь, что с него можно загрузить DOS и получить возможность читать информацию с вашего накопителя CD-ROM.
- ✓ **Заручитесь дружеской поддержкой.** Есть ли у вас кто-то из друзей или знакомых, которые могли бы поддержать вас в этой затее с инсталляцией новой операционной системы? Заручитесь помощью эксперта, если вам это нужно (особенно, если этот человек в настоящее время работает с той же операционной системой, которую вы устанавливаете).
- ✓ **Вызывайте пожарную команду.** Что вы будете делать, если вдруг что-то пойдет ужасно неправильно, а в руководстве по установке вы не найдете нужных рекомендаций? Не паникуйте! Держите номер телефона технический поддержки для вашей операционной системы поблизости; он должен быть указан в руководстве или дополнительной литературе, которая сопровождала вашу операционную систему.

Прежде чем позвонить в службу технической поддержки, имейте под рукой серийный номер вашей операционной системы, приготовьтесь ответить на вопросы о том, какой у вас компьютер и какие компоненты вы на нем установили. Будьте терпеливы – представители технической поддержки главных программных разработчиков отвечают буквально на сотни обращений в день, и вам придется, вероятно, ждать по крайней мере пять минут прежде, чем вы услышите человеческий голос.

Приложение Б

Словарь терминов

AGP. Аббревиатура от *Accelerated Graphics Port* (ускоренный графический порт), стандарт шины для видеокарт, который предлагает лучшее графическое исполнение, чем "древние" видеокарты, использующие PCI-шину.

ATX-класс. Новый набор стандартов размера и свойств для материнской платы и корпуса ПК с поддержкой стандартных встроенных портов на материнской плате и более простых соединителей питания, переключателей и неоновых индикаторов на корпусе. Если вы покупаете материнскую плату ATX-класса для вашего компьютера, необходимо использовать и корпус ATX-класса.

AT-класс. Более старый набор стандартных размеров материнской платы и корпуса ПК, полученный от оригинального компьютера типа AT фирмы IBM. Если ваш ПК использует материнскую плату AT-класса, вы должны также иметь корпус AT-класса. Надо сказать, что в настоящее время наиболее популярны корпуса и аппаратные средства ATX-класса.

BBS. Аббревиатура от *Bulletin Board System* (электронная доска объявлений, система BBS). Компьютерные системы BBS предоставляют интерактивные автоматизированные услуги, которые вы можете вызывать с вашего модема. Они предлагают базы данных, содержащие сообщения и разнообразные игры, а также позволяют загружать соответствующие файлы. В некоторых городах имеются локальные системы BBS, и большинство этих BBS допускают свободное их использование.

BIOS. Аббревиатура от *Basic Input-Output System* (базисная система ввода-вывода). BIOS вашего ПК управляет многими низкоуровневыми компьютерными функциями, такими, например, как слежение за поддержанием треков вашего жесткого диска и выяснение того, каким монитором вы в данный момент пользуетесь. BIOS содержится на одном или двух компьютерных чипах на материнской плате.

BRI. Аббревиатура от *Basic Rate Interface* (базисная конфигурация интерфейса). Стандартная конфигурация потребительской линии ISDN; обеспечивает два канала данных, которые могут осуществлять либо отдельные сеансы, либо объединенный сеанс для более быстрой производительности.

CD-R. (Называется также записывающим устройством CD.) Накопитель CD-ROM, который позволяет записывать на ваши собственные CD-ROM компьютерные данные или музыку. Диски, изготовленные с помощью стандартных записывающих устройств CD, могут читаться на любом накопителе CD-ROM, но зарегистрированы они могут быть только однажды.

CD-RW. Записывающее устройство CD, которое позволяет записывать и перезаписывать CD и CD-ROM много раз. Диски, изготовленные с помощью накопителя CD-RW, не могут читаться на большинстве стандартных накопителей CD-ROM.

Celeron. Более дорогостоящая версия CPU Pentium II, производимая фирмой Intel. Чип Celeron не настолько эффективен по быстродействию, как чип Pentium II, но он все еще очень популярный процессор для ПК не самого высокого уровня.

CGA. Аббревиатура от *Color Graphics Adapter* (цветной графический адаптер); первоначальный цветовой IBM-стандарт для ПК. Программы с поддержкой CGA могли отображать ошеломляющие четыре цвета одновременно.

CMOS. Аббревиатура от *Complementary Metal—Oxide—Semiconductor* (комплементарная структура металл — оксид — полупроводник, КМОП). RAM CMOS сохраняет данные о конфигурации ваших аппаратных средств ПК даже после того, как ваш компьютер выключен.

COM-порт. Числовой указатель для последовательного порта, который использует стандартные аппаратные параметры настройки. Большинство последовательных портов ПК могут быть установлены на один из номеров четырех COM-портов: от COM1 до COM4.

CPU. Аббревиатура от *Central Processing Unit* (центральный процессор). Чип, который действует как мозг вашего компьютера, исполняет команды, содержащиеся в выполняемых вами программах.

DIMM. Аббревиатура от *Dual Inline Memory Module* (двойной встроенный модуль памяти). Специфический тип чипа RAM, обычно используемого в компьютерах Pentium II и Pentium III.

DirectX. Расширение к Windows 95 и Windows 98, которое допускает быструю анимацию и графическое отображение внутри программ мультимедиа и в играх.

DOS. Аббревиатура от *Disk Operating System* (дисковая операционная система). Одна из самых старых операционных систем, все еще используемая на ПК. DOS — символьно-ориентированная операционная система, которая требует, чтобы вы вводили команды с клавиатуры для выполнения той или иной программы.

DPMS. Аббревиатура от *Display Power Management Signaling* (устройство управления питанием). Аппаратные средства, которые доставляют питание вашему компьютеру и монитору после некоторого периода бездеятельности питающей сети. Эти средства в виде аккумулятора и системы переключения сохраняют и вашу нервную энергию, и "живые" деньги.

DVD. Аббревиатура от *Digital Video Disc* (цифровой видеодиск), замена для старого диска CD-ROM. Один DVD-диск может содержать от 4.7 до 17 Гбайт информации. Диски DVD-формата сохраняют компьютерные данные и видеофильмы в формате MPEG.

EDO. Аббревиатура от *Extended Data Output* (расширенный вывод данных). Стандартный тип чипа RAM, используемый на старших компьютерах класса Pentium, которые выполняют все операции быстрее, чем старые типы RAM.

EGA. Аббревиатура от *Enhanced Graphics Adapter* (расширенный графический адаптер). Хотя EGA-стандарт поддерживает 16 цветов и более высокую разрешающую способность значительно лучше, чем оригинальный CGA-стандарт, он был полностью заменен VGA- и SVGA-стандартами.

EIDE. Аббревиатура от *Enhanced Integrated Drive Electronics* (расширенная интегрированная электроника накопителя). Стандартная технология жесткого диска и устройство интерфейса, используемые сегодня в ПК. EIDE-карта адаптера может обрабатывать до четырех EIDE-устройств, которые могут включать дополнительные жесткие диски, ленточные резервные накопители и записывающие устройства CD.

Ethernet. Сетевая топология, в которой данные транслируются поперек сети. Топология Ethernet, вообще говоря, не так эффективна, как другие сетевые архитектуры, но она менее сложна и ее поддержка обходится дешевле.

Flash BIOS. Улучшенный BIOS-чипсет, который может быть наделен новыми свойствами с помощью программы обновления (обычно поставляется изготовителем вашей материнской платы).

ID SCSI. Числовой идентификатор (ID), назначаемый каждому устройству в SCSI-цепочке. Каждое такое устройство требует присвоения ему уникального SCSI ID-номера для распознавания вашей компьютерной системой и назначения ему соответствующего места в этой системе.

ISA. Аббревиатура от *Industry Standard Architecture* (архитектура промышленного стандарта). Слоты ISA-шины принимают 16-битовые карты адаптера, чтобы добавить функциональные возможности на ваш компьютер. ISA-карты обычно медленнее, чем PCI-карты адаптера.

ISDN. Аббревиатура от *Integrated Services Digital Network* (интегрированные услуги цифровой сети). Линия ISDN обеспечивает истинно цифровое подключение между двумя компьютерами. ISDN-подключения к Internet оказываются намного быстрее, чем стандартное аналоговое подключение через модем, и обеспечивают скорости до 512 Кбайт/с.

Jaz-накопитель. Сменный кассетный жесткий диск, каждый картридж которого может сохранять 1 или 2 Гбайт компьютерных данных, которые вы можете затем удалять и снова использовать для их резервирования любой другой накопитель Jaz. Накопители Jaz работают с такой же скоростью, как и стандартный жесткий диск, но они требуют интерфейс SCSI.

LAN. Аббревиатура от *Local Area Network* (локальная сеть). См. сеть.

Linux. Очень популярная 32-битовая операционная система, дочерняя версия UNIX, используемая в Web-серверах для работы в Internet. В отличие от UNIX, Linux является свободно (бесплатно) распространяемым программным продуктом, а ее исходный текст доступен каждому желающему в нем покопаться.

MIDI. Аббревиатура от *Musical Instrument Digital Interface* (музыкальный инструментальный цифровой интерфейс). Аппаратный стандарт MIDI позволяет компьютерам всех типов проигрывать одинаково хорошо одну и ту же музыку; он также допускает взаимодействие между компьютером и соответствующим музыкальным инструментом. Музыкальные MIDI-файлы являются общепринятыми в Internet.

MIDI-порт. Дает возможность подключить MIDI-совместимый музыкальный инструмент к компьютеру. Заметьте, что ваша игра на инструменте может быть записана вашим ПК, либо ваш ПК может быть настроен так, чтобы “запустить” этот инструмент на совершенно самостоятельное исполнение записанной на ПК музыки.

MMX. Аббревиатура от *MultiMedia eXtensions* (расширения мультимедиа). Расширенная система команд, предлагаемая на многих оригинальных процессорах Pentium от фирмы Intel (как и всех CPU серии Pentium II и Pentium III), который ускоряет отображение мультимедиа, цифрового видео и 3D-графики.

MPEG. Аббревиатура от *Moving Pictures Expert Group* (перемещения группы эксперта изображений). Популярный цифровой видеоформат и схема сжатия, часто используемая в Web. Видеоформат MPEG используется на коммерческих DVD-дисках с кинофильмами.

NT1. Аббревиатура от *Network Termination 1* (сетевое завершение 1). Признак конца (терминатор) линии ISDN, который обеспечивает электропитание подключенных элементов. Каждая линия ISDN должна иметь единственное устройство с NT1.

OCR. Аббревиатура от *Optical Character Recognition* (оптическое распознавание символов). Программное обеспечение OCR может “читать” текст с факсимильного сообщения или другого документа путем просмотра его цифровым сканером и “печатать” этот текст непосредственно в ваш текстовый редактор.

OS/2. 32-битовая графическая операционная система, которая твердо доказала свою альтернативу Windows 3.1, 95 и 98. Подобно Windows, OS/2 — совершенно дружественная ОС и предполагает использования координатно-указательного устройства.

PCI. Аббревиатура от *Peripheral Component Interconnect* (периферийный компонент взаимной связи). Слоты PCI-шины могут содержать 32-битовые карты адаптера, которые придают вашему компьютеру дополнительные функциональные возможности. PCI-карты быстрее, чем старые ISA-карты, которые теперь часто заменяют на карты контроллера жесткого диска или на SCSI-карты адаптера.

Pentium II. Потомок оригинального чипа CPU Pentium. Как вы легко можете себе представить, это следующее поколение Pentium выполняется намного быстрее, чем стандартный чип Pentium. На момент написания этой книги CPU класса Pentium II представлял собой наиболее популярный чип, предназначенный для IBM-совместимого персонального компьютера.

Pentium III. Последний и самый быстрый процессор из CPU серии Pentium от Intel с новой системой команд, разработанной для ускорения выполнения приложений Internet.

Pentium Pro. Продвинутый чип CPU, разработанный Intel для использования на сетевых серверных компьютерах и высокопроизводительных рабочих станциях (обычно используется для автоматизированного черчения и в трехмерном изобразительном искусстве). Этот чип значительно дороже стандартного CPU Pentium. Pentium Pro был заменен Zeon-чипами Pentium II и III.

Pentium Zeon. Самый передовой CPU фирмы Intel, разработанный для сетевых серверных компьютеров и высокомощных рабочих станций.

Pentium. Первоначальный CPU класса Pentium, преемник процессоров 486-й серии. Производится компанией Intel.

Plug and Play. Термин, относящийся к картам адаптера, которые автоматически могут быть сконфигурированы материнской платой,если она также поддерживает технологию Plug and Play. Если ваш ПК поддерживает Plug and Play, то это значительно уменьшает необходимость ручного конфигурирования параметров настройки новой карты адаптера.

PRI. Аббревиатура от *Primary Rate Interface* (приоритетный интерфейс). Линия ISDN, которая обеспечивает 23 отдельных канала данных. Несмотря на свою дороговизну, PRI-конфигурация может обеспечить ISDN-сервис всему небольшому офису.

PS/2-порт мыши. Большинство материнских плат класса Pentium оснащены портом, зарезервированным исключительно для вашей мыши или другого координатно-указательного устройства. Этот специальный порт сначала появился на компьютерах IBM PS/2 (как видите, для них было специально придумано соответствующее название).

RAM. Аббревиатура от *Random Access Memory* (оперативная память), чипы, которые действуют как краткосрочная память вашего компьютера. Они сохраняют ваши программы и данные до тех пор, пока вы не выключите компьютер.

SCSI. Аббревиатура от *Small Computer Systems Interface* (малый интерфейс компьютерной системы). Популярная интерфейсная технология для накопителей на жестких дисках и других устройств, которая является более быстрой и поддерживает большее количество устройств, чем EIDE, но стоит несколько дороже. Все компьютеры Macintosh используют SCSI-стандарт.

SCSI-порт. Соединитель, встроенный в большинство SCSI-карт адаптера, который дает возможность добавить к вашей SCSI-цепочке внешние периферийные устройства типа рекордера CD и сканера.

SIMM. Аббревиатура от *Single Inline Memory Module* (модуль памяти с однорядно расположенными контактами), специфическая форма чипа RAM, обычно используемая в старых 486-х и оригинальных компьютерах класса Pentium.

Star. Сетевая топология, в которой данные направляются к подключенным компьютерам через центральный переключатель. Сети типа Star очень быстры и эффективны (но зато намного дороже, чем типичная сеть Ethernet).

SVGA. Аббревиатура от *Super Video Graphics Array* (массив видеографики высшего качества). Наиболее популярный используемый сегодня графический стандарт для карт видеоадаптера ПК и мониторов. Стандарт SVGA обеспечивает возможность использования более 16 миллионов цветов (24-битовый, или истинный цвет).

SyncDRAM. Сложная аббревиатура от *Synchronous Dynamic RAM* (синхронная динамическая RAM), тип чипа RAM, который предполагает бóльшую эффективность, чем стандартные чипы RAM типа EDO, используемые на большинстве компьютеров ряда Pentium.

Token-ring (маркерное кольцо). Сетевая топология, в которой переносимые данные связаны с маркером, циркулирующим по замкнутому кольцу сети компьютеров.

Touchpad. Чувствительное к нажиму (сенсорное) координатно-указательное устройство, которое читает движение вашего пальца (или пера) по поверхности планшета; такое движение преобразуется в перемещения курсора на экране монитора.

UART-чип. Основной чип, который обрабатывает связь внутри последовательного порта. Быстродействующие модемы, которые передают данные со скоростью больше 14.4 Кбит/с, должны быть оснащены UART-чипом серии 16550.

UNIX. 32-битовая символьно-ориентированная операционная система. Подобно DOS, UNIX управляется предписаниями из командной строки, но ей доступен также графический “внешний интерфейс”. UNIX — коммерческая операционная система, известная своей защищенностью и быстродействием; UNIX-компьютеры на протяжении многих лет и по сей день выполняют роль серверов и поддерживают связь с Internet.

USB. Аббревиатура от *Universal Serial Bus* (универсальная последовательная шина). Стандартный соединитель, который позволяет подсоединить в "гирляндную цепочку" до 127 устройств и обеспечивает скорость передачи данных до 12 Мбит/с. USB-соединители являются входящим стандартом для всех видов компьютерных периферийных устройств, начиная от компьютерных видеокамер и сканеров и заканчивая джойстиками и динамиками.

VGA. Аббревиатура от *Video Graphics Array* (массив видеографики). Это IBM-стандарт графики ПК, который допускает 256 цветов. На большинстве сегодняшних компьютеров этот стандарт заменен SVGA-стандартом.

VLB. Аббревиатура от *VESA Local Bus* (локальная шина VESA). Старая архитектура шины, которая теперь заменяется на более быстродействующую 16-битовую ISA-шину. VLB-карты адаптера в наши дни найти уже довольно сложно, поскольку материнские платы класса Perntium обычно принимают только AGP-, PCI- и ISA-карты адаптера.

WAV. Формат стандарта Microsoft для цифрового звукового файла. WAV-файлы общеприняты во всей сети Internet, и они могут быть записаны с качеством стереоCD.

Wavetable. Свойство, доступное на продвинутых звуковых картах ПК. Звуковая карта со свойством wavetable производит более реалистичные звуки различных инструментов (а следовательно, и более реалистичную музыку).

Windows 2000. Последняя версия операционной системы для ПК от компании Microsoft; в момент написания этой книги находится на стадии бета-тестирования. Windows 2000 объединяет все самые лучшие свойства и Windows 98, и Windows NT и вскоре она, несомненно, станет стандартной операционной системой для домашних и офисных компьютеров.

Windows 95/98. Наиболее популярная 32-битовая операционная система для ПК. Windows — это мультимедийная графическая операционная система, которая для своего управления предполагает использование лишь какого-либо координатно-указательного устройства наподобие мыши.

Windows NT. Более быстрая, более безопасная, более устойчивая и намного более дорогая версия операционной системы Windows 95. Windows NT выходит в модификациях сервера и рабочей станции. Система NT популярна и как основа многих офисных сетей.

ZIF-сокет. Аббревиатура от *Zero Insertion Force* (вставка без усилий). ZIF-сокет облегчает добавление в будущем чипов процессоров CPU в ваш компьютер: легким движением пальцев вы отщелкиваете рычаги защелки старого CPU, вынимаете его из сокета и тут же вставляете новый CPU.

Байт. Группа из восьми битов, которая представляет одиночный символ текста и сохраняется в оперативной памяти RAM вашего компьютера.

Банк. Набор из двух сокетов для чипов RAM на вашей материнской плате; большинство материнских плат имеют по крайней мере два банка RAM. Каждый банк обычно заполняется двумя чипами RAM одного и того же типа.

Беспроводная мышь. Координатно-указательное устройство, похожее на стандартную мышь, но без шнура, который соединяет ее с компьютером. Беспроводные мыши питаются от стандартных батареек, но такие мыши, как вы понимаете, несколько удобнее, чем их "хвостатые" сородичи.

Бит. Самый мелкий элемент информации, используемый в компьютерах; может принимать значение или 1, или 0.

Бит/с (BPS). Принятое сокращение для единиц количества информации (битов), передаваемых за одну секунду. Общий метод измерения быстродействия модемов. Быстродействие модемов сегодня измеряется в Кбайт/с (килобайт в секунду), например 33.6 Кбайт/с.

Блок питания. Электрическое питание вашего компьютера обеспечивается рядом отдельных силовых кабелей; каждый кабель связан с одним из различных устройств, которые нуждаются в электропитании внутри вашего компьютера. Блок питания имеет вентилятор, который помогает охлаждаться внутренним элементам вашего компьютера. Никогда не пытайтесь открывать или ремонтировать блок питания!

Брандмауэр (firewall). Программа или устройство, разработанное для защиты сетевых данных от несанкционированного доступа к ним. Большинство компаний используют такой брандмауэр для обеспечения защиты данных на своих Internet- и Web-узлах.

Визуализация (rendering). Технический термин, обозначающий процесс создания 3D-объектов и целых трехмерных сцен на вашем компьютере. В классических фильмах "Toy Story" и "A Bug's Life" используется визуализация (рендеринг) трехмерных образов.

Внешний компонент. Периферийное устройство, которое устанавливается снаружи корпуса вашего компьютера и связано с ним кабелем, например внешний модем.

Внутренний компонент. Компонент, который вы устанавливаете внутри корпуса вашего компьютера, например жесткий диск или внутренний модем.

Время доступа. Время, в течение которого жесткий диск принимается за чтение ваших данных. Чем меньше время доступа, тем лучше.

Гигабайт. Объем памяти или информации, равный 1024 Мбайт.

Группы новостей (newsgroup). Группы международного обмена сообщениями в Internet, каждая из которых обычно выделяется для обмена мнениями по специфическим проблемам. Чтение и регистрация вопросов в этих группах новостей — забавный путь изучения самых различных предметов (а также способ получения по Internet большого количества нежелательной электронной почты, любовно называемый spam ("спамерами" называют людей, которые умышленно переполняют ваш виртуальный почтовый ящик. — *Прим. ред.*)).

Джойстик. Устройство ввода данных (как правило, в играх), подобное штурвалу управления, используемому пилотом самолета. Очевидно, радость управления штурвалом обычно испытывают лишь заядлые игроки, которые наслаждаются работой (игрой) на полетных тренажерах.

Звуковая карта адаптера. Карта адаптера, которая позволяет вашему компьютеру воспроизводить музыку и создавать звуковые эффекты для игр и других программ. Звуковые карты могут также записывать звук с микрофона или вашей стереосистемы.

Здравый смысл компоновки. Техника предотвращения ошибок в течение компоновки (сборки) компьютера с использованием лишь вашего здравого смысла. Впервые постулирована автором в этой книге.

Игровой порт. Порт для подсоединения джойстика и других игровых периферийных устройств. Игровые порты могут быть установлены отдельно, но большинство звуковых карт имеет собственный встроенный игровой порт.

Интерфейс. Технический термин, который относится к методу подсоединения периферии к вашему компьютеру. Например, принтеры используют интерфейс параллельного порта; жесткие диски используют или интерфейс EIDE, или интерфейс SCSI. Некоторые типы интерфейсов относятся к картам адаптера, в то время как другие — к портам и кабелям.

Инфракрасный порт. Допускает быструю беспроводную передачу данных между вашим ПК и другим компьютером, оборудованным совместимым инфракрасным портом.

Кабель витой пары. (Также называется 10Base2.) Форма сетевого кабеля, которая очень напоминает телефонный шнур, обычно используемый в сетях Ethernet с центральным ядром.

Карта адаптера. Печатная плата, которую подключают к материнской плате для обеспечения вашего компьютера дополнительными функциональными возможностями. Например, карта видеоадаптера подключается к материнской плате и дает возможность вашему компьютеру отображать текст и графику на вашем мониторе. Продвинутые карты адаптера могут ускорять отображение программ Windows и 3D-графики.

Килобайт. Модуль, равный 1024 байт.

Клиент-сервер. Сеть, в которой компьютеры действуют как клиенты и получают информацию от центрального серверного компьютера. Компьютеры сервера могут также содержать общие совместно используемые ресурсы типа накопителей CD-ROM или модемов.

Коаксиальный. Стандартный кабель Ethernet (также называемый 10Base-T), обычно используемый в простых сетях типа равный-с-равным (см. ниже).

Компонент. Техноидное слово для обозначения компьютерных аппаратных средств; часть компьютера.

Корпус ПК. Металлический корпус, который окружает ваш компьютер и содержит все его части. Корпус обычно крепится винтами или зажимами. Корпус вашего компьютера может иметь отдельную крышку, которую можно снимать для добавления или удаления отдельных компонентов; другие корпуса не имеют крышки и просто снимаются.

Кэш. Специальный банк памяти, который содержит часто используемые данные или данные, которые будут требоваться процессору в ближайшие несколько наносекунд. Сохранение данных в кэше ускоряет операции вашего ПК, потому что эти данные не нужно восстанавливать из RAM или с жесткого диска. Многие компоненты, включая ваш CPU, жесткий диск, материнскую плату и записывающее устройство CD, имеют свой собственный кэш.

Лазер. Принтерная технология, в которой красящий порошок присоединяется к бумаге для вывода на печать текста и графики. Лазерные принтеры быстродействующи и обеспечивают превосходное качество печати.

Ленточный резервный накопитель. Такой накопитель позволяет вам делать резервные копии файлов с вашего компьютера на сменные магнитные картриджи, что, несомненно, намного удобнее, чем резервное копирование содержимого большого жесткого диска на гибкие диски.

"Мама" (женский). Кабельный соединитель с отверстиями, в которые вставляются штырьки на вилке соединителя типа "папа".

Материнская плата. Главная печатная монтажная плата компьютера, которая содержит CPU, чипы RAM и много других плат. Карты адаптеров подключаются к материнской плате.

Мегабайт. Модуль информации, равный 1024 Кбайт.

Мегагерц. Частота (или быстродействие) CPU, обычно измеряемая миллионами циклов в секунду (МГц/с).

Модем. Компьютерное устройство, которое преобразует цифровые данные от одного компьютера в аналоговый сигнал, который затем может быть послан по телефонным линиям; на противоположном конце линии аналоговый сигнал преобразуется уже другим (принимающим) модемом снова в цифровые данные. Модемы широко используются для связи с Internet, доступа к интерактивным услугам и компьютерным системам BBS.

Монитор с чередованием. Такой монитор повторно выводит каждая вторую линию на экране (т.е. строит изображение за два прохода); в результате возникает значительное нежелательное мерцание.

Монитор. Отдельный компонент, который выглядит наподобие телевизионного приемника; монитор компьютера отображает всю графику, сгенерированную вашим ПК.

Мышь. Компьютерное стандартное координатно-указательное устройство. Перемещая ее в желательном направлении, вы управляете движением курсора на экране. Мышь имеет кнопки, которые следует нажимать для выбора элементов интерфейса или запуска программ.

Накопитель CD-ROM. Внутреннее устройство, которое может читать и диски CD-ROM (содержащие компьютерные программы и файлы), и звуковые CD (содержащие музыку). Типичный диск CD-ROM может сожержать до 680 Мбайт данных. Накопители CD-ROM не могут записывать информацию на диск, они могут только читать данные.

Накопитель Zip. Этот накопитель использует сменные картриджи, которые по размерам напоминают гибкие диски, но каждый Zip-диска вмещает от 100 до 250 Мбайт данных, и эти данные могут быть восстановлены намного быстрее с диска Zip, чем с гибкого диска. Накопители Zip доступны и с параллельным портом, и с интерфейсами SCSI.

Накопитель на гибких дисках. Накопитель для гибких дисков (дискет) монтируется внутри вашего компьютера и сохраняет программы и файлы данных на гибких дисках, которые можно хранить как копию или использовать на других ПК. Сегодняшние компьютеры используют $3^1/_2$-дюймовые дискеты с объемом памяти до 1.44 Мбайт каждый.

Накопитель на жестком диске. (Также называемый жестким диском.) Компонент, который обычно монтируется внутри корпуса ПК. Жесткий диск действует как постоянная память для хранения программ и данных, позволяя вам сохранять и удалять файлы. В отличие от RAM, жесткий диск не теряет данные, когда вы выключаете ПК.

Об/мин (RPM). Сокращение для обозначения количества оборотов в минуту вращающихся элементов. Быстродействие приводов жестких дисков в накопителях; чем больше скорость вращения диска, тем быстрее накопитель может обращаться к вашим данным.

Отличительное кольцо. Услуга телефонной компании, которая дает возможность на одной физической телефонной линии использовать больше одного номера телефона.

Пальчиковая мышь. Координатно-указательное устройство, использующее маленькую кнопку, нажимая котрую вы перемещаете курсор по экрану в желательном направлении. Такими паличиковыми мышками обычно оснащаются портативные ПК (лэптопы).

"Папа" (мужской). Кабельный соединитель со штырьками, которые вставляются в отверстия в гнезде соединителя типа "мама".

Параллельный порт. Стандартный соединитель, которым оборудуется каждый ПК и который позволяет вам добавлять периферийные устройства. Параллельные порты обычно используются для подключения принтеров к ПК, но другие устройства типа накопителей Zip и цифровых сканеров также могут быть подключены к параллельному порту.

Переключатели DIP. Пакет крошечных скользящих (или качающихся) переключателей, которые позволяют вам устанавливать различные свойства на вашей материнской плате, на некоторых компонентах и многих картах адаптера. Для перемещения или переключения кнопок переключателей в соответствующую последовательность используется кончик пера.

Перемычка. Набор двух или больше штырьков, которые могут быть закорочены с помощью крошечных пластмассовых и металлических скобок. Перемычки обычно находятся на материнских платах и компонентах, подобных жестким дискам и картам адаптера.

Пиксель. Отдельная точка на экране вашего монитора. Текст и графика, отображаемая компьютером на мониторе, составлена из пикселей.

Порт клавиатуры. Каждый ПК имеет порт клавиатуры, через который кабель от вашей клавиатуры соединяется с компьютером. Порты клавиатуры выпускаются двух размеров: старый большой порт и более новый меньший порт. Вы можете купить адаптер (переходник), чтобы иметь возможность подключать любую клавиатуру к порту клавиатуры любого размера.

Порт. Причудливое название для соединителя, к которому вы что-либо подключаете: например, ваш разъем клавиатуры — в порт клавиатуры, а ваш внешний разъем модема — в последовательный порт.

Последовательный порт. Один из стандартных соединителей, которым оборудован каждый ПК; последовательный порт передает данные к внешним устройствам и обратно от них. Последовательный порт обычно используется для подключения внешнего модема к компьютеру.

Признак конца (терминатор). Переключатель или маленький пакет резистора, имеющийся на каждом SCSI-устройстве (каждый конец SCSI-цепочки устройств должен иметь необходимый признак завершения для правильной работы всего оборудования). Различный тип терминаторов также требуется для каждого конца сети Ethernet типа равный-с-равным.

Прикладная программа (приложение). Задача, которую вы выполняете на компьютере. Например, прикладная программа Internet — программа, которая выполняет некоторую полезную функцию во время сеанса связи с Internet.

Принтер. Внешнее устройство, которое позволяет печатать на бумаге текст, графику и документы из вашего компьютера. Большинство принтеров, имеющихся сегодня в продаже, используют или струйную, или лазерную технологию.

Равный-с-равным. Сеть, в которой каждый компьютер связан с каждым другим компьютером без наличия в ней какого бы то ни было серверного компьютера.

Размер точки. Размер пикселя на мониторе; чем меньше размер каждой точки, тем более ясное и более детализированное отображение на дисплее.

Разрешающая способность. Число (количество) пикселей на вашем экране, измеряемое по горизонтали и вертикали. Например, разрешающая способность 640x480 — это 640 пикселей в линии по горизонтали экрана и 480 линий по вертикали.

Речевой модем. Компьютерный модем, который может также действовать как автоответчик и речевая почтовая система. Речевые модемы обычно также имеют опцию громкоговорителя.

PC-карта. (Также называется PCMCIA-картой.) Устройство, которое походит на толстую визитную карточку, которая непосредственно подключается к большинству типов лэптопов. PC-карты могут обеспечивать многие из функций полноразмерной карты адаптера, подобно модему, сетевой карте интерфейса, SCSI-адаптеру и даже жесткому диску. PC-карты могут также использоваться с настольным компьютером, оборудованным слотом для такой карты.

Сеть (network). Система компьютеров, подсоединенных друг к другу. Каждый компьютер может совместно использовать данные с другими компьютерами в сети, и все подсоединенные к сети компьютеры могут сообща использовать такие ресурсы, как принтеры и модемы.

Сжатие информации. Использование математических формул для уменьшения дискового пространства, занимаемого файлами данных, видеозаписей или изображений. Некоторые схемы сжатия (и развертывания) позволяют точно воспроизводить оригинальную информацию, в то время как другие схемы сжатия теряют некоторые подробности по сравнению с оригиналом. Модемы также используют сжатие для уменьшения времени, необходимого для передачи файлов.

Сканер. Устройство, которое преобразовывает текст и графику с напечатанной страницы в цифровое изображение. Сканеры часто используются для "считывания" картинок из книг и журналов; цифровая версия изображения может быть затем отредактирована и использована в документах или помещена на Web-страницу.

Слот 1. Слот материнской платы, предназначенный для установки процессора Celeron, Pentium II или Pentium III.

Соединение. Методика объединения двух ISDN-каналов данных или двух аналоговых подключений модемов вместе с целью удвоения их производительности (по сравнению с одиночным подключением).

Статическое электричество. Враг всей компьютерной схемы и особенно компьютерных чипов. Вы всегда должны коснуться металлического шасси вашего компьютера для снятия любого статического электричества на вашем теле, прежде чем устанавливать что-либо в компьютер.

Струйный. Метод печати, при котором чернила поступают из картриджа на бумагу для вывода текста и графики. Цветные струйные принтеры относительно недороги.

Субфуфер (subwoofer). Отдельный низкочастотный динамик, который вы можете добавить к стандартной звуковой системе компьютера с двумя динамиками. Будучи соединенным со стандартной стереосистемой, субвуфер добавляет глубокий бас и привносит глубину реалистичного звука при озвучивании различных эффектов.

Топология. Структура, или дизайн сети.

Трекбол. Координатно-указательное устройство, очень похожее на перевернутую обычную мышь. Вы перемещаете курсор, прокручивая шарик трекбола указательным или большим пальцем, и нажимаете кнопки другими пальцами.

Турборежим. Свойство, характерное для старых материнских плат, которое дает возможность переключать ваш компьютер между бóльшим и меньшим быстродействием; эта опция использовалась для упрощения работы более старого программного обеспечения, но сегодня отключение турборежима больше не актуально, поэтому многие новые корпуса и материнские платы не поддерживают такого свойства.

Факс-модем. Компьютерный факсимильный модем имеет все функциональные возможности стандартного модема, но он может также обмениваться факсовыми сообщениями с другим факсимильным модемом или стандартным факсимильным аппаратом.

Хакер. Компьютерный пользователь, который пытается обращаться к конфиденциальной информации или захватывать данные из Internet или сети без разрешения. Хакирование (hacking) является уголовно наказуемым правонарушением.

Цветовая глубина. Относится к числу цветов в изображении; популярные цветовые глубины — 16, 256, 64000 и 16 миллионов цветов.

Цифровая камера. Цифровая камера выглядит и функционирует во многом подобно традиционной пленочной камере, за исключением того, что отснятые изображения передаются непосредственно в компьютер вместо изготовления из них фотографий. Цифровые камеры значительно дороже, чем их пленочные кузены.

Частота регенерации. Число раз в секунду перерисовки картой видеоадаптера изображения на мониторе вашего ПК. Чем выше частота регенерации, тем качественнее изображение и менее заметно мерцание экрана монитора.

Чертежный планшет. Чертежный планшет напоминает увеличенный сенсорный планшет. Хотя он может применяться и как координатно-указательное устройство, чертежный планшет обычно используется графическими художниками для рисования от руки в графических прикладных программах.

Шина. Слот на вашей материнской плате, в который вставляются карты адаптера. Шинные слоты на материнских платах Pentium — это обычно или 16-битовые ISA-слоты, или 32-битовые PCI-слоты.

Предметный указатель

О

П

Р

С

Т

У

Ф

Х

Ц

Ч

Ш

Э

Учебное пособие

Марк Л. Чемберс

Как собрать ПК для "чайников"

В издании использованы карикатуры американского художника *Рича Теннанта*

Издательский дом «Вильямс».
101509, Москва, ул. Лесная, д. 43, стр. 1.
Изд. лиц. ЛР № 090230 от 23.06.99
Госкомитета РФ по печати.

Подписано в печать 11.09.00. Формат 70×100/16.
Гарнитура Times. Печать офсетная.
Усл. печ. л. 27,09. Уч.-изд. л. 21,173. Доп. тираж 4000 экз. Заказ № 1707.

Отпечатано с фотоформ в ГПП «Печатный двор» Министерства РФ
по делам печати, телерадиовещания и средств массовых коммуникаций.
197110, Санкт-Петербург, Чкаловский пр., 15.

...FOR Dummics™

COMPUTER BOOK SERIES FROM IDG

Как собрать ПК для "чайников"™ 2-е издание

"...для "чайников"™

СЕРИЯ КОМПЬЮТЕРНЫХ КНИГ ОТ ДИАЛЕКТИКИ

Шпаргалка

Таблица компьютерных компонентов

Голый компьютер Pentium-класса

Компонент компьютера	*Что искать*
Корпус	Стандартная "коробка для пиццы" (так называемый SLIM), «мини-башня» ATX либо настольная модель, один вентилятор
CPU/материнская плата	Celeron 300 МГц, слоты ISA и PCI, кэш 256 Кбайт
Системная RAM	Объем 32 Мбайт
Накопитель на жестком диске	Один EIDE-накопитель объемом 3 Гбайт
Накопитель на гибком диске	Один $3^1/_2$-дюймовый накопитель объемом 1,44 Мбайт
CD-ROM	Внутренний накопитель 16x
Видеокарта	Стандартный адаптер PCI SVGA объемом 2 Мбайт
Монитор	14-дюймовый SVGA
Порты	2 последовательных и 1 параллельный
Ввод данных	Стандартная клавиатура (101 клавиша) и мышь
Необязательно	Модем для связи с Internet

Компьютер высшего Pentium III-класса

Компонент компьютера	*Что искать*
Корпус	Модель «полная башня», два вентилятора
CPU/материнская плата	Самый быстрый по возможности процессор Pentium III, слоты AGP и PCI
Системная RAM	128 Мбайт
Накопитель на жестком диске	Один EIDE-накопитель объемом минимум 15 Гбайт
Накопитель на гибком диске	Один $3^1/_2$-дюймовый накопитель объемом 1,44 Мбайт
Видеокарта	Ускоренный адаптер типа Windows AGP 3D SVGA с видеопамятью минимум 16 Мбайт, графический чипсет типа 3DFX или TNT
Модем	Внутренний типа v.90 "данные/факс" со скоростью 56 Кбит/с
CD-ROM	DVD-накопитель (с декодером АС-3 для просмотра DVD-фильмов)
Звуковая карта	Карта Sound Blaster PCI с wavetable (32 или 64 голоса, позиционный 3D-звук)
Монитор	19-дюймовый SVGA
Порты	2 USB, 2 последовательных и 1 параллельный
Ввод данных	Стандартная клавиатура и мышь
Необязательно	Сканер, струйный или лазерный принтер, накопитель Zip или Jaz, SCSI-адаптер, ISDN-адаптер, сетевой адаптер, 21-дюймовый монитор, кабельный модем

...FOR Dummies

COMPUTER BOOK SERIES FROM IDG

Как собрать ПК для "чайников"™ 2-е издание

...ДЛЯ "чайников"

СЕРИЯ КОМПЬЮТЕРНЫХ КНИГ ОТ ДИАЛЕКТИКИ

Шпаргалка

Правила здравого смысла сборки

Запомните эти правила и применяйте их во время обработки и подсоединения компонентов.

- ✓ Освободите достаточно места на рабочем столе и позаботьтесь о хорошем освещении.
- ✓ Не принимайтесь за работу, если у вас нет всех требуемых частей и компонентов. В противном случае вы можете остановиться на полпути, а потом пропустить какой-либо шаг или забыть что-то сделать.
- ✓ Бережно обращайтесь со всеми компонентами. Не роняйте их на пол и не бросайте другу. Никогда не сгибайте печатную плату или карту адаптера. Если кажется, что компонент не становится на свое место, не применяйте грубую силу, выньте его и проверьте инструкции снова, а затем попробуйте вставить его другим способом.
- ✓ Полностью читайте документацию по каждому устройству.
- ✓ Всегда держите под рукой руководства по эксплуатации всех составных частей компьютера.
- ✓ Сохраняйте после покупки все коробки и квитанции. Хотя это случается редко, но вы можете обнаружить дефект в новом элементе, и тогда вам придется его снова поместить в оригинальную упаковку и вернуть в магазин.
- ✓ Используйте отдельную коробку для хранения мелких деталей и частей. Если же вы истинный технарь, купите специальную настенную полку с небольшими отделениями.
- ✓ Держите наготове намагниченную отвертку, чтобы подбирать своенравные винтики, упавшие в корпус ПК.
- ✓ Проверяйте все соединения и подключения после установки каждого компонента.
- ✓ Проверяйте ваше новое устройство заранее, если это возможно.

Компьютер Pentium II среднего уровня

Компьютерный компонент	Что искать
Корпус	АТХ-модель «мини-башня», один вентилятор
CPU/материнская плата	Pentium II от 300 до 400 МГц
Системная RAM	64 Мбайт
Жесткий диск	Один EIDE-накопитель по крайней мере с 6 Гбайт памяти
Накопитель на гибких дисках	Один 3 $^1/_2$-дюймовый накопитель на дискетах емкостью 1,44 Мбайт
Видеокарта	Стандартный видеоадаптер AGP объемом 8 Мбайт
Модем	Внутренний 56 Кбит/с v.90 типа "данные/факс"
CD-ROM	Внутренний 32х-накопитель
Звуковая карта	PCI Sound Blaster-совместимая с wavetable-технологией
Монитор	15-дюймовый SVGA
Порты	2 USB, 2 последовательных и 1 параллельный
Ввод	Стандартная клавиатура (101 клавиша) и мышь
Необязательно	Струйный принтер, сканер, 17-дюймовый монитор